我为旅游设计灵魂

——文旅策划成功的秘密

沈祖祥 著

海峡出版发行集团
福建人民出版社

图书在版编目（CIP）数据

我为旅游设计灵魂：文旅策划成功的秘密 / 沈祖祥著. --福州：福建人民出版社，2024.3（2025.7 重印）
ISBN 978-7-211-09343-4

Ⅰ.①我… Ⅱ.①沈… Ⅲ.①文化产业—策划 ②旅游业—策划 Ⅳ.①G114 ②F590.1

中国国家版本馆 CIP 数据核字（2024）第 047270 号

我为旅游设计灵魂
WO WEI LÜYOU SHEJI LINGHUN
——文旅策划成功的秘密

作　　者： 沈祖祥
责任编辑： 郑翠云
责任校对： 陈　璟
出版发行： 福建人民出版社　　**电　　话：** 0591-87533169(发行部)
网　　址： http://www.fjpph.com　　**电子邮箱：** fjpph7211@126.com
地　　址： 福州市东水路 76 号　　**邮政编码：** 350001
经　　销： 福建新华发行（集团）有限责任公司
印　　刷： 福建新华联合印务集团有限公司
地　　址： 福州市晋安区福兴大道 42 号
开　　本： 787 毫米×1092 毫米　1/16
印　　张： 26.25
字　　数： 412 千字
版　　次： 2024 年 3 月第 1 版
印　　次： 2025 年 7 月第 3 次印刷
书　　号： ISBN 978-7-211-09343-4
定　　价： 89.00 元

本书如有印装质量问题，影响阅读，请直接向承印厂调换。

沈祖祥

上海市崇明区人

复旦大学旅游学系副教授

中国旅游策划学创始人，旅游灵魂设计理论建立者。筚路蓝缕地创立了中国旅游策划学，并进行持续不断的学科垦拓，创建了旅游灵魂设计的“三维境界”理论模型。著有《旅游策划学》（福建人民出版社）、《现代旅游策划学》、《旅游策划学》（化学工业出版社）、《旅游策划——理论、方法与定制化原创样本》、《世界著名旅游策划实战案例》等多部旅游策划学著作。

旅游策划专家，因为旅游设计灵魂而独树一帜。擅长“无中生有”“小题大做”“点石成金”，从事旅游策划实战演练二十多年，足迹遍及全国，前前后后做过500多场演讲或讲座，林林总总主持过400多个项目。创造性地为浙江安吉、德清、长兴、普陀，四川西充、若尔盖、江油，海南三亚、陵水、万宁等地设计旅游灵魂，获得了令人折服的业绩。

旅游文化学者。治学以旅游文化见长，并且颇多建树。主编有“大学旅游教材”“21世纪大学旅游教材”“21世纪旅游管理丛书”“中国旅游MBA丛书”，出版有《旅游与中国文化》《旅游文化导论》《旅游文化学》《中国宗教旅游》《旅游心理学》《旅游宗教文化》等多部旅游文化学术著作。

◎ 2006年11月在海南三亚中国首届旅游品牌年会上作主题发言

◎作为评审组长主持龙袍湖规划评审

◎ 2007年1月在桂林阳朔被推选为中国旅游营销专家委员会执行会长

◎在安吉天荒坪电站考察

◎汇报《2009年莫干山国际旅游度假区概念性规划》

◎2021年3月应邀在陕西省黄陵县龙乡大讲堂作《黄陵旅游灵魂的思考》报告

◎ 2021 年为做长兴旅游总体规划进行调研

◎ 2022 年在新疆克拉玛依市文旅局讲授地域文化资源的开发及其转化模式

◎ 2022 年 12 月在上海“城乡融合与乡村振兴”论坛上作《乡村振兴的旅游学视野》报告

◎为复旦大学旅游 MTA 2020 研究生讲授旅游目的地开发与管理

目 录

序一 …… 001

序二 …… 005

序三 …… 009

前言 …… 001

第一章 一个热望的我

1.1 / 中国旅游策划学创始人 …… 004

1.1.1 这是一个硬核基因甚嚣尘上的时代 …… 004

1.1.2 不知道从什么时候开始，我被贴上了“中国旅游策划学创始人”的标签 …… 004

1.2 / 我不逃离所有的自己 …… 006

1.3 / 在旅游的路上蒙眼狂奔 …… 009

1.3.1 旅游只是我的敲门砖 …… 009

1.3.2 无心插柳柳成荫 …… 009

1.3.3 激情与动能不可思议地磅礴喷发 …… 010

1.4 / 坚信要像创造新物种一样创立旅游策划学 …… 011

1.4.1 不安分守己地穿针走线擦出的火花 …… 011

1.4.2 和旅游策划学撞了个满怀 …… 013

1.5 / 将学术幻化为美妙的舞台 …… 017

1.5.1 教书：一种营造自己目标和梦想的边走边想 …… 018

1.5.2 读书：一种姿态，而不是内容 …… 018

1.5.3 写书：差不多是一个过客 …… 019

1.5.4 演讲：走来走去的精神归宿 …………………………… 025
1.6 / 一个理想主义者对于旅游灵魂设计理论的执着 ………… 029
1.6.1 旅游的灵魂不是生而就有的 …………………………… 030
1.6.2 旅游的灵魂是设计出来的 ……………………………… 037
1.6.3 旅游灵魂设计“三维境界”理论模型建立的一种努力与尝试 ……………………………………………………… 039

第二章 旅游因灵魂而伟大

2.1 / 不可思议的灵魂 ……………………………………………… 053
2.1.1 不朽的灵魂 ……………………………………………… 053
2.1.2 像花儿一样的灵魂 ……………………………………… 053
2.1.3 有趣的灵魂 ……………………………………………… 055
2.2 / 未来已来：中国旅游昂首阔步走进文旅新时代 ………… 057
2.2.1 40年沧桑巨变 …………………………………………… 057
2.2.2 奋力前行中所遭遇的现实困顿与泡沫性陷阱 ………… 059
2.2.3 从1.0到2.0：一场由上而下的文化产业垦拓和大跨度的旅游产业晋位 ………………………………………… 060
2.3 / 文旅新时代标示我国旅游发展新的历史方位 …………… 062
2.3.1 深刻理解文旅新时代的核心要义 ……………………… 062
2.3.2 全面把握文旅新时代的根本特征 ……………………… 064
2.3.3 文旅新时代标示我国文旅产业新的历史方位 ………… 065
2.4 / 逻辑蜕变：从文化旅游到新文化旅游 …………………… 069
2.4.1 旅游发展的逻辑变了 …………………………………… 069
2.4.2 旅游发展的环境变了 …………………………………… 072
2.5 / 旅游缺的不是文化，而是灵魂 …………………………… 074
2.5.1 旅游本身就是文化 ……………………………………… 075
2.5.2 旅游从来都不缺文化 …………………………………… 076
2.5.3 透过现象看本质，其实旅游真正缺失的是灵魂 ……… 078

2.6 / 旅游的灵魂在哭泣，但没人听到 …………………… 079
2.6.1 无锡影视城值得我们研读品味 …………………… 079
2.6.2 无锡统一嘉园以破产倒闭告终令人叹息 …………… 080
2.6.3 酒吧的灵魂 …………………………………… 081
2.7 / 旅游真正可怕的是“有文化没灵魂” ………………… 081
2.7.1 有文化，没旅游 ……………………………… 082
2.7.2 有文化，没内涵 ……………………………… 082
2.7.3 有文化，没特色 ……………………………… 082
2.7.4 有文化，没思想 ……………………………… 083
2.7.5 有文化，没创意 ……………………………… 083
2.8 / 旅游因灵魂而伟大 …………………………… 084
2.8.1 旅游因灵魂而有生命 ………………………… 084
2.8.2 旅游因灵魂而独特 …………………………… 085
2.8.3 旅游因灵魂而有内涵 ………………………… 086
2.8.4 旅游因灵魂而有故事 ………………………… 087
2.8.5 旅游因灵魂而有口碑 ………………………… 088
2.8.6 旅游因灵魂方能创新 ………………………… 088
2.8.7 旅游因灵魂而引爆 …………………………… 089
2.8.8 旅游因灵魂而满足游客需求 ………………… 090
2.9 / 旅游从没有像今天这样，如此需要灵魂的意义和实在 …… 090
2.9.1 千万不要再拿着昨天的地图去寻找明天的太阳 ……… 091
2.9.2 旅游从没有像今天这样，如此需要灵魂的意义 ……… 091
2.9.3 旅游从没有像今天这样，如此需要灵魂的实在 ……… 092

第三章 到底什么是旅游的灵魂

3.1 /“文化是旅游的灵魂”本身的寓意 ………………… 097
3.1.1 “文化是旅游的灵魂”的生成 ………………… 097
3.1.2 “文化是旅游的灵魂”的意思 ………………… 097

3.2 / 旅游的灵魂与文化复杂关联 …………………………… 098
3.2.1　文化是旅游的灵魂绕不过去的一个弯 ……………… 098
3.2.2　文化并不为旅游带来灵魂的直接关联 ……………… 101
3.2.3　旅游、文化与灵魂各自独立存在 ……………………… 103
3.3 / 旅游的灵魂是真实存在的 ………………………………… 103
3.3.1　旅游的灵魂是一种诗化了的文化语言 ……………… 103
3.3.2　旅游的灵魂是真实存在的 ……………………………… 104
3.4 / 旅游灵魂设计关键是要将不可捉摸的旅游灵魂可视化，诉诸五感 ………………………………………………… 107
3.4.1　什么是可视化？什么是五感？ ………………………… 107
3.4.2　水乡古镇——乌镇将旅游灵魂诉诸五感 …………… 107
3.4.3　旅游演艺成为旅游灵魂可视化的一道独特风景 ……… 107
3.4.4　旅游灵魂的可视化和诉诸五感，要做到全方位、多层次 ………………………………………………………… 108
3.5 / 旅游灵魂的四个原理 ……………………………………… 109
3.5.1　“道”：旅游的灵魂就是哲学上“道可道，非常道”的“道” ………………………………………………………… 109
3.5.2　“神灯”：旅游的灵魂就是《天方夜谭》中能够指明方向的阿拉丁神灯 ……………………………………… 111
3.5.3　支点：旅游的灵魂就是力学原理中能够撬动地球的支点 …………………………………………………………… 112
3.5.4　“山峰”：旅游的灵魂就是喜马拉雅山脉上高高的珠穆朗玛峰 …………………………………………………… 114
3.6 / 旅游灵魂的两大定律 ……………………………………… 115
3.6.1　五度叠加定律 ……………………………………………… 115
3.6.2　四点合一定律 ……………………………………………… 121
3.7 / 旅游灵魂的五种特质 ……………………………………… 124
3.7.1　旅游的灵魂应该“有料” ………………………………… 124
3.7.2　旅游的灵魂应该“有趣” ………………………………… 125
3.7.3　旅游的灵魂应该“有形” ………………………………… 125
3.7.4　旅游的灵魂应该“有异” ………………………………… 126

3.7.5 旅游的灵魂应该“有用” …… 126
3.8 / 旅游的灵魂原来竟是…… …… 128
3.8.1 一次课堂讨论 …… 128
3.8.2 一个发人深省的实例 …… 129
3.8.3 一个旅游的超级物种 …… 131

第四章 到哪儿去找旅游的灵魂

4.1 / 我隐藏得这么深，这都被你发现了 …… 136
4.2 / 从唯美大气的名字里 …… 138
4.2.1 来自“彩云之南”的故事 …… 138
4.2.2 “请问尊姓大名”的寒暄 …… 138
4.2.3 好听的名字美到惊艳 …… 139
4.2.4 各种各样的名字 …… 139
4.2.5 名字的灵魂特质 …… 141
4.2.6 我从名字里找寻旅游灵魂的实例及其启示 …… 144
4.3 / 从穿越了千年时光的文化里 …… 147
4.3.1 能够穿越千年时光的文化是什么样的 …… 147
4.3.2 灵魂何以寄居于千年文化而不灭 …… 149
4.3.3 灵魂会埋藏于哪些形式的文化中 …… 150
4.3.4 如何从穿越千年时光的文化里寻找旅游灵魂 …… 152
4.4 / 从花枝翘拼的地图里 …… 155
4.4.1 这是一个读图的时代 …… 155
4.4.2 地图暗藏的玄机 …… 155
4.4.3 跟着地图看旅游，会有不一样的发现 …… 157
4.4.4 地图怎么看才能看得到灵魂 …… 159
4.4.5 一起研究张家港地图 …… 160
4.5 / 从羽花如梵的故事里 …… 161
4.5.1 陶朱公范蠡的故事 …… 161

4.5.2　白马变黑马的故事 …………………………………… 162
4.6 / 从懂你情怀的民俗里 ………………………………… 164
4.6.1　懂你情怀的民俗 ……………………………………… 164
4.6.2　“香巴拉”旅游灵魂的澎湃动力 …………………… 164
4.7 / 从梦若神机的成语里 ………………………………… 165
4.8 / 从句句惊艳的诗词里 ………………………………… 166
4.8.1　诗词惊艳了旅游 ……………………………………… 166
4.8.2　诗词惊艳了灵魂 ……………………………………… 166
4.9 / 从美醉流年的祝福里 ………………………………… 167
4.9.1　给你一个“福如东海”的祝福 ……………………… 167
4.9.2　分享一下“寿比南山”的祝愿 ……………………… 168
4.10 / 从伟大深邃的思想里 ………………………………… 169
4.10.1　“两山”思想的深邃 ………………………………… 169
4.10.2　孔子思想的伟大 …………………………………… 170
4.11 / 从唯美意境的风景里 ………………………………… 170
4.11.1　风景有学问 ………………………………………… 170
4.11.2　风景有意蕴 ………………………………………… 171
4.11.3　风景有灵魂 ………………………………………… 173
4.12 / 从自然隽永的山水里 ………………………………… 174
4.12.1　九寨沟的水，黄山的迎客松 ……………………… 174
4.12.2　湖州水云涧的涧 …………………………………… 175
4.13 / 从万物有灵的飞禽走兽上 …………………………… 176
4.13.1　飞禽走兽皆有魂 …………………………………… 176
4.13.2　空石林景区的大熊猫 ……………………………… 177
4.14 / 从芬芳馨香的花花草草中 …………………………… 178
4.14.1　会说话的花花草草 ………………………………… 178
4.14.2　花花草草有灵魂 …………………………………… 178
4.14.3　桃花岛上的桃花 …………………………………… 179
4.15 / 从千锤万凿的金石中 ………………………………… 179
4.16 / 从五颜六色的生活中 ………………………………… 180
4.17 / 从扑朔迷离的城市里 ………………………………… 182

4.17.1　真的看懂城市了吗 …………………………………… 182
4.17.2　苏州东方水城要以水为魂吗 ……………………… 182
4.18 / 不是缺少灵魂，而是缺少发现灵魂的眼睛 ………… 184

第五章 旅游灵魂设计一剑封喉的秘诀

5.1 / 第一步：资源解冻 ………………………………………… 188
5.1.1　资源困局 ………………………………………………… 188
5.1.2　冰箱原理 ………………………………………………… 190
5.1.3　资源解冻的深意和新意 ……………………………… 192
5.1.4　资源解冻的诀窍 ……………………………………… 196
5.1.5　义乌市赤岸镇：资源解冻全过程 …………………… 200
5.2 / 第二步：基因破译 ………………………………………… 202
5.2.1　只谈表象不谈基因，有南辕北辙之险 ……………… 202
5.2.2　基因：在两个世界间来回穿梭 ……………………… 204
5.2.3　基因破译的奥秘 ……………………………………… 205
5.2.4　不去破译基因，会怎样 ……………………………… 208
5.2.5　基因破译的法宝 ……………………………………… 212
5.2.6　基因破译的密码 ……………………………………… 214
5.3 / 第三步：灵魂打捞 ………………………………………… 218
5.3.1　为什么要用“打捞”两字 ……………………………… 218
5.3.2　灵魂打捞究竟是什么意思 …………………………… 219
5.3.3　灵魂打捞有着怎样的理论 …………………………… 219
5.3.4　灵魂打捞到底如何“打捞” …………………………… 223
5.4 / 第四步：载体设计 ………………………………………… 228
5.4.1　青岛国际啤酒节的“载体设计”故事 ……………… 228
5.4.2　旅游灵魂的载体有哪些 ……………………………… 230
5.4.3　为什么要进行载体设计 ……………………………… 233
5.4.4　载体设计，设计什么 ………………………………… 235

5.4.5　载体设计，如何设计 …………………………… 237
5.5 / 第五步：概念包装 ………………………………… 239
5.5.1　拈花湾为什么能红：一个鲜为人知的概念包装的成功范例 ………………………………………………… 239
5.5.2　概念包装不可不知的奥秘：旅游打出的第一张名片 …… 240
5.5.3　概念包装中的概念是什么样的“概念” ………… 242
5.5.4　概念包装，包装什么 …………………………… 243
5.5.5　不懂概念包装，你一定会感觉到“痛” ………… 245
5.5.6　概念包装的门道和学问：“叫得响，打得出，拉得动” ………………………………………………… 248
5.5.7　槟榔河商业街：概念包装的一次奇思妙想 ……… 253
5.6 / 第六步：故事推演 ………………………………… 256
5.6.1　东方伊甸园：讲的是故事，也不仅仅是故事 …… 256
5.6.2　讲故事不难，讲好故事好难 …………………… 257
5.6.3　故事从哪里来 …………………………………… 260
5.6.4　有故事不难，有好故事很难 …………………… 262
5.6.5　掌握了讲好旅游故事这六招，你就觉得并不难 ……… 265

第六章 旅游灵魂设计的操盘策略

6.1 / 怎样才能让中国 2800 多个县的旅游灵魂个个做到百里挑一 ………………………………………………… 272
6.1.1　“安吉”两字，有何深意？它与安吉旅游灵魂有着怎样的关联？ ………………………………………… 272
6.1.2　每一个县都有它独一无二的旅游灵魂，只是你还没有找到 ………………………………………………… 272
6.1.3　概况扫描：浙江省安吉县——“两片叶子” ………… 274
6.1.4　理论推演：为旅游设计灵魂就是要为旅游设计一个光芒万丈的伟大思想 ………………………………… 275

6.1.5 核心战法：借船出海 …………………………… 275
6.1.6 操盘实录：石破天惊 …………………………… 276
6.1.7 江湖故事："安吉"二字的旅游灵魂，灵感竟然来自我自己的名字 ………………………………… 279
6.1.8 策划手记：安吉旅游灵魂的破译，具有石破天惊的示范意义 ………………………………………… 280
6.2 / 一个乡和一个镇的旅游灵魂设计，藏有什么规律和秘密 ……………………………………………… 282
6.2.1 开篇导读：上面一条线，下面一根针 ……………… 282
6.2.2 灵魂拷问：乡镇旅游发展面临的现实困境 ………… 282
6.2.3 概况扫描：不说不知道，一说吓一跳 ……………… 283
6.2.4 理论推演：为旅游设计灵魂就是要为旅游进行顶层设计 ……………………………………………… 284
6.2.5 核心战法：定向爆破 …………………………… 284
6.2.6 操盘实录：月亮的夜 …………………………… 286
6.2.7 江湖故事："虎头蛇尾" ………………………… 289
6.2.8 策划手记：是雪中送炭，不是锦上添花 …………… 290
6.3 / 为什么说为旅游设计灵魂，中国城市不可怕，可怕的是中国农村 ………………………………………… 291
6.3.1 开篇导读：习近平总书记两次来到安吉余村 ……… 291
6.3.2 灵魂拷问：中国城市不可怕，可怕的是中国农村 …… 292
6.3.3 概况扫描：余村旅游该何去何从 ………………… 292
6.3.4 理论推演：为旅游设计灵魂就是要为旅游找寻一个新的历史方位 ………………………………………… 295
6.3.5 核心战法：高举高打 …………………………… 296
6.3.6 操盘实录：步步为营 …………………………… 296
6.3.7 江湖故事：追你追到天涯海角，等你等到天荒地老 … 300
6.3.8 策划手记：匪夷所思到你不敢相信为止 …………… 301
6.4 / 农业旅游：怎样才能走出十面埋伏 ……………… 302
6.4.1 开篇导读：农业旅游早已掀起滔天巨浪 …………… 302
6.4.2 灵魂拷问：农业旅游如何走出十面埋伏的困境 …… 303

6.4.3　概况扫描：马畈村——与中国大部分的村庄一样 …… 304
6.4.4　理论推演：为旅游设计灵魂就要“无中生有” ……… 304
6.4.5　核心战法：无中生有 …………………………………… 305
6.4.6　操盘实录：找准灵魂 …………………………………… 305
6.4.7　江湖故事：重要的是你想不想做，而不是能不能做 … 308
6.4.8　策划手记：一炮打响 …………………………………… 309
6.5 / 创造历史的角色，一定是传奇 …………………………… 310
6.5.1　开篇导读：看得见山，望得见水，记得住乡愁 ……… 310
6.5.2　灵魂拷问：乡村旅游如何摆脱被割裂的命运 ………… 310
6.5.3　概况扫描：中国四大避暑名山之一的莫干山，以及环绕莫干山山脚下的那些果园、庄园和农家乐 ………… 312
6.5.4　理论推演：为旅游设计灵魂就是要为旅游设计一种超凡脱俗的气质 ………………………………………… 313
6.5.5　核心战法：借风起飞 …………………………………… 313
6.5.6　操盘实录：梦若神机 …………………………………… 314
6.5.7　江湖故事：创造历史的角色，一定是传奇 …………… 319
6.5.8　策划手记：自带大牌入场 ……………………………… 320
6.6 / 生态旅游的魂：最令我担心的是认识的混浊与不透明 …… 320
6.6.1　开篇导读：生态旅游在全球引起巨大反响 …………… 320
6.6.2　灵魂拷问：为什么很多生态旅游项目经不起时间和市场的考验 ………………………………………………… 321
6.6.3　概况扫描：安吉竹博园 ………………………………… 322
6.6.4　理论推演：为旅游设计灵魂就是要为旅游制造引爆点 … 324
6.6.5　核心战法：满血复活 …………………………………… 324
6.6.6　操盘实录：大熊猫来了 ………………………………… 326
6.6.7　江湖故事：熊猫不是动物 ……………………………… 328
6.6.8　策划手记：为生态旅游设计灵魂，最令我担心的是认识的混浊与不透明 ……………………………………… 329
6.7 / 亲子旅游，魂都去哪儿了 ………………………………… 330
6.7.1　开篇导读：《爸爸去哪儿》持续火爆引出的感慨和遐想 ………………………………………………………… 330

6.7.2 灵魂拷问：不是因为没有路，而是因为误入歧途 …… 331
6.7.3 概况扫描：上高县昌栗高速入口周边地块 …… 332
6.7.4 理论推演：为旅游设计灵魂是为旅游设计一种独一无二的美 …… 333
6.7.5 核心战法：水到渠成 …… 333
6.7.6 操盘实录：在水一方 …… 334
6.7.7 江湖故事：惊喜的不是恐龙蛋化石的发现，而是我发现了恐龙与亲子旅游灵魂之间的无限关联 …… 337
6.7.8 策划手记：承包孩子们整个童年的笑 …… 338
6.8 / 文化旅游是盘大棋，每一棋每一局都和灵魂息息相关 …… 340
6.8.1 开篇导读：文化旅游说不出的痛——听起来很美，做起来很累 …… 340
6.8.2 灵魂拷问：文化旅游靠什么去穿越千年 …… 341
6.8.3 概况扫描：“苦吟诗人”孟郊的一生 …… 342
6.8.4 核心战法：剑走偏锋 …… 343
6.8.5 操盘实录：懂你的相聚离别，懂你的难舍情怀 …… 344
6.8.6 江湖故事：做诗不做人 …… 350
6.8.7 策划手记：你当像鸟飞往你的山 …… 350
6.9 / 靠什么来打穿文旅融合的坚固山脉 …… 353
6.9.1 开篇导读：面朝文旅大海，期待春暖花开 …… 353
6.9.2 灵魂拷问：拿什么来打穿文旅融合的坚固山脉 …… 355
6.9.3 概况扫描：茶文化圣地，乡村游天堂 …… 357
6.9.4 理论推演：为旅游设计灵魂就是要为旅游设计兴奋点 …… 359
6.9.5 核心战法：改弦易辙 …… 359
6.9.6 操盘实录：让长兴旅游拥有一个快乐的旅游灵魂 …… 360
6.9.7 江湖故事：在自救与被救中奋力走出无奈与纠结的困境 …… 366
6.9.8 策划手记：长来长兴 …… 367
参考文献 …… 368
后记 …… 376

序　一

高舜礼

中国社科院旅游研究中心特约研究员，中国旅游报社前社长、总编辑，原国家旅游局政策法规司、综合协调司副司长

复旦大学旅游系沈祖祥教授《我为旅游设计灵魂》的著作将由福建人民出版社出版，邀请我作一个序。我以为，这应是出于旅游专业角度的信任，若是按世风流俗而论，还是应请达官、新贵、权威更合适些。当然，扪心自问，这也是作者看得起我。任何一位著作的作者，都是格外看重自己作品的，就像是对待自家孩子一般，请人作序就是给孩子写些品鉴性的话，还要把它印在书里，就像伴随人生的操行评语，这是一份发自内心的重托。

作为本书出版以前的读者，我认真品读了书稿。虽然新冠疫情基本消停后的这段日子，旅游行业的会议和活动明显多了，但包括旅途之中，我都断断续续地阅读着。例如，在去福建龙岩的飞机上、在去江苏昆山的高铁车上、在西安的香格里拉大酒店、在杭州运河院子的精品民宿，以及回到北京家里的书桌旁。虽是用的碎片化时间，见缝插针般地阅览，总共用了半个月，不时做点儿笔记，但也算是3年来阅读最细致的专业书。

掩卷而思，我的评价是，这是近年来旅游领域少有的一部专业好书。它让我能够静下心来，持续地读下去，并不时静思、深思乃至反思，甚至屡屡产生内心共鸣的，应该是下面的几个因素：

一是对旅游灵魂问题的拷问，对文化与旅游关系的思辨。这类的问题，我以前有过思考，还写过几篇文章，故对作者所陈之见，感到一针见血、振聋发聩。如文旅关系的某种表述是一个伪命题，是理性真理而非事实真理。那么，什么是旅游的灵魂？作者以大量的辨析和例证，认为它是客观存在的一个旅游的“超级物种”，是集旅游的超级文化、超级创意、超级符号、超级 IP 等于一身的旅游的“超级吸引物”的集合体。进而，他把旅游的“灵魂”比喻为哲学中的“道”。这类观点，我在旅游业界是首次看到。

二是对旅游灵魂的功效阐释，及旅游灵魂的设计与旅游规划的关系。作者从专业角度发问，为何中国旅游多年来始终低位徘徊？为何中国旅游产品的创新之路、转型之路如此坎坷艰难？为何总是无法打破同质化困境？或许正可从铺天盖地“文化是旅游的灵魂”的宣传广告中找到答案。我也深有体会，业内对旅游发展实践中的诸多问题和痛点，向来是认识很不一样的，如有人归之为对应市场不足，有人说是策划规划肤浅，有人说是开发建设粗糙。其实，读罢本书以后，就会觉得相当多的源头性问题，似乎可归之于缺乏旅游的灵魂。就拿旅游规划行当来说，几十年以来，虽然规划越做越细、文本越来越厚、印刷越来越精，但规划费用越来越低、规划作用没有见长、规划者地位也未见提升，这难道不是旅游的灵魂出窍了吗？我有时在想，中国古代留下那么多的知名园林，不论是皇家的，还是民间的，当年的造园者也有这么厚的规划文本吗，还是只有一个大致目标和框架就行了呢？当然，造园之灵魂肯定是非常明确的。对于此类的相关问题，作者在书中也多有涉及和思索。

三是作者既出题，更解题，详尽地指引了思辨路径。本书最大特色之一，就是重视案例的运用、剖析和点评，把为旅游设计灵魂说清说透了，显示了作为大学教授的职业本色和专业素养。例如，为了说明旅游灵魂的四大基本原理、两大定律，衡量旅游“造魂”成功的标准，创意“销魂”阶段设计的任务等，作者列举了无锡灵山的“拈花湾”、杭州宋城的“千古情”、德清的“洋家乐”、义乌的“马畈农业奇幻乐园”以及迪士尼等成功的案例。因此，称之为旅游策划学的经典教科书是堪当的，的确是“传道、授业、解惑也”。

四是本书涉及学科门类广泛、语言表述文辞优美。全书文辞博雅，思考辩证深邃，金句名言不绝，读来是一种轻松惬意的专业享受。这方面的例子比比皆是、俯拾可得，仅在列举探寻旅游灵魂的路径时，作者所指引的一些方向：从来自“彩云之南”的故事，从穿越了千年时光的文化里，从花枝翘拼成的地图里，从羽花如梵的故事里，从懂你情怀的民俗里，从梦若神机的成语里，从句句惊艳的诗词里，从美醉流年的祝福里，从伟大深邃的思想里，从唯美意境的风景里，从自然隽永的山水里，从扑朔迷离的城市里，从万物有灵的飞禽走兽中，从芬芳馨香的花花草草中，从千锤万凿的金石中，从五颜六色的生活中……诸多设计旅游灵魂的案例，就这样被优雅的话语给点化、激活、美化了。

那么，这到底是一本怎样的书呢？这是必须要谈论的。依照作者自己给出的定位，本书是一部文旅策划学的专著。我很赞同这个定性和定位。同时，作为旅游行业的一位专业研究者，我愿从一个读者和旁观者的角度，对本书进行评价。

这是一部旅游学人的学术自传，讲述了他的人生履历、学术泛舟、治学体悟。作者在书中透露，他差一点就成了一辈子的图书资料管理员，又在上海石油化工高等专科学校教过中国旅游史，还曾兼职跨界到上海东方投资咨询有限公司；作者还自嘲说，自己是一个“非著名学者”涉足旅游学界，认真研读的书不超过 50 本，却成了著作等身的“现代文盲”；作者坦言，自己不喜欢应酬交际，却为了市场、为了旅游策划，而不得不忍受一些境遇，四处游走，推销自己，在现实面前不得不低头，甚至必须刻意改变自己。对于旅游研究的后人们，这些是在一般书本上不易学到的。

这是一部旅游专业研究心路历程自我展现的书，展示了治学经历中的灵魂砥砺、思想激荡与成功喜悦。作者把自己几十年的学术研究和实践探索，像用筛子筛过一般进行了挑选和淘洗，再穿针引线、条分缕析，经过这样一番的梳理、提炼、总结、归纳、抽象和升华，把那种透彻心扉、深入骨髓的治学感受，毫无保留地解剖、呈现、表达出来，这是极其不容易的。从这个角度说，这是一部有关旅游策划、规划、设计的凝神之作、思辨之作、哲学之作，真正称得上经历了呕心沥血，实现了灵魂深处革命般的跃升。因此，我理解作者的感受，“每一次旅游灵魂设计的旅程，每一次思想的轰鸣，都是内心情怀的一次燃烧，都是灵魂深处的一种煎熬，在为旅游设计灵魂二十多年的旅程中，我一直将‘灵魂设计’的基因不断注入作品中”。

这是一部非常用心的著作，就像是大国工匠、非遗大师手下巧夺天工的“绝活儿”。本书列举了很多鲜活的趣事，回顾了很多亲历的策划，引证了国内外的案例，批驳了流俗的观点。读来既觉得形象、生动，又感到细腻、亲切，既像是在把玩一件微雕大料，又像是在欣赏工笔大师的杰作。当然，由于与作者性格、经历和文风的差别，个别地方读来也觉得稍显烦琐，表述层次略显过多，感觉是太过细致入微了。例如，讲旅游设计灵魂的“六步进阶法”，一步是资源解冻，二步是基因破译，三步是灵魂打捞，四步是载体设计，五步是概念包装，六步是故事推演。当然，仁者见仁，智者见智。或许在有的读者看来，这恰是很大的优点，唯有如此的细致，才能教人找到一把能够打开旅游千把锁的钥匙，使本书成为旅游灵魂设计者的秘籍、实践者的工具。

当今旅游的策划、规划和设计者，天下可谓多矣。什么专业、背景、履历、做派的都有，却有高下、雅俗、专陋、雪泥之分。到底哪样的一些人是立于行业金字塔之巅，肩负引领产业高质量发展重任的？我认为，不是成天吹嘘规划了多少个 5A 级景区的，不是总装扮得比大国总统还忙碌的，不是刻意炫耀“自带天线”而唬人诱人的，不是偶尔串个旅游论坛就提前预告的，不是动辄预报发展趋势的，而是既能扑下身子搞几个带创新性策划和创意的落地项目，也能够看得透、摸得准、拎得清旅游策划与规划行业实情的，尤其是肯于点灯熬油、冥思苦索、兢兢业业、探寻规律的少数一些人，他们是全行业理应予以敬重的。本书的作者就属于这一类型。正是由于他们的理性思考和负重前行，中国旅游业才会有更加充满希望的未来。

“怎样才能让中国 2800 多个县的旅游灵魂个个做到百里挑一”，这是作者在书中提出的现实思考，也是任重道远的前景预期。在此，我所能想到的加快推动实现的方法，就是期望旅游界的官、产、商、学、研各个岗位上的人，尽量争取读一下此书，学习领悟旅游灵魂设计的理念和方法，减少陈陈相因的观念和做派，让科学化、专业化、创新化发展旅游的氛围逐步浓厚起来，并从创意、策划、规划、设计这个源头改善开始，推动旅游产业在真正高质量的轨道上运行。如此，作者著述之辛劳就值得了，本书对旅游规划界的贡献也将不朽了。

2023 年五一假期于北京亦庄凉水河畔

序　二

巴兆祥

复旦大学历史学系/旅游学系教授、博士生导师，国务院学位办教学指导委员会委员，教育部旅游管理类教学指导委员会委员，中国旅游教育分会副会长，复旦大学旅游管理专业硕士（MTA）教学指导委员会主任委员

中国旅游的历史，源远流长，但现代旅游业的发展则是近几十年的事。随着我国对外改革开放的扩大与深入，人民经济与文化需求的增长，我国旅游业的发展高歌猛进。与此同时，社会各方面对旅游的关注也日益增多，无论报纸、电视、新媒体中有关旅游的新闻、报道，或朋友圈发的旅游消息与体验，还是期刊、书籍上的旅游学术研究与讨论，可谓触目皆是。旅游已经成为人们追求美好生活的重要组成部分，人们对旅游或旅游业的期望也越来越高，旅游发展的瓶颈也时有所见。那么，旅游与文化到底是什么关系？旅游与文化如何有机融合？旅游的产业链如何打造与延伸？传统旅游景区如何转型升级？旅游景区如何摆脱同质化？旅游目的地品牌如何塑造？旅游产品如何创造性设计？诸如此类，成了旅游业界与学术界必须面对与解决的重大问题。为此，全国涌现出一批行家里手，沈祖祥教授当属个中翘楚。

祖祥与我，是复旦大学历史系（旅游学系）的同学与同事，他先于我留校任教。我俩均属历史专业出身，他擅长中国古代史，我专攻方志学。如从研究方向由历史转向旅游来讲，他是我的引路人。记得大约1994年他主编《旅游与中国文化》一书，邀我写一篇《方志与旅游》，这是我第一次接触旅游这个话题。《旅游与中国文化》出版后，赢得广泛赞誉，奠定了他在旅游圈里的地位。1997—1999年，他整合复旦大

学旅游管理专业的师资团队以及其他兄弟院校的科研力量，策划、主编“大学旅游教材”丛书，我有幸负责《中国民俗旅游》一书，无论在框架设计还是在作者队伍的组建上，都得到他的悉心指导与帮助。2002年后受系里安排，我的工作方向、重点转向旅游专业，多次受邀参加他的项目调研，学到了很多有关旅游资源调查与开发策划方面的知识与技巧。2004年，祖祥又针对高校旅游教材存在的难题与困惑，在“大学旅游教材”丛书基础上重新策划、主编“21世纪大学旅游教材”，提出了大学旅游教材应“注重信息量”“注重知识面”“注重方法论”“注重整体性”“注重案例法”等六大理念。以此为指导，《中国民俗旅游》做了大量改动，推出了新的版本，我也算基本完成了专业方向的转型。

继《旅游与中国文化》后，祖祥又主持了数百项旅游策划、规划实践，做了难以计数的学术演讲，出版了《旅游心理学》《旅游文化学》《中国宗教旅游》《旅游宗教文化》《旅游策划学》《现代旅游策划学》《旅游策划——理论、方法与定制化原创样本》《世界著名旅游策划实战案例》等力作，成就斐然，首次系统构建旅游文化学、旅游策划学的理论体系，创立旅游文化学、旅游策划学两个旅游学的分支学科，在当代旅游学科领域蔚然成家。

摆在我们面前的《我为旅游设计灵魂》一书，系祖祥数十年旅游规划、策划、设计心路历程的总结、旅游策划设计理论的升华，以及旅游实践反思的深入与拓展。当今很多地方的旅游都面临着后劲不足或一直处于疲软状况的困境，如何突围呢？他认为并不是文化内涵挖掘不足的问题，而是没有找到旅游的灵魂。旅游的灵魂是文化吗？他认为文化在旅游中的重要性已经远远超出了“文化资源”本身，旅游更多需要的是“一种文化的世界观和方法论”。旅游的灵魂有“五度叠加（文化的厚度、市场的热度、产品的力度、思想的深度、理论的高度）”“四点合一（亮点、卖点、热点、引爆点）”两大定律，“有料、有趣、有形、有异、有用”五大特质。旅游灵魂怎么来，需要策划设计。他创造性地提出了“三维境界（找魂、造魂、销魂）”理论模型，通过对找寻旅游灵魂的16条路径探索，提出了旅游灵魂设计的“六步进阶法（资源解冻、基因破译、灵魂打捞、载体设计、概念包装、故事推演）”，主张旅游灵魂设计的关键是要将旅游的灵魂“可视化”，诉诸“五感”，以期

“叫得响，打得出，拉得动”。本书最后一章以浙江安吉县、安吉县余村、浙江义乌市赤岸镇、浙江德清莫干山、浙江长兴等为案例，作了旅游灵魂设计的实盘推演，为旅游地的旅游灵魂设计尝试提供学习范式。上举种种，都是他多年的实践所得，呕心沥血省思的精华。其宗旨正如他自己所言：“《我为旅游设计灵魂》提供了一个崭新的整合范式，阐述了一种全新的旅游策划法，旨在启发大家在旅游中借由灵魂去思考旅游，去思考文化，去思考文旅；借由灵魂这个独特焦点重塑我们的世界观、旅游观，借由灵魂去思考、策划、规划、设计，以实现旅游脱胎换骨的创新，以及我们的旅游更加生机勃勃。使旅游不仅有灵魂，并且拥有更多‘好玩有趣’的灵魂。”通览全文，本书以“旅游灵魂”为经，灵魂设计过程为纬，立论高远，素材与案例丰富，新见迭出，且极具思辨性，又文采飞扬，是旅游学界近年难得的有思想、有理论、有方法的精品佳作。该书的出版，对旅游学科建设无疑具有重要意义，于旅游实践的可持续发展必将产生重大影响。

值此佳作出版之际，沈祖祥教授嘱我为序，写此短文谨为序，以志庆贺。

2023 年 5 月 13 日

序　三

杨振之

四川大学旅游学院教授，四川大学中国休闲与旅游研究中心主任，旅游管理专业、文化遗产与旅游开发专业博士生导师，世界研学旅游组织（WRTO）执行主席，全国区域旅游开发专业委员会轮值会长，四川省旅游地学研究会理事长

复旦大学旅游学系沈祖祥教授邀我为他出版的专著《我为旅游设计灵魂》写个序，我欣然应允，主要基于两个方面的考量：

第一，因为我自己与旅游策划的不解情缘与情结。本书作者沈祖祥教授与我都是中国较早的旅游专业学者，我们这一代旅游人几乎全程参与了中国现代旅游学科的建设与旅游策划专业的发展历程。1990 年我硕士研究生毕业就进入四川师范大学历史系，后依托历史系组建了旅游系，于 1997 年调入四川大学旅游学院任教至今。我主持了四川汶川地震灾后旅游业恢复重建规划、福建泰宁中国丹霞世界自然遗产修建性详细规划等 1000 多项策划规划，出版《旅游原创策划》《旅游项目策划》《旅游资源开发与规划》等专著 17 部，对旅游学科感情深厚，对旅游策划深谙其道。

第二，因为沈祖祥这个人和《我为旅游设计灵魂》这部书。沈祖祥教授是国内旅游策划理论体系创建者之一，早在 1994 年就主编《旅游与中国文化》一书，此后笔耕不辍，出版了《旅游文化学》《旅游策划学》《旅游策划——理论、方法与定制化原创样本》等文旅策划力作。沈祖祥教授也是我国文旅策划知名专家，主持参与猴岛旅游规划、浙江安吉竹博园整合策划等近 400 项旅游规划和旅游策划。此次出版的新书，是沈祖祥教授几十年对文化与旅游的思考凝萃，也是文化与旅游专业教学与产业实践的总结凝练。

初次看到本书，我就被书名《我为旅游设计灵魂》深深吸引。作为一本研究文旅策划学的著作，作者为什么要强调“我”？什么是旅游的“灵魂”？旅游灵魂真的是“设计”出来的吗？这些异于旅游学术常规书籍的思路足以引发读者对本书的好奇，定要一睹为快。待到展书细读，深觉本书文笔幽默风趣，内容翔实恳切，对旅游灵魂的辨析逻辑清晰，对旅游策划的解析颇有新意，不愧是一部文旅策划学研究著作，果然开卷有益。

作为“我”，一方面是作者本人，作者自述了从童年求学至青年择业，再至中年立业的人生历程，作者因缘际会进入旅游界，在学术道路上下求索，在业界领域游走体悟。本书总结了作者数十年来进行旅游策划、规划的历程，将对旅游策划学的认知升华为旅游灵魂设计理论，一件件趣事描写形象生动，引人入胜。另一方面，“我”也是指每一个人，旅游学界孜孜不倦的研究者和学习者、顺应社会变革励精图治的旅游从业者、对旅游策划感兴趣的读者，每一个人都随着作者一项项透彻入微的案例分析身临其境，通过阅读和思考，成为那个为旅游设计灵魂的“我”。

本书提出了旅游文化的一个新视点——“旅游灵魂”。中国古代的旅游文化背景深刻、意义深远，但现代旅游业起步较晚，文化和旅游的学科融合建设仍在不断探索和构建中。对于“文化旅游”，2017 年联合国世界旅游组织第 22 届全体大会专门进行定义，它是指“一种旅游活动，游客的基本动机是学习、发现、体验和消费有形和无形的文化景点/旅游目的地的产品。这些景点/产品与社会的一系列独特的物质、智力、精神和情感特征相关，包括艺术和建筑、历史和文化遗产、烹饪遗产、文学、音乐、创意产业和生活文化及其生活方式、价值制度、信仰和传统”。但对于“文化”和“旅游”的关系，学界的探讨和研究持续不断。有的人将文化和旅游理解为一体两面的概念；有的人认为应将二者从精神需求和物质需求的两方面区别对待；有的人认为文化与旅游融合是异业的产业整合。对于无人不知的“文化是旅游的灵魂”，大部分人解读为灵魂与载体的关系。但大家真正理解其中的“灵魂”吗？如果梳理出文化就能掌握旅游发展的密码，又怎么会生成大同小异的旅游城市，造出千篇一律的旅游小镇？这是作者对旅游策划振聋发聩的拷问，也是对旅游经济现状的深思，并借此拷问提出“旅游灵魂”视点，认为“旅游缺的不是文化，而是灵魂”。

旅游需要的文化是一种“文化资源”，在旅游经济中展现出来的是目的地人群所创造出来的物质和精神财富，具有当地的独特性，代表了当地人的世界观和方法论，这是旅游的超级吸引物，在旅游中极具重要性和必要性。但旅游仅有文化是远远不够的，因为旅游、文化、灵魂既相互关联，又独立存在。作者认为“旅游灵魂是一种客观存在”，可以具象为“五个度”的叠加组合，即文化的厚度、市场的热度、产品的力度、思想的深度以及理论的高度。旅游的灵魂，不能没有文化；要有市场的热度，经得起市场的检验；是一个具体的、实实在在的旅游产品；思想的深度决定了灵魂的深度；有了理论的高度后，许多问题就会迎刃而解。同时，旅游灵魂是“亮点、卖点、热点、引爆点”的四点统一，需要“有料、有趣、有形、有异、有用”。

作为文旅策划学的一部新书，本书阐释了文旅策划学的一个新视点——“旅游灵魂设计”。“旅游灵魂设计”是作者构建的一个全新的文旅策划设计体系，可以分成三个不同境界和层级的设计维度，分别为“找魂”“造魂”和“销魂”。“找魂”，是把魂找回来、找出来；“造魂”是要把旅游的灵魂“设计出来”；“销魂”，是要把设计出来的魂“销”出去，让设计好的旅游的魂“火”起来，这才是持续不断努力和前行的动力。旅游灵魂藏在哪里呢？作者认为，它在唯美大气的名字里、在穿越了千年时光的文化里、在羽花如梵的故事里、在懂你情怀的民俗里……需要“我”拂去各种历史文化尘埃、剖析各种事物表象，抽丝剥茧，方能找出真实的旅游灵魂。

旅游灵魂设计也是一种创意设计。新时代的经济发展正在由物质经济向符号经济、时间经济向场景经济转型。旅游经济也从资源经济、资本经济，走向创意经济。旅游灵魂如何设计和销售呢？作者将其分成资源解冻、基因破译、灵魂打捞、载体设计、概念包装和故事推演六个进阶定律，并称其为“一剑封喉的秘诀”。旅游灵魂设计的过程是一个资源赋能、文化赋能、精神赋能的过程，将硬创新和软创新结合，将生产力转化为生命力，完成审美场景的构建，满足人们的美好生活需求。

作为文旅策划的实践指引书，作者用多年来亲自操盘的诸多真实案例进行实盘推演及实践指导。通过“安吉”二字“安且吉兮”的解读，示范怎样才能让中国 2800 多个县的旅游灵魂个个做到百里挑一；从赤岸镇的旅游顶层设计来解开一个乡或一个镇的旅游灵魂设计规律和秘密；在余村的旅游灵魂设计中为乡村旅游找寻新的历史方位；带领马畈村走出农业旅游的十面埋伏；为莫干山的乡村旅游设计一种超凡脱俗的气质；用大熊猫为中国竹子博览园的生态旅游创造出引爆点；在恐龙与亲子之间找出亲子旅游灵魂的关键是“孩子们童年的欢笑”；在孟郊故里读懂文化旅游，领悟“做诗不做人”的情怀；借长兴旅游的“太湖旗”文化基因解码打穿文旅融合的坚固壁垒。

中国的文化旅游产业规模不断扩大，质量不断提升，已经融入经济社会发展全局，是人民生活水平提高的一个重要指标，作为国民经济战略性支柱产业的地位也更加巩固。“坚持以文塑旅、以旅彰文，推进文化和旅游深度融合发展”是党的二十大对文化和旅游产业提出的战略部署。“旅游灵魂设计”是文旅策划领域的新视点、新方法，是文旅策划操盘实践的创意和创新。《我为旅游设计灵魂》可能是一把能够打开旅游千把锁的钥匙，可以解开旅游灵魂密码，带领读者设计出“好玩有趣”的旅游灵魂，引领学界和业界诸多的“我”在文化和旅游融合高质量发展的道路上砥砺奋进。

以序为贺。

2023 年 6 月 16 日

前　言

探索旅游更多好玩有趣的灵魂，发现旅游更加惊艳绝伦的世界：

牛顿发现地心引力，
地心引力创造高空弹跳？
究竟是谁发明高空弹跳，
敢向地心引力挑战？
究竟什么样的人敢玩高空弹跳，
跟地心引力开玩笑？
想知道旅游更多好玩有趣的灵魂吗？
或许你这次可以不用跳！

生活是不断地寻找与寻觅，旅游是不断地探索与发现。这是点缀我们每一个人生活的源泉，是激励我们每一个人旅游的澎湃动力。

好看的皮囊千篇一律，有趣的灵魂万里挑一。

让我们一起为旅游设计灵魂，去探索旅游更多有趣的灵魂，去发现旅游更加惊艳绝伦的世界。

一、充满雄心抱负

我对《我为旅游设计灵魂》这本书充满雄心抱负：这是我国第一部文旅策划学著作。

现代意义上的旅游是西方工业革命催生出来的，是在西方工业革命所带来的批量生产的背景下应运而生的。而中国延绵数千年的旅游传统始终建立在以农业文明为背景的小农经济的基础之上，并且形成了以崇尚文化和尽情发挥旅游者个人性情为核心的价值取向。随着西方近代工业文明及其相伴的生活方式和各种社会思潮的不断涌入与冲击，以个体经济和小农经济为基础的中国传统的旅游文化逐渐失去了它的主导地位。

自改革开放以来，我国的旅游业蓬勃发展，如点睛画龙，一飞冲天。在现代经济格局中，旅游业从产业缺失到逐渐成形，从无人重视到门庭若市，从国民经济的附属到成为国民经济的支柱，从市场的无需求或低需求发展到今天的市场需求日益见长见高，一日千里，傲视天下。

然而，我们不得不承认，中国尚未走完自己的工业化道路，因此也还没有能够真正建立起自己的旅游经济体系。同时，我们必须清醒地认识到，随着工业化进程的不断加快，随着大众旅游时代的全面到来，我国旅游业所暴露出来的问题越来越多，越来越尖锐，越来越复杂。我们努力打造的旅游城市基本上大同小异，我们想方设法开发出来的东西总有一种莫名其妙的似曾相识的“山寨”感，我们的旅游始终走不出低位徘徊的怪圈。

于是，旅游策划应运而生！

二十多年前，我的工作正面临重新定位，需要重新省思自己的角色与目标。最初我就是为了响应当时出现的戏剧性变化才开始想到旅游策划这个课题的。当我于1998—2000年间着手写作《旅游策划学》一书、创立旅游策划学这一学科时，并没有想到旅游策划会由当初的新学快速发展成今天炙手可热的显学。

二十多年的时间，中国的旅游发生了翻天覆地的变化，文化思潮的迅猛崛起及文化与旅游的深度融合便是这场旅游产业翻天覆地、急剧蜕变的象征。

二十多年后的今天，在这场全国性的文旅热浪中，城市、旅游产业、文化都在进行着脱胎换骨的变革，都在努力重新评估和省思自我，都在积极弘扬文化，都在努力发展文旅。

在当今经济社会全球化的背景下，在全国化和旅游一体化的趋势下，需要的是我们以更具穿越感的眼光和眼力去看待文旅，看待文旅的过去、现在与未来，看待文旅的发展现状及其存在的问题，看待文旅的一般问题、突出问题与根源问题。需要的是我们以更加丰富而又深邃的认知和判断的眼光，去为人们关注文旅提供更广、更宽的视角，去为在文旅红海中苦苦求索的同人们提供更加富有穿透力、想象力和创造力的研究文旅、解释文旅的选择与可能性。

显而易见，“文旅”是一个新生的名词，是一个新生的产业，是一个全新的旅游形态，需要我们跟上最新的潮流，用旅游策划学的视角对文旅进行讨论和研究。

在众多的旅游策划学书籍中，迄今未见专门研究文旅策划学的读本。

《我为旅游设计灵魂》可以说是中国第一部文旅策划学研究著作。对文旅进行独特的聚焦，从文化与旅游的共性出发，相信能够启发大家在文旅中借由策划去思考、去研究、去规划、去融合。

二、洋溢奇思异想

《我为旅游设计灵魂》这本书洋溢着奇思异想——借由灵魂对旅游展开新的思考模式，是旅游灵魂学第一书。

“文化是旅游的灵魂”早已成为旅游的普遍共识，早已成为每一位旅游从业人员必须拳拳服膺的理论指针，早已成为旅游文化学的真谛和意义所在。

就定义而言，大多数人都对“灵魂”望而生畏，敬而远之；作为流行文化，“好看的皮囊千篇一律，有趣的灵魂万里挑一”，表明有趣的灵魂“万里挑一”般地难找；作为旅游最经典的理论，“文化是旅游的灵魂”说明文化在旅游中具有的重要性。

作为旅游最知名的代表符号，“文化是旅游的灵魂”无人不知，但却很少有人真正认识这句话中的“灵魂”。

《我为旅游设计灵魂》将旅游的“灵魂”作为特定的论题，思考旅游的灵魂的概念以及理论，并借由想象而构成的旅游灵魂设计的方法，创造了一种富有启发性的文旅策划法，探讨了如何借由“灵魂”这一全新视角，透过灵魂发挥创意和想象力去思考、策划、设计并行动，从而使我们的旅游不仅更具文化韵味，而且更加生机勃勃。

因而，《我为旅游设计灵魂》可以说是中国第一部专门研究旅游灵魂的书，是旅游灵魂学第一书！

三、重塑思想力量

《我为旅游设计灵魂》这本书突破思想禁锢，提出了旅游文化学的一个新思想——旅游灵魂的思想，对旅游文化学理论来说，是一个重要的突破。

思想限制了人们的眼界。旅游要想突破困境，旅游理论要想实现创新，首先需要突破思想桎梏，重塑思想的力量。

中国的旅游，究竟路在何方？当下的中国旅游似乎什么都有问题，什么都是问题：从资源到产品，从市场到营销，从文化到旅游，从机制到体制，从资本到资金。也到处可见各路英雄开出的各式各样的“药方”：从全域旅游到文旅融合，从模式打造到业态创新，从内涵挖掘到文化赋能，从民宿到特色小镇……我们只能说仁者见仁，智者见智。

在我看来，旅游是理论的突破，首先需要思想的突破。中国的旅游路在何方，取决于我们对中国旅游的未来作何判断、思考与选择，取决于旅游思想的革新和突破。

本书写作的目的，就在于要让大家充分清醒地认识到，如果继续依赖陈旧并禁锢了的思想技巧、方法和心态，拘泥于规划还是策划，旅游还是文化，都将遭遇相同的障碍。

一个不容忽略的严峻事实是，随着工业和旅游业发展进程的不断加快，旅游越来越商业化。旅游的纯真没了，旅游的情怀丢了，旅游的文化被吞噬了，旅游的美好“变味”了。

“文化是旅游的灵魂”，是旅游的核心思想和价值所在，既保留着属于本土、本民族、本国特有的根基，又充分展示着人文的馨香，从而给予游客无限的人文关怀与体验。

于是，我们看到一种无限放大的热闹景象：全国各地的旅游都前所未有地重视文化，都在大张旗鼓地推动文旅融合。一场轰轰烈烈的文化浪潮席卷中国大地，洒满旅游的每一个角落。

我并不是要否定“文化是旅游的灵魂”蕴含的思想和价值，而是真切希望我们在高举“文化是旅游的灵魂”这面理论旗帜的同时，更要进行深层次思考和探索：“文化是旅游的灵魂”除了强调文化在旅游中的重要性外，还在强调什么，到底还能给旅游带来什么。这是每一位旅游理论研究者义不容辞的责任。

《我为旅游设计灵魂》对旅游文化学来说首先是一个重要的思想突破，它改进了特定的文化概念，打破“文化是旅游的灵魂”的思想桎梏，重新省思“文化是旅游的灵魂”的角色与目标，发展了一个更好适应当代文旅发展的旅游文化的新思想——旅游灵魂的思想。

第一，今日旅游面临的根源问题，不是文化，而是灵魂。旅游缺的不是文化，而是灵魂。

第二，事实上，我们都背负着根深蒂固的文化包袱，许多人是为了文化而文化，而这影响着我们的心态、思维、价值观与热情。旅游品质的判断和魅力的提升，不是一个单纯的文化问题，不是一两个乃至大批的文化项目和文化产品问题。对旅游品质的判断，对旅游魅力的体悟更多地取决于旅游的文化视野、人文修养、生活情趣，也即“灵魂”。

第三，“文化是旅游的灵魂”这句话，分别由“文化”“旅游”与“灵魂”三个关联词组成。大家都在研究文化，都在谈论旅游与文化的关系，但却很少有人专门研究旅游的灵魂。也许，在我们大多数人的认知里，文化就是旅游的灵魂，研究文化就是研究旅游的灵魂，抑或因为在我们心中，灵魂是个虚幻的东西？

文化是文化，旅游是旅游，灵魂是灵魂，它们相互关联，却各自以独立的方式存在。旅游的灵魂是一种客观存在，我们必须超越旅游“灵魂”的狭隘思维，以创造旅游灵魂真正的价值。

本书写作的目的是启发人们去更多地思考：旅游到底需要文化的什么？

“文化是旅游的灵魂”所倡导的是在旅游中深植文化的必要性。现在我们谈论的“文化是旅游的灵魂”中的文化，或者说我们普遍认为，旅游需要的文化是种“文化资源”，它存在于一个国家、一个地方、一个民族的历史、习俗与昔日的知识中。文化资源所反映的是一个地方的历史、地位与传统，容易将人们的注意力引向一个地方的独特性上。

在这里，文化成了旅游的命脉，因而在旅游中被看成是重中之重。但这种认知和做法，日渐暴露出问题和弊端。因为旅游是旅游，文化是文化，这也就不难理解我们今天对众多文化旅游和文化旅游产品的同质化的担忧、商业化的批评、叫好不叫座的无奈。

在我看来，文化在旅游中的重要性已经远远超出了文化资源本身。旅游更多需要的是文化的视野、文化的修养、文化的情怀和文化的思维方式。更直白点说，是一种文化的世界观和方法论。

本书写作的目的是启发人们去更多地想象和思考：旅游到底需要灵

魂的什么？

现在我们谈论的“文化是旅游的灵魂”中的“灵魂”，大家都默认为是文化。我们如果继续依赖这种认识机制去解决旅游问题，将遭遇难以逾越的障碍，如果不去通盘思考“旅游”“文化”和“灵魂”各自独立存在这个事实，一味对“文化是旅游的灵魂”加以滥用，这个思想就会日益空洞、销蚀。

旅游要有灵魂，要有精气神。我们大家都说找“魂”，要把旅游的魂找出来，要让我们的旅游有灵魂，其传递的核心信息就在于，旅游需要灵魂，需要一种灵魂性的思想，一面灵魂性的旗帜，一个灵魂性的创意，一件灵魂性的产品。借用广泛流传的“好看的外表千篇一律，有趣的灵魂万里挑一”这句时尚语录，旅游需要的是灵魂的“有趣”。

因此，你尽可以想象，那个“真实的”“有趣的”“鲜活的”“不朽的”“快乐的”，甚至是“疯狂的”旅游灵魂的千姿百态的神采和模样。

四、实现理论创新

《我为旅游设计灵魂》这本书是一本理论创新书——建立了旅游策划学的一个新理论：“旅游灵魂设计”理论。

旅游策划的出现和与之相伴的旅游格局的变化，能够改变一个地区的社会、经济及文化图景。然而，旅游策划本身理论的缺失及其滞后，不但成为旅游策划学学科自身发展的突出瓶颈，而且也已经成为遭受旅游同门学科诟病和质疑的充分理由。

旅游策划学到底是什么样的学科？我们说不清、道不明。旅游策划到底解决旅游什么问题？究竟能为旅游做什么？我们常常“犹抱琵琶半遮面”，缺乏底气。“旅游创意”这些所谓的旅游策划理论显然难以服众。

写作《我为旅游设计灵魂》的构想由来已久。早在2000年出版的《旅游策划学》一书中，我便开始思考旅游策划学的学科性质，提出了“旅游策划是艺术”的独特观点。伴随着对旅游策划研究的不断深入以及大量的旅游策划实践，我愈发渴望说清楚、弄明白旅游策划与旅游其他相关学科尤其是与旅游规划这门“同门”学科之间的差别。我一直在思考，一直想探究，旅游策划到底是一门怎样的学科，究竟能为旅游做什么，解决旅游什么问题。

我在之后出版的《旅游策划》和《现代旅游策划学》书中逐渐萌生“灵魂”这个论点，提出了“树根立魂”的旅游策划理论。后来又不断丰富和完善，进一步形成了“旅游灵魂设计”理论。2012年以来，我在无数个场合，借用课堂、会场、演播厅阐述我的这个创想。每当我提出这个构想，阐述旅游策划就是“为旅游设计灵魂”，旅游策划学是一门“为旅游设计灵魂”的学问，并表示正在写《我为旅游设计灵魂》这样一本书时，大家都认为这不仅是一个令人鼓舞的理论，是一个令人梦寐以求的想法，而且也是一个鼓励人们敞开心胸、丰富和发挥想象力的构想。

《我为旅游设计灵魂》对旅游策划学来说是一个重要的理论创新和突破，不仅厘清并改进了旅游策划学关于“创意”的特定概念和论点，创造性地提出了旅游策划学的旅游灵魂设计理论，并且建立了旅游灵魂设计理论的“三维境界”模型，突出在此理论领域的新近研究成果。

五、提供实在指引

《我为旅游设计灵魂》这本书是一部实践指引书——是一部打开旅游千把锁的秘籍。

本书不仅有彰显旅游灵魂魅力与特性的启发性思想和理论，而且有力图寻求为人们开启旅游灵魂设计秘诀的方法。根本的出发点，是为了让人们知道为什么要为旅游设计灵魂，到哪里去找旅游灵魂，以及如何为旅游设计灵魂。

很多人都觉得，实务要比理论好。所以，大家都喜欢案例分享，喜欢实务操作。

案例的确能展现过程，展示经验。然而，由于这些案例往往是别人的成果，因而难免有盲人摸象或隔靴搔痒的感觉，以至于令人难以辨认真相，无法从中收获经验。

大家喜欢实务操作，好像通过这些实务操作，即这些速成班或速成课，真的能立竿见影，找到解决问题的方法和出路，学会操作的技巧和方法。但到底有没有实务的实效，也不尽然。

本书的“实务”至少在以下两个方面是真实的。

第一，书中精选的案例乃至分析所用的“碎片”，是我实盘操作的，是我自己设计的。第二，本书某种程度上便是一个为旅游设计灵魂的策略大全，从如何为一个村的旅游设计灵魂，如何为一个镇的旅游设计灵魂，如何为一个县的旅游设计灵魂，到如何为湿地旅游设计灵魂、为文化旅游设计灵魂等，读者可从这些苦心孤诣的实务分享中看到端倪。

六、让中国文旅都有一个万里挑一的灵魂

《我为旅游设计灵魂》到底是一本什么书？

是学术著作？是理论著作？还是……

是旅游？是文旅？还是……

是旅游策划？是旅游规划？还是……

是案例？是实务？还是……

在我看来，这些都不重要，甚至无关紧要。重要的是，我在这里提供的是一把能够打开旅游千把锁的钥匙。对于想从事旅游、从事旅游策划，想为旅游设计灵魂的人来说，是一个实实在在的指导。

《我为旅游设计灵魂》提供了一个崭新的整合范式，阐述了一种全新的旅游策划法，旨在启发大家在旅游中借由灵魂去思考旅游，去思考文化，去思考文旅；借由灵魂这个独特焦点重塑我们的旅游观，去思考、策划、规划、设计，以实现旅游脱胎换骨的创新，让我们的旅游更加生机勃勃。使旅游不仅有灵魂，并且拥有更多“好玩有趣”的灵魂。

《我为旅游设计灵魂》特别强调旅游的灵魂是设计出来的。很多人都以为，旅游的灵魂是一种文化，是一种禀赋，早已存在，我们只要找出来、挖出来就行了。本书阐述旅游灵魂的一系列概念、知识原理，从而使旅游的灵魂这个长期以来看似无解或者认为无须去解的问题，不仅得以迎刃而解，并且猛然醒悟于“旅游灵魂是设计出来的”这样一个既发的事实。

从书名来看，本书是讲述作为作者的我为旅游设计灵魂的来龙去脉，为旅游设计灵魂独特的操盘方式方法，但更深层次含义，是希望广大的读者朋友能够通过本书的阅读与领悟，自己也能为旅游设计灵魂，快速成为《我为旅游设计灵魂》中那个“我”。

希望本书能够成为有志于为中国旅游设计灵魂的实践者的工具、设

计者的秘籍。你尽可以循序渐进，从什么是旅游的灵魂，从哪儿去找旅游灵魂，到旅游灵魂设计的秘诀以及实盘操作技法，一目了然。你尽可以为大大小小的城市、各式各样的旅游设计灵魂，因为《我为旅游设计灵魂》呈现出来的是一把能够打开旅游千把锁的钥匙。

希望读者朋友们能以放空的心态来看这本书。看完后，如果能够对旅游的未来充满信心，我就满意了。如果能认识到旅游灵魂设计对于塑造我们的旅游观，以及所具有的出神入化、化繁为简、点石成金的无限力量，我就满足了。如果能通过《我为旅游设计灵魂》这本书，让大家真正掌握了为旅游设计灵魂的诀窍和策略，从而让中国所有的旅游目的地、文旅活动、文创项目和产品，都能拥有一个万里挑一的有趣的灵魂，那我就真的心满意足了！

沈祖祥

2023 年 4 月

第一章

一个热望的我

——中国旅游策划学创始人以及他为旅游设计灵魂的故事

·“我”是谁?

这个时代，人们讲究的是颜值、人设与标签。虽然我对颜值、人设和标签不屑一顾，甚至深恶痛绝，但为了给“我为旅游设计灵魂”中的“我”寻找一个理由，我不得不落在自我定义或被人定义的俗套里。

·为什么是“我”?

既然我不愿自我定义，那就只能被别人定义。百度搜索引擎给了“我”这样一个定义，贴上了这样一个标签：

“沈祖祥——中国旅游策划学创始人”。

这便是为什么是“我”的原因，因为我是“中国旅游策划学创始人”，是中国“旅游灵魂设计”理论的创立者，而且，更是一位以擅长“为旅游设计灵魂”而著称的实力派操盘手。

一个民族有一个民族的历史，一个年代有一个年代的记忆，一个行业有一个行业的画卷，一个人有一个人的故事。中国旅游自改革开放以来，历经四十多年的奋进与演变，早已由星星之火发展成燎原之势，“旅游灵魂设计”理论也由筚路蓝缕开始裂变、反应并释放能量。在这个文旅大变革、大融合、大发展的背景下，在这个旅游“先策划后规划”理念已经深入人心，人们高度重视旅游文化、迫切需要旅游灵魂的新时代，迫切需要有这么一个人，这么一个“我”，去忠实记录历历往事，细细描述中国旅游策划三十年来旅游灵魂设计理论和实践波澜壮阔的绚丽画卷。

·为什么要说“我”?

原本我也是直奔主题，严格遵循学术研究的态度和风格，不停地书写着那些关于旅游灵魂设计学说和理论的恢宏篇章。但写着写着，总有一种让人知其然却很难知其所以然的感觉。

法国著名雕塑家奥古斯特·罗丹那句“世界上不缺少美，而是缺少发现美的眼睛”的至理名言让我豁然开朗：中国旅游从来都不缺少灵魂，而是缺少发现旅游灵魂的眼睛。

从事旅游文化学术研究、旅游策划、旅游规划的大有人在，大谈文化的重要性，高谈阔论“文化是旅游的灵魂”，径直把文化囫囵吞枣植入旅游当作灵魂的大有人在，但真正能认识旅游的灵魂，参悟透旅游灵魂真谛的其实并不多。善于发现和捕捉旅游的灵魂，擅长为旅游设计灵魂的更是屈指可数。显而易见，并不是人人都能发现旅游的灵魂，也并不是人人都能为旅游设计灵魂。

于是，我毅然决定，换种角度，换个写法，通过“我”来讲旅游灵魂设计。通过“我”去窥探和发现旅游意想不到的灵魂之美，不仅可以让人知其然，而且更能知其所以然地了解旅游灵魂设计理论的来龙去脉，洞察旅游灵魂设计的变幻莫测，全方位体验和享受旅游灵魂设计的无限美好和无穷乐趣。更重要的是，通过“我”这个独特的角色，让人搞明白“旅游灵魂设计”最真实的内在逻辑。

·如何说“我”?

如果你读腻了那些描写“我”的滑稽的文字，听够了那些永远正确的废话，想在“正传”外找点“野史”，“大传”外看点“小传”，“英雄”外见识点“狗熊”，“永远正确的废话”外听些“真言”或哪怕是逆耳的“忠言”，那就别犹豫了。读下面的文字，虽然不是最好的，却是真切自然的。不仅毫无矫揉造作的毛病，而且的确具有某种单纯却不可破译的个性主义味道。“我”用身临其境的叙述故事的方式引导读者打开视野，通过对人生点点滴滴、历历往事的串联与一幕幕旅游灵魂设计的朵朵浪花的真实推演，领略“我为旅游设计灵魂”诡谲并且近乎神奇的出神入化的魅力。一切似不肯说破，又似说不破。就像许多人说的那样，高深莫测，但值得回味。提醒人们思考“我”与“为旅游设计灵魂”中的“灰色”意义，也是对当下身处硬核标签时代关于“我是谁”“为什么是我”“我要写怎样一本书”的最好的镜像的呈现。

想听故事，往里走!

1.1 中国旅游策划学创始人

1.1.1 这是一个硬核基因甚嚣尘上的时代

在这个人人都在追求个性化的时代，几乎每个人都有属于自己的标签。标签成了个性化的表现形式，一个人有了个性化的标签，如同一个品牌，一种身份，一定地位和名气，就容易引起人们的关注、为人所熟知乃至产生敬仰。

于是，标签化盛行。在生活中，在工作中，大家都热衷递名片，到处投简历，忙着加微信，主动或被动地做各种各样的自我介绍乃至自我推销。一个人的标签，有些是别人贴的，或者说是别人给的。但绝大多数人的标签是自己贴的，或者说是自己写的，尤其是精心制作的个人简历和各种各样的自我介绍。

我讨厌贴标签，尤其讨厌自己给自己贴标签，自己定义自己。

当个性和独特成了每个人的标签时，我就知道尴尬来了，随之而来的是纠结：为什么要贴标签，为什么非要我自己给自己贴标签。自己给自己贴标签，到底是实贴还是虚贴，真贴还是假贴？尤其让我焦虑的是，到底什么是我自己醒目而又独特的个性化标签？因为讨厌贴标签，上课时我很少要求学生进行自我介绍。每逢有邀请我访问、演讲、参会、考察或者承担顾问的单位要求我提供自我介绍、让我自己给自己贴标签时，我的不悦就开始溢于言表，并且常常因而干脆谢绝这样的邀请。

1.1.2 不知道从什么时候开始，我被贴上了“中国旅游策划学创始人”的标签

既然不愿意自己定义自己，那就只能被别人定义，被定义在别人给自己贴上的标签里。

我也没能幸免。

那是2008年的一天，我接到某省旅游局规划处的同志打来的电话，邀请我前去参加一个国际旅游岛的专家咨询会。当确认我能够出席会议

后，对方便提出让我抽空提供一份专家个人自我介绍材料给她。我听后立马“晴转多云”，心中氤氲的不悦迅即散发出来：“对不起，我没有自我介绍材料。而且，我差点忘了，那天我好像还有其他的安排，可能来不了。”借此想敷衍搪塞过去。

一会儿，我的手机铃声再一次响起。当我准备又一次推脱时，坐在我车后座的一位研究生小心翼翼地对我说：“老师，您有现成的自我介绍材料呀，用不着您专门去弄。您告诉她，让她去百度上搜一搜，百度上有您的介绍材料。”

这是我第一次知道百度搜索引擎上有“我”，并且，不知道从什么时候开始，“我”已经被贴上了“中国旅游策划学创始人”的标签：

> 沈祖祥，男，1963 年 5 月出生于上海市崇明区。中国旅游策划学创始人。现任复旦大学旅游学系副教授……原创定制旅游策划首创者和引领者。
>
> 创造了中国旅游策划的 N 个第一：
>
> ★是我国第一部旅游策划学专著《旅游策划学》的第一作者，该书填补了国内旅游策划学研究领域的空白；
>
> ★是我国把旅游策划作为一门独立学科的旅游策划理论体系的创建者，中国旅游策划学创始人；
>
> ★持续不断地进行旅游策划理论的完善和升华，在复旦大学出版社出版了《旅游策划》，在化学工业出版社出版了《现代旅游策划学》《旅游策划理论与实践》；
>
> ★在国内高校第一个开设旅游策划学本科课程；
>
> ★在国内第一个招收旅游策划硕士研究生；
>
> ★创建了旅游策划的“树根立魂”理论；
>
> ……

我不喜欢自我定义，也不希望被人贴标签。

如果非要自我定义，我更愿意定义自己为“教师”——教师是我一生的职业，是我这一辈子最引以为豪的工作。我在复旦大学学习和工作将近 40 年，其中至少 30 年是在教学岗位上从事教书育人的工作。

如果非要自我定义，我更愿意定义自己为“学者”——虽然如今这个社会好像不太流行这样的标签。从 20 世纪 90 年代开始，我便一直专注于旅游文化学研究，在旅游文化研究上有一定的造诣和影响。我能够在旅游策划这个舞台上尽情挥洒，为旅游设计灵魂，很大程度上也是因为我较为深厚和扎实的旅游文化学术功底。同时，我也一直醉心于旅游策划的理论探索和学术研究，出版有 4 部旅游策划方面的学术理论著作，这在国内学术界并不多见。

如果非要我自我定义，我也愿意定义自己为“专家”——我应该算是一位专家，至少是旅游策划和旅游规划方面的专家。凭借与众不同的“旅游灵魂设计”理论，随我所驭的驾控实力，累计有 300 多个旅游策划项目，创造了无数个堪称教科书式的“我为旅游设计灵魂”的成功实例。

1.2　我不逃离所有的自己

对于喜欢旅游策划，特别是那些对旅游灵魂设计好奇的人来说，我虽然不是最佳，但至少是个绝佳的线索。在我身上，虽然不一定能找到许多极具戏剧性的故事，但相信总能在阅读与分享中领略旅游灵魂设计的无穷奥妙、无限魅力。

“我”与中国旅游策划三十年，无数个差一点擦肩而过的瞬间，从记忆开始。

1963 年，我出生在祖国第三大岛——崇明岛。当时家境极度贫寒，从我父母结婚到我上小学四年级，五口之家被迫寄人篱下，蜗居在向我叔叔租借的一间漏雨的破草屋里。

我自幼体弱多病。在我 5 个月大的时候，我的祖母无情地把我丢弃在郊外荒野。我长大以后，每次见到我祖母，那种心灵的颤动，永远刻骨铭心。

总的来说，我的童年，没有风景。那个阶段是人生的天地玄黄，宇宙洪荒。我时时告诫自己，要努力！要奋斗！当然，这些只是一个简单的念头，但让一个尚未领悟到社会艰险的孩子过早形成这样的观念，无疑带有几分悲剧的意味。

进入中学，我的确比较调皮，经常制造麻烦，不是跳窗逃学，就是上课交头接耳。有一次，我还搞了一个恶作剧戏弄老师。老师忍无可忍，把我训斥了一顿，并且说我百分之百考不上高中。我按捺不住，居然冲上去跟老师顶撞起来，并且立志要考上个高中给她瞧瞧。然而，那时距离初中毕业只剩下三个月不到的时间，并且当时我的成绩在全班是倒数第5名。要在这么短的时间内实现一次学习成绩的逆转，几乎是不可能的。

谁都没有想到，初中毕业考试，我竟然超水平发挥，考了一个相当不错的成绩。但我还是有自知之明，填报高中志愿，只填了合兴中学（高中部），不敢填报崇明中学、行知中学这样的名牌高中学校。感谢那个年代，感恩崇明中学，他们派人前来让我补填志愿。最终，我上了崇明中学。我的人生开始改变了。

然而，失望马上接踵而来。高一末，我的数理化全面沦陷，满盘皆绿。好在高二文理分班，在我反复陈情下，学校总算网开一面，同意我不留级，分到文科班完成高中学业。

到了高二，我幸运地遇到了让我感恩一生的好老师。我的数学成绩很不好，每次的测验和考试成绩都不到50分。数学老师仇廷芳让我在每节数学课上“一站到底”，课后则把我叫到办公室进行一对一辅导。俄语老师郎培廷的教学手段和方法更是非比寻常。起初我对郎老师有些误会，因为他总是“罚”我帮他批改作业和试卷。后来我才知道，原来这正是郎老师苦心孤诣的高招，通过一张又一张的试卷批阅，一本又一本的作业批改，帮助我“强迫”记忆。郎老师的方法很快奏效，我的俄语成绩突飞猛进。至于语文、政治和历史，那是我的专长，我在班上大体都能独领风骚。

就这样，在各种内外因素的作用下，我很快挤进了班级前十名。只不过那时我的成绩很不稳定，一会儿峰巅，一会儿谷底。

我能考上复旦大学，完全是“额骨头撞上天花板”。复旦大学是我们班主任周文豹老师帮我填的志愿。尚未开化的我，孤陋寡闻到了极点，根本不知道复旦大学，更不知道复旦大学还有历史系。

说来可笑，我出生在上海，然而当初对上海却一无所知，没有任何概念。上海，犹如远在云端的天宫，遥不可及。我想我当年考上复旦大学，刚刚踏上上海吴淞码头时可能更多的感觉是惶恐。面对一个全新的世界，不知所措地东张西望——轮船已经靠岸，于是脚上使了点劲，好像这样就能在上海站得更稳似的。我伫立着，张望着，船又慢慢地开往回崇明岛的方向，船舷激起的波浪也渐渐恢复平静。我整了整手上唯一的行囊——一只皮箱，离开了码头，来到了上海，来到了复旦大学。要知道，这可是我平生第一次走出崇明岛。

我永远记得大学班级第一次班会时的场景。我不会说普通话，也不知道自我介绍究竟要说什么。那种窘境，几乎是被大家“哄笑”着走上去又走下来的。

表面看来，我的大学时代是童年生活的简单延续，一样的艰难，一样在受伤以后躲在角落里暗暗自我励志。但是不知不觉间，一些变化正在悄悄发生。而这些变化，是我以后回忆的时候，才慢慢地在大脑中清晰起来的。我在生活的艰辛中形成的果敢、坚毅的性格，正在改变我面前的道路。

苦是一种财富，磨难也是一种财富。

大学四年，我再也没有像高中那样刻苦，倒也不是“革命意志”衰退，而是渐渐发觉，读书成绩的好坏与刻苦学习已经没有太多直接的关联，接受人文的熏陶、进行哲学的思辨比成绩更为重要。

大学四年，我的学习成绩并不优秀，然而却是我不断累积人生经验和阅历的黄金岁月。我不再迷茫，开阔了视野，学会了思考，开始不断探索自己的人生道路。

大学毕业，我留校工作，被分配到复旦大学历史系资料室，从事图书资料管理工作。

差一点，我和旅游擦肩而过，一辈子从事图书资料管理工作。

也许每个人都会将自己的青春浪费或者放任，当怀念起来，就有了流失的痛感。在时间的隧道里窥视到生命的残酷，有两种可能：一种是不经意的流露，但往往刻骨铭心；另一种是虚设的唯美，其实是空洞。

懵懵懂懂的我渐渐开始明白，我的第一份工作原来是每天都重复相同工作的阅览室的图书管理员，每天坐在阅览室门口发放阅览证。

我渴望挑战，但却偏偏被安排在这样一个悠闲安逸的岗位上。看太阳从窗前落到屋后，桌上的阳光一寸寸地移动，仿佛自己的青春也在随之逃走，到了一个未知的虚空世界。

我开始挣扎，不停地去努力改变自己。

我一度被借调到教育部参加《中国人名大辞典》的编纂工作。教育部综合改革司的领导曾两次找我谈话，希望我能留在教育部工作。实在是因为北京不是我想去的城市，4 个月后我还是回到了上海。

回到学校后，我被安排在师资办工作。在学校人事处，接触的面广了，视野宽了，能力提高了，最大的收获是幡然醒悟，猛然萌生了做教师的念头。

原来，做大学教师才是我真正想要的未来！

但这谈何容易，简直是天方夜谭！一来我没有读过研究生，二来我是图书资料系统的编制。我开始“曲线救国”，自觉或不自觉地要为自己想要的未来努力。

1.3 在旅游的路上蒙眼狂奔

1.3.1 旅游只是我的敲门砖

严格来说，旅游只是我的敲门砖。我不喜欢旅游，即便后来因为从事旅游教学和旅游策划实践而走南闯北，我依然对旅游没有太多的兴趣。旅游仅仅是我的工作、我的职业、我的专业而已。我不是因为喜欢旅游而去从事旅游，而是因为旅游可以帮助我实现一个从图书资料系统的后勤人员跃升为大学教师的梦想。

不过，我与旅游的缘分，恐怕是冥冥之中早有的定数。当然，这是我后来在写作《旅游与中国文化》一书时研究发现的一个秘密。我的名字里有个“祖”字，“祖”是古代的“行神”“旅游神”，祖、祖道、祖跋是中国古代必不可少的一种出行形式和习俗。甚至我还发现，天妃妈祖实际上是中国古代海上旅游神的尊称。而且，一代游圣、千古旅游奇人徐霞客，也和“祖”有关，徐霞客本名“徐弘祖”。

1.3.2 无心插柳柳成荫

记不得是哪一年的 6 月下旬的一天，我依旧像往日一样坐在历史系总支办公室上班。这时，上海石油化工高等专科学校的一位副校长带着他们旅游教研室主任来访，恳请复旦历史系派出老师到他们学校去讲授中国旅游史的课程。总支书记牟元珪接待后直言：复旦历史系旅游管理专业目前没有设置中国旅游史这门课程，也没有人研究中国旅游史，而且两个月不到的时间根本来不及备课。所谓言者无意，听者有心，一旁的我迫不及待地毛遂自荐。就这样，这年的9月，我去了上海石油化工高等专科学校，在那里教了整整一学期的中国旅游史。

教了这门课后，我不仅发现自己也能上课，也可以当教师，更重要的是，我发现了自己从事旅游教学和研究的潜质、特长以及主攻的方向。我完全可以从自己的优势出发，发挥历史学的专业特长，主攻旅游文化。

我开始觊觎复旦大学历史系旅游教师的岗位了。

我不停地努力，不断地积累。一方面，主动要求兼任学生辅导员，另一方面，开始做起了学问。历经两年没日没夜地苦战，我的《旅游与中国文化》一书终于于1996年在旅游教育出版社出版。累积了"履历"，攒到了"资本"，在时任历史系分管学生工作的总支副书记、后任华东师范大学党委书记的张继顺老师的帮助下，1997年，我终于如愿以偿，调入旅游教研室，实现了成为复旦大学教师这个光荣的梦想。

1.3.3 激情与动能不可思议地磅礴喷发

我深知，要在复旦大学担任教师，不仅要从事教学，更要注重科研。我半路出家，没有接受过硕士和博士教育，从事学术研究，只能更加努力。

在旅游路上我开始蒙眼狂奔。

说"蒙眼"，是因为我完全是旅游的"门外汉"，对旅游一窍不通。也没有人告诉过我、指导过我，学问怎么做，论文怎么写，教材怎么编，书怎么出。说"狂奔"，是因为我不停地编，不断地写。因为系里要求我讲授旅游心理学的课程，我就立马去写《旅游心理学》，系里安排我讲授旅游文化学，我就主编《旅游文化概论》。旅游学术研究的激情和动能磅礴喷发，简直不可思议！

在从1996年到2000年5年左右的时间里，我写了一大堆的书，出版了一大批教材，并且还自立门户，拉起大旗，煞有介事地当起了三套大型丛书的主编，即福建人民出版社的《大学旅游教材》和《21世纪大学旅游教材》，以及复旦大学出版社的《21世纪旅游管理丛书》。此外，《旅游与中国文化》《旅游文化概论》《旅游心理学》《旅游策划学》《择日》相继问世。

是厚积薄发，还是天生有才？也许只有天知道！不过，这一路蒙眼狂奔，实实在在奠定了我在旅游学术上的地位和影响。

1.4 坚信要像创造新物种一样创立旅游策划学

不知有多少人曾经问我创立旅游策划学的事情。对我来说，这是一件非常严肃的事情。在写“坚信要像创造新物种一样创立旅游策划学”这样的文字时，我努力去想大家真正关心的是什么问题，或者说，我到底是怎么创立旅游策划学的。

其实，这是两个层次的问题，第一个层次，我怎么会想到要去创立旅游策划学；第二个层次，我要创立一个什么样的旅游策划学？

1.4.1 不安分守己地穿针走线擦出的火花

1.4.1.1 不安分守己地穿针走线

1989 年，因为担任学生辅导员的关系，得以认识并得到学校团委一位老师的引荐，我开始跨界，不停地踏入不同的领域。

首先我兼职跨界的是上海东方投资咨询有限公司。这是一家台商房地产咨询公司，我在其中兼职房产企划部经理。其实，那时我对房产一无所知。一年多后，我接任上海亚美投资有限公司总经理。这家公司主营保龄球会员卡推广业务。此后，更是一发不可收拾。先是组建、设立上海龙虎腾经济发展总公司，自己出任法定代表人兼总经理，经营范围有房地产咨询、设计和策划等。代理销售的闵行莘庄锦屏小区，以其独具创意的营销主题“一路发发（1688）到锦屏”名噪一时；杨浦区五角场清源环路与国和路楼盘以及政立路与国定路楼盘则以“我的大学，我的家，我的梦”为主题，同样取得了骄人业绩。后来又较长时期兼任上海复旦知音旅游咨询有限公司总经理。公司从事旅游咨询、机票代理以及非学历教育业务。这段时期，作为一个“领导”，同时又是一个“操盘手”，耳濡目染了企划、咨询、顾问、代理等众多与策划相近或等同的概念，深切认识到策划的重要性。所累积的经验也扩大了我的感官触觉，为我创立旅游策划学奠定了坚实的基础。

可以说，正是这些不安分守己的穿针走线擦出了旅游策划的火花。

1.4.1.2 “投机取巧”打开的脑洞

转轨教师岗位以后，不能继续长期在外“穿针走线”的警觉油然而生，但我又不愿意两耳不闻窗外事，一心只教圣贤书。在鱼和熊掌可以兼得的思想指导下，受前辈和同僚的启发，想去从事旅游规划。

提起旅游规划，同济大学、清华大学、东南大学当时处于垄断地位，跟着复旦大学旅游系几位前辈参与同济大学主导的旅游规划，我们只能分一杯羹而已，所能承担的基本上是基础研究和资料整理两个部分的内容。

20 世纪 90 年代，人们对于旅游策划，恐怕真的“只知秦汉”“无论魏晋”。我之所以独辟蹊径，主要是想努力走出一条新的道路，以求与市场接轨，与社会接触，找到属于自己的位置。苦苦地追寻各种可能性，并且不能让这种“鱼和熊掌”兼得的选择成为旅游教学工作的限制和误导。平心而论，以我当时的资历，既无规划和旅游的专业背景，又无前辈的提携，要想做旅游规划，并且有所作为，空间十分狭小，乃至几近封闭。于是，本着“投机取巧”的考量和较长时期企划和咨询的历练，特别是当有一天在福州路新华书店偶然看到《公共关系策划》一书，顿时脑洞大开，萌生了以“旅游策划”标榜自己的念头，决定去做旅游策划，去写《旅游策划学》这本书。

撰写《旅游策划学》一书，纯属赶鸭子上架！

不能不学。俗话说，书到用时方恨少，赶忙借来一大批旅游书籍和策划书籍。

不能不练。不练就没有学习的动力，就无法检验理论和知识的对错。承蒙机遇眷顾，竟然以“旅游策划”的名义成功承

《旅游策划学》一书封面

接了宜兴张公洞和宁波梁祝公园两个旅游策划项目。

不能不写。因为当时同时还在撰写《旅游文化概论》《中国宗教旅游》两本书，感觉一个人写速度太慢，于是邀请上海师范大学张帆教授共同撰写。

就这样，经过我俩两年多的努力，中国第一部旅游策划学著作《旅游策划学》终于在福建人民出版社出版问世。

1.4.2 和旅游策划学撞了个满怀

理论是学科的基石。一个学科只有当它有自己独特的理论，才会因“特立独行”而感到自在，才能被称为“学”。旅游策划学是一门既和策划学有联系又和旅游学分不开的交叉学科，要找到旅游策划学真正的“自我”，就必须进行理论研究。

我不仅早早地嗅出了旅游策划出现的意义和存在的价值，而且从一开始便致力于旅游策划学本身的研究，从中揭示出旅游策划理论所具有的发展潜力及其与其他旅游学科平齐的学术地位。

众所周知，任何一门学科的创立、提升和发展都必须有其赖以存在、缺一不可的三个理论坐标：

其一，是其学科性质，即该学科究竟是一门什么样的学科；其二，是该学科在所属学科群中的位置与功能，或者说，它与周围相关学科间的关系，即与其他学科的差别；其三，是该学科应该有自己特定的研究对象和研究领域，即该学科到底研究什么，解决什么问题。

《旅游策划学》一书紧紧围绕学科理论的这一结构图式，有着与众多同类书籍不一样的思维逻辑和理论架构：第一，旗帜鲜明，指出“旅游策划不仅是科学，更是一门艺术”；第二，一针见血，指出了“旅游策划”与“旅游规划”之间的一字之差；第三，独树一帜，建立了旅游策划的“树根立魂”理论。

1.4.2.1 坚信学科性质是学科创立的核心：旗帜鲜明地指出旅游策划是“艺术”

旅游策划学从 20 世纪 90 年代开始出现，跻身旅游学成为一门“新学”，如今已发展成为一门炙手可热的“显学”。“先策划后规划”的旅游发展理念早已深入人心，旅游策划的价值和作用日益彰显。

作为一门因学科交叉而形成的新兴的旅游学边缘学科，旅游策划学通常被作为旅游学学科体系的一个分支。

这一点毋庸置疑。但问题是，旅游策划学究竟是一门什么性质的学科？遗憾的是，即便到了今天，绝大多数旅游策划学论著依旧避而不谈，偶有论及学科性质者也都以“科学”定性。

我们在《旅游策划学》一书中开宗明义地指出：“旅游策划是一门艺术。”

“旅游策划”何以成为“艺术”，当年曾经有人写信质疑。显而易见，我们指出“旅游策划是一门艺术”，并不是说它属于艺术学的范畴和门类。而是从内涵着眼，清晰地表明旅游策划的“策划艺术”。它与通常所说的“艺术”是两种截然不同的艺术形式。

我们敏锐地捕捉到当代旅游策划思潮发展的动向，通过“艺术”理论的阐释，透视整个旅游急剧转型的“艺术”指向。

对旅游策划学学科定位的“艺术”表白，在中国旅游策划理论研究中，可以说独一无二。尤其重要的是，经过二十余年的实践和理论反思，旅游策划作为一门“艺术”的认知得到越来越多人的认同。我们之所以提出旅游策划应作为一门“艺术”加以学科性质定位，旨在揭示并倡导旅游策划应该更多用一种“艺术思维”，而不仅仅只有“科学思维”。越来越多的事实证明，旅游发展越来越需要艺术，越来越讲究艺术。

1.4.2.2 坚信学科差别是学科赖以存在的根本：一针见血指出“旅游策划”与“旅游规划”一字之差

学科定位有一个坐标是不能忽视的，那就是它在学科体系中与同门类学科之间的内在联系、区别，以及在这个学科体系中的结构位置和系统功能。

旅游策划最让人纠结的难题是，它与旅游规划到底有没有区别，是怎样的一种区别。就其理论性部分而言，可谓说不清，道不明，甚至更多的研究者干脆避而不谈。就其实践性部分而言，让人感觉两者根本没有区别，众多旅游策划与旅游规划文本无论从内容到形式，从目录到格式几乎完全一模一样。旅游策划要想具有“不可替代性”，就必须说清甚至划清与旅游规划之间的关系，准确地找到自己的定位。

在《旅游策划学》一书中，我们洞察到了这种差别，但语焉不详。后来，在化学工业出版社出版的《现代旅游策划学》一书中，我们精辟地指出了旅游策划与旅游规划的本质差异，也就是“策”与“规”的差别。

（1）策划重“谋”，规划重“法”

策划与规划，相同在“划”。“策”和“规”，尽管一字之差，但异义尽见。

“规”，顾名思义，有中规中矩、规范、规则的意思。“策”，顾名思义，有策略、策动的意思。东汉许慎《说文解字》：“规，有法度也二”，“锥刀曰划，从刀从畫”。《释名》中“策书教令于上，所以驱策诸下也。策，才略智谋也”。规划的本意就是“有法度地斧凿刻划”，策划的本意就是“有谋略地斧凿刻划”。

从字的本义出发，旅游策划要旨在“谋”，旅游规划要旨在“法”，一个是用智用谋去做，一个是循规蹈矩去做。

（2）策划重“创意”，规划重“合理”

旅游规划讲究的是合理性和合法性，通常兼有两层含义：一是符合法律程序，遵循旅游规划通则，履行法律程序；二是要求面面俱到，四平八稳。

旅游策划则不同，旅游策划是旅游策划者为实现旅游组织的目标，通过对旅游市场和旅游环境等的调查、分析和论证，创造性设计和策划旅游方案，谋划对策的一个过程和一种方法，旅游策划，核心在创意，关键在创新。

（3）策划引领，规划护航

到底是先策划后规划，还是先规划后策划？旅游策划与旅游规划之间这种孰先孰后的关系，专家学者的认识并不完全一致。魏小安、贾云峰在2010年由中国旅游出版社出版的《山川入划》一书中写道：旅游规划是从整体和全局的旅游资源考虑，工程庞大而笼统，是长期的战略实施过程；而策划则注重单个旅游产品的开发，目标具体而明确，是针对某个旅游产品短期的开发，通过创造性的运作，形成独特的有个性的旅游产品。通常，一个区域的旅游规划完成后，需要进一步进行策划。通过富有创意的策划，将规划中的理念、大战略转化成具体的、可观的、可触的产品，从而一步一步将规划变成现实。

从现象来看，规划与策划的确一个宏观、一个微观，对于单个的旅游产品而言，旅游策划比旅游规划更能收到切实有效的效果，旅游规划因为着眼于全局、系统和整体，因而具有相对长期的稳定性，而旅游策划往往能在短期内起到立竿见影的效果。在旅游开发现实中，旅游策划与旅游规划不断交替，互为基础和因果的确也是一个事实。我们在四川平昌佛头山国家森林公园就曾经历了旅游规划完成后，进一步进行旅游策划的过程。但魏、贾两位似乎忽视了另外一个更为本质和关键的事实，即他们两位所说的旅游策划与旅游规划的这种先后关系是一种深度不断递进的螺旋式推进关系。

一个区域的旅游发展，首先需要旅游策划，然后进行旅游规划（一般是旅游概念规划和旅游总体规划）。旅游规划完成后，需要进一步进行旅游策划，目的是做好下一步旅游详细规划。当旅游详细规划完成后，还要进一步进行旅游策划，目的是做好施工设计。由此可以清晰地看出，“策划引领，规划护航”，旅游产业发展应该“先策划后规划”。

1.4.2.3 坚信理论是学科的基石：独树一帜地建立了旅游策划的“树根立魂”理论

旅游策划迄今依旧鲜见有系统思维特征的真正属于旅游策划学自己的理论。依稀散见于一些旅游策划书籍和论文中的所谓的理论，如系统理论、创意理论、生命周期理论等，实际上都是其他学科理论的一种借鉴，只言片语，无法展现真正属于旅游策划自己的思想价值和理论内涵。

一个学科之所以能够成立的最根本的条件是什么？是这个学科独特的研究对象及领域。旅游心理学、旅游学、旅游市场学、旅游经济学、旅游文化学所研究的都是自己所独有的对象。那么，旅游策划学呢？如果它的研究对象在旅游规划或旅游资源学诸学科中也存在，那么这个学科的存在理由就值得怀疑。

究竟什么是旅游策划？旅游策划学到底研究什么？其不可替代性到

底在哪里？经过持续不断地实践和理论探索，它的真实面目在我与张帆合著的《旅游策划学》以及后来的《现代旅游策划学》一书中不停地浮出水面：旅游策划就是为旅游“出谋划策”，旅游策划就是为旅游“树根立魂”。也就是说，旅游策划就是为旅游解决“根”和“魂”这两大旅游的根本性问题。

旅游策划的“树根立魂”理论。在旅游策划学中，独树一帜。同时，也为我日后进一步提炼、概括和升华“旅游灵魂设计”理论奠定了基础。

1.5 将学术幻化为美妙的舞台

当学术的结果被越来越多的利益笼罩，学术的过程便不再是理想中的那样单纯而快乐。除了那种纯粹为了愉悦心情的阅读、写作和高谈阔论，它更多的是一种竞赛，一种比拼，并且归根结底是一种游戏，让人们奔跑跳跃，让人们旋转晃动，唤醒人们心底最真实的充满喜悦感的心与心的交流。

我生活其中，参与其中，因为那是我生存的舞台。我会努力去记住，在那个时候，最重要的是输赢的结果，而不是输赢的过程。然而，我毕竟是我。众所周知，旅游策划往往开始于一个主题，可能是一段历史、一本书，连接我们生活或者未来的一个问题。同时，我们会寻找一些图像、数据、资料，作为不同风格的出发点。

所以，我坚持认为，教书也好，读书也好，写书也好，作报告演讲也好，它们不过是一种用于实现理想和目标的手段和工具而已。既然如此，学术之“术”就具有了非同寻常的价值和意义，它是学问的声音、精神和灵魂。学问的成就是出色的学术技巧带来的结果。

在学术上我并不是一个恣意妄为、天马行空的学者，不像某些学者那样敢于大胆创意，想到什么就做什么。也许在很多大家的眼中，我的学术生活简直平淡无奇，但对我而言，却津津有味，乐在其中。因为我前行的每一步，都有所计划，都在沿着自己策划的道路和谋定的方向行进。

1.5.1 教书：一种营造自己目标和梦想的边走边想

无论对错，教书只是一种营造自己目标和梦想的边走边想。教师是我的职业，在我的心中占据至高无上的地位，我总是很认真地对待，很努力地去做好。

从小到大，我从来没有考虑过“理想”这么宏大的字眼。如果非要说有什么理想之类期盼的话，那么，唯一的愿望就是希望长大以后能够不种田。即便上了大学，心态依旧一如既往单纯，没有什么野心，很少去想将来该做什么样的工作以及诸如此类的问题。直到大学毕业，当时也只知道自己留在学校工作了，根本不清楚在资料室工作到底是怎么一回事，也不明白这份工作与做教师的区别何在。直到进了资料室，真正投入其中了，才如梦初醒，心里自然是有些哀怨与后悔，发现现实与想象之间的巨大鸿沟。渐渐地，萌生了做教师的念头，也想换一种全新的工作环境和生活方式。

1997 年，夙愿终于得偿。其实教书并不是我理想中的职业，只是从事这个职业，让我觉得挺自在、舒服。我深刻意识到，无论如何我不能丢弃自己的“饭碗”，不能不认真对待这份得来不易的工作。所以，每当我一站上讲台，心情立刻就放松下来，毕竟我还是喜欢这个舞台。

充满激情且动力无限，是我上课的一种个性、风格和特征。很久以前我就已经放弃让自己成为渊博的学者，因为我更愿意成为一个思想者，以自己的方式改变世界。可以这样说：教书是我的完美工具，通过它我希望改变一些年轻学生的未来，而不是刻意去传授一种知识。

1.5.2 读书：一种姿态，而不是内容

从小学、初中到高中再到大学，总体说来，我读书勤勉，但这绝不是因为我喜欢读书而去刻苦努力，而是一路走来，秉承一贯坚持的做事风格和理念，那就是，只要你在做这件事，就一定要尽全力把它做好，并且做到最好，无论主观上的爱憎。读书也是一样。

无论是文化还是文明，智慧还是精神，都包含着一个传承的问题，说到底，就是一个“根”。经典，凝聚的是理想和智能，是永恒存在的知识，是恒长之真理。先秦的文字，古代的书籍，是我们文化的根和

源。因此，我倾向于读经典的书，因为觉得它们是最有价值的，蕴含着普遍而具有指导性的真理，会对我们的行为处世以及思维方式产生重大影响。

我认真仔细研读过的书极少，先秦诸子经典著作是个例外。特别是《庄子》《论语》，我仔仔细细揣摩、推敲过，甚至还能背诵出来。我始终认为，今天很多的思想和观点，都来自经典，源于古代。阅读古代经典著作，可以启发灵感，博古通今，其意义不可小觑。

这些年来，我根本没什么时间看书。不过，我很清楚，不管是教书、写书，还是做旅游策划，都需要理论，需要知识。怎么办呢？我有我的一条弥补知识缺陷的途径，很简单，却很有效，那就是工作学习两不误，在和别人的交流中学习，在作报告和演讲中积累。出去作讲座，是需要很多时间的事情，而我已经懂得把它当作学习的机会来看待。因为出席演讲场合的人多是这一领域的高手和行家，而他们讲的内容又多是其著作中不多提及的，或新近产生的真知灼见。在这样的情况下，我就会抓住时机来充电，博采众家之长，扩展见识，提高自己，真可谓一举两得。

1.5.3　写书：差不多是一个过客

在学术上我差不多一直是一个过客，写书更多是一种功利性行为，为写书而写书。

1.5.3.1　为教书写书

最初写书，可以说是为了转岗做教师，为了教书，为了策划，出于工作和职业需要而写书。

从 1990 年到 1995 年，我几乎成了“杂家”，什么都写，因为我必须并且只能通过这种方式证明自己。其间，我写过《十万个为什么》，参加过《上海词典》《近代名记者传》《中国传统文化》等书的编撰，出版了《中国神秘文化百科》《择日》等书。

为了成为一名教师，我除了被迫写书出书，甚至还被迫割爱，舍弃旧业，一脚从历史跳到旅游。

“喜新厌旧”，转攻旅游，谈何容易。这在很大程度上得感谢我的一位旧识，当时在上海旅专《旅游科学》杂志担任编辑的黄德源先生。他约我一起就旅游这个专题共同出一本书。当时的我在学术上并没有很大的把握，奈何黄先生一再盛情邀约。我当时年轻气盛，也怀着一种尝新的好奇心态：虽不能至，何妨勉力为之？于是便应承下来。可惜好事多磨，没过多久，黄先生告知，出于种种原因，这本书出版变得渺茫起来，而他本人也没有时间从事这本书的撰写工作。我实在不愿意半途而废，毕竟为此我已经倾注了大量的心力，而自己的想法也在实践中渐渐完善。最终的选择是：忠于我的处子之作。尽管当时我对出版的程序和途径几乎一无所知，但我还是毅然下定决心，将这个项目做完，也算是对自己这段时间努力研究的一个交代。及至书稿完成之后，我辗转托人，希望得到方家的指点，当然更加希望有伯乐之士能够给我出版的机会。托人联系了几家出版社，结果去书都杳如黄鹤。虽然相当失望，但并没有彻底灰心，开始依靠自己的力量寻找新的可能。

一个偶然的机会，我得知有北京旅游教育出版社这样一家出版单位，并且抱着尝试的心态，冒昧地给该出版社的老师去了一封自荐信，没想到不到一周的时间竟连续收到两封回信，他对我的书稿很感兴趣，而且希望能看看我的书稿。在此过程中，我结识了该社的编辑部主任赵龙根，并且在此后几年中与他保持不间断地通信。赵先生对我这本书稿的价值给予了充分肯定。作为一个年轻作者，这样的支持和鼓励给了我极大的动力，但是，我的书虽然被破例列入出版计划中，却依然在那里搁置了一年。1996 年，这部名为《旅游与中国文化》的书稿终于出版，这本书受到了圈内专家的好评，并被普遍视为我本人学术的代表作，是我国第一部系统全面地从纯旅游的角度出发，以旅游为主导、为轴心探讨和研究中国文化的理论著作，努力发掘和展示的是隐藏在中国文化背后的博大精深的旅游理论和旅游思想，而这种旅游理论和思想的光辉有许多是人们所未见的。因此，从某种意义上说，这本书也是我国第一部总结和研究中国传统旅游文化理论、旅游思想和旅游特征的旅游文化理论著作。

我就这样凭借自己的努力和命运的眷顾当上了主编，从此开始由历史研究慢慢转向旅游研究，由图书资料工作人员成为人民教师。如今在这个领域取得的小小成绩，都是从那时开始起步的，奠定了我作为一个

“非著名学者”涉足中国旅游学界的基础。

1.5.3.2　为功名写书

大约从 1997 年开始，我写书的工作开始朝着更有目的性和系统性的“职业化”方向迈进。这段时间可以称之为我旅游学术生涯的“教材时代”。

作为一个“非著名学者”，我不想也不愿意把自己的毕生精力耗尽在看书做学问上。我为自己设定了三种不同的身份：一是学者，作为立身之本，这是神圣的，并且出于职业为重的考虑，必须努力做学问，而且还要达到一定水平和高度。二是教师，作为立人之本。三是专家，面向市场，接触社会。三种身份对我来说缺一不可，相辅相成。我必须在三者之间权衡利弊，努力兼顾，找到最佳的平衡点。

《旅游与中国文化》一书封面

《旅游与中国文化》一书问世后，有十余家出版社向我邀约写稿，但都被我婉言谢绝了。一来，我对纯学术的东西实在缺少兴趣，没有太大热情，而且我始终认为，旅游的学问应当来源于实践；二来，著书立说往往经历很长的时间周期，因为既然是著书，就不能有半点马虎，必须尽心尽力，否则可能因小失大，前功尽弃。最终，我将自己定位在教材编写这个领域，图的是个热闹，能够迅速积聚人气；并且也是希望通过教材编写，为复旦大学旅游系奠定一个基点。

以我当时的学历和资历，可能算不上一个编写教材主编的合适人选，况且自己对于旅游知之不多，很多见解只浮于浅表，充其量不过写了一两本书而已。当丛书主编的想法真的有点“疯狂”。但从我的性格、个人经历和现实处境来看，显然已经无法坐等时机成熟，因此我选择了主动出击。

虽然我有了写教材、当主编的欲望，但苦于报效无门。主动联系了几家出版社，无奈他们都要我写专著，而不是编写教材，处境比较尴尬。

我找到时任上海三联书店总编助理的大学同窗李颂申。也许是旧识交情的缘故，也许是这位好友具有敏锐的市场意识，当即拍板，同意由我当主编，组织编写“高校旅游学教材”。对我来说，真是莫大的机会和荣耀，至今我还珍藏着那时所有相关的往来信函。

然而，世事未必尽如人愿。后来，系领导“安排”我当了编委。但不管怎么说，这算是复旦大学旅游系成立以后第一次“形象展示”，还是值得庆幸的。这段过程说来还真是跌宕起伏，之后又由于种种原因，这套教材推迟了相当长一段时间，在我的推动下才最终出版。对我而言，既然做了自己认为该做的事，心里还是很有满足感的。

另一方面，由于当时全国各地纷纷设立高职院校，我洞察到这可能会是一个学术和市场的空缺，因此将是一个难得的机会。于是，果断地向北京旅游教育出版社的赵龙根先生提出了我的创意和构想，并给出了具体实施方案，前后往来信函近十封。一年多以后，旅游教育出版社正式启动了该书的编写工作。出版后，这套教材也取得了较好的效益，产生了广泛的影响。

在经历了长期的积累和不断探索之后，我在旅游领域成了一个小有知名度的人物，这也让我平添了不少自信。我告诉自己，要继续努力，把每一个机遇都看成一次命运的眷顾，决不轻易错过，因为它们都可能成为我人生的重要转折点。

终于，我当主编的夙愿得以实现。并且这次，真正是把复旦大学旅游系作为一个整体并以其为主导的一次展示。在这里，特别要感谢福建人民出版社，感谢何海勤编辑，感谢他们的宽容和给予我的厚爱。

在接受福建人民出版社“大学旅游教材”主编任务后，在相当长的一段时间内，我把自己的主要精力都转移到了这套教材的主编工作上来，投注了大量的时间和精力，并且要求自己一定要把它做好！当了一回实实在在的主编。

为了在这个领域实现进一步的巩固和提高，其间，又应复旦大学出版社之邀，主编了“21 世纪旅游管理丛书”。

可以说，编写教材在很大程度上是为了要当主编而当主编，但这个阶段同时也是我在事业上探索和转型的时期。

1.5.3.3　为理想写书

数载的摸爬滚打使我在各方面都成熟起来，逐步认识到自己所要追求的，也开始寻找到恰当的自我定位。可以说，天时地利人和的因素已渐渐完善。当我不再需要为生计发愁，对于名利也能泰然处之，内心真正渴望的东西便日益彰显出来。由此，写书摆脱了现实和主观的种种羁绊，在真正意义上获得了它的价值。写书是为了理想，于是我开始了我旅游学术的“梦想时代”。

编写教材在我的学术发展定位上不是目标，而是手段，它虽然可以迅速扩大影响力，提升人气，但终究不可能成为学术研究的主体和全部。

三十而立，四十不惑。不惑那年，我开始对自己的学术方向和今后所要从事的工作重点进行了新规划和转型考虑。

我心中的“玫瑰花”，不是教材，也不是纯学术研究，而是我的梦想，我的兴趣——策划完成“高中低”组合写书计划。

（1）学术推高：“旅游学术经典丛书”

中国旅游学术界研究总体水平不高。教材多，专著少，缺乏经典和传世之作。希望能够在提升中国旅游学术研究的整体高度和水平方面做出自己的努力，早日完成“旅游学术经典丛书”系列。

（2）实践应用：“旅游 MBA 丛书”

旅游是一门应用性学科。目前，中国旅游教学和研究中存在着一个突出的问题，就是理论成果不能付诸实践，无法被很好地应用。针对这一状况，我萌生了编写“旅游 MBA 丛书”的设想，希望将现有的理论和实际结合起来，起到示范和指导的作用。

（3）旅游普及：“跟着课本游中国”

策划本套丛书的想法很简单，旅游能否从孩子开始，寓教于游或寓游于教。我一直在思考并且努力，将两者有效合理地统一起来。想法慢慢成形，终于有了“跟着课本游中国”系列丛书的写作构想。

我希望能为我们的孩子们的成长作点贡献，为下一代创造一种新的学习和生活方式。

我甚至觉得，“跟着课本游中国”丛书才是我真正的挚爱，尽管很难，但我在坚持。

1.5.3.4 写作：重要的是跟着自己感觉走

每天我真正能够静下心来写作的时间平均不超过一个小时。大部分的时间我在做旅游策划、写旅游策划文案。我为什么还能写出东西来？原因大概要归结于我有一颗“智慧心”。

第一，出手快。一旦主意拿定，我就会毫不犹豫地着手去写，因为心里始终有根弦绷得很紧，深谙时不我待的道理。在商界、学界，不进则退，时机是个关键的要素，而且稍纵即逝。

第二，先“想”后“写”。我的写作过程和方法可能有些与众不同，不会为了写作先去查找许多资料，从中汲取灵感。老实说，我不欣赏这种方法，因为我觉得这样一来很耗费时间，二来也没有这个必要。我写作多是凭借灵感，跟着自己的感觉走，往往是从“想”开始，先确立文章的观点和书的总体框架，然后才有的放矢地去搜集一些相关信息，进行写作。所以，整个写作过程，我主要的心思是花在“想”书而不是“写”书上。

第三，注重开拓新领域。我总是喜欢选择那些别人没有做过的题材进行写作，感觉这样有点创新开拓的意味。譬如，我编写《旅游与中国文化》，是我国旅游文化理论方面的筚路蓝缕之作；《旅游策划学》是我国第一部旅游策划学著作；《旅游宗教文化》是我国第一部宗教旅游教材，等等。当然，这些书有抛砖引玉的意图，若能达到启发灵感、扩展思路的效果也就基本符合我写书的初衷了。

第四，不申报课题，不写作文章。我不愿意通过写文章、做课题这样的途径来实现自身的价值。我自认没有这样的水平，对自己的学术底蕴有所介怀。但更主要的是，我不喜欢这种方式，不愿意被别人牵着鼻子走。

第五，在书页间旅行。一书一世界，一字一思想，我已经把写作当成一种发现自我、体验自我和展示自我的机会，重要的是过程和其间的交流。所以，从我每本书的前言后语中，读者可以大致了解我写书时的思想、个性化的风格，以及彼时的生活处境。

1.5.4 演讲：走来走去的精神归宿

旅游界、学界和商界一样，要生存、要发展，不跑“江湖”不行，尤其做旅游策划，不到“江湖”上行走根本行不通。如果说教书、读书、写书是旅游策划原始资本积累的话，那么演讲算是切入正题前的叫卖吆喝。所以，做学者、做旅游策划，需要作演讲，需要作报告。

1.5.4.1 自成体系的风格

我作演讲和报告，虽说不上怎么精彩，但也不至于十分枯燥乏味，并且久而久之自成体系，独具风格。

（1）读音不准

我从小没学过普通话，后来发现这真是一辈子的遗憾。撇开交流上的障碍不谈，语言上的瑕疵在某些时候真的会让你觉得出奇的尴尬。开始的时候，我会不好意思，感觉别人是在故意苛责或刁难，心里还颇有怨气。但后来，对于台下的笑声和窃窃私语却能坦然处之了，并开始把它当成自己固有的语言风格，有时甚至还能制造出一点幽默的效果。也许这是阿Q式的自嘲，但也未尝不是一种释怀的方式。对于难以更改的事实，或许只能乐观面对，寻求超然的解脱了。

（2）即兴发挥

我不太愿意进行演讲准备，习惯即兴发挥，最多就是事先列个提纲，到时即兴表达，讲到哪儿是哪儿。即便偶尔预先写好了演讲稿，到了现场，也从来不会照本宣科，而是会应时应景地自由发挥。我想，这种演讲风格恰恰从一个侧面反映了自己率性随意的个性特征，是真我的体现。

（3）固守传统

我的演讲一般都不会借助PPT之类的工具，而是专情于简约的独白方式。也许有人会觉得我不合时宜，但这种返璞归真的坚持也是我的风格。我也不会太介意别人的看法，只要我认为适合自己的，能让我畅所欲言的，就是最好的诠释手段。我不喜欢人囿于物，行为举止被外物所牵制的感觉，那反而会阻碍我充分表达自己和淋漓尽致地展现自己。

（4）情绪激昂

对待每一次演讲，我都力求全情投入，尽情演绎。兴之所至，往往滔滔不绝，神采飞扬，台下也是应声不断，啧啧称赞。我认为，演讲要的就应该是这种感染力和互动的效果，讲求的是气氛。演讲者与听众之间进行的是一场思想的碰撞和情感的交流，有共鸣，也有分歧，但最终应当达到一种和谐的境界，获得认识上的升华。

(5) 短小精悍

大家的生活和工作都很忙碌，能够在百忙之中抽空来听我讲话，是我的荣幸。因此，我的演讲理念就是取其精要，点到为止，要把自己最出彩、最有价值的观点呈现给大家，也算是对听者的一种回报。讲话的意义不在于时间的长短，而在于内涵的多少。我的演讲从不超过半小时，报告也不会多过一小时。这是沿袭了我讲求效率的一贯作风。

1.5.4.2 属于自己的心得

“江湖”上的一番闯荡，其中的酸楚与艰辛只有自己清楚，但收获的经验与心得倒可以总结出来与大家共勉，只求能有些许借鉴价值和启发意义。

(1) 标新立异

演讲与讲课其实也存在相似之处。也许很多人会采用一种讨巧的做法，就是认真准备一篇演讲稿，一劳永逸，靠着它打天下，四处宣扬。尽管永远重复着同样的主题，但听众变化了，因此还总能收到不错的效果。

在这一点上，我又一次力求与众不同。我总是希望尝试不同的主题，采用不一样的诠释方式。对自己来说，这样做比较有新鲜感和挑战性，虽然会多费点脑筋和气力，但还是值得的。另外，我认为，一个演讲者应当抱着对听众负责的态度，为他们提供尽可能多的视角去深化认识，增进了解。因此我宁可走一条不一样的路。

(2) 精心策划

也许我的演讲风格会显得有点漫不经心，但事实上，每次演讲的框架、内容和方式，都是经过我慎重考虑后精心设计的。它们可能不用付诸文字，而只在我头脑中成形，但其中却包含了我很多的创意和灵感。“台上一分钟，台下十年功”，道理是一样的。一场精彩的演讲背后，必然有着很多的付出，而这些都是旁人看不到的幕后真相。

(3) 阐述思想

有些人作报告或演讲，喜欢高谈阔论，就像上课一样，把听众都当成自己的学生，娓娓道来，循循善诱。而我更注重报告的思想性，也就是力求阐述一种思想，传达一种观念或认识，因此我采用的方式多是比较宏观的，主要介绍思路，不太深入细枝末节。我认为，思想是灵魂和精髓，是最重要的，需要洞察和领悟，至于具体操作，应该留给听众一些自由施展的空间，让他们发挥主体性和创造性，通过实践进一步丰富和发展理论。

(4) 激情饱满

正所谓动之以情，晓之以理。演讲中需要激情，照本宣科不仅不能让自己投入，更无法打动别人。当我站在演讲台上陈述，常常是声情并茂，慷慨激昂，甚至手舞足蹈。有时候连自己都有些惊讶，台上的那个我与生活中的我竟判若两人。或许，是演讲让我发现了另一个自我。每一次，我都会用心去讲，用情去演。已经记不清有多少回，在外作报告不自觉地把喉咙讲到沙哑，真是达到一种忘我的境界了。

(5) 善于求变

无论是演讲还是报告，比较忌讳的一种状况就是众口一词地重复同一个话题，一不小心就落入了俗套，还不得已美其名曰“英雄所见略同”。所以，有时候，演讲准备得再充分也无济于事，因为无法预料其他人要说什么。如果发言次序恰被安排在中间或比较偏后的话，很容易无话可说或者缺乏新意。因此，在演讲中，随机应变的能力也是非常重要的，必须懂得，审时度势，迅速调整。

一个出色的演讲者不是一朝一夕能够修炼成的，需要经历长期的磨炼和摸索，不断积累经验和完善自我。在先天不足的情况下，只有通过有意识地采用一些演讲技巧来弥补缺陷，才能创出自己的演讲特色和风格，给人耳目一新的感觉。

当然，我所追求的也不是一鸣惊人，只要我的演讲能够在一部分听众的记忆中留下深刻印象，我就知足了。

1.5.4.3 不是摆设，而是声音

因为我在演讲上动足了脑筋，下了大功夫，力求不断创造新元素，

找到新灵感，所以我相信，在演讲和报告的场合中，我绝对不是一个淹没在人群中的摆设，而是喊出了自己的声音，被大家所了解和认识。

我认为自己演讲的一个特色就是标题出众，并且含有一定思想。因为演讲都是从标题开始，所以我觉得，一个能打动人心的标题对于一场演讲的成功是相当关键的，虽然谈不上是灵魂所在，但至少是点睛之笔，可以调动听者的兴趣。因此，每回演讲，我都会在标题上花一番心思，有时候也需要灵感的激发。我相信一句话，好的开始，意味着成功的一半。这里列举部分曾经演讲和报告的标题，与大家分享。

我营我销我做主

反弹琵琶：青岛国际啤酒节国际化战略不完全攻略

十七世纪向左，二十一世纪向右：由霞客精神引发的当代旅游的哲学思考

雾里看花：陵水旅游顺流还是逆流

美好时光或成绝唱

魂兮归来：一位旅游文化学者的呐喊

旅游策划十大困惑尴尬出炉

文化旅游：渐行渐近浮出水面

旅游，玩转时尚的一门艺术

游艇经济：气势非凡的盛宴还是海市蜃楼的幻象

去除老品牌的鸡肋魔咒：需要在推倒中重来

金牌旅游策划，旅游策划金牌

策划：让文化有奔腾心

旅游策划：单轨制还是双轨制

旅游策划：重组现代灵魂的智慧

中国游艇产业：急需上天入地与下海

我和旅游策划“狭路相逢”

老品牌复兴的加减乘除

什么需要坚持，哪些需要放弃

旅游策划：究竟是跟风走，还是坚持心中的理想

现代旅游大胆向传统文化借“景”

留旧创新：寻求保护与开发的双赢路径

给我一个支点，撬动鹰潭旅游这个“地球”
让旅游成为一种适合消费的文化
这个圈子真不是想象的那么好混
前赴后继，在中国旅游文化创意产业杀出一条血路
中国旅游策划二十年：不只是摆设而是声音
旅游，人是主语
销售员之死：后旅游营销时代
观光与度假：不是冰火两重天
都市旅游：需要精气神
文化人对非文化人设身处地的人文关怀
品牌：穿越时空的凄美之鸟
甘肃文旅：一炮打响的秘诀

人生的道路上时时处处都面临选择。向左走还是向右走，不同的抉择会带来全然不同的风景。而我也常常处于选择的困惑和彷徨中：做策划还是做规划，编教材还是写专著，做学者还是做专家……

其实，教书、写书、策划、演讲，都是生活的调剂而已，我努力策动的是今天，而不是明天。我永远都在寻找心中最美丽的“玫瑰花”——旅游的灵魂。它也许开在遥远北国的山坡上，也许就在小路的下一个拐角处，某月某日，会在不经意间走进我的生活。无论教书、写书，还是演讲、策划，实际上都是在经意和不经意间为着寻见旅游的灵魂而不断地探索与发现。

人生的旅程，经历过才会明白。即便今天，我依然还在探索旅游灵魂的路上。

1.6 一个理想主义者对于旅游灵魂设计理论的执着

旅游的灵魂是设计出来的！

旅游的灵魂不是天生的。

为旅游设计灵魂是一项创造性的工作。从某种意义上我们可以说，在立足于现实的基础上，以面向未来的眼光超越现实是一个优秀的旅游策划师所必备的基本素质。

1.6.1 旅游的灵魂不是生而就有的

四十年的时间对于一个新生的旅游产业来说，实在是太过短暂了。旅游的特质与辨识度的形成，需要经过长期累积。在一个旅游趋同的时代，这种旅游特质的识别，既显得特别重要，又变得更加困难。中国的旅游为什么这么多年来始终低位徘徊？为什么中国的旅游产品的创新之路、转型之路走得如此坎坷艰难？为什么我们总是无法打破同质化困境？或许我们可以从铺天盖地的“文化是旅游的灵魂”的宣传广告上找到答案，但依然无法成就一个有趣和有灵魂的旅游。

我并不否认文化在旅游中的意义。意义是无形的，必须高于载体。对意义的追求非常明显地体现在旅游中，人们会把自己的旅游活动当作展现意义的舞台，把旅游产品当作展现意义的道具，从这一角度出发，旅游就是意义的产生。

显而易见，旅游的问题并不在文化重要性的认识上，也不在文化重视的程度上，更多的是在文化所呈现的内容及内容背后所反映的关于旅游发展的认知上。在我看来，旅游所暴露出来的问题，已经不再是简单的文化自身的问题，如有没有文化，重视不重视文化。

我要说的是，旅游的灵魂不是生而就有的，不是“天生就有”的文化本身直接带来的，真正供养旅游灵魂的是内心的繁花似锦。

1.6.1.1 我从不怀疑自己对文化的热爱

(1) 我从没有停止过对旅游与文化耐人寻味的关系的探索和思考

有人说，文化是旅游者活动的本质属性。旅游的本质是消遣和审美，其活动需要文化参与。旅游的需求与动机主要属于精神性的享受和发展需要，是一定文化背景下的产物，是文化驱使的结果。没有文化的发展，就无法激发人们的旅游动机，也就不可能产生旅游。

有人说，文化是人类所独有的特性，是人之为人的显著标志。

有人说，从经济和产业角度讲，文化是旅游的资源，旅游是文化的市场，文化成了旅游的内容，是旅游的消费品。

更多的人说，文化是旅游的灵魂，旅游是文化的载体。

我从没有停止过对旅游与文化关系的思考。旅游与文化的关系，不仅非同一般，而且耐人寻味。

我曾经思考过旅游和文化这种“你中有我，我中有你”的微妙关系，曾经在多种场合发表过旅游和文化的关系犹如咖啡和伴侣的观点，更妙用过“好则如热恋中的情侣，不好则似反目后的情敌”的暗喻。

我意识到文化在旅游中独一无二的地位，用过“没文化，不旅游；不旅游，没文化”这样的演讲题目。

（2）我从不否定自己对文化真实的向往

我大学读的专业是历史学，有着深厚的史学根基，饱受复旦大学浓郁的人文浸润与熏陶，没有任何可能和理由否定自己对文化真实的向往。

大学期间，我喜欢中国古代史，喜欢古典文学，喜读《三国演义》，爱好老庄哲学。大学毕业后在复旦大学历史系资料室工作期间，我参加过多部历史学方面的书稿的编写，发表过诸如《官渡之战是以少胜多的战役吗——官渡之战兵力考》《曹操移民研究》《郭沫若的曹操研究》等多篇史学论文，出版过《择日》一书。

从事旅游教学与研究后，我始终以旅游文化作为自己的特长和专业研究方向。在旅游教育出版社出版的我的第一部旅游学术著作《旅游与中国文化》，探讨的便是旅游与文化的关系。在我个人著述的旅游著作中，绝大多数都和旅游文化有关，如《旅游文化学》《旅游宗教文化》《中国宗教旅游》。

（3）我从不怀疑自己对文化的热爱

旅游策划，喧嚣却枯燥。而流派，或者说是特长，这些大隐于世的艺术空间，历来是人们了解旅游策划思想和风格的重要舞台和指标，也是众多旅游单位希望了解实力与可能的关键所在。

无论是为旅游企业制订旅游营销方案，还是承接各级政府委托的旅游发展战略研究，还是受邀进行旅游景区规划、旅游项目策划，我都是利用学术优势，发挥文化特长，做的是文化旅游营销、文化旅游规划和文化旅游策划。

并且我深知，我为旅游设计灵魂取得的每一个成功，都是通过挖掘和打磨文化，都是源于对文化真实的追求和向往。例如，浙江安吉余村，是因为执着于“绿水青山就是金山银山”的主旨，浙江德清蠡山是因为源于对范蠡“财神”身份的认同，海南陵水南湾猴岛是对生态文化的独特诠释，四川若尔盖花湖湿地公园是对湿地文化的深刻感悟，贵州兴义天下布依是对布依景区少数民族文化的精彩演绎。

1.6.1.2 我只想知道旅游痛点的真实根源

我从不怀疑自己对文化真实的向往，从不否定自己对文化的热爱。我只想知道旅游痛点的真实根源。

在我看来，旅游所暴露出来的问题，或者说旅游所存在的痛点问题，远比文化多得多、复杂得多。

（1）是文化问题吗

“朱雀桥边野草花，乌衣巷口夕阳斜。旧时王谢堂前燕，飞入寻常百姓家。”这首脍炙人口的《乌衣巷》，不禁让人浮想联翩，头脑中浮现出六朝古都南京那条充满历史文化底蕴的街巷。然而，如今我们来到乌衣巷，还能看到历史、看到文化吗？

你看到的夫子庙核心区，已经成了充斥着吃喝玩乐的场所。那条延续了秦淮千年文化的乌衣巷，虽然依旧白墙黑瓦，建筑风格也并没有发生多大改变，看似“修旧如旧”，但实际再也没有了原汁原味。老建筑里堆砌着各式各样的店铺：有雨花石商店，有金陵风味餐馆，有大大小小遍布整条街道的饮品店。难怪到过夫子庙的游客都说那里已经没有了历史，没有了文化！

是文化问题吗？是南京旅游不重视文化吗？是乌衣巷的开发没有“修旧如旧”吗？

《旅游情报》杂志曾经发表了一篇《精品民宿调研报告》，并且以“站上风口的民宿，是短暂的烟火，还是下一个蓝海？”为题对中国方兴未艾、如火如荼的民宿业进行了深度研究。说实话，我对“站上风口的民宿，是短暂的烟火，还是下一个蓝海”的预测和研判并没有兴趣，也不关注民宿分布、民宿消费者主要特征这样的市场调研数据，却对报告提到的一个严峻问题特别在意。报告认为，中国大多数民宿缺乏核心竞争力，很多投资者请设计师按照莫干山的民宿来设计，却只能设计出“形”而设计不出“神”。目前国内大多数民宿只把民宿的功能局限在住宿上，主人文化的缺失也需要民宿经营者加以重视。

很多民宿投资者请设计师按照莫干山的民宿来设计，为什么只能设计出“形”而设计不出“神”？我受邀造访过浙江、江苏、江西等地许多这样的民宿，发现这些民宿大都有清新自然的室外环境、丰富的人文色彩、与众不同的设计、多样化的主题风格、调节压力的隐居生活等这些符合民宿消费者行为偏好的元素，却没有莫干山民宿那么火爆。

是文化问题吗？浙江、江苏、江西等地众多请设计师按照莫干山民宿设计的民宿，这些民宿主人事实上都非常重视文化内涵的挖掘。反观莫干山的民宿，反倒很少以莫干山独特的历史文化作为吸引客人的东西。

（2）行业痛点解决了吗

改革开放四十多年来，特别是我国经济高速发展这一二十年来，人们生活水平日益提高，旅游业井喷式发展，已经成为我国国民经济的战略性支柱产业。在这样一个旅游业繁荣昌盛的时代，各类旅游项目、旅游产品层出不穷，旅游市场竞争空前激烈，许多低质量、缺乏记忆点及个性特色的旅游项目、旅游产品在优胜劣汰的竞争机制规律下，面临门可罗雀乃至濒临破产倒闭的窘境。

中国旅游业有着无数的痛点。有人认为“缺资金、缺内容、缺运营、缺整合”是全域旅游的“四大痛点”。有人认为乡村旅游业有“七大痛点”需要解决：一是同质化严重，不得精髓，未有特色；二是公共配套服务水平低，游客体验感差；三是产品结构单一，难以满足游客需求；四是传统文化缺失，内涵和品位不足；五是土地供给不足；六是人才断层明显，难以支持；七是运营方式不合理，把握不了市场需求，有待提升。有人指出休闲度假旅游目前有“四大痛点”：一是缺代表作、缺标杆；二是缺内容；三是缺整合；四是缺生活。

我认可每一种说法的正当性，同时也看到关于旅游痛点的尴尬之处。每一种说法都有其合理性，但也注定我们无法找出一个统一的说法。

也许众人皆醒，唯我独醉。文化的重要性已经得到了普遍的认可，“文化是旅游的灵魂”已经成为一个公理：旅游公认的问题是文化问题，公认的痛点是文化的缺失。针对旅游的这一痛点，我们早已有了崭新的思路，开出了“文旅融合”的具体药方。正如前文化和旅游部部长雒树刚于 2019 年 3 月在回答记者提问时所说："我们深深地体会到文化是旅游的灵魂，旅游是文化的载体。文化使旅游的品质得到提升，旅游使文化得到广泛传播。""通过文化和旅游的融合发展，可以实现以下四点：推出更多文化和旅游精品；创造更加舒适、便利的旅游环境；实现安全旅游、文明旅游；推动中外人文交流。"

我认可文化的特殊性和重要性，也从不怀疑和否定旅游与文化融合发展的正确性和必要性，并且深深为"培育文化旅游消费新热点，提升文化旅游产品品质，建设新型文化旅游功能区"这些以文化带动旅游的战略举措感到欢欣鼓舞。但我更关心对文化执着与热情背后的真实动机，尤其是文化和旅游融合后的实际效果。我想问的是：行业痛点解决了吗？

有文化，就可以开发，这一点是毋庸置疑的。文化是旅游灵魂，在旅游产业融合发展的大趋势、大背景下，全国各地都在开发各种各样的文旅项目，都在挖掘各种各样的历史文化，对文化的热情一浪高过一浪，文旅融合的战鼓擂得一个比一个响。然而，行业的痛点真的解决了吗？旅游真的快速火起来了吗？

我十多年前到过河南商丘的虞城县，在我依稀的记忆中，虞城县仅有一个木兰祠。十多年后，2021 年 5 月，有幸再次受邀前往考察。我发现虞城县的旅游业发展大步前行，对历史文化内涵的挖掘，对文化旅游项目的开发不遗余力。木兰祠、任家大院、魏堌堆遗址、仓颉墓与庙、伊尹墓园等众多旅游景点都得到不同程度的开发，利民古城更是投入巨资进行了打造。但是却无法掩盖这样的事实：门可罗雀。我试着询问了十多位朋友：知道虞城吗？除了一位老家商丘的朋友外，都说不知道。但当我补充说虞城是花木兰的故乡后，大家都表示惊讶。

显而易见，文旅融合并非一剂解决旅游痛点的灵丹妙药。

(3) 不是文化，那又是什么呢

旅游不缺文化，或者说，旅游缺的不是文化。甚至可以说，旅游有的是文化，多的是文化。中国上下五千年绵延不绝的历史和各不相同的文化给旅游打下了坚实的基础，每一个城市，都有悠久的历史，每一个地方，都有璀璨的文化。我们每到一地，都能看到名人故居，都能看到古城老街，都能看到佛寺道观。

并且，大多数人都非常重视文化。特别是近一二十年来，随着对文化重要性认识的不断提高，“文化是旅游的灵魂”的理念已经深入人心，旅游与文化融合发展已经蔚然成风。大家都重视文化，都在挖掘文化。名人故居、历史建筑、老城旧街、宗教寺庙、民俗民风、地方非遗，乃至城市建筑、图书馆、博物馆、咖啡店、艺术中心，凡是能够用来进行旅游开发的“文化”，都程度不同甚至无一例外地得到了开发。

甚至许多地方已经在“文化是旅游的灵魂”的幌子下，过度开发文化，过度消费文化，乃至破坏文化。

旅游痛点的真实根源不是文化，而是灵魂！

古城缺文化吗？且不说安徽歙县、云南丽江、四川阆中、山西平遥四大古城，即便台儿庄古城、商丘古城，无一不以历史悠久、人文荟萃著称。名人宅地遍布大街小巷，名胜古迹鳞次栉比，各种文化展示、非遗活化项目琳琅满目。然而，很多游客在游览之后不禁感慨，每一座古城似乎都一样。譬如我曾造访过河南虞城的利民古城，处处都体现文化，满地都是古迹，然而真的很难让人找到古城的感觉。

古镇缺文化吗？哪个古镇，不是水乡风貌，没有古老建筑，没有文化名人？

哪个古镇没有老街，没有博物馆，没有印花蓝布，没有粉蒸肉？然而，存在于记忆与憧憬中的古镇，除了乌镇、周庄、同里、西塘这些少数“生活着的千年古镇”，绝大多数已经没有了“小桥流水人家”式的景致，它们之间雷同，而非风格各异。常常让人怀疑是这个地方吗？它怎么变得让我们一点也不认得了？原来那些居住在这古镇老房子中的人呢？他们去哪儿了呢？

你能说南京的夫子庙缺文化吗？但是当你真正来到夫子庙，你还能看到历史吗？你还能寻找到十里秦淮，多少烟雨，多少名士，多少沧桑吗？你还能感受到“朱雀桥边野草花，乌衣巷口夕阳斜。旧时王谢堂前燕，飞入寻常百姓家”那种滋养心灵的情愫吗？

所以，旅游痛点的全部根源不是文化，而是灵魂！

（4）旅游灵魂的滋味不是一种文化可以品出来的

为了让旅游有文化，我们可以不再局限于资源本身，而是更加重视文化的深度挖掘和包装、主题的营造和推广，基于市场需求的产业融合和联动，并且在旅游项目的运营过程中重视产品的及时更新、创新以及各类活动的持续吸引力，以保持旅游的生机和活力，我们还可以增加历史文化与现代舞台技术相结合的旅游演艺、具有特定主题知识产权（IP）的游乐项目等。

为了让旅游有文化，为了做到文旅融合，为了让大家看到此处重视文化，为了迎合和满足旅游者日益增长的文化追求，在市场、政策和舆论的多重驱动下，许多地方无所不用其极，甚至不惜“掘地三尺”，找传说，编故事，抢名人，希望以此来构建一座充满人文气息的旅游城市，以此来建造一个文旅融合的特色小镇，以此来打造一处人文璀璨的文化胜地。但结果呢？恐怕大多数只能用门可罗雀来形容其惨象。文化有了，但旅游没有，记忆没有，憧憬没有，灵魂没有，人气没有。

2009 年 8 月，湖北安陆在央视 4 套一天三次投放城市宣传片，打造“李白故里，银杏之乡”的城市旅游品牌。即使白兆山曾是李白“酒隐安陆，蹉跎十年”的地方，但恐怕大家还是认定李白唯一故里在四川江油。陕西白鹿原古镇，是依托陈忠实《白鹿原》小说重金打造的一个影视文化旅游小镇，如今早已偃旗息鼓。当年我去参加宁波余姚河姆渡遗址公园方案招标，在进行市场调研时，听到最多的是那句“石头、木头，没看头”的宁波口头禅。

所以，文化是文化，灵魂是灵魂，旅游灵魂的滋味不是一种文化可以品出来的！

存在于记忆与憧憬中的古镇，你可以解读建筑，可以追溯历史，可以瞻仰名人，可以聆听故事。绝大多数的古镇，食、住、行、游、购、娱六大要素无不俱全，文创、民宿、演艺应有尽有，看似风格各异，实质互相雷同。每一个都戴着与其他古镇一样的面具，有文化没灵魂，说不出感觉，品不出滋味。

以往我们提到故宫，大家想到的是巍峨的宫墙、雄伟的建筑，数量惊人的文物，以及那个让人望而却步、多少给人带来一种陌生感和敬畏感的遥远的紫禁城。而现在人们提到故宫的时候，脑海中更多浮现的是“萌萌哒”的形象。很多人都把这一切归功于故宫主打“以匠心致创新，让文物活起来！突破宫墙的阻隔，把故宫带回家”的发展理念，归功于故宫的文创，归功于故宫在淘宝开的店，甚至归功于新媒体的狂轰滥炸。但在我看来，抑或在游客和买家看来，应该归功于故宫“朕”这一独一无二的旅游灵魂的发现、挖掘、包装、策划和打造。故宫旅游灵魂的挖掘，其缘起来自在文创方面走在前列的台北故宫博物院。2013 年，台北故宫博物院推出了一款“朕知道了”的纸胶带，在网络上爆火。从此，“朕来了”“朕就是这样的汉子”“抱朕”一发不可收拾。论文博的价值，文化的滋味，中国各地的博物馆都能品得到，都能品出来，但故宫独一无二的“朕”的旅游灵魂的滋味，只有、也只能在故宫品得到、品得出。更直白地说，故宫爆火的不仅仅是故宫数量惊人的文物、故宫璀璨的文化，还是“朕”这样一个有趣的旅游灵魂。

如今大家一谈旅游，喜欢拿“好客山东”做典型案例。“好客山东”旅游品牌形象的塑造，的确匠心独运。“好客山东”，好就好在“好客”两个字上，不仅叫好，而且叫座。它让大家去品，品的不再是“一山、一水、一圣人”这种传统、经典和厚重的儒家文化，而是充满趣味、带有山东独特地域文化的“好客”情怀。山东旅游灵魂的滋味，大家可以从“好客山东”上品味出来，但恐怕很难从单纯的儒家文化或孔子文化中品味出来。

想想也是，每年都有那么多的人去登长城，不止是因为孟姜女哭长城吧？不止是因为万里长城乃“世界八大奇迹”吧？正是“不到长城非好汉”这种文化情怀，成就了长城旅游千百年来屹立不倒的永恒灵魂。

1.6.2 旅游的灵魂是设计出来的

这不是危言耸听，也绝非哗众取宠，而是我二十多年来不停探索、实践以及深刻省悟而悟出来的道理。

从某种意义上说，文化改变了我们的生活，也改变了我们的时代。无论是生活方式还是生活观念都因文化的勃兴而变得多姿多彩，因文化的如影随形而变得话题不断。旅游的文化话题早已不是一个新鲜的话题，只不过这个话题随着国家旅游局和文化部合并，成立中华人民共和国文化和旅游部（以下简称文化和旅游部），成了刻不容缓的重大战略性课题。

相信每一位旅游从业人员，都无数次聆听过“文化是旅游的灵魂”的谆谆教诲，因此很多人会理所当然地认为，既然“文化是旅游的灵魂，旅游是文化的载体”，那么，“文化”“旅游”与“灵魂”三者之间可以画上等号，还有人错误地认为，只要有文化，旅游自然就有灵魂。殊不知，文化是文化，灵魂是灵魂，旅游的灵魂固然离不开文化，但不能反过来直接推断文化就是灵魂。

同时，因为文化是旅游的灵魂，很多人也就以为，既然文化是历史的累积，是历史的传承，作为旅游的灵魂，自然也就因为文化的这一秉性和特征，与生俱来。

相信大家一定认同，旅游的灵魂一定是有趣的，一定是有情怀的。高冷、刻板、神秘、给人带来陌生感和敬畏感的一定成就不了旅游的灵魂，打动不了游客。爆火的旅游，经典并且永恒的旅游，都是有灵魂的旅游，而这种鲜活、有趣的旅游灵魂无一例外，都是设计出来的。

灵魂是整个旅游中氤氲的美好意味，是从文化骨子里散发出来的。唱遍大街小巷的一首《成都》，让多少人对这个城市充满了憧憬。

以“抖音之城”称号崛起的西安，有一个著名网红打卡地永兴坊。它位于西安市新城区中山门北顺成巷，原址为唐代大臣魏征的官邸旧址，能让大家“一站式咥美陕西”，汇集了几乎陕西所有的美食。但早期的永兴坊不仅没有火爆，甚至可以用冷冷清清来形容。后来正是因为成功地设计出了永兴坊旅游的灵魂——“摔碗酒”，让厚重的永兴坊历史文化和活力四射的旅游消费群体之间擦出火花。永兴坊的火爆程度着实让人惊讶。

旅游演艺的方兴未艾具有更大的说服力。近年来国内旅游业蓬勃发展使得越来越多的文化与旅游业很好地结合在了一起，演艺几乎成了旅游必不可少的标配。桂林阳朔《印象·刘三姐》正式公演，开启了中国大江南北印象系列的相继公演，这些印象实景系列演出的热烈反响引发了我们的思考：文化这一长期以来被认为是“旅游的灵魂”的要素，原来不是高深莫测的、抽象的，而是可以被具体化、被舞台化的。旅游演艺的集大成者莫过于宋城演艺的“千古情”系列。“千古情”系列发轫于杭州宋城景区的《宋城千古情》表演，是黄巧灵策划设计出来的，如今已经成为杭州宋城景区的灵魂，与拉斯维加斯的“O”秀、巴黎红磨坊并称“世界三大名秀”。

在迪士尼，最震撼的不是各种游乐设施，而是气氛。尤其是下午众人翘首以待的花车巡游以及晚上的烟火。迪士尼犹如一个童话世界，点亮了每一个人心中的绮丽的梦。而迪士尼这个童话世界里的旅游灵魂，便是迪士尼设计师们精心策划设计出来的迪士尼卡通人物。

1.6.3 旅游灵魂设计“三维境界”理论模型建立的一种努力与尝试

当旅游学诞生之后，随之而来的问题是，旅游学的基本问题或根本问题是什么。旅游学既然不甘于作经济学或管理学的附庸，理所当然，它就有其不同于经济学或者管理学的独特的理论。

旅游学理论研究敏锐地捕捉到当代旅游思潮发展的动向和旅游的本质属性并通过“文化是旅游的灵魂”的理论的阐释，透视急剧转型的旅游业的人文精神指向。同时，“文化是旅游的灵魂”的理论研究揭示出我国积淀丰富的历史文化，集中展示了具有中国特色的旅游学理论所具有的文化发展基础与潜力。

作为最有特色的旅游学经典理论，“文化是旅游的灵魂”为我们打开了认识旅游的大门。而当我们再进一步深层次思考旅游时，我们能够借助的手段就不应该再局限于旅游的探索、哲学的思辨、文化的认知，而应有更多灵魂的思考和构想。

因而，有必要通过我们自身的探索，通过学界、业界各位同人对于旅游灵魂问题的不停研究，进一步厘清文化作为旅游灵魂建设的可行性和可操作性，进而推动“文化是旅游的灵魂”的理论向学理更深层次的方向拓展。不能永远停留在“文化是旅游灵魂”这种口号式的表达，应该不断向开放和多元的旅游灵魂定位方向凝聚和发展。

1.6.3.1 旅游灵魂设计理论是在实践中摸索出来的

实践是检验真理的唯一标准。我的旅游灵魂设计理论很大程度上来源于长期坚持不懈的旅游策划实践。

从 20 世纪 80 年代末起，大家日益认识到文化的重要性，旅游正在发生戏剧性的转变。对身处这场剧变的我来说，为了更好地为自己创造新目标与新工作，我努力在实践中寻求答案。

（1）摸着石头过河

最初阶段，我只能摸着石头过河。

“我为旅游设计灵魂”最早可以追溯到20世纪90年代初期。大概因为自己学历史的关系，我应邀去上海石油化工高等专科学校讲授了一学期的中国旅游史课程。后来，为了积累学术资本，编撰出版了《旅游与中国文化》一书。为了获得更多的市场份额和机会，承蒙几位前辈的提携，我又马不停蹄地参加了“嘉定区旅游总体规划”“美国梦幻乐园可行性研究报告”等旅游项目的咨询和规划设计，承担了其中很小一部分的基础资料的收集与研究工作。

我自己独立承接的第一个旅游策划项目是“宜兴张公洞旅游文化策划方案”，主要为张公洞进行神话故事的梳理和编写。后来，大概又因为自己学历史的关系，经历史系老师推荐，主持了“宁波中华儒商文化园策划”和“宁波梁祝文化公园旅游策划”两个旅游项目策划方案的编制。

我在旅游策划上的成就，主要得益于自己在湖州的长期耕耘和实践。我在湖州从事旅游策划的第一站是安吉，当时邀请我去做的旅游策划项目名称叫作“安吉递铺邮驿文化旅游发展战略研究”。之所以遴选我来承担这个课题，他们表述得非常透彻：“因为你是学历史的！”

那个时候，那个阶段，我只是体会到：历史有历史的好处，文化有文化的用处。

（2）自发地探索

21世纪最初的五六年时间，我深陷在自己的旧有模式中，始终徘徊不前，无法获得成功。

来到河南商丘。这个因商族始祖契佐禹治水有功而得名的城市，是燧人氏发明钻木取火的地方。商丘是中国火文化的发源地和重要流传地，燧人氏发明的钻木取火，开启了人类文明的新纪元。然而，令人遗憾的是，商丘这座全国唯一四千多年没换过名字的城市，并没有因为火文化而“火”起来。

来到昆山锦溪。有人说看过周庄又来到锦溪，有着不一样的惊艳。而我因为实在找不出锦溪这种“不一样的惊艳”，最终知难而退，干脆退出了锦溪古镇的旅游营销策划。

来到温州瑞安。我承担了寨寮溪、卧龙峡、桐溪湖、金鸡山等旅游项目的策划。虽然竭尽全力演绎了卧龙故事，弘扬了养生文化，策划了活字印刷文化村，但效果都不太理想。瑞安的旅游并没有因为文化的挖掘和植入而焕然一新。

来到台州临海。主持“桃渚古城旅游开发策划”，人们都说，桃渚古城文化“厚重”，而我感觉到的却是一筹莫展的“沉重”。

曾经相当长一段时间，我怀疑文化在旅游中的实际价值和作用，甚至怀疑我的历史专业特长到底能不能派上用场。

在出现挑战，甚至一筹莫展的过程中，我开始反思并逐渐认识到，旅游最重要的因素是人，旅游中的文化问题是由个人经验的困境造成的。如果要找出旅游明日而非昨日世界的文化对策，就必须重新检验文化。

我开始尝试不停地改变自己，寻求以新的方式来缩小文化与旅游及现实之间的差异。

我来到了德清，来到了蠡山。蠡山山上竹林成片，香樟成荫，村落湖泊分散于景区周围，农田阡陌，波光粼粼，世外桃源的感觉让人流连忘返。

除了得天独厚的自然景观，蠡山的人文景观更有其独特的魅力。蠡山得名于范蠡西施隐居于此的传说。著名的“蠡山八景”中的西施画桥、陶朱古井、翠岭马回、石池剑跃、柳浪珠浮、松桥天梯等都和范蠡与西施的传说有着密切的联系。

我的旅游策划团队提出了很多富有创意的方案：有人提出发展乡村旅游，有人认为可以建成名人纪念地，有人建议发展以生态为特色的休闲旅游，更多的人则主张做范蠡西施这篇爱情文化特色的文章。

当时的蠡山基本上处于未开发状态。范蠡祠仅仅作为文物，“蠡山八景”中的大多数景点有点无景。“蠡山八景”必须修复，这是毫无疑问的。但“蠡山八景”恐怕只是亮点，很难打造成卖点。

另外，范蠡和西施爱情文化是蠡山的主体文化、显性文化，流传广，传播深，但趋同性强，涉及范蠡和西施的旅游景点基本上都在讲范蠡和西施的爱情故事。范蠡和西施除了爱情，难道就没有其他可以挖掘的文化了吗？

为了寻求蠡山景区的出路，为了给游客一个非来不可的理由，为了寻求更广泛的市场和商机，蠡山最终在保留和传承“蠡山八景”的基础上，别出心裁地打“财神”牌，做“财神”文章，把蠡山成功打造成“财神山”。

我又来到了秦皇岛，来到了祖山。原计划是在祖山景区建庙，而我则对祖山的“祖”字感兴趣，“祖”本身不也是一种文化吗？正是遵循这样一种旅游文化的认识思路，举办了“开山节”民俗活动。

在这个阶段，我的认知依旧更多的是对文化，不是对灵魂。但是有一点是清晰的，那就是：旅游要的不是文化，而是文化的巧思、想象力和创意。

（3）自我的超越

第三个阶段是自我超越的阶段。

我知道“知易行难”的道理。譬如，对于安吉旅游的灵魂，我很早就提出在“安吉”两个字上，但相当长一段时间，的确很难落到位、落到实。

在浙江湖州德清相当长一段时间的旅游策划实践为我的旅游灵魂设计理论奠定了坚实的基础，大到孟郊故里的“作诗不做人”“中华游子文化节”“莫干山国际乡村旅游度假区”和“万国民俗风情小镇”，具体到蠡山景区的“财神”和新市古镇的“江南百老汇，千年小上海”，我踏遍了德清的山山水水，参与了德清很多旅游项目的策划。

随着实践不断向纵深推进，我对旅游灵魂的认识也在不断升华。在张家港，我发现了“天堂之上”；在吐鲁番，我奏响了一曲“水与火的交响曲”；在安吉竹博园，我玩了一回“功夫熊猫”；在若尔盖，我走了一回“毛泽东小道”；在苏州高新区，我构想了一个“科学小镇”；在浙江大陈镇马畈村，我更是无中生有，成功策划出了一个“马畈农业奇幻乐园”。

1.6.3.2 “三维境界”理论模型是在省思中创立的

（1）理论是金色的

《浮士德》第一部第四场“书斋”中，魔鬼对拜访浮士德的青年说：“亲爱的朋友，一切理论都是灰色的，而生命之树常青。”魔鬼所说的这句话，后人常予引用，但一些人常常只用其一半，或“理论是灰色的”，或“生命之树常青”，难免理解有失偏颇。

实践需要理论指引，理论指引发展方向。谁说理论是灰色的？那是魔鬼说的。理论不是灰色的，而是金色的。

试举一个学术上的例子。2001 年，在美国营销协会举办的对 20 世纪营销理论的评比中，里斯和特劳特提出的定位理论超过了瑞夫斯的 USP 理论、大卫·奥格威的品牌形象理论以及麦克尔·波特的竞争价值链理论，甚至菲利普·科特勒构架的整合营销传播理论，最终被确定为“有史以来对美国营销影响最大的理论”。这个理论影响到包括市场、营销、规划、策划等各领域。

(2) 发现旅游灵魂完全不同的一面

在当代中国旅游的发展进程中，涌现过无数的旅游理论。譬如，旅游发展的 SWOT 分析理论、扎根理论以及风靡一时的全域旅游理论。但不可否认的是，在当代中国的旅游理论体系中，影响最大、流播最广、最具中国特色的当属“文化是旅游的灵魂”这一理论。

“文化是旅游的灵魂”所倡导的，是在旅游的运作方式中，深植文化的重要性与必要性，是鼓励大家利用文化，发挥想象力、创造力。

然而，在我看来，强调“文化是旅游的灵魂”只是起点，我们必须从旅游眼前和现实的一团乱麻的问题中发现灵魂完全不同的另一面：旅游的灵魂，与文化有关，但却不是文化的全部和所有，不是虚幻的，而是一种客观存在，是看得见、摸得着的，体会得到的；并不是死的、呆板的，而是鲜活的、有趣的。

出于“好奇心”，我便敞开心胸，去探索并发现旅游灵魂完全不同的一面。

(3)“三维境界”理论模型提供了一个崭新的文旅整合范式

“三维境界”理论模型旨在打破现有的旅游文化学理论，建立一个崭新的旅游灵魂学理论。作为一种解释性范式，“文化是旅游的灵魂”理论，已经无法充分解释旅游与文化的复杂性和深刻性。“三维境界”理论模型，围绕一个崭新的整合范式——旅游灵魂观点，将旅游经济图式与文化创意图式加以整合，并在“灵魂”上聚焦，借以说明灵魂对于旅游与文化融合和再造的重要性。

读过我的书、听过我的课的朋友都知道我曾经提出过一个“树根立魂”理论，那是针对旅游策划学这门学科提出来的。落脚点有二：一是

“树根”，二是“立魂”，先“树根”，后“立魂”。

“三维境界”则是我专为旅游灵魂设计提出和建构的理论模型。这里，我特意用了“设计”，而非“策划”。因为在我看来，品质是设计最重要的东西，我们为旅游设计的灵魂，不是一个单纯的文化问题。设计永远没有唯一正确的答案，而是存在着无限的可能性，这符合我一贯的认知逻辑。我在创立旅游策划学时就已在《旅游策划学》一书中明确提过“旅游策划是艺术”的观点。

旅游灵魂设计“三维境界”理论模型旨在表明：旅游灵魂设计是一个设计体系，是一个让旅游灵魂的境界不断递嬗演化、飞跃和升华的过程。旅游灵魂设计有“三重境界”，也即由三个不同境界和层级的设计维度构造而成。具体而言，分别为“找魂”“造魂”和“销魂”这三个不同维度的境界设计。

①“找魂”

“找魂”是旅游灵魂设计“三维境界”理论模型中第一维度的设计。

“找魂”，最直白和简单的意思就是把魂找回来、找出来。找魂，早已广为流传并应用于经济社会的各个领域。譬如，为城市找魂，为房地产找魂，为农产品找魂，为新农村建设找魂，甚至为一个人找魂。找魂作为一种定位理论，被广泛应用于战略策划中。其中，尤以《找魂——王志纲工作室战略策划10年实录》影响最大。

对于“找魂”，相信文旅界的同人并不陌生。在谈及为旅游破题或寻找对策时，偶尔也见有人提及“找魂”。这一二十年来，我在为全国各地举办的各种类型的旅游讲座、专题演讲、行业培训以及复旦大学本科生和研究生的课程教学中，一直都以“找魂”作为中心主旨进行授课和演讲。不过，“找魂”还是一个未被完全认识的概念体系，真正全面系统地把“找魂”作为旅游发展战略理论进行研究和应用实践的至今仍暂付阙如。

而且，存在于理论界、学术界和文旅行业界的一个很大的问题，便是大家都以为“找魂”是定位的关键，是定位的全部，只要把魂找到了，找出来了，旅游发展全局性、系统性的战略问题也就迎刃而解了。

另外一个问题是，在文旅界，因为大家长期浸润于“文化是旅游的灵魂”的理论的熏陶，往往简单地、不假思索地直接将文化等同灵魂，误以为“找魂”就是找文化。只要找到了文化、重视了文化，也就等于找到了灵魂、有了灵魂。

旅游灵魂设计“三维境界”理论模型中的“找魂”，特别强调以下六点：

第一，“找魂”不是旅游灵魂设计的全部，而是部分。

第二，“找魂”不是目的，而是基础和前提。“找魂”是“三维境界”理论模型中最基础的第一个维度的设计。只有把魂找来了，找准了，才有可能进入第二个维度的设计，也即真正意义上的灵魂设计。

第三，“找魂”是一种艺术。不仅和设计师的水平、能力、想象力有关，也常常和运气和平相处。

为旅游设计灵魂，是一个非常被动的工作。只要没有人找你做旅游规划、做旅游策划，你也许什么都不会去做，也什么都做不了。并且对于每个旅游灵魂设计的人来说，有的可能是自己擅长的领域、熟悉的城市，有的却并不一定，甚至是根本不擅长的领域，从来都没听说过的城市，其中多多少少有一定的运气成分存在。譬如，我主持编纂“苏州科技城旅游发展战略策划”，科技是我根本不擅长的领域，对于我这样一个至今仍不会使用电脑的人来说，我对科技望而生畏。

尽管从理论上来说，存在于世界上的机会可能是一样的，找到旅游灵魂的机会是平等的。我们每一个人都可以成为一个优秀的旅游灵魂设计师，但最终降临到你身上的机会，都是因人而异的。即便有这样的机会，这样的幸运，还得要你有能力、有学识、有水平可以抓住它，找准它。

这里举一个张家港的例子。当年我应邀主持编制“张家港市旅游发展总体规划”，其实我对张家港根本不熟悉。后来，到了张家港，听了介绍并经过实地考察，这才知道张家港不仅名列全国百强县前列，还是全国首个精神文明城市、卫生城市。张家港不仅有优良大港张家港，还有双山岛、常阴沙；不仅有恬庄古镇，还有东渡苑。

张家港旅游如何破题？张家港旅游的灵魂到底是什么？

找到张家港旅游的灵魂，多少带有点运气。那是在一次去往张家港旅游调研的途中，有同学询问将要入住酒店的确切位置。我便让她打开地图。随着地图徐徐展开，我蓦然惊喜地发现，张家港旅游的灵魂，不就是“天堂之上”吗？张家港不是地处苏州的最北面吗？不是历来都有“上有天堂，下有苏杭”的谚语吗？

第四，我们常说的“找魂”，或者说，旅游灵魂设计中“找魂”这个维度，找的和找到的实际上还不是旅游的“灵魂”，充其量不过是构成旅游灵魂的一些典型元素和关键要素或成分。抑或可用这样的比喻，不过是菜市场和超市里买来的各种各样的菜，还不是美食，还没做成大餐。

所以，所谓的“找魂”，实际上就是我在旅游策划“树根立魂”理论中所表达的“树根”，也即从现状中挖掘属于本土、本民族和本项目的“根”，它可以是文化，可能是文化，也可以不是文化。可以是这样的文化，也可以是那样的文化。

“找魂”要找的实际上是一个地方、一座城市和一个景区千百年流淌着的文化基因，它或许早已出现在书籍中，早已存在于人们的记忆里，只不过没有被发现，没有被重视，没有被认识和认知到。因而，“找魂”的成功秘诀常常在于发现了“相见恨晚”的东西，“我怎么没想到”的东西。张家港旅游的灵魂“天堂之上”的找寻就属于这样的一种情形。

第五，“找魂”，就是要让一种、两种或几种具有灵魂基因、要素与潜力的东西跳脱出来。“找魂”的目的是让旅游的灵魂“升起”。

试举我为莫干山设计旅游灵魂的例子。莫干山是中国四大避暑名山，所以，大家想到的是“名山”文章，“避暑”特色。进一步深度挖掘，则有莫邪干将文化、别墅文化、茶文化、名人文化、民国文化以及浙北山村乡土文化。而这些文化还不能真正反映莫干山的品质，体现莫干山的气质，回答不了莫干山的独特性和唯一性。我想弄明白并且希望向游客努力传递的是：莫干山到底是什么样的一座山。前提是，你千万不要告诉我莫干山是一座“名山”，是一座“避暑”名山！

查阅团队成员给予的资料长编，莫干山旅游的灵魂关键要素开始跳脱出来：民国时期，当时上海租界里的几个西方人，在莫干山上开了一个“避暑大会”，后续一批外国传教士在莫干山建造别墅，并且在国外报刊上大肆宣传，莫干山这才声名鹊起。

这段历史，这个事实，这种文化，我关注起来，觉得非常重要，并且有必要让它在莫干山原有的爱情文化、别墅文化、茶文化、名人文化、民国文化、乡村文化等一众文化中跳脱出来。

莫干山旅游的魂的元素找到了："西方人""买办""万国建筑"。但实际上，我们只是找到了莫干山旅游灵魂的线索、要素，抑或基因，它们还不是莫干山旅游的灵魂，莫干山旅游的灵魂还必须在这基础上通过第二个维度的包装设计，才能真正成为那个设计中的旅游"灵魂"。

第六，"找魂"不易，"众里寻他千百度"便是这种境界的真切写照。

②"造魂"

"造魂"是旅游灵魂设计"三维境界"理论模型中第二个维度的设计。

"造魂"，顾名思义，就是要把旅游的灵魂"创造出来""制造出来""设计出来"。可以"造"，甚至"无中生有"地去"造"。

"找魂"不易，"造魂"更难。

"找魂"需要的是设计人员的洞察力、辨识力以及宽阔的视野。"造魂"则更多需要设计人员的设计力、创造力和高度的概括能力，旅游灵魂设计中的真正的设计实际上主要在这一个维度体现并展开。

旅游灵魂设计"三维境界"理论模型中的"造魂"设计，特别强调以下四点：

第一，"找魂"是一种能力，"造魂"是一种水平。

第二，"造魂"，就是要"为旅游设计灵魂"，"把旅游的灵魂设计出来"，是旅游灵魂设计的关键和核心。可以这样说，旅游灵魂设计中的"设计"主要就是指这一阶段的工作。

第三，"造魂"，目的是让灵魂"升华"。

第四，许多人根本不知道旅游的灵魂原来是设计出来的，不知道有这个维度的设计要求和内容，甚至有些人好不容易找到了旅游的灵魂的元素，却因为不知道还有设计（"造魂"）这一更为关键、更加重要的环节，而最终功亏一篑。

日本设计师佐藤大写过这么一本书——《用设计解决问题》。借用一下，两层含义：第一，旅游的灵魂是设计出来的；第二，旅游的灵魂不仅要找准、找好，更要设计好。

旅游的灵魂是“造”出来的。例如，安吉竹博园原来没有熊猫，并且绝大多数的人都把熊猫视作一种动物，或是中国的“国宝”。我则敏锐地洞察到，“熊猫不是动物”！“无中生有”的熊猫后来成了竹博园旅游的灵魂。再如，浙江舟山有个桃花岛。于是，第一步“找魂”，深挖桃花岛的各种资源禀赋和文化元素，找到了“小龙女”，找出了“小龙女”。第二步“造魂”，将“小龙女”“安期峰”和“武侠爱情”融会贯通，无中生有地成功打造了“七夕情人节”。

旅游的灵魂是设计出来的。恐怕很少有人真正认识到、体会到“设计”二字的分量。因为大多数人也许了解通常意义上的规划设计中的“设计”，对于旅游灵魂设计的“设计”，虽不是闻所未闻，但却很难深谙其道。

我对旅游灵魂设计中的“设计”有三个方面的理解：

第一，设计是种“艺术”，是门“手艺”。

在我看来，旅游灵魂设计需要天赋，需要水平，需要技巧。旅游灵魂设计能否成功，关键取决于设计师的“手艺”。记得 2009 年上海迪士尼准备建设初期，东方电视台曾经对我做过一次电视采访。因为人们普遍担心上海迪士尼与其他世界各国迪士尼的雷同问题，我便以“用上海的手艺烧迪士尼这道菜”为主旨，表达了自己对上海迪士尼的期许。

第二，旅游的灵魂真的“不好”设计。

旅游灵魂设计是一个充满挑战性的工作，要么是自己不擅长的领域，要么发现自己对这项工作没有兴趣，要么总是找不到灵感，常常一团乱麻，不知道从何下手，怎么入手。用我常常说的一句话，叫作“看得到前方看不到岸”，真的不好设计。

譬如，浙江省安吉县的旅游灵魂。“找魂”，很早就找到了，就在“安吉”两个字上。“造魂”，那就没有方向了。很长一段时间一直停留在认识上，不知道“安吉”两字怎么设计，设计成什么。直到“大年初一小镇”和“天使乐园”横空出世，安吉旅游的灵魂才总算真正设计了出来。

第三，旅游的灵魂往往设计“不好”。

旅游灵魂通常不是不会设计，不能设计，而是设计不好。正如同每个人都能根据操作提示烧菜一样，会烧，能烧，但就是烧不好，烧得不好吃。

“造魂”成功不成功，“设计”得好不好，可以用三个标准进行衡量。好的旅游灵魂设计一定是“叫得响，打得出，拉得动”。无锡灵山的“拈花湾”、杭州宋城的“千古情”、德清的“洋家乐”、义乌的“马畈农业奇幻乐园”无一不是这方面成功的典范。

下面讲一个我为三亚槟榔河商业街设计旅游灵魂的故事，好让大家对旅游灵魂设计第二阶段中的“造魂”有更透彻的了解。

槟榔河商业街位于海南省三亚市高铁站附近，为一个拟建10万平方米的城市商业综合体。因地理位置、综合配套、地产价值以及商业规模等各方面都不太理想，长期搁置未动。业主单位邀请过多个咨询机构进行了市场调研和策划。在诸多方案中，有建议做美食街的，有主张搞电影小镇的，有认为建奥特莱斯或三亚旅游小商品城的，有认为可以打造三亚不夜城或三亚风情旅游小镇的。

我在为槟榔河商业街设计旅游灵魂过程中，遇到许多干扰。如果完全受制于这些干扰，可能根本无法找到好的解决方案。所以，我们应该灵活地一个一个地打破这些束缚，在持续不断地思考中获得灵感。

我的思路非常清晰：槟榔河商业街受制的问题，不是位置问题，不是配套问题，不是业态问题，不是规模问题。这些问题永远客观现实地存在，都很难解决。即便解决了，也无关大局，很难改变槟榔河商业街的命运和结局。也并不是到底建成商业街、奥特莱斯，还是电影小镇、风情旅游小镇的问题。槟榔河商业街的根源问题在“灵魂”，出路在“灵魂”，只有用灵魂导向这种由上而下的思维方式才能为槟榔河商业街指明前行的方向。

在实地考察、深入研究以及广泛体验三亚风情的基础上，我们先是找出了槟榔河商业街旅游的灵魂——“槟榔河”，尤其是其中的“槟榔”二字。“槟榔”是三亚乃至整个海南的风物代表、文化符号和象征。然后，在“找魂”的基础上，为槟榔河商业街的旅游“造魂”，为槟榔河商业街设计旅游灵魂。经由一系列的发散性思维，最终我们成功设计出了“槟榔上河图”这样的旅游灵魂。当我们进行方案汇报时，听者无不为“槟榔上河图”叫好、叫绝。

③“销魂”

把“魂”找出来了，把“魂”设计出来了，还不够，还得进行第三个维度的设计。“销魂”设计，就是要把设计出来的魂“销”出去，让设计好的旅游的魂“火”起来，这才是持续不断努力和前行的动力。

“找魂”不易“造魂”难，“销魂”则难上加难！

“销魂”阶段的设计有三大任务：

第一，设计“热销法”。

“销魂”最基础的落脚点便是营销。

旅游的灵魂不只存在于记忆与憧憬中，不能停留乃至封存于概念与作品中，最终必须得把设计出来的旅游的灵魂销售出去。如果不去考虑销售出去，销售不出去，或者销售得不好，这样的旅游灵魂设计很难说是一个完美的、优秀的旅游灵魂设计。

第二，设计“火爆点”。

旅游灵魂作为旅游的一个超级物种，一般都有引爆点，具有引爆市场的潜质，能让市场迅速火起来。永兴坊凭借“摔碗酒”，灵山凭借“拈花湾”，莫干山凭借“洋家乐”，张家界凭借“玻璃栈道”，安吉竹博园凭借“熊猫乐园”，宋城凭借“千古情”，都迅速地火了起来。

第三，设计“销魂术”。

设计出来的旅游灵魂，不仅要让它火起来，并且还要让游客沉浸到神魂颠倒、魂不守舍的疯狂程度。

旅游已经进入体验时代。在体验经济的刺激下，精神需求的满足越来越成为人们关注的重点，对构建美好生活的愿望日趋强烈。在这种背景下，传统的走马观花式的旅游行为逐渐被摒弃，人们更愿意沉淀下来，深度融入，沉浸式体验，一起欢呼，一起忘我。

当代科技的快速发展也为沉浸式交互体验创造了基础和条件，越来越多的沉浸式、交互式体验活动和项目盛况空前，普遍受到追捧。

要让游客欢乐，要让游客疯狂，就要有“销魂术”，就要设计“销魂术”。上海欢乐谷策划的万圣节，内容惊悚。当夜幕降临，上海欢乐谷就换上了另一番景象，七大鬼域开放，鬼屋打开了白天紧闭的大门，惊险刺激的“撞鬼”之旅，全程都让你肾上腺素飙升！鬼屋的场景从室内蔓延到室外，和真实世界融为一体，让你分不清到底是现实还是虚幻，光影交错之间各种造型的“鬼怪”在人群间游走，双头恶龙、重型机车、嗜血蜘蛛、绿眼骷髅等朋克风十足，为人们上演一场盛大狂欢！这是一个看胆量的世界，只为无畏之人放行，你，还敢来吗？

第二章

旅游因灵魂而伟大

——旅游从没有像今天这样，如此需要灵魂的意义和实在

文化和旅游部的设立，证明旅游的新时代来了！

在这个人人都讲文化的时代，大多数人都给下一个时代的旅游早早贴上了标签。文化和旅游部的设立，不仅是文化和旅游一次精妙的碰撞，缩短了旅游与文化之间的距离，而且旅游和文化关系的不断突破，显示了旅游和文化融合发展的不断革新，给了人们重新定义旅游、重新定义文化的选择。

旅游有着种种可能，想象则赋予了这种可能——无限。无限的定义式，就是挣脱束缚，用想象力创造无限可能。

旅，旅的是天、地、人；游，游的是真、善、美。如果旅游真的存在一种物种，能不分地域和时代，无论男女和老少，不管观光和休闲，不论自然和人文，能集万千宠爱于一身的，一定是灵魂！

旅游因灵魂而伟大！

灵魂之于旅游，如同水之于鱼，我离不开你；抓不住你，留不住你，我就难存活下去。

可以用“五句话”说透为旅游设计灵魂的意义：

第一句话——灵魂不朽！

第二句话——旅游因灵魂而伟大！

第三句话——旅游新时代来了！

第四句话——旅游缺的是灵魂，不是文化！

第五句话——旅游需要灵魂的意义与存在！

旅游灵魂的伟大，就伟大在这里！

旅游灵魂的重要，就重要在这里！

2.1　不可思议的灵魂

2.1.1　不朽的灵魂

灵魂原本是一个带有强烈宗教色彩的词汇，是指一种与人体相关的非物质东西。灵魂离开躯体即意味着人的死亡。经过引申，灵魂有了更丰富的含义，可泛指生命，可指精神，可喻为事物的核心或是为一切事物中起主导和决定作用的因素。

万物有灵，任何事物都有灵魂，灵魂具有普遍性。

灵魂不仅普遍，而且宝贵。

身体和灵魂总有一个在路上！

没有灵魂就成了行尸走肉！

从某种程度上讲，灵魂意味着“生命”，代表着“活力”。像人和动物等有生命体的东西，若没有灵魂，意味着死亡。例如，项目、公司、企业等无生命体的东西，若是没有灵魂，也意味着只是个躯壳。

灵魂是事物的核心所在，代表着事物的完整性，是事物想要获得发展的关键。相信大家对“画龙点睛”的故事耳熟能详，而灵魂就相当于是画龙点睛的“睛”之所在，没有灵魂，事物是不完整的、残缺的，想要在发展中完善自我更是难上加难。

2.1.2　像花儿一样的灵魂

有这样一首非常流行的歌，叫作《像花儿一样》：

这冬天悄然而去
转瞬即逝的你
我不知道再说什么
只祝福你更好
漫天洒满的星渺
是每次想你后的记号
我知道
你一定看到

我爱你像花儿一样
在每个想你的夜里呀
我多想让你听到
我爱你像花儿一样
在每次梦醒后的路上
再给你一个拥抱
时间会模糊自己
不能忘记的你
那些记忆　总在梦里
温暖着我的心
漫天洒落的雨滴
是每次想你后的痕迹
诉说着我的秘密
……

灵魂，不仅宝贵，而且美丽，就像花儿一样！

对于灵魂的理解，大多数人从人生的初起就开始积累了，随着成长过程中那一条条或曲折或顺利或幽静或喧闹的路途而慢慢厚实，慢慢地更为清晰晓畅，逐渐成为自己意识中有意或无意的那个部分。

其实，在现实社会中，人们已经不再纠缠于灵魂的有无，而是更多关注灵魂符号所代表的意义和价值。

2020 年 3 月，“好看的皮囊千篇一律，有趣的灵魂万里挑一”经网络传播迅速走红，成为炙手可热的流行语，引起了人们对灵魂的全民热议。

“有趣的灵魂万里挑一”为什么会流行？为什么能炙手可热？其实，足以表明人们已经跳脱了“人类有没有灵魂”这样的束缚。大家实际上更多关注的是灵魂的智慧、精神、象征和能量，关注的是灵魂的终极意义及灵魂符号所代表的价值。

（1）灵魂，像花儿一样美丽

花儿的美丽在于不同的花儿有不同的韵味，在于生而点缀世界、亡而化泥呵护，在于花开时节的缤纷绚丽，在于狂风暴雨下的生生不息。对于不同的事物而言，尽管灵魂有所不同，但灵魂始终像花儿一样点缀事物、支撑事物，呵护事物生生不息，让事物绚丽夺目。

（2）灵魂，像花儿一样惊艳

灵魂像花儿一样美丽，也像花儿一样令人惊艳。花开时节，花儿绽放，美丽迷人，香气醉人。灵魂像花儿一样美丽绽放，像花儿一样惊艳时光。

（3）灵魂，像花儿一样醉人

花儿美醉的是岁月静好，灵魂美醉的是千年时光。

灵魂对于事物而言是永恒存在的。只要有灵魂，事物就拥有持续存在的生命源泉，任凭磨难重重，事物的核心尚在，便有持续发展的基础和根本，灵魂会继续在发展中起主导和决定作用。也许事物存在的形式会发生变化，比如公司的规模、项目的多少等会出现一定变化，但它的灵魂是永恒不变的。

2.1.3 有趣的灵魂

不朽的灵魂，关键在于是否有趣。

一段时间，网上一直在刷屏“有趣的灵魂”之类带有神话和催眠色彩的字眼。不知道你有没有认真地思考过，到底什么是“有趣的灵魂”。

“有趣的灵魂”这个形容据说最早见于英国诗人王尔德的小说《道林·格雷的画像》中的名句：“漂亮的脸蛋太多，有趣的灵魂太少。”

不得不说，灵魂本身就已经是一个非常虚无缥缈的词，而“有趣的”这个形容词又太泛。关于“有趣的灵魂”的定义，可以说是“一千个人眼中就有一千个哈姆雷特”。

即便这样，我们还是能找出一些共性。

到底怎样才算有趣的灵魂？第一，要独立自由。一个有趣的灵魂一定是独立而自由的，不为外界束缚。第二，要平静淡然，永葆初心。第三，要有难得的品质。

当我们打开视野，可以发现，在现实中，“好看的皮囊”不一定千篇一律，但“有趣的灵魂”却注定万里挑一。

万里挑一，形容从众多事物中挑选出来的，即为精粹，出类拔萃。“好看的皮囊千篇一律，有趣的灵魂万里挑一”，一是说这世界上没有内涵的千篇一律的东西太多，有内涵的有趣的灵魂太少，属于万里挑一；

二是说有趣的灵魂都是万里挑一的，找到一个有趣的灵魂真的很难，找到一个有趣的旅游灵魂实属不易。

桂林世外桃源和成都都江堰文化广场便是找到旅游有趣的灵魂的典型案例。

桂林世外桃源景区位于阳朔县的白沙镇附近，主要由荷花池、燕子湖、燕子洞、侗乡风情和原始部落组成，建成开放仅三年多便在桂林众多的景区中脱颖而出，跻身国家4A级景区之列，并在广西首批通过ISO14001国际环境管理体系认证，先后荣获阳朔县优秀“三资”企业、桂林市“十佳”旅游企业、“桂林市文明旅游示范点”称号，的确令人瞩目。

为什么世外桃源景区充满生机与活力呢？通过分析发现，该景区以陶渊明《桃花源记》为切入点，把桃花源意境作为景点文化的内涵，景点最初的开发、命名、项目设置等，都意在体现这个主题和内涵。它的成功之处在于巧妙地借用了《桃花源记》的故事，以“世外桃源”作为景区主题，以“桃花源”的意境作为灵魂内核，让景区的每个景点、每个项目、每个细节乃至山山水水都有了生命力。

旅游灵魂可以赋予旅游新的文化内涵，让游客由表及里感受到旅游的魅力。旅游没有内涵，就很难得到游客深层次的认同。如果说旅游资源、旅游项目是能吸引游客的“外表”，那么能与游客达到心灵上的契合的就只有旅游的内涵。一个成功的旅游项目，就是要在旅游资源、旅游项目的设计中注入文化内涵。

都江堰水文化广场位于四川省成都都江堰市，因有2000多年历史的大型水利工程都江堰而得名。广场位于城市中心，柏条河、走马河、江安河三条灌渠穿流城区，同时，城市主干道横穿东西，场地被分为三块。虽然凭借都江堰这个世界级文化遗产的名声能让文化广场得以扬名，但是如何让文化广场具有深层次的意义呢？

设计者们从地域、历史和生活三个角度进行解读，挖掘出了该文化广场的亮点所在——水文化。因水设堰，因堰兴城，水文化是都江堰市特色的来源与根本特征。因此，水文化在外是文化广场的地域景观，即围绕水而形成的自然文化景观；在内，水文化让文化广场饮水思源，具备了以治水、用水为核心的历史文脉及含义。再加上都江堰因水而生的神话、祭祀文化、景观及文人墨客留下的诗词歌赋，水文化的内涵也更加丰富。

水文化即都江堰文化广场的灵魂，使得都江堰文化广场既有外在的迷人风光，又有深厚的文化内涵，由外到里，层层深入，让游客看得见都江堰美景，记得住都江堰文化。

2.2 未来已来：中国旅游昂首阔步走进文旅新时代

当文化和旅游部这个全新部门批准设立，就可以看出旅游的下一个时代来了！旅游新时代来了！

2.2.1 40年沧桑巨变

当描绘一幅中国旅游产业崛起奋进的图景时，我们除了体验到一种惊心动魄外，似乎还伴随着一种深深的忧虑和无奈。中国旅游文化内涵依然缺失，是不争的事实。我们坚信这不是来自于资源本身的枯竭，而是来自于现代商业文明造成的人们心灵的麻木。我们分明嗅到了这样一种危险的味道——旅游进一步被经济化、商业化和工具化，所以需要我们想得更远一些，更深一些，把旅游的精神价值作为中国旅游的现实和未来进行认真的考量和落实。

为从根本上避免因盲目跟进或因简单移植而给中国旅游发展带来的负面影响，有必要从回溯历史出发，以复杂眼光洞察中国旅游自改革开放以来辉煌与困顿背后依稀可寻的递嬗演化的发展脉络和规律。

自改革开放以来，中国旅游经过几十年上下求索，沧桑蜕变，不仅谱就了中国历史上最为壮丽的社会进步与发展的历史诗篇，而且见证了一个旅游大国复兴的光荣与梦想，铭刻了一个旅游奋进崛起的时代蜕变历程。

2.2.1.1 凤凰涅槃(1979—1988年)：中国当代旅游的新生与前行

1979—1988年，中国旅游“凤凰涅槃”。不仅经历了不平凡的岁月，而且给我们留下了许许多多难以忘怀的记忆。

一是带有浓郁的外事色彩特征。旅游主要作为外事活动的手段和工具，集中关注创汇的非常规旅游发展模式直接促成了旅游产业规模的扩大和产业地位的确立。

二是带有典型的启蒙教育特征。走出国门，放眼世界，西学东渐，成为这一阶段旅游的趋势和潮流。

三是带有严重的低位徘徊特征。旅游产业基础薄弱，旅游发展总体水平不高，旅游人数低；旅游收入低；旅游接待能力低；旅游国际地位低，位居世界 40 多位。

2.2.1.2 奋进崛起（1989—1998 年）：中国当代旅游的崛起与奋进

1989—1998 年，中国旅游步入“三驾马车”时代，实现了历史性跨越。

1992 年 6 月，中共中央、国务院发布《关于加快发展第三产业的决定》，提出旅游产业是第三产业的重点。各级政府也都提出要把旅游业作为支柱产业、重点产业或先导产业发展。1993 年 11 月，国内旅游得到政策认可，坚持“搞活市场，正确引导，加强管理，提高质量”的方针。1994 年，国内旅游首次纳入国家旅游统计范畴，中国的旅游市场结构和旅游供给结构开始发生急剧性转变。

“三驾马车”时期，旅游经济发展取得了举世瞩目的成就，实现了由旅游资源大国到世界旅游大国的历史性跨越。

一是实现了旅游业由国家一般性产业向重点产业的突破和转变，旅游产业地位得到进一步提升。

二是完成了旅游业从“机遇型”向“市场竞争型”的转变，“一切以经济为中心”成为这十年中国旅游发展的核心。

三是实现了中国旅游市场结构的关键性转变，“国内旅游”开始显山露水，不仅有数量上的持续增长，还不断呈现内涵的改变。

2.2.1.3 横空出世（1999—2008 年）：中国当代旅游的“黄金十年”与“井喷行情”

1999—2008 年，中国旅游“横空出世”。这在很大程度上归因于 1999 年推进实施的“黄金周”，从而使得这 10 年的中国旅游烙上了鲜明的“黄金周”特征，“黄金周”成为中国旅游“横空出世”十年的第一个关键词。

“井喷”是中国当代旅游“横空出世”十年的第二个关键词，旅游业作为一个朝阳产业，无论规模还是质量，都有了质的飞跃，中国成为名副其实的世界旅游大国。

“政府主导”是中国旅游“横空出世”十年的第三个关键词。国家不断营造重视旅游的氛围，各级地方政府则把发展旅游作为推进城市发展的重要路径，竞相提出要把旅游业作为支柱产业、重点产业或先导产业发展。

2.2.1.4 国际一流（2009—2018年）：中国当代旅游走向世界

“国际化”是2009年至2018年中国旅游发展的一条主线，上始中央，下到地方，各级党委、政府高度重视国际旅游，出境游和入境游快速发展，涌现了一大批对标“国际一流”的旅游目的地。国家颁布的一系列政策为中国旅游发展提供了坚实的政策保障，为中国的出境旅游发展起到了“保驾护航”的作用。

2.2.2 奋力前行中所遭遇的现实困顿与泡沫性陷阱

回溯中国当代旅游40多年走过的历程，有辉煌，也有困顿。中国当代旅游遭遇的现实困顿，具体表现为以下六个方面的“泡沫性”陷阱：

第一，因政策效应而引发的泡沫性陷阱。

“政府主导”是中国旅游40多年发展的一条主线，上始中央，下到地方，各级党委、政府高度重视旅游，把旅游业作为国民经济发展的支柱产业和重点产业来培育和发展，涌现了一大批“旅游书记”“旅游市（县）长”。政府主导固然为中国旅游发展提供了坚实的政策保障，为中国的旅游发展起到了“保驾护航”的作用，然而也由此而带来了政策效应引发的泡沫性陷阱，在一些地方，发展旅游变相沦为了政绩工程。

第二，因投资拉动而引发的泡沫性陷阱。

投资拉动是中国经济40多年的发展经验和发展主线。在投资增长趋缓以及工业和房地产项目严批限购的现实背景下，旅游项目发力最猛，投资规模史无前例，数十亿甚至上百亿投资规模的旅游项目比比皆是。这些做大旅游经济所采取的大手笔举措，实质依旧是各地区域经济发展的竞争，旅游是“名”，地产是“实”。

第三，由朝阳产业而引发的泡沫性陷阱。

长期以来，旅游业一直被视作无烟工业、朝阳产业，认为旅游投入少、产出快、效益高。然而，旅游发展的实践充分证明，旅游业不仅具有与生俱来的脆弱性，既经不起任何国际国内政治的风吹，也经不起任何天灾人祸的雨打，而且更有后天因不断提升旅游品质而带来的巨大投入性。

第四，由规模经济而引发的泡沫性陷阱。

长期以来，中国旅游业主要通过规模经济而非系统经济来获得持续发展。主要依赖自然禀赋和历史文化遗产，旅游经济相对于整个社会经济来说有相当高的游离性。

第五，因国际化而引发的泡沫性陷阱。

随着中国旅游在世界地位的进一步提高，旅游国际化趋势和潮流已经不可逆转。在经济全球化的背景下，中国旅游必须投身世界的大环境中。然而，旅游的世界性并不意味着排斥、取消旅游的民族性，各种各样“国际一流”“世界第一”“国际旅游岛”“世界旅游小镇”“××国际旅游节”的背后，隐藏着一个又一个因盲目追求国际化而引发的泡沫性陷阱。

第六，因复制模式而引发的泡沫性陷阱。

中国旅游几十年来，创造了无数的神话，谱写了无数的传奇。在一个跟风盛行的时代，各种各样的成功模式、经验、实践、样本被创造甚至被炮制出来，无情地吞噬着旅游原创的魅力和旅游创新的动力。

2.2.3 从 1.0 到 2.0：一场由上而下的文化产业垦拓和大跨度的旅游产业晋位

2018 年 3 月，文化和旅游部批准设立，具有里程碑意义。这不仅仅是两个部门的简单合并，还让我们看到，旅游的下一个时代来了。从旅游到文旅，是中国旅游从 1.0 到 2.0 时代的跨越和迈进。

2.2.3.1 一场由上而下席卷全国的文化产业垦拓

文化越来越成为民族凝聚力和创造力的重要源泉。中央和地方都把发展文化产业放到了前所未有的战略地位。党的十七大明确提出，要积极发展公益性文化事业，大力发展文化产业，激发全民族文化创造活力，更加自觉、更加主动地推动文化大发展大繁荣。2009 年 7 月，通过的《文化产业振兴规划》，为文化产业的发展提供了历史性机遇。

党的十七届六中全会通过的《中共中央关于深化文化体制改革推动社会主义文化大发展大繁荣若干重大问题的决定》，体现了我们党对肩负历史使命的深刻把握，对国内外形势的科学判断，对文化建设的高度自觉，是当前和今后一个时期指导旅游各项工作的纲领性文件。在社会主义文化大发展大繁荣这一新的历史背景下，必将进一步兴起社会主义文化建设新高潮。中国旅游业责无旁贷，理应明确旅游业的文化责任，自觉发挥其在促进社会主义文化大发展大繁荣的作用。

2.2.3.2　一次脱胎换骨的旅游产业新的大跨度晋位

2019 年以后的中国旅游，到底将开启一个怎样的时代？“休闲时代”的说法，是基于社会学提出的命题，主要相对于以往“工作时代”而言。也就是说，“休闲时代”是旅游的一种微观表达，缺乏系统性、战略性和旅游的针对性。

2019 年以后的中国旅游，实际上已开始迈向价值和理性愈加坚实的“后旅游”时代，也即一个“文旅新时代”。

（1）发展方式转型已成为中国旅游改革发展的主线

以往 40 年的中国旅游，实际上始终作为一个“产品”时代存在，中国旅游井喷也好，火爆也好，基本上说明中国前 40 年旅游，旅游需求远大于供给，所以，是一个旅游产品的快速生产和消费时代。

中国旅游转型升级实际上已不应仅仅是一种战术层面的产业转型和产品升级，而应是一种战略层面的做大做强。传统的“产品”已经无法满足人们需求。适应市场竞争，迫切需要把原来的“产品”打造成品牌，最终实现中国由世界旅游大国向世界旅游强国的愿景目标。

（2）中国旅游需要一次大跨度的产业晋位

在中央关于深化文化体制改革推动社会主义文化大发展大繁荣的大背景下，在“把旅游业培育成国民经济的战略性支柱产业和人民群众更加满意的现代服务业”大框架下，旅游业迫切需要重新定位与审视，并且需要一次更大跨度的产业晋位。

2.3 文旅新时代标示我国旅游发展新的历史方位

2.3.1 深刻理解文旅新时代的核心要义

中国旅游文旅新时代，是在百年不遇的世界大变局中形成的，有着深刻而复杂的社会背景和时代背景。当前，世界正处于大发展、大变革、大调整时期，世界多极化、经济全球化、社会信息化、文化多样化、旅游深入化，中国旅游的递嬗跨越，由 1.0 旅游时代到 2.0 文旅时代，正是在这样的时代背景下孕育诞生的。

中国旅游步入文旅新时代，既不是凭空的臆想，更不是一个简单的新概念表述，而是中国旅游经由无数量变发展到质变的必然历史跨越，具有丰富的思想内涵，“三个全面化”是中国旅游文旅新时代的核心要义。

2.3.1.1 第一个核心要义是旅游“文化化”

21 世纪前，世界上还没有几个国家能够清醒地意识到，一个国家的经济和社会的命运会与文化产生这样紧密的联系。很少有人能够清醒地认识到，在当今世界文化对旅游、经济、社会乃至一个国家发展的重要意义。然而在今天，在中国，因文化创意理念的深入人心，当代文化产业迅速崛起。

当今世界发展的一个重要趋势就是经济与文化日益融合，文化的需求带动了经济社会的发展，文化产业作为一种国家文化的基本形态，集中体现了一个国家基于文化而具有的凝聚力和生命力。文化产业不仅是提升国家参与世界竞争的“软实力”之一，而且越来越成为一种强大的产业实体。目前，国家之间、地区之间和城市之间的竞争已从国内生产总值（GDP）的竞争演变为文化产业的竞争，文化产业成为国民经济的重要组成部分。文化产业具有低消耗、高产出的特点，其渗透性强，具有很强的外溢效应，在转变经济增长方式、实现产业结构优化、扩大就业等方面发挥着巨大作用。

文化在旅游中的重要地位和作用无可替代。美国20世纪90年代就有88%的人认为在旅游中理解文化是十分重要的，而在20世纪80年代只有48%的人如此认为。①

文化与旅游的关系问题一直是中国旅游发展的核心话题。早在1981年，我国著名经济学家于光远就曾指出：旅游不仅是一种经济生活，而且也是一种文化事业。② 这种看法认识到了文化在旅游的过程中所起的重大作用，并且直接促成了“文化是旅游的灵魂”这一核心命题在中国的生根。进入21世纪，随着中国社会经济的进一步快速发展，人民生活水平和教育水平的大幅度提高，人们对于文化和旅游的关系认识有了进一步的深化，并且开始着眼于从产业角度思考旅游产业和文化产业之间的互动关系，形成了旅游（产业）和文化（产业）融合发展的社会思潮。

步入文旅时代，旅游文化化将成为未来旅游发展的主要方向，成为文旅时代最显著的特征和旅游发展的根本要义。旅游和文化的关系，文化和旅游部的合并设立实现了从旅游发展理念向国家指导思想的转变，以文化价值为核心，旅游的文化化必将形成一股热潮并席卷全国。“文化再造旅游”的取向成为首要问题，并为中国未来的文旅时代的旅游发展指明了方向。

步入文旅时代，旅游将全面文化化，提升文化内涵将贯穿旅游业发展的全过程、全要素、全行业，“文化是旅游的灵魂”成为中国旅游必须长期坚持的中心思想。伴随旅游文化化发展趋势，全国范围内的旅游产业的竞争将更趋激烈，文旅产业企业组织的集团化趋势也逐渐明显。同时，文化产业将日益成为旅游复兴的原创动力，成为旅游发展的基石。

2.3.1.2　第二个核心要义是文化“旅游化”

提升国家文化软实力，关系我国在世界文化格局中的定位，关系我国国际地位和国际影响力，关系“两个一百年”奋斗目标和中华民族伟

---

① Siilberben，T.（1995）. Cultural tourism and business opportunities for museums and heritage sites. Tourism Management，16（5），361—365。

② 于光远．旅游和文化．旅游，1981（3）。

大复兴的中国梦的实现。

改革开放以来，文化产业在推动我国产业结构调整升级、促进经济增长方式转变等方面发挥着越来越重要的作用。但是，与世界发达的文化强国相比，我国文化产业的总量与比重偏低，与文明古国的地位还不相称，文化资源没有得到充分利用。

目前，党和国家把发展文化产业放到了前所未有的战略地位，积极发展公益性文化事业，大力发展文化产业，更加自觉、更加主动地推动文化大发展大繁荣。

中华人民共和国文化和旅游部的出现，是我国文化体制改革的一次重大突破和重要举措，两个部门“诗与远方”走到一起。可以预见，在旅游文化化的同时，必然也会带来文化的旅游化，旅游终将成为文化真正的载体。

2.3.1.3　第三个核心要义是文化和旅游“一体化”

“文化是旅游的灵魂，旅游是文化的载体”。步入文旅时代，文化和旅游形成了携手并进的格局。从文化和旅游的关系来讲，已经不再是以前的要不要融合的问题，而是如何合一的问题。国家文化部和旅游局合并成立文化和旅游部，从国家组织机构层面提出了旅游和文化一体化发展的客观要求，文化和旅游从原先的各显神通、各自为政、各擅其胜，转而变为一体化发展，互促互通，联袂前行，进一步打破文化和旅游各自边界进行广度联融和深度渗透。

2.3.2　全面把握文旅新时代的根本特征

文旅新时代有着与1.0旅游时代完全不同的发展理念、发展目标、发展任务、总体布局和发展方向、发展方式、发展动力，有着文旅最本质的特征。文旅新时代的本质特征有三大核心内容：一是文化引领；二是文旅一体；三是文旅产业。

坚持文化引领。步入文旅时代，文化将成为旅游发展的原创动力，“旅游发展，文化为先”将成为一种理念。随着社会经济的进一步发展，教育水平的进一步提高以及对生活品质的注重，对生命健康的重视等，传统的以自然资源为主的观光旅游已经不能满足人们对于旅游品质的追求。旅游发展的理念、动力和方式等都将发生变化。“文化引领”“文化为先”将成为旅游发展的统一思想、统一意志、统一行动的依据和基础。

坚持文旅一体。文旅时代，文旅合并，文旅融合，一体化是关键，只有一体化发展，才能把文化和旅游牢固凝聚起来，形成无坚不摧的磅礴力量。

坚持将文旅产业作为未来发展主要方式，步入文旅时代，文化旅游将成为发展趋势，文旅产业将成为文化和旅游共同的产业。

2.3.3 文旅新时代标示我国文旅产业新的历史方位

为了深刻把握当代中国旅游发展变革的新特征，增强对文旅新时代重大现实意义和深远历史意义的认识，有必要对文旅新时代全面而又系统地作出科学论断。

文旅新时代为我们提供了重新评估文化在旅游中所扮演的角色的机会。人们利用旅游资源的方式将会发生巨大的变化，旅游被生产、传播和消费的方式将越来越取决于技术创新、文化创新和全球化市场，这也迫使我们重新认识旅游产业新的产业方位。步入文旅新时代，文旅产业作为旅游业的新业态迅速形成，文旅产业将成为旅游业新的历史方位，旅游业将成为一种全新的文化旅游创意产业。

2.3.3.1 对旅游文化创意认识的误区

在当今中国，旅游文化创意已不再仅仅是一个概念、一种理念，而是成了有着巨大经济效益的现实，不仅得到了学术界的关注，还从深度上拓展了旅游发展的空间，旅游文化创意蓬勃兴起。

但不可否认，我国在旅游文化创意认识方面存在很多误区：

（1）旅游文化创意概念解读的误区

当代创意产业和旅游产业的蓬勃发展，使得旅游文化创意成了时髦的概念、时尚的话题，各种与旅游文化创意相关、相近或相似的概念，引发了对旅游文化创意概念的误解和误读。

第一种概念误读：旅游文化创意＝旅游＋文化创意。这种解读在旅游学界拥有很大的市场，发表了很多诸如“论旅游资源规划开发中的文化创意”“旅游形象的文化创意”一类的文章。旅游的确需要文化创意，但如果仅仅把旅游文化创意理解为旅游产业处处都需要文化创意，一是把旅游文化创意这一整体的概念作了不恰当的肢解，二是弱化了文化创意在旅游中的突出地位。

第二种概念误解：旅游文化创意＝旅游＋文化＋创意。认为文化是旅游的灵魂，旅游的发展离不开文化的支撑。换言之，旅游文化创意也就是旅游需要文化的另一种时尚表达。至于其中“创意”二字，从目前已发表的文章来看，都未具体涉及，无非是把传统的“文化”二字披上了现代最时尚的“文化创意”的外衣。

第三种概念误读：旅游文化创意＝旅游文化＋创意。这种概念理解同样拥有广泛的市场。并且，其中的“旅游文化”，人们更喜欢把它落脚在“文化”或“文化旅游”上，旅游文化创意事实上也就变成“文化需要创意”的一种表述。

第四种概念误读：旅游文化创意＝旅游＋文化创意产业园。当代，文化创意产业崛起，各种各样的创意园、文化创意集聚区，为越来越多的旅游者所青睐，文化创意园区本身已经成为一个景点，文化创意产业给旅游开拓了新空间。但这种概念所赋予的旅游文化创意含义，其实与工业旅游、农业旅游一样，可称为文化创意旅游。

旅游文化创意存在上述四个概念方面的误区，说明学术界尚未将旅游文化创意作为一个独立的整体的概念，对其内涵和本质进行深度思考。

（2）旅游文化创意认识角度的误区

旅游文化创意，如果仅仅理解为旅游的文化创意、旅游文化的创意或者文化创意产业旅游，就缺乏认识方面的深度和高度。旅游文化创意是旅游的一个新概念，是对旅游产业的一种新认识，目的是把旅游产业发展提升到一个新高度。

（3）旅游文化创意理论架构方面的误区

旅游文化创意应该属于创意产业或文化创意产业，创意产业或文化创意产业的相关理论，是用以指导旅游文化创意的理论基础。

（4）旅游文化创意战略定位上的误区

旅游文化创意是基于旅游业整体发展的一种战略思考。未来旅游业发展必须通过实现旅游文化创意战略才能升级，所以它是旅游业未来发展的一种核心战略和主导战略，也就是说，旅游文化创意，首先是战略问题而不是战术问题。

（5）旅游文化创意在方法应用上的误区

旅游文化创意在方法上，不再是采用旅游的方法，而应是文化创意的方法，二者虽非天壤之别，也非绝对排斥，但毕竟道不同，术相异。

（6）旅游文化创意地位和作用确立方面的误区

旅游文化创意，事关旅游产业整体的思考，而非仅对旅游产业某个要素、某个部门提出要求，是对旅游产业性质的重新界定。

综上所述，旅游文化创意应是一个独立的概念，而非杂乱拼凑；是旅游产业发展内在要求，而非外在嫁接；是对旅游产业属性的认识，而非现象的解读；是把旅游产业作为一个全新的、产业性的、全局性的、系统性的命题，而非个别性、局部性的命题加以理解；是对现有旅游产业的一次彻底颠覆，而非修修补补。旅游文化创意事关旅游产业未来发展方向、发展定位。

2.3.3.2 旅游产业的文化创意本质及其属性

（1）旅游文化创意概念的独立性本质

“旅游文化创意”是一个独立的概念，并非旅游需要文化创意之类的现象表述，也非旅游与文化及创意等若干概念的拼凑；是一门独立的学科，而非其他学科的依附，未来将形成自己独立的学科体系。

（2）旅游文化创意现象的产业性本质

“旅游文化创意”完整的表达是“旅游文化创意产业”，即便人们习惯上常用“旅游文化创意”一词，也不能改变其文化创意产业的本质。旅游文化创意不仅仅停留于现象，而且主要涉及产业本质，是作为一个完整的文化创意产业而出现。

（3）旅游文化创意的创意性本质

旅游文化创意，包含三个层面的丰富内涵：第一个层面，旅游文化创意是一种产业；第二个层面，旅游文化创意属于创意产业；第三个层面，旅游文化创意产业属于文化创意产业。

综上所述，旅游文化创意，本质在于“创意”。

2.3.3.3 一个全新的文化旅游创意产业

（1）用文化创意产业的视角和理论重新认识并定位中国的旅游业。

旅游产业到底是经济产业还是文化产业，是经济现象还是文化现象，长期以来，众说纷纭。从经济学角度出发，可以把旅游界定为一个包括多种工业的新兴工业，注重其经济效益和增值作用，而从社会学和文化学的角度出发，则可把旅游作为一种文化现象来界定。不管争论如何激烈，旅游产业的经济属性始终占据主流认识。

随着人文学科的日益成熟，文化创意产业的崛起，旅游文化创意作为完整的学科理论体系出现，它促成旅游学界对旅游产业的内涵及其本质——文化创意的进一步思考：旅游是仅仅具有创意的一般属性，还是旅游是一种文化创意现象。

用文化创意产业的概念和视野来重新认识旅游产业，我们发现，旅游产业实质是一种文化旅游创意产业。

以前，我们一直认为，文化是旅游的灵魂，而现在我们越来越发现创意才是旅游真正的灵魂，是推动旅游发展的动力。各国有关创意产业和文化创意产业的定义中，早已明确把旅游业列入文化旅游创意产业的范畴。

从这一意义上说，把旅游产业视为文化旅游创意产业，是对作为旅游新时代旅游产业的一种新认识、新表达、新定位。

（2）从文化旅游创意产业角度重新定位中国旅游业的深远意义及长远影响。

第一，把旅游作为文化创意产业的一种进行全新认识和重新定位，结束了长期以来的纷争，旗帜鲜明地提出了旅游产业是文化旅游创意产业的全新的产业归属。

第二，将旅游产业定位为文化旅游创意产业，将有效带动中国旅游产业真正实现转型、升级和换代。明确了中国旅游产业的发展方向，那就是由目前的经济产业向文化创意产业转型，由现在的资源产品、市场产品向创意产品升级，由传统旅游向创意新旅游换代。

第三，将旅游产业定位为文化旅游创意产业，有助于提升旅游产业新形象，赋予旅游产业新内涵，明确旅游产业新地位。

第四，将旅游产业定位为文化旅游创意产业，进一步明确了未来旅游业发展的方向。在旅游经济时代，投资、资源和市场是旅游产业发展最大的推动力，而在文化创意时代，创意是旅游发展最大的推动力。

第五，文化旅游创意产业命题的建立，将推动中国旅游从国家战略的高度，推进国家旅游文化创意战略，进而实现中国从旅游大国向旅游强国的迈进。

第六，把旅游业纳入文化旅游创意产业的范畴，可以更好地推动文化旅游创意产业与其他文化创意产业的融合，更好地整合资源，协调发展，提升整个旅游产品的档次、品位。

总而言之，将旅游产业纳入文化创意产业范畴，能对旅游产业未来的发展产生纲举目张的作用。

2.4 逻辑蜕变：从文化旅游到新文化旅游

发生了什么？旅游新时代来了，旅游发展的逻辑变了！旅游发展的环境变了！

2.4.1 旅游发展的逻辑变了

旅游发展的逻辑变了！而且，彻底变了！

2.0时代的旅游是一种新文化旅游，与1.0时代的文化旅游，有着很大的不同。

文化旅游和新文化旅游的对比

文化旅游	新文化旅游
文化是躯壳	文化是灵魂
文化雷同性强	本色兼具差异
文化结构性缺陷	文化融合主义理念
浅尝辄止	深度开发
新文化载体开发利用少	综合创新运用文化载体
商业化对文化的侵蚀	以商业手段保护文化

2.4.1.1 文化是躯壳 PK 文化是灵魂

在传统的文化旅游开发中，由于理论上缺乏创新，人们对文化的选择往往囿于一定的框架，可以选择的余地并不大。这就造成了许多旅游产品开发往往是复原场景而不是复原文化，是表现文化的躯壳而不是文化的灵魂。而从旅游实践上来看，缺乏文化灵魂对于旅游产品来讲是致命的。新文化旅游视文化为“魂”，其开发就是要亡羊补牢，弥补这一过失。

2.4.1.2 文化雷同性强 PK 本色兼具差异

在现行的文化旅游热潮中，人们见得最多的是性质类似、标准化的模仿物，根本没有突出各自的特色。许多旅游产品没有表现出各自独特的文化背景和文化内涵。他们都只是突出了同类文化的共性而没有表现个性，表现了同类文化的一般性特征而忽略了个体性特征。

在新文化旅游的开发中，一个地区能否保持自己的本色，能否守住与域外的差异，是旅游产品开发后能否对旅游者形成强烈吸引力的关键。因为一般审美观念是差异越大才越具有吸引力。自然观光产品应当无条件地保持本色，文化旅游产品选择性地保持本色，这本身就意味着在旅游产品的开发上注入了“差异”这一文化审美观念，保住了本身的格调和品位，是一件事半功倍的事。

2.4.1.3 文化结构性缺陷 PK 文化融合主义理念

表面上看来，旅游产品通常很丰富，但实际上，旅游产品的丰富并不等同于文化种类的丰富，也并不意味着旅游产品具有了完备的文化形态。文化旅游中能把文化进行科学综合运用的凤毛麟角，这种问题带来的直接后果是文化旅游的文化展示不丰满，流于旅游文化的表层和形式，难以触及它的灵魂和实质，从而形成文化旅游的结构性缺陷。

新文化旅游强调旅游对文化的运用要采取融合的办法，若干不同质、不同性的文化融合运用，就像化学反应一样，会产生新的东西，产生神奇的效果。多方面的文化融合满足了旅游者的需求，满足之后使旅游者产生一种快乐、幸福的感觉。人们在这种氛围里旅游，这本身不就是一处和谐的景观吗？

2.4.1.4 浅尝辄止 PK 深度开发

目前的旅游产品，尤其是一些自认为“吃喝不愁”的旅游产品，缺乏深度开发。由于本身具有一定的知名度和市场规模，投资者或管理者大多抱有一种功利主义的经济目标导向，容易形成一劳永逸的思想，对文化内涵的深度挖掘和开发重视不够，结果往往造成旅游产品文化的庸俗化或丧失。

新文化旅游强调深度开发旅游产品，增加产品的体验价值。文化类旅游产品，如果没有很好地将内涵外化的途径和方式，其价值是很难充分传递给旅游者的。因此，新文化旅游积极探索各种途径，增加产品的价值外化度，增加旅游者的旅游体验。

2.4.1.5 新文化载体开发利用少 PK 综合创新运用文化载体

近年来，一些旅游产品采用了部分动态文化载体的形式，其中大多为民俗表演或艺术表演，吸引了许多旅游者，带来了可观的经济效益。但是，这种文化载体也存在一些问题，那就是重复性强，对文化的表现深度有限，旅游者的参与程度也不高，并且易被模仿而失去特色。目前新的文化载体形式非常缺乏，能开发并运用新文化载体的旅游产品更是少之又少。

要将文化这种精神产品表现出来或者传递给旅游者，就要善用、巧用各种文化载体。要做到旅游文化载体运用的古今结合、动静结合、虚实结合，即将现代化的声、光、电技术和游乐设施与历史遗留下来的物质精神财富相结合；将各种动态情景表演形式与静态的建筑、装饰、陈设等相结合；将声音、气味等特定氛围的营造与视觉可见之物相结合。

要综合创新地运用各种旅游文化载体，深悟体验经济时代的魅力，让旅游者参与其中，乐在其中，体现旅游文化内涵的丰富多彩，引领旅游文化发展导向的潮流。

2.4.1.6 商业化对文化的侵蚀 PK 以商业手段保护文化

在现行的文化旅游热潮中，过度的商业化色彩对文化本身造成了很大的侵蚀，商业因素对文化的干扰和渗透几乎是无孔不入和不择手段的。商业化以营造和推广流行时尚的操作方式，介入对文化的开发、塑造和引导过程中来。而时尚里面有许多伪文化、俗文化、浅文化的杂质，这对构建良好的文化旅游造成了程度不一的负面影响。

当然，对商业化的操作本身没有任何异议，只是新文化旅游中的商业化操作不再仅仅以功利性为唯一目的，而是和传统、高尚、纯正的文化在价值取向上相融合。落实到具体的产业发展过程中，就是始终坚持社会效益和经济效益的统一。

2.4.2 旅游发展的环境变了

旅游发展不仅逻辑变了，而且环境也变了。

2.4.2.1 文化和旅游全球发展

21世纪以前，世界上大多数国家还未清醒地意识到，一个国家的经济和社会的命运会这样紧密地关联于甚至取决于文化资源和文化产品形式的创意能力。很少有人能认识到，在当今世界，文化对一个国家发展的重要意义。然而在今天，因文化创意产业理念的深入人心，当代文化产业在世界范围内迅速崛起。

旅游同样呈现全球化发展趋势，越来越成为世界经济的凝聚力和创造力的重要源泉。世界各国和地区都把发展旅游产业放到了重要的战略地位。围绕旅游来制定发展战略已经成为中国甚至全球赢得竞争的关键。

改革开放以来，我国的文化和旅游产业快速发展，增长速度均高于GDP的增长速度，呈现出总体持续增长的良好态势，实现了跨越式发展。

文化和旅游的需求带动了经济社会的发展，文化产业和旅游产业不仅是国家参与世界竞争的“软实力”之一，而且越来越成为一种强大的产业实体。作为21世纪的朝阳产业，文化产业和旅游产业具有低消耗、高产出的特点，渗透性强，具有很强的外溢效应，在转变经济增长方式、实现产业结构优化、扩大就业等方面发挥着巨大作用。

2008年全球金融危机爆发之后，欧美的实体经济受到很大冲击，但文化和旅游产业的经济动力作用得到了很好的体现，在国民经济中的比重更加凸显。历史经验表明：当一个国家或地区爆发金融危机或进入经济困难的时候，恰恰是其经济结构调整的最佳时机。伴随经济全球化、政治多极化、文化多元化的发展趋势，世界范围内的文化旅游产业的竞争日益激烈，文化旅游产业正日益成为国家复兴的原动力。

2.4.2.2 文化和旅游融合发展

近年来，文化与旅游不仅实现了跨越式发展，并且不断产生交集，形成了融合发展、携手并进的崭新局面，取得了举世瞩目的成绩。

文化是旅游的灵魂，是旅游业高质量发展的核心动力。文化已经深深融入旅游业的发展当中，并且形成了携手并进的格局。文旅融合成为趋势，文化旅游产品大量出现且发展迅速。

2009 年，文化部、国家旅游局共同发布《关于促进文化与旅游结合发展的指导意见》，提出“文化是旅游的灵魂，旅游是文化的重要载体”。加强文化和旅游的深度结合，有助于推进文化体制改革，加快文化产业发展，促进旅游产业转型升级，满足人民群众的消费需求；有助于推动中华文化遗产的传承保护，扩大中华文化的影响，提升国家软实力，促进社会和谐发展。

2014 年，《国务院关于推进文化创意和设计服务与相关产业融合发展的若干意见》提出：“依托丰厚文化资源，丰富创意和设计内涵，拓展物质和非物质文化遗产传承利用途径，促进文化遗产资源在与产业和市场的结合中实现传承和可持续发展。”

2018 年初，文化部和国家旅游局合并成立文化和旅游部，从国家组织机构调整层面提出了文化与旅游相融合的客观要求。文化和旅游从原先的各显神通、各擅其长，转而变为互促互通、联袂前行，这是一个巨大的进步：进一步打破文化和旅游的边界，进行广度融合、深度合作。

2.4.2.3 文化和旅游全域发展

2018 年 3 月 9 日，国务院办公厅印发《关于促进全域旅游发展的指导意见》，进一步就加快推动旅游业转型升级、提质增效，全面优化旅游发展环境，对全域旅游发展的新路子作出部署，并提出四个主要发展目标：旅游发展全域化、旅游供给品质化、旅游治理规范化、旅游效益最大化。

全域旅游是指在一定区域内，以旅游业为优势产业，通过对区域内经济社会资源尤其是旅游资源、相关产业、生态环境、公共服务、体制机制、政策法规、文明素质等进行全方位、系统化的优化提升，实现区域资源有机整合、产业融合发展、社会共建共享，以旅游业带动和促进经济社会协调发展的一种新的区域协调发展模式。全域旅游所追求的，不再停留在旅游人次的增长上，而是旅游质量的提升，追求的是旅游对提升人们生活品质的意义，追求的是旅游在人们新财富革命中的价值。

全域旅游强调居民与游客的融合，目标是让旅游目的地真正成为游客的“家园”，而不是成为游客的“主题公园”，当地居民更不是“主题公园”中的演员。在全域旅游战略中，居民是家园的主人，游客也是这个家园中的一分子。主题公园只能短暂停留，只有家园才是可以永远挂念的地方。在全域旅游目的地空间中，各个产业通过适当的方式进行有效的融合，使旅游也成为该区域空间内的产业融合的触媒。

发展全域旅游是促进文化旅游转型升级和可持续发展的必然选择，是文化旅游产业发展的长期趋势，一个区域的旅游质量，不仅取决于旅行社、酒店、景区的服务质量，而且还由整个区域的综合环境决定。这就要求我们从全域整体优化旅游环境、优化旅游全过程，配套旅游基础设施、公共服务体系和旅游服务要素。目前，一些地方旅游市场秩序混乱，旅游产品和以厕所为代表的公共服务及交通等基础设施供给跟不上旅游市场迅速增长的需求，企业对门票经济过度依赖，超出广大游客的承受能力和期待等问题，都需要在全域旅游的发展中来解决。

总而言之，文化旅游产业迎来发展新机遇。今后的5～10年将是我国文化旅游产业发展的黄金时期。

2.5 旅游缺的不是文化，而是灵魂

旅游，从来都不缺文化，不缺故事，不缺体验，而是，缺了灵魂。

在这个文化主义甚嚣尘上的时代，人人都在说文化，人人都认为如

今的旅游缺的是文化。

其实，旅游缺的不是文化，而是灵魂！

2.5.1 旅游本身就是文化

旅游是人类文明的产物，从本质上来讲，旅游本身就是文化。

旅游的历史，是一部文化演进的历史。或者说，是作为一种文化现象的旅游演进发展的历史。“旅”“游”或“旅游”一词在中国的演变发展充分说明了这一点。

“旅”“游”二字在中国出现很早。“旅”，本义为师旅、军旅。“旅”常被古人假借为“庐”“寄”，如孔颖达《周易正义》所说：“旅者，客寄之名，羁旅之称；失其本居，而寄他方，谓之为旅。”由此可见，“旅”在中国古代就是离家出行，寄居他方，是一种有目的的功利行为。

“游”本义是指熟习水性的人在水中的自由活动，本身蕴含着顺应自然、适意而行的文化意味，具有无意志、非理智、超功利的旅游特征。游，又作“遊”，从足，指与陆上活动有关的行为，常引申为出游、嬉游。徐复观在《中国艺术精神》一书中说“游，戏也”，“旌旗所垂之旒，随风飘荡而无所系缚，故引申为游戏之游”。

中国古代的旅游活动常常用单独的“旅”字和“游”字来表达和概括。例如《尚书·大禹谟》“罔游于逸”，《楚辞·远游》“悲时俗之迫厄兮，愿轻举而远游”，《史记·太史公自序》说“二十而南游江淮”，李白《庐山谣寄卢侍御虚舟》“五岳寻仙不辞远，一生好入名山游”等。这里的“游”字都是指具体的旅游活动，体现着现代旅游畅神自娱的审美功能和自得逍遥的行为心理特征。《孟子·尽心上》记载孟子对勾践所说的一句话：“子好游乎？吾语子游。人知之，亦嚣嚣，人不知，亦嚣嚣。”赵岐注曰：“嚣嚣，自得无欲之貌。就己言则曰自得无欲，对物言则不为私。”由此可见，“游”在中国古代所表现和概括的旅游活动，就是指由旅游审美达到的自由自在、逍遥无为的精神境界和由此而来的对待世界万物的审美态度，它与我们今天所说的旅游的基本意义大体上接近。

当人们用特有的风格穿越地理空间并且关注的基本上是有意义的发现、创造和传播时，旅游就与那种仅仅为了到达另一目的地而在地理空间上移动的出行截然不同了。旅游者的行为必须使自己的活动符合概念上所谓的艺术的需要。

旅游使旅游者走出了日常生活的世界，产生了各种能够自由发挥、具有相对抽象意义的作用。就像重要的文化课题一样，旅游的经历能够为人们提供持久的话题，而且永远记忆犹新。

任何旅游活动的基本要素都是时间、空间和旅游者穿越时空的计划和进度。在旅游活动中，创造和表现出来的一切意义，都可以从旅游活动的产生者和解释者的文化生活中汲取维持存在的养料。

从中国文化发展的视角而言，旅游行为承载着哲学、美学、文学、宗教、民族等诸多文化内涵。钟惺《蜀中名胜记序》："一切高深，可以为山水，而山水反不能自为'胜'；一切山水，可以为高深，而山水之胜反不能自为'名'。山水者，有待而'名胜'者也。曰书，曰诗，曰文，此三者，山水之眼也。"旅游文化向来有重文的传统，古代文人从旅游中获得灵感，在旅游的过程中进行文学创作。旅游行为长期存在于中国古代文人的生活实践之中，而不仅仅只是一种突发的娱乐活动，它深深地影响着古代文人的精神世界、人格修养以及审美趣味，也促成了旅游文学的诞生和繁荣。

2.5.2　旅游从来都不缺文化

自人类社会诞生以来，旅游行为就层出不穷。人们希望能够从疲于奔命的生活状态中解脱出来，在旅游中玩赏、娱乐、抒发心情。长途跋涉可以说是最容易变成旅游的活动，在赶路的过程中，与大自然、与村野，抑或是与市井勾栏亲密而又隔着距离的接触，能够产生新鲜感、神秘感以及和谐感。然而，工业革命以来，这样悠闲而纯粹的旅游却越来越鲜有，熙熙攘攘的人群沿着大同小异的路径往来，人们的手机被举起来记录千篇一律的风景，旅行的意义不再是旅客所追寻的终极目标，相形之下，来自社交圈的点赞似乎更能满足当代人空虚寂寞的心灵。

中国古代文人的旅游注重的是多维度、多层次的体验，追求与自然和真实的接近，而目的地的选择也更加个性化，不用在意甚至是刻意避开所谓的"热门景点"，所以在到达目的地之后会留下刻骨铭心的体验，从而留下千古流芳的佳作。就古代文人而言，无论是出世还是入世，旅游都是贯穿生命的一种形式。远游以为求仕，归来以为归隐，旅行体验更多地掺杂了或多或少的喜怒哀乐。

学识与见闻总是相辅相成的，见闻必定会带来学识的增长，而学识的增长也会改变见闻的性质。一旦旅行成为古代文人生命的一部分，旅游行为成为一种生命体验，其精神世界、人格修养和审美趣味必然发生重大变化。正如余秋雨在《文化苦旅》中所写的："中国文化的真实步履却落在这山重水复、莽莽苍苍的大地上。大地默默无言，只要来一两个有悟性的文人一站立，它封存永久的文化内涵也就能哗地一声奔泻而出；文人本也萎靡柔弱，只要被这奔泻所裹卷，倒也能吞吐千年。"

中国古代文人的生命境界、存在意识可以说都是从旅游体验中得出，"天人合一"的精神境界是中国古代最为经典的论述。孔子《论语·雍也》"知者乐水，仁者乐山；知者动，仁者静；知者乐，仁者寿"，道尽了人与自然山水在灵性上的完美结合。庄子《逍遥游》一文"乘天地之正，而御六气之辩，以游无穷"，更是表达了古代文人与自然的和谐沟通。历代文人墨客，往往都会对道境禅界心向往之，直至今日也是中国特色旅游的强烈风格。苏东坡在古赤壁战场一游，参悟古今，人生境界得到升华；李太白大醉之际便已神游名山大川，"且放白鹿青崖间"，"安能摧眉折腰事权贵"。古代文人，通过旅游，打开了一道道通往人生奥秘的大门，中国哲学从而成为容纳宇宙、吞吐天地的哲学。

旅游，也让古代文人更加追求精神生活的完满和人生价值的实现。壮志未酬之际，他们更希望亲近自然，在自然的"桃花源"中寻找慰藉，得到心灵的力量。若是长困于书斋之间，哪里还能有"仰天大笑出门去，我辈岂是蓬蒿人"的洒脱？人格的独立、精神的完满，才是古代文人自始至终的追求，于是有了徐霞客、张岱等人一次又一次踏上旅行的路途，在旅途中学习、参悟大自然的学问，在旅途中思索人生的价值和生命的意义。那些在旅途中所受到的磨砺，让他们的心智更加坚定，人格形象更加饱满，生命的世界也由此更加宽广。

由此可见，旅游从来都不缺文化。

文化是什么？文化是人类社会相对于经济、政治而言的精神活动及其产物，中国文化是在继承五千年悠久历史文明的基础上发展起来的，作为世界文明古国之一，中国文化可想而知有多么源远流长，有多么深厚、丰富。从先秦到现在，每朝每代都有自己的文化特色；从政治到经济，都与文化交相辉映；从民俗到宗教再到建筑、饮食，每种文化都熠熠生辉。

中国拥有如此丰富而璀璨的文化，旅游怎么会缺文化呢？

2.5.3 透过现象看本质，其实旅游真正缺失的是灵魂

为什么我们总觉得旅游缺文化？因为，我们已经习惯了问题导向。基于问题导向的思维逻辑，以及旅游带有根本性、普遍性、症结性的文化属性，让人以为旅游的问题是文化问题，是因为缺少了文化。

文化的涵盖面和影响面非常广阔，其内容纷繁复杂。我们在旅游中到处可以看到文化现象：礼教、家风、古训、德行是文化；鼓楼、牌坊、胡同、四合院是文化；酒铺、茶馆、戏院是文化；瓷器、宣纸、湖笔、泥娃娃、象牙雕刻乃至风味小吃，无一不是文化现象。至于殷墟中的甲骨文、秦始皇陵的兵马俑、马王堆汉墓中的竹简，更属于文化现象的范畴。人类社会几乎处处都体现文化，作为现代人们生活的一个重要内容——旅游活动更是离不开文化。面对包罗万象、林林总总的文化要素，人们自然而然地把文化作为旅游的重要内容和问题的焦点。

我们承认，现代旅游发展过程中的文化存在问题，但显然不是文化缺失问题，而是文化内涵不深刻，或者更确切地说，是这些文化无法让人滋生灵魂感的问题。

和仙坊民俗文化村、白鹿原民俗文化村缺文化吗？一些借助人文历史发展起来的名山大川、博物馆、遗址公园缺文化吗？北京南锣鼓巷、上海田子坊、南京夫子庙这些旅游景点缺文化吗？显然是不缺的。那么缺的到底是什么？为什么一个又一个文化底蕴深厚、文化资源荟萃的旅游项目发展不起来？

深入探究，原因不外乎这些：一是过于商业化、同质化，导致文化资源失去特色；二是追求文化原汁原味的复原，使得有文化也变成了没文化；三是旅游资源匮乏，等等。

一个地区的旅游、一个文旅项目的旅游之所以很难发展起来，或者发展得极其缓慢，都是各种原因混杂导致的。但根本的原因不是因为没有文化，缺了文化，而是因为文化过度开发，过度商业化。也有些地区

发展旅游不重视挖掘文化内涵，坚持娱乐至上。

在文化越来越重要的今天，全国各地都高度重视文化，也都不同程度地挖掘和利用文化。大部分景区在发展时，都会重视对文化的挖掘和应用。就像乡村旅游重点挖掘农耕文化、民俗文化；生态旅游挖掘生态文化……不管是什么类型的旅游，不管是哪个地区的旅游，都会有一定的文化基础，都会有一些文化景观，差别只在于文化资源是否丰富、是否有特色、是否应用得当而已。

2.6 旅游的灵魂在哭泣，但没人听到

遗憾的是，至今还有很多人并不知道旅游灵魂的可贵，无视旅游灵魂，一意孤行，导致旅游乱象丛生，既不能推出好的旅游项目，为旅游发展助力，又不能满足游客对旅游的需求，让游客有深层次的旅游体验。或者，有一些人知道旅游灵魂的价值，却又常常陷入两难之境，要么是在一开始就在旅游灵魂认识上出现了差错，导致南辕北辙，要么是不知道从何处寻觅旅游灵魂，在旅游灵魂的探索道路上反反复复，屡屡碰壁。

灵魂在哭泣，但没人听到，抑或听错了，还以为是文化在哭泣。

2.6.1 无锡影视城值得我们研读品味

我国古典小说的发展历经了漫长历史，诞生了众多佳作，内涵丰富，韵味深长。不管是萌芽时期的远古神话还是巅峰时期的明清小说，都反映了不同时期的文化面貌、社会情况，可以说古典小说是传统文化中的珍奇瑰宝，值得我们研读品味。但到了现在，很多人不再单纯地满足于从纸质书籍中对古典小说进行品读，而是希望通过各种各样的技术、媒介更深层次地体验古典小说中蕴含的历史文化、民俗风情、人文掌故。因此，也诞生了许多以古典小说为文化依托而开发的旅游景点。

《三国演义》《水浒传》等古典小说本就家喻户晓，无锡影视城以这些古典小说影视化为契机，以古典小说及其文化内涵为文化依托，为景区注入了文化的力量。一是通过建筑等设计高度还原了小说中的场景，如三国城内的吴王宫、甘露寺、曹营水旱寨、吴营、七星坛、点将台、

桃园；水浒城内的皇宫、樊楼、清明上河街、御街、紫石街、水泊梁山等。当游客进入影视城，看到千姿百态的古代建筑和风格各异的街巷，小说中需要凭借想象的场景顿时鲜活起来，加强了游客的文化感受。二是通过景区内的演出加强游客感官体验，如三国城的刘备招亲、三英战吕布、火烧赤壁，水浒城的武松痛打西门庆、杨志卖刀、燕青打擂，以表演的视听冲击让游客重回三国、重回水浒。三是借助体验型项目，让游客身临其境，不知不觉成为故事中的一员，游兴倍增。游客通过参与如九宫八卦阵、诸葛连弩、水军训练营、祭天仪式、金莲招亲等项目，在逼真的模拟环境中体验恍如隔世的浓浓的历史文化滋味。

2.6.2 无锡统一嘉园以破产倒闭告终令人叹息

无锡统一嘉园景区同样以古典小说为文化依托，以影视基地为发展载体，以戏带建，但与无锡影视城的命运大为不同。无锡影视城发展成不少游客感受三国时期群雄逐鹿的历史、感受水浒英雄好汉气节、领略太湖风光的旅游胜地，而无锡统一嘉园景区却以破产倒闭告终。

诚然，现在很多旅游开发都需要借鉴一些成功案例并加以精妙模仿，但是许多项目却只模仿了外在的形式和粗糙的内容，却忽略了灵魂的注入，导致项目失去自身的优势。比如，模仿无锡影视城的无锡统一嘉园景区。

有些景区在文化方面拥有得天独厚的优势，如庐山，源远流长的历史和数千年博大精深的文化孕育了它无比丰厚的文化内涵，灵魂也自然在其中孕育。但对于很多人造景区而言，自身文化底蕴极为缺乏，因此需要从传统文化中挖掘灵魂，然后在旅游景观中加以应用。而古典小说作为传统文化的源泉之一，具有独特的文化内涵，是独特而又深具魅力的旅游资源，成为众多景区挖掘的重点。

无锡统一嘉园景区为什么以破产倒闭告终呢？仅从文化角度分析，虽然两个景区都挖掘了古典小说文化，但在选材、应用上给游客带来了截然不同的体验。无锡影视城所选的《三国演义》《水浒传》知名度高，历史文化内涵丰富；无锡统一嘉园景区应用的《镜花缘》故事冷僻，情节晦涩，难以用具象化形式传播。另外，无锡影视城在挖掘古典小说文化的同时，形成了自己的“三国魂”“水浒魂”，使得景区与游客有相同的文化基础，能够引起文化共鸣，再借助多样化、原真性的应用方式，为游客带来深度的文化体验，从场景、环境到演艺演出再到参与式的项目，从视、听、说等多角度让游客从小说文本中脱离，通过景观意境流转换，让游客体验时空穿梭，丰富了游览体验。而无锡统一嘉园景区只模仿了古典小说中的文化，却没有在具体项目设计中加强对文化内涵的挖掘、应用，没有找到根本的灵魂，失去了自我。

2.6.3 酒吧的灵魂

人们谈到古镇，谈及古城，仿佛总是和酒吧绑定在一起。酒吧文化作为舶来品，受到都市特定年轻群体追捧，不仅衍生成为“小资文化”的一部分，而且成为中国古镇、古城必不可少的旅游新业态。

古城的酒吧，如丽江、阳朔、大理的酒吧街，几乎已经成为当地旅游产业的支柱。古镇的酒吧俨然成为一抹风景，如西塘、周庄、乌镇。

关于古镇、古城和酒吧之间的关系，有学者认为，酒吧是古镇商业化的代表，有学者认为是文化侵蚀的体现，还有的认为是“肤浅”的市井文化，是对文化的一种亵渎。其实，我们应该“跳脱酒吧，跳脱文化”，探讨当代旅游中的古镇、古城与酒吧之间的文化跨界这一现象。

每一座古城、古镇的酒吧都融合了当地地域特色、民族特色与人文风俗特色，各有其独特的灵魂。大理的酒吧融合了白族文化；阳朔酒吧能够找到壮族风情；后海的酒吧有着浓厚的北京味；西塘的酒吧则浓缩了江南水乡的柔情。这些酒吧的具体文化各不相同，古城、古镇的文化根植性虽经变迁，但并没有被替代。中国绝大部分的古城、古镇都不缺酒吧，不缺酒吧文化。然而，为什么后海、阳朔、大理、西塘的酒吧，能成为游客追捧的亮点？

2.7 旅游真正可怕的是“有文化没灵魂”

当下，“有文化没旅游，有文化没内涵，有文化没特色”现象泛滥，“有文化没思想，有文化没创意”问题严重。

“有文化没灵魂”是旅游最大的问题，是旅游真正可怕和令人担忧的问题。

2.7.1 有文化，没旅游

说有文化没旅游，并非危言耸听。其背后反映的深层次问题是旅游文化难以突破的困局，具体存在两种情况：一种是坚持所谓的“纯文化”路线，从根本上拒绝旅游，就比如很多博物馆，一味地讲求文化的纯净，忽略了旅游的趣味。另一种是坚持文化为旅游所利用，但错误地认为，文化有了，使命也就结束了。“有文化没旅游”，这样的“文化”自然枯燥、乏味，前面提到的无锡统一嘉园景区就是如此。

2.7.2 有文化，没内涵

文化挖掘浅尝辄止，流于表面和表象，缺乏深度，缺少内涵，甚至不排除功利主义倾向，结果往往造成旅游产品文化的庸俗化。

以甘肃的玉门关为例。提到玉门关，“羌笛何须怨杨柳，春风不度玉门关”，想必这句诗已然浮现在很多人脑海当中。玉门关是古汉长城的关隘之一，有很多文人骚客都曾来此一游，也在玉门关留下了非常多著名的诗句，让玉门关这个地方名扬天下。

到了现代，很多游客前来甘肃旅游，玉门关也是必去景点之一。但是很遗憾，大多数游客来到这里都是乘兴而来、败兴而归。所谓的玉门关旅游景区仅仅是一块石碑和一座古城墙，向游客证明曾经的玉门关是真实存在的，没有什么实质性的项目，内涵更是无从谈起，白白浪费了“玉门关文化”，让游客丧失了对这个景点的兴趣，更难有好的旅游体验。

2.7.3 有文化，没特色

在现代的文化旅游热潮中，人们见得最多的是性质类似、标准化的模仿物，根本没有突出各自的特色。许多旅游产品没有表现出各自独特的文化背景和文化内涵。它们都只是突出了同类文化的共性而没有表现个性，表现了同类文化的一般性特征而忽略了个体性特征。

最常见的就是千篇一律的古镇。很多古镇比如丽江古镇、凤凰古城等，本来有丰富的少数民族风情，独具特色的民风民俗，然而却在旅游发展中引入大量的客栈、商店等商业元素。游客所向往的那种百年、千年酝酿出来的古旧、原始之感，也便被商业化、同质化破坏殆尽。这些古镇除了名字有所不同，其余的都是千篇一律，千镇一面，有文化没特色。

2.7.4 有文化，没思想

在传统的旅游文化开发中，由于理论上缺乏创新，人们对于文化的选择往往囿于一定的框架，这就造成了许多旅游产品开发往往是复原场景、复原文化景观，是表现文化的躯壳而不是文化的思想。而从旅游实践上来看，缺乏思想对于旅游产品来讲是致命的。

这一点影响最大的便是遗址旅游。很多遗址旅游开发的核心问题不在于忽视了文化保护或旅游开发，而在于无法在挖掘遗址文化价值的同时，呈现旅游价值。在开发中，遗址旅游更重视的是在历史文化的基础上进行遗址的复原或重建，从视觉上让游客感受到遗址的文物价值，即在其历史、考古、稀有程度、艺术、学术等方面的价值，而忽略了文化旅游的思想，即要让游客感受到旅游价值，让遗址文化带给游客文化上的体验、情境上的沉浸、历史上的感悟，在旅游食、住、行、游、购、娱要素中获得不同于原有生活方式的体验。

很多博物馆、名人故居大都是如此，只注重形式上的景观、遗物的复原，而不重视文化思想在内容上的传递，无法引起游客的兴趣。

2.7.5 有文化，没创意

这种问题带来的直接后果是文化展示不丰满，流于文化的表层和形式，难以触及它的灵魂和实质，从而形成旅游文化的结构性缺陷，致使旅游产品缺乏新意。

例如，很多博物馆只是把展品陈列，再加上纪念品售卖，只有“死”的文化平铺直叙，没有“活”的文化刺激市场。在纪念品上也缺乏文化创意，可能两个博物馆卖的纪念品是一模一样的，都是各种明信片、笔记本、书签等。古镇和民俗文化村也只是建筑上照搬，商店大同小异，毫无创新可谈。

想要真正打造一个能够吸引游客目光，并且能满足游客旅游需求的旅游项目，创意上的苦心雕琢是必走之路。旅游项目的设计，既要挖掘文化，对文化进行传承和保护，又要融合特色鲜明的各类产业，丰富产品体系，让文化保护与旅游开发相得益彰。从而在旅游项目中形成“三个大世界”：一是“博采众长并别有风情”的文化世界，二是“陶情适性并流连忘返”的游憩世界、一个“黄发垂髫并怡然自乐”的桃源世界。①

我们深知旅游灵魂之美，却又不得不叹息旅游灵魂的哀愁。同时，我们也深知旅游灵魂的重要性，但在旅游灵魂的探索上却还有很多路要走。

2.8 旅游因灵魂而伟大

旅游因灵魂而伟大!

全国乃至全世界，所有让游客心向往之、游而难忘、大获成功的旅游项目和产品，无不是有旅游灵魂的存在。

旅游唯有灵魂，才能让游客魂牵梦萦，才能让旅游项目和产品魅力四射。

2.8.1 旅游因灵魂而有生命

灵魂代表的是生命和活力，旅游灵魂的注入，让旅游项目充满生机，拥有源源不断的生命力。

由灵山集团打造的无锡“灵山胜境·拈花湾”，面积 1600 亩，建筑面积约 35 万平方米。为什么这么大的一个项目能够成功？为什么在佛教文化旅游遍布的中国，这个项目不仅顺利存活，而且充满勃勃生机，成为闪耀大江南北的一颗璀璨夺目的明珠？

答案不言而喻——旅游灵魂的注入，让这个项目有了生命，并在激烈的竞争中获得了一席之地。在策划中，灵山集团将博大精深的佛禅文化作为灵魂主线，重现了唐风古韵的建筑形式，融合小桥流水、青苔石阶等水乡元素，整体营造了一种节奏轻缓、意蕴深长的江南印象，利用光影水幕技术和艺术演绎方式，打造了“禅行”系列主题演艺项目，丰富了禅意小镇的艺术观赏效果。从观看灵山大佛、梵宫，满足视觉需求

① https://www.sohu.com/a/360940572_120158918。

到吃、住、行、游、购、娱全方位实现精神需求，从洗礼式信仰到精神世界的满足，拈花湾被打造成一个集吃、住、游、购、娱、会务于一体的禅文化主题旅游度假小镇，一个自然、人文、生活方式相融合的旅游度假目的地。

佛禅文化的注入，让拈花湾成为一些人心灵回归的净地，从而让项目在城市白领、佛文化信奉者、亲子家庭、喜欢观光旅游的退休长者等主要客群市场上获得客源，拥有了市场发展与竞争的动力。

有了灵魂，游客前来拈花湾并不是单纯观看灵山大佛，灵魂让游客从新视角观赏风景、体验旅游过程，从而让旅游成为一个真正有生命和活力的活动。同时，旅游灵魂的注入，也让灵山大佛等旅游资源有了"生命"，也延续和拓宽了这些旅游资源的旅游生命。

旅游灵魂之美，美在让旅游有了生命，既让项目有了生命，能够在旅游市场中立足并持续发展，又让景区内的一草一木、一花一石有了生命，能够让人"看山是山，看水是水；看山不是山，看水不是水；看山还是山，看水还是水"，从而拓展旅游资源本身的生命力。与此同时，还让游客的旅游过程有了生命，体验到旅游真正的意义与魅力。

2.8.2 旅游因灵魂而独特

每一个旅游产品、旅游项目、旅游景区，究竟什么才是最吸引游客的？究竟什么才是独特的？究竟什么才是使竞争者难以模仿，即使模仿了也难以超越的？毋庸置疑，就是旅游灵魂。旅游灵魂本身作为旅游项目不可分割的一部分，往往能够成为旅游项目中最具优势的 IP，带来独一无二的吸引力。

迪士尼乐园为什么能够吸引全世界成千上万的游客前去游玩？有人说，迪士尼乐园的成功，在于迪士尼在全球输出了它独有的文化，因此吸引了全世界的游客，也衍生了一系列的周边旅游产品。

实则不然，或者说并不完全是这样的。迪士尼的成功，对外输出文化的确是缘由之一，但更大的原因是它有旅游灵魂。提起迪士尼，大家首先想到的是什么？应该是米老鼠、白雪公主等这些可爱的卡通形象。迪士尼的成功，得益于米老鼠、白雪公主等形象在各个客源市场上深入人心，得益于米老鼠、白雪公主等形象承包了孩子或成年人的欢乐和梦想。所以，迪士尼的成功可以说是米老鼠、白雪公主等卡通形象的成功。而米老鼠、白雪公主这些形象或者说这些文化，对于迪士尼来说究竟是什么呢？毫无疑问，就是旅游灵魂。米老鼠就是迪士尼的旅游灵魂，米老鼠等卡通形象对游客的吸引力，就是旅游灵魂的吸引力。

“世界上没有完全相同的两片树叶”，对于旅游而言亦是如此。在同一时间不可能诞生两个从类型到形式再到内容甚至到灵魂都完全一样的旅游项目。旅游灵魂，是区分相同类型或不同类型的旅游项目的最根本所在，每个旅游项目的旅游灵魂都是独一无二的。对于游客而言，每个项目独特的吸引力就来自旅游灵魂。

2.8.3 旅游因灵魂而有内涵

对于旅游而言，有美丽而吸引人的“外表”非常重要，但有内涵更为可贵。“外表”是吸引游客的第一要诀，但有内涵却是让游客“乘兴而来，带兴而归”的关键。旅游灵魂可以丰富旅游的内涵，无论是设计旅游产品、塑造旅游场景还是策划旅游景区，灵魂的植入，都将带来极高的价值。为什么一再强调旅游一定要有灵魂？就是因为旅游灵魂不仅让游客的旅游体验更加丰富，更是带来了旅游内涵的提升。

比如桂林的旅游，因为有了张艺谋导演的《印象·刘三姐》，旅游也更加具有独特的魅力。又如青岛国际啤酒节，作为青岛市的重要节庆活动，为青岛城市旅游内涵的丰富做出了卓越贡献。现在青岛国际啤酒节已然成为专属于青岛的文化旅游产品，吸引了无数啤酒爱好者前往青岛进行独特的旅游体验。

更直观一点的，就是后文会详细介绍的安吉余村。通过对安吉余村旅游灵魂的探索，才能真正见识到灵魂之美。旅游灵魂的存在，让安吉余村在乡村旅游的基础上，具有更加丰富而独特、隐秘而伟大的旅游内涵。

很多人疑惑不解：为什么一个旅游项目有很多很好的旅游资源却不能“引爆”市场呢？为什么有些旅游资源平平无奇的项目游客却络绎不绝？其实这就是旅游灵魂的美丽之处，一个旅游项目有再多好看的风景景观，如果没有内涵，也只是徒有其表。而有内涵的旅游项目，旅游资源是锦上添花之物，旅游灵魂的存在让游客更愿意前去领略旅游项目的魅力。

2.8.4 旅游因灵魂而有故事

随着现代人们日益增长的精神需求与文化渴望，旅游不再局限于“到此一游”般的走马观花。游客希望通过旅游记得住文化、带得走思念，而旅游发展中也愈发重视旅游与文化创意相结合，让景区有美景可赏，有文化可挖，有故事可讲。让旅游有故事，是旅游灵魂之美所在。不管是前文中提到过的迪士尼，还是拈花湾，都是因为有故事才能让游客记得住文化，带得走思念。

杭州宋城旅游景区位于西湖风景区西南边，北依五云山，南濒钱塘江，是中国最大的宋文化主题公园。在众多以历史文化为主题的文旅项目中，宋城之所以风生水起，就是因为它利用好了宋文化，讲好了宋文化故事、宋城故事。

宋城是怎么讲好故事的呢？一是以《清明上河图》为指导，在建筑景观环境的打造上，注重塑造宋代的文化风韵，重现宋代都市的繁荣景象；二是借助先进的声、光、电科技手段和舞台机械，如科技含量较高的游乐设备、声光设备及立体电影、四维电影、水幕电影设备；三是大型歌舞《宋城千古情》。《宋城千古情》是杭州宋城景区的灵魂，是世界三大名秀之一，该表演以民俗表演、实景演艺结合科技手段打造穿越千年之旅，是讲好宋城故事的关键所在。

宋城借助外在的建筑、高科技设备支撑的《宋城千古情》，依托中国的宋代古文化，以大型主题歌舞秀为品牌，打造了一个集休闲游乐、主题餐饮、科技体验、实景演艺、主题住宿等功能于一体的大型景区，向游客讲好了宋城文化故事。

现如今旅游最需要做到什么？那就是会讲故事、讲好故事。旅游领域的人通常都有这样的体会：优秀的景区或旅游项目大多善于挖掘一些有民俗文化或展现当地特点的有趣故事来吸引游客。景区有了故事也就有了生命力和吸引力，自然游客也就络绎不绝。当我们现在面对游客日益提升的旅游需求、越来越高的旅游品位的现状，国内外成熟的旅游市场及人气较旺的景区景点无一不以文化底蕴作为支撑，无一不是靓丽的自然风光与深厚的文化底蕴相得益彰，无一不借助文化讲好了故事。而这些文化底蕴中，往往就埋藏着旅游灵魂。当今旅游需要的也是围绕旅游灵魂讲好旅游故事。

2.8.5 旅游因灵魂而有口碑

每一个旅游形象的改善与提升，不是仅通过宣传就能达到的，而是需要从根本之处进行转变，然后进行方方面面的改善，最终才能达到消费者口口相传，才能显著改善形象，进而不断提升旅游目的地的品牌效应。而如何从根本之处转变旅游形象呢？还是得从旅游灵魂谈起。

以安吉鲁家村为例。鲁家村原本是浙江地区的一个贫困村落，村民年收入不足两万，村庄的房屋破旧、道路泥泞不堪，村里大多数劳动力都外出创业、打工，不愿意回到村里来。2011 年，鲁家村开始了“美丽乡村”的建设之路，决定重点进行鲁家村家庭农场建设，到 2017 年，鲁家村家庭农场被纳入国家首批 15 个田园综合体项目之一，同时村集体经营性收入和农民人均收入有了大幅增长，鲁家村的旅游形象也得到了提升。

再说说一些老牌景区的形象提升。如安吉竹博园，一个远近闻名的竹乡如何提升旅游形象？新的旅游灵魂——熊猫的引入，让陷入困境的竹博园重获新生。旅游形象对于旅游目的地而言非常重要，是旅游目的地给市场、给游客带来的感知、印象、信念、观点等多方面的综合看法，影响着旅游目的地的宣传、游客的回头率、社会的关注。而要从根本上给游客留下好的旅游形象，还需要借助旅游灵魂。旅游灵魂之美，美就美在旅游形象上的提升与转变。

2.8.6 旅游因灵魂方能创新

可以说，灵魂是灵感来源，旅游有了灵魂，便有了创新的灵感。灵魂对于旅游而言，就是一次灵感的触发和碰撞，在寻觅灵魂过程中设计者的思维会更加活跃，从而会围绕灵魂形成一个又一个前所未有的创意。

古城、古镇是最容易让游客觉得千城一面、千镇一面的景区，也是策划者们最难有创新之处的景区。而有这样一个古城，却打破了这样的难局，在千城一面中做到了推陈出新。那就是桃渚军事古城。

桃渚古城位于浙江省临海市，是明代浙江省东南沿海一带为抗倭而设的 41 个卫所之一。如何不像其他古城、古镇一样千篇一律呢？最为关键的就是主题定位的创新。以前的古城、古镇的定位无外乎是古建筑、古民居等概念，如何跳出这些概念？桃渚古城是台州抗倭的前沿阵地，位于台州湾和三门湾之间，是古代从海上进入台州府城的要冲，在历史上军事地位十分重要；而且还是中国东南沿海现存最为完整的抗倭军事古城之一，因此如果将桃渚古城旅游定位为军事主题，那就非常富有创意了，也与其他古城、古镇有明显的区别。

以军事为主题，以“做一天桃渚人，过一把军事瘾”为主题定位对桃渚军事资源进行深入拓展与挖掘，再进行创造和再发挥，让游客有了真正的军事体验。现在的桃渚军事古城可以说是要特色有特色，要个性有个性，要内容有内容，以军事为灵魂，实现了古城旅游发展的创新。

2.8.7 旅游因灵魂而引爆

现在有些旅游项目有一个很大的问题，就是不能引爆市场，从项目建成伊始，就很难激起水花。旅游项目一般是不能徐徐开展的，一旦不能快速引爆市场，不能一炮打响，之后的发展就非常不利，有可能整个项目就会就此沉寂。如何才能引爆市场？这也得寄希望于旅游灵魂。

乡村旅游、农业旅游的开发，一般都以精细农业、养殖业的观光和林果的采摘为主，再加上品尝农家饭，感受淳朴的乡间民俗，参与踏水车、推碾子等有趣的传统农业劳作，给城市居民带来一种返璞归真的感觉。但这一开发模式千篇一律地推行以后，人们逐渐失去了新鲜感。所以一般农业旅游都难以形成光彩夺目的卖点，难以产生一炮打响的轰动效应。

如何改变这种现状，在乡村旅游、农业旅游市场上引起轰动呢？中国南方有一大型农场在规划农业旅游时，巧妙地解决了这一难题。

旅游项目策划者考虑到该农场拥有亚洲规模最大的乳鸽饲养场，又拥有成片的相思树林，特意策划了一个主题农业旅游项目——“百年好合游”。“百年好合游”的主打目标市场，定位于各年龄段的已婚、未婚情侣游客，以对乳鸽场的观光和在相思林中的漫游为主要内容。以爱情为主题灵魂的“百年好合游”，在农业旅游、乡村旅游市场上是前所未有的，因此，这个主题游一进入市场，便吸引了大量情侣游客前往，同时主题游内的栽种同心相思树的活动也吸引了相当数量的回头客，在一定时间实现了引爆市场的轰动效应。

2.8.8 旅游因灵魂而满足游客需求

我国经济发展已进入新常态，旅游业出现了翻天覆地的变化。在大众旅游时代，人们的消费需求也发生了转变，在旅游目的地的选择上更加在意新鲜与稀奇，在观光旅游的选择上更加讲究主题与深度，在旅游项目的选择上更加追求个性化与沉浸式。如何满足游客不断变化的旅游需求，是中国旅游面临的又一难题。

台湾宜兰童玩节是值得借鉴的案例之一。2001 年，台湾宜兰童玩节于 7 月的第一个周末隆重举办，童玩艺术节取得了巨大成功，游客多达 80 万人次。2002 年，童玩节仍以演出展览、游戏、亲水为主轴，为宜兰再掀一股童玩的热潮。

为什么宜兰童玩节可以让游客如此热衷呢？究其原因，首先是主题选择的成功。童玩不但包括儿童所玩的玩具，而且也指成年人对儿时的美好回忆、重新回到儿时的梦想，对儿童和成年人都具有极大的吸引力。此外，在项目设计上，它满足了全家出行的需要，从舞蹈、音乐、民俗、技艺等演出，到有声童玩馆等创意空间的开辟，再到立体迷宫、安徒生插画原作等多姿多彩的项目，满足不同游客的心理需求。而且具体到每个旅游项目，在童玩的大主题下又有各自不同的特色，并且这些项目每年都在更新，游客每年都能找到新意，全家每个人都能在宜兰童玩节找到适合自己的旅游项目。

虽然中国旅游的发展困难重重，也有着各种各样复杂交织的理由和原因，但反过来，那些一炮而红的旅游项目之所以成功，则都有一个共同点——那就是它们找到了旅游的灵魂。所以，这就是为什么旅游需要灵魂的根本原因。有了灵魂，旅游才具有生命；有了灵魂，旅游的内涵才更加丰富；有了灵魂，旅游才有了创新的灵感和动力；有了灵魂，旅游才能更加吸引游客、更加满足游客的新需求。

2.9 旅游从没有像今天这样，如此需要灵魂的意义和实在

为什么许多地区的旅游重视了文化却依旧走向落寞？为什么许多文

化内涵深厚、底蕴丰富的旅游景点始终曲高和寡、门可罗雀？为什么一些地方建宗祠、造古庙、修故居，旅游依然难见起色？

2.9.1 千万不要再拿着昨天的地图去寻找明天的太阳

当下，旅游处在新旧交叠的转型敏感期，无论传统旅游还是现代旅游，所面临的内外部环境都更加复杂。文化也好，旅游也好，发展逻辑变了，传统方式方法“玩”不下去了，新“玩”法正在萌芽和酝酿。

就像足球一样，上下半场的打法肯定是不一样的，无论你是哪支球队，都必须调整打法，才能适应新的比赛节奏。

千万别再拿着旧地图去寻找新太阳！

四十多年来，我国对文化旅游产业的发展高度重视，通过加大政策和投资力度，持续不断推进文化旅游品牌建设，强化旅游的文化导入，旅游文化内涵不断丰富，文化旅游产品日益增多。

但是，在巨大市场和广阔前景的背后的确还存在着很多突出问题。首先，旅游方式过于单一；其次，游客缺少参与感；最后，文化因商业化而逐渐变味，越来越多的商业气息开始融入古镇、古城。

这些当然属于文化上的问题，但显然已经不再是有没有文化、重视不重视文化的问题，而是如何让旅游中的文化有厚度、有温度的问题，如何让这些旅游中的文化成为真正旅游灵魂的问题。

2.9.2 旅游从没有像今天这样，如此需要灵魂的意义

旅游“没文化是万万不能的”，但“文化不是万能的”。旅游不能没有文化，但这并不表示，旅游只要有了文化自然就有了灵魂，就有了一切。

旅游因为文化，方能展现活力，绽放光彩。申遗热、古镇热、名人热、寺庙热等便是当今中国旅游产业发展高度重视文化的最好体现。然而，问题在于，许多地区的旅游并没有因为有了文化就魅力无穷、特色独具，简单地以为建几座庙、修几座祠，就有了灵魂，那是对“文化是旅游的灵魂”的误解甚至是曲解。

没有文化的旅游一定是苍白的旅游。但仅仅停留于这样的认识层面，显然远远不够。要知道，旅游要的是灵魂。中国传统养生理念认

为，人体健康需要三个要素，自古以来被称为人身“三宝”：精、气、神。所以，甚至可以这样认为，旅游要的不是文化而是灵魂，也即文化的精、气、神。

2.9.3 旅游从没有像今天这样，如此需要灵魂的实在

文化通常表现为历史故事、地域特色、民族风情、科学价值、神话传说或是一种群体认同感。例如：玉皇顶的泰山封禅的历史故事；西北独特气候条件形成火焰山的地域特色；傣族泼水节的民族风情；武夷山科研考察的科学价值；神农架浪漫的神话传说。但这些文化能不能“活”起来，关键在于人们对这些文化有没有产生群体认同感。群体认同感是指以某种爱好或职业为核心形成的集体认同。比如草莓音乐节在南京举办，爱好音乐并且志同道合的一群人聚在一起，就把他们自身的音乐特色和文化赋予南京，使南京在某个时段具有了“草莓”的文化特色。那么，这个特定时段的南京就有了“草莓”的文化吸引力。漫展、嘻哈之类的活动都是如此，这些群体的集聚之处就是文化所在之处，举办的地点可能会变，但文化的吸引力却是不变的。爱喝茶的圈子有茶文化，爱喝酒的圈子有酒文化。

再以历史文化名人为例。名人有古今之分，能在历史留名的古人都是经过岁月洗礼，对社会产生深远影响的人，而活着的名人在当代的影响力和文化号召力可能非常大，但是这种名气并不稳定。

旅游地对古代名人的开发大致可分为作品型开发和生平型开发。作品型开发的典型案例有河南开封的清明上河园，以张择端笔下的《清明上河图》为原型进行建造开发。而生平型开发则主要是一些名人故里，以及名人人生历程中途经的地点，如依托杨贵妃墓、黄山宫建设而成的马嵬驿。事实上大多数历史事件都可以归结出古代名人，旅游地文化中的历史故事和名人效应是无法割裂开来的。但是，古人年代久远，有些事无法考证，于是就会有重复开发的现象出现，比如河南南阳的诸葛庐和湖北襄阳的诸葛庐之争。

2018 年春，摔碗酒红极一时，大大增加了西安作为旅游目的地的文化吸引力。巨大的视频转发量背后是什么呢？是人们的从众心理——潮流和跟风。火爆的关键是摔碗文化背后折射的情怀——好汉豪情。但

这种视频如果不能持续创新，营造出一些江湖故事或者上升到一个文化高度，那它就不能形成一种持续的文化吸引力，它的热度就会随时间而减弱。

这不禁让我思考，旅游文化提供给旅游者的究竟是什么呢？旅游者到底需要什么？显然，人们在观光游览之余，满足文化追求之外，还有很重要的一点是追求灵魂的实在："情怀"。

人们迫切希望能够找到并拥有一个实实在在、看得见、摸得着、叫得响的旅游灵魂，来引爆市场，来扭转乾坤，来走出困境。一如"好客山东"，有如一声惊雷，一道闪电。一如宋城的"千古情"，让人激情澎湃，让人久久难以忘怀。

第二章

到底什么是旅游的灵魂

——文化是旅游的灵魂吗？如果不是，旅游的灵魂究竟是怎样的一种存在？

文化像一股难以抗拒的洪流，汹涌奔腾地将智慧、符号、价值扩散到旅游的每一个角落。很难说是旅游滋生了这些特有的现代文化符号，还是这些文化符号改写了旅游的发展进程。但有一点可以肯定，即便在一个完全陌生的环境中，“灵魂”这两个字，也一定会让你在瞬间找到一份亲切和熟悉，感受到一种神秘和恐惧、惊讶和惊奇，甚至目瞪口呆。

很多人振振有词、理直气壮地说：“文化是旅游的灵魂!”但是，“文化是旅游的灵魂”是理性真理而非事实真理，象征意义大于实际意义，无非旨在强调和表明文化在旅游中的重要性，希望借此呼吁人们在旅游中重视文化。

然而，谁都知道，文化是文化，旅游是旅游，灵魂是灵魂。文化、旅游、灵魂尽管复杂关联，却永远是三个各自独立存在的概念。

究竟什么是旅游的灵魂？这个问题必须厘清，否则，为旅游设计灵魂就失去了方向、价值和意义。

经过二十多年的实践探索和理论反思，旅游灵魂的概念逐渐清晰，旅游灵魂的理论日趋成熟：

旅游的灵魂，虽然离不开文化，但不是文化本身，而是整个文化中氤氲的一种美好意味，是旅游内在散发出来的深邃意蕴。它源于文化，但高于文化，大于文化。

旅游的灵魂，是“道可道，非常道”，是“道生一，一生二，二生三，三生万物”的“道”。

旅游的灵魂，是旅游的一种客观存在。旅游的灵魂是旅游的“超级物种”，是集旅游的“超级文化”“超级创意”“超级符号”“超级IP”于一身的“超级物种”。

绝对震撼！颠覆传统！

3.1 “文化是旅游的灵魂”本身的寓意

“文化是旅游的灵魂”所生发的思想早已深入人心，所产生的影响，激荡久远。

3.1.1 “文化是旅游的灵魂”的生成

1990年，北京旅游学会先后组织了两次关于旅游和文化的专题讨论，并且在《旅游学刊》上发表了专题讨论的会议纪要，首次提出：文化是旅游的基础，是旅游的灵魂，是旅游的内容，旅游是传播、宣传文化的载体和媒介。从此以后，“文化是旅游的灵魂”这一说法开始不断被提及并且广泛传播。

2009年8月31日，文化部、国家旅游局联合发布《关于促进文化与旅游结合发展的指导意见》，认为文化是旅游的灵魂，旅游是文化的重要载体，加强文化和旅游深度结合，有助于提升旅游的品位和档次，实现旅游和文化的共同繁荣和发展。

3.1.2 “文化是旅游的灵魂”的意思

“文化是旅游的灵魂”到底是什么意思？

“文化是旅游的灵魂”，主旨恢宏，立意高远，思想隽永，其中心思想和理论主旨只有一个：文化非常重要。

“文化是旅游的灵魂”有以下几点含义。

（1）文化在旅游中拥有重要的地位

旅游本质上是一种文化活动，是现代人们的生活方式之一，真正意义上的旅游本身就带有文化方面的内容和色彩。在全球经济一体化背景下，随着信息技术的飞速发展，社会文化呈现出复杂性、多样性、可变性和持续性的特点，并深刻地影响着旅游者的基本信仰、价值观念和生活准则，与之相适应，旅游也呈现出动态变化，文化在旅游中具有举足轻重的地位。

（2）文化在旅游中拥有重要的意义

著名经济学家于光远早在20世纪80年代就曾经提出，旅游是经济性很强的文化产业，又是文化性很强的经济产业。许多学者都把文化视作旅游的推动器，认为旅游是以一个国家、一个地区、一个民族独特的文化招揽游客获取效益的文化经济。现代旅游产业的发展，奠定在经济和文化紧密结合的基础之上。虽然文化本身不是商品，不是旅游，但它却是制造旅游这一商品的基础素材和原料，是旅游的附加值。

刘云山同志在2010年博鳌国际旅游论坛上作了《文化是旅游的灵魂》的主旨演讲。在演讲中他提到了文化在旅游中的四个重要意义：文化需求是旅游的根本动因；文化资源是旅游的核心资源；文化环境是旅游的基础条件；文化交流是旅游的重要功能。[①] 这可以看作是文化在旅游中的重要地位和重要意义的集中表达。

（3）文化与旅游有着非同一般的关系

旅游几乎和所有的产业、学科都有关联，但和文化的关系最为独特。“文化是旅游的灵魂”，意味着文化与旅游不仅“关联”，而且部分“重合”。两者相互依存，共生繁荣。你中有我，我中有你。

旅游是人类文明进步与发展的产物。从表面来看，旅游是一种经济现象，旅游活动的广泛出现是经济发展驱使的结果，没有一定的经济收入作为基础，没有一定的闲暇时间作为保障，旅游就无从谈起。但是，旅游毕竟是人的一种主观的能动活动。一个人能否进行旅游活动，不但需要外在客观条件，而且需要内在的主观动因，即直接推动一个人进行旅游活动的动机或动因。而旅游的动机或动因，从旅游者的角度来讲，它是一种旨在增强和维持社会凝聚力以及提高生活质量的手段。

3.2　旅游的灵魂与文化复杂关联

3.2.1　文化是旅游的灵魂绕不过去的一个弯

有一点可以肯定，旅游的灵魂多少和文化有关，文化是旅游的灵魂绕不过去的一个弯。

① 刘云山．文化是旅游的灵魂——在2010博鳌国际旅游论坛上的主旨演讲［J］．今日海南，2010（4）：6－8.

3.2.1.1 文化是旅游灵魂一个绕不过去的存在

尽管旅游不同程度地出现文化认识迷离的混乱现象，工具主义、非理性主义虽然没有形成相应的理论思潮，但在现实生活中却常常作为新的价值取向而被人们自觉或不自觉地追随，导致实际旅游中出现了众多乱象。另外，旅游魅力不断弱化，曲高和寡问题愈益突出，旅游并没有因为文化而焕发魅力，相反，却因文化的简单移植、复制备受指责。

但这不是文化自身的问题。无论怎样，文化是旅游灵魂一个绕不过去的存在。

以古镇为例，古镇旅游面临的最突出的问题便是文化问题：处于不同地理位置的古镇却有着一样的风格与布局，售卖着一样的商品，挂着一样的招牌。除了“古”字便再无半分自己的特点，即使是同一个古镇内部也无法寻得不同建筑物间的差异。

古镇里的商家数量极为庞大，一家挨着一家，所谓的古镇老街早已成为主打纪念品的商业步行街，这样的现状迫使游客的游览活动完全被消费活动替代。且商业活动十分无序，商品质量也堪忧。古镇原有的古朴、静谧因为文化的缺失荡然无存。

3.2.1.2 灵魂与文化复杂关联

灵魂与文化互为依存，复杂关联。一方面，文化造就了旅游灵魂。文化渗透性强，具有很强的外溢效应，在转变旅游经济增长方式，实现旅游结构优化和产业转型，特别是在焕发旅游无穷魅力方面发挥出日益巨大的作用。另一方面，旅游灵魂对旅游文化提出了更高的标准和要求。

旅游灵魂与文化互为依存，互为前提，相互发展的思维脉络非常清晰。

进入 20 世纪 90 年代，中国的经济社会环境开始发生变化。与轰轰烈烈、热火朝天的经济发展热情和浪潮相呼应，中国旅游迎来了史无前例的井喷行情。一方面，由于旅游和文化都是对一个地区地域特色文化资源的开发和利用，结合旅游的文化发展需要，文化在旅游中的地位和重要性越来越突出。越来越多的人开始意识到，一个国家的旅游业如果缺少了自己本民族的文化底蕴，便失去了特色，失去了强大的吸引力。另一方面，在文化旅游备受青睐、生机勃勃的同时，一些历史渊源深厚隽永的文化旅游却频频遭到曲高和寡的冷遇命运，旅游灵魂缺失现象十分突出。

由于发展思路迷失，因而继承性、连续性和创意性缺失，导致旅游灵魂与文化区隔化、模式化、表面化、雷同化、概念化，简单地拿文化等同于灵魂，一阵喧嚣和热闹之后，旅游的文化内涵依然显得空洞、缺失。

3.2.1.3 文化是旅游灵魂流淌的基因

把旅游作为载体，把文化作为灵魂，是当前旅游业的根本方向。的确，从一定意义上说，没有文化的旅游是没有生命力的旅游，抓住了文化就抓住了旅游的核心，文化越来越引起人们的关注和重视。然而，不同地域和类型的文化因形成原因的不同，表现出独具特色甚至迥然有别的差异，并且在影响现代旅游业进程中有着强弱不同的差异，只有从根本上弄清楚这些文化的旅游功能和特征，才能进行卓有成效的旅游文化的挖掘和利用。

文化到底是旅游的什么？究竟有多重要？在我看来，文化是旅游灵魂流淌的基因，是一个国家、一个城市或一个景区、一个旅游项目区别于另一个国家、另一个城市或另一个景区、另一个旅游项目的旅游灵魂的文化因子，对旅游灵魂的形成具有关键性的作用，反过来，它也是识别这种旅游灵魂的关键性因子。

(1) 文化是旅游灵魂的基石

中国历史悠久，文化多元，在长期的岁月积淀中，即便是自然旅游资源也不仅仅是“自然”那么简单，大多都经历了人文的洗礼。因此可以毫不夸张地说，是文化将旅游“点石成金”。文化是造就旅游灵魂的基石。

旅游灵魂是一个抽象的概念，复杂的体系。在造就旅游灵魂的各种依存中，文化资源无疑是其中的核心资源，是旅游灵魂的基石。

(2) 文化可以让灵魂找回精神和自信

就实质和内在主体影响而言，文化是旅游灵魂流淌的基因，是旅游灵魂背后潜在的主要线索。

作为灵魂基础存在的文化，多特指历史、宗教、建筑、人物，它们在实际旅游开发中，发挥的是基础性的作用，而不是主导性的作用，作为灵魂基因出现的文化，多特指文化背后深层次的内涵。文化可以让灵魂找回精神和自信，可以让灵魂在纷繁复杂的世界里，拨云见日，看清本质，找到逻辑。

试以美国迪士尼为例进行说明。迪士尼绚丽多彩的文化吸引了世界各地的人们，其中有《格林童话》中的白雪公主等人物形象，有米老鼠、唐老鸭以及众多知名卡通形象的动画产品，以这些作为支撑，迪士尼乐园迅速发展起来。

无独有偶，美国每年向全世界输出的大量高质量影视作品使好莱坞这一影视文化在全球范围内有着深远的影响。人们对于好莱坞影片的拍摄场地、拍摄过程和明星们有着浓厚的兴趣。影视文化衍生出吸引人的旅游景区，如星光大道、比弗利山庄等好莱坞经典的景点。假想一下，如果没有文化在背后赋予好莱坞之旅内涵，没有美国精神作为旅游文化的基因，空洞的别墅建筑群、空洞的“手印大道”等的现状可想而知，它们将没有特色，乏味而又雷同。

（3）没有文化，一定没有旅游的灵魂

旅游的灵魂不能从文化中剥离出来，没有文化，旅游的灵魂就失去了本真的意义。旅游灵魂的生命力植根于全体性的文化之中，没有文化，一定没有旅游的灵魂。

3.2.2 文化并不为旅游带来灵魂的直接关联

3.2.2.1 没有文化是万万不能的，但文化不是万能的

很多人都说社会浮躁，物欲横流，但又无法割舍车水马龙的繁华。我们埋怨着旅游发展引出的文化问题，我们又追逐着旅游发展带来的财富。

这不由让我想起社会上非常流行的一句话：“没钱是万万不能的，但钱不是万能的”。套用这句话，那便是：旅游的灵魂，没文化是万万不能的，但文化不是万能的。没有文化，旅游一定没有灵魂。但有了文

化，旅游并不一定就有了灵魂。

许多人误认为，既然文化是旅游的灵魂，那么，只要有了文化，旅游就自然而然有了灵魂。这种简单的推断是不恰当的。2010 年，我应邀赴河南省焦作市某景区进行旅游策划咨询。在一次座谈会上，该景区管理委员会主任慷慨激昂，痛陈景区没有文化，没有灵魂。提出要充分发挥景区的文化潜力，重点打造 30 个包括名人故里、农耕博物馆、禅修小镇等在内的文化旅游精品项目。对于这样的雄心壮志，台下一片缄默。该景区文化资源不丰富、优势不突出，导致已经建成的十多个文化旅游项目，个个门可罗雀。该景区管理委员会主任显然错误地以为，旅游只要有了文化，自然也就有了灵魂。

3.2.2.2　千万别以为，旅游只要有了文化，自然就有了灵魂

灵魂不能从文化中抽离出来，如果没有文化，灵魂就失去了本真的意义，没有文化一定没有灵魂，这是文化和灵魂复杂关联的第一种关联，大家都已熟稔于心。第二种关联则还没引起足够的关注和重视。而这或许正是时下许多地方的旅游“有文化，没灵魂”问题的症结所在。文化并不必然造就灵魂，千万别以为，旅游只要有了文化，自然也就有了灵魂。

安吉竹博园作为世界上规模最大的竹种园，不仅文化底蕴深厚，有“孟宗哭竹出冬笋”“郭巨埋儿天赐金”这样独具安吉地方特色的旅游文化，而且文化旅游项目众多，拥有中国竹子博物馆、驿站广场、竹筒广场、竹贤阁、见竹思廉、竹匾等众多文化旅游精品项目。竹博园有了文化，但并不意味着这些文化能为竹博园旅游的灵魂带来直接关联。竹博园的文化有了，但灵魂没有。

后来，通过引进大熊猫，建设熊猫乐园以后，安吉竹博园旅游因为有了灵魂而被重新激活。安吉竹博园的旅游灵魂，不是通常人们所理解和认知的那些竹文化、邮驿文化、民俗文化、名人文化，而是大熊猫文化。熊猫爱吃竹子，熊猫和竹子在游客的脑海中本就是一体的，熊猫也有文化，也是文化，而且是拥有灵魂禀赋的文化，唯有熊猫文化才能担当竹博园旅游灵魂的重任。

3.2.3 旅游、文化与灵魂各自独立存在

就科学而言，文化是文化，旅游是旅游，灵魂是灵魂，这是三个各自独立存在的概念。文化在旅游中不论有多么重要，多么伟大，多么深邃，都不可能替代旅游，也不可能成为旅游，更不可能直接成为旅游的灵魂。旅游也是这样，它需要文化，需要灵魂，但旅游毕竟是旅游，它有自己必须遵循的固有的规律和发展逻辑。

虽然旅游的灵魂更多地与文化关联，但并不存在必然的逻辑关系。

旅游的灵魂，源于文化，但高于文化，大于文化。

旅游的灵魂离不开文化这一母体，有了文化的内涵和底蕴，旅游的灵魂就会平添无限魅力。唐代刘禹锡在《陋室铭》中道："山不在高，有仙则名；水不在深，有龙则灵"，指的就是文化对灵魂的辉映和升华，文化赋予了灵魂生机和灵气。

所以，文化是旅游灵魂的母体，它孕育旅游的灵魂，但却不能说文化就是旅游的灵魂。

3.3 旅游的灵魂是真实存在的

3.3.1 旅游的灵魂是一种诗化了的文化语言

3.3.1.1 旅游的"灵魂"目前没有相对成熟的研究领域

在尽人皆知"文化是旅游的灵魂"这样一个时代，人们都高度重视文化，都在研究文化，却鲜见有人研究旅游的灵魂。在当下，对于被裹挟于文化中的旅游的灵魂而言，因文化的无处不在成为每一个旅游人内在的心声和孜孜的追求，旅游的灵魂正以其前所未有的方式与文化纠结在一起，纠缠在一起，甚至被文化所淹没。

由于我们缺乏对旅游的灵魂的研究，虽然我们都在说"文化是旅游的灵魂"，但实际上我们关注和研究的是文化，研究的是旅游和文化的关系，而不是灵魂。从而无法构成一个相对独立并且成熟的旅游的灵魂的研究领域。总的来说，关于旅游的灵魂的命题还没提上议事日程，缺

乏研究对象的一致性。

3.3.1.2　旅游的灵魂只能“语言而说”

旅游的灵魂到底是怎样的一个概念，具有怎样的含义，表达什么样的意思？如果我们一味把旅游的灵魂作为一个概念，并且作为一个与通常意义上的“灵魂”一样的概念进行学术层面的求解，我相信不但一时没解，甚至永远没解，而且也没有多少的实际意义。旅游的灵魂，实质指的是反映旅游本真的一种“诗化了的文化语言”。分析和阐述这种认识，比纯粹的概念研究显然更具现实性和指导性。

旅游的灵魂，实质是一种“诗化了的文化语言”，怎么理解？第一，它是一种语言，只能“合于语言而说”，所以，更契合于一种隐喻和象征。第二，它是一种表达。第三，确切地说，它是一种诗化了的语言，是一种被赋予了更多精神性和思想性的语言。

3.3.2　旅游的灵魂是真实存在的

3.3.2.1　旅游的“灵魂”的的确确“就是一棵树”

一提起灵魂，大家普遍感觉这是一种“虚无”，看不见，摸不着，闻不到，听不到。首先想到是其“玄”，只可意会，不可言传，这也就导致了人们对旅游的灵魂产生了误解。要么错误地认为，既然大家都在说“文化是旅游的灵魂”，那么，旅游的灵魂理所当然就是文化；要么由此及彼，既然“灵魂”有点虚、有点无、有点玄，那么旅游的灵魂自然也是一种主观意识，自然也虚、也无、也玄。这也许是旅游的灵魂迄今没有引起学术界、理论界和旅游界足够重视和高度关注的一个深层次的原因。

旅游的灵魂是客观存在的，不是虚无缥缈、混混沌沌、说不清道不明的一种意识，而是真真切切、实实在在能让人感知到的一个物种、一个东西、一种力量。

为了更好地理解旅游的灵魂是一种客观存在，还得从什么是客观存在和主观意识谈起。

客观存在与主观意识涉及唯物主义的世界观和方法论。唯物主义认为，世界的本质是物质，物质决定意识。比如你面前有一棵树，你认识到这的的确确就是一棵树，为什么你会认为这就是一棵树呢？因为它本来就是一棵树，它是客观存在的，所以决定了你的意识里“这的的确确就是一棵树”。

客观存在就是一切为客观验证并根据客观规律推知存在的事物和现象及其发生的规律、机制原理等，是不为人的意志改变或者否定的。就像在旅游过程中看到的山山水水，当你回家后或者闭上眼睛后又看不到了，但这些山水是存在的，并没有消失。

意识的产生是物质世界长期发展的产物，意识在本质上是客观世界的主观映象。主观意识是个人的意志、个人的想法，是对客观存在的一种反应，可能是真实的反应，也可能是不真实的反应，并带有差异性。就比如说，在旅游过程中，我们看到了山水，在脑海中、在心里认识到这就是这个旅游地的山水。只是对于不同的游客而言，有人认为这山水真好看、真壮观、真震撼，有人却认为这山水一般、不好看。无论如何，山水都是客观存在的，都是被意识到的对象。

3.3.2.2　旅游的灵魂是一种能够让游客感知到的东西

旅游的灵魂是客观实在的，是游客们能认识到、能形成主观意识的对象，是旅游目的地的城市、部门、单位、企业实实在在的一个项目或一个抓手，不然就是空的，谈论要为旅游设计灵魂还有什么意义呢？

首先，作为旅游的灵魂的灵感来源是客观存在的。众所周知，迪士尼乐园的旅游的灵魂是那只可爱的米老鼠，不管是园内的建筑、标识、情景剧还是纪念品，米老鼠都是客观存在的东西，能够让游客实实在在感受到的东西。那米老鼠这一旅游灵魂是如何被发现的呢？一个年仅21岁的画家，为了理想，怀揣着仅有的40美元，从家乡来到堪萨斯城谋生。经历了多次的失败后，只能借用一家废弃的车库作为画室和居所，每天夜里都会听到老鼠“吱吱吱”的叫声和在地板上跳跃的声音，看到幽暗的灯光下老鼠亮晶晶的小眼睛在闪动，做着各种各样的动作。不久，他离开了堪萨斯城，去好莱坞制作一部卡通片。但是，很遗憾他设计的卡通形象依旧被否决，再次品尝到失败的滋味。然而，在要放弃的时候，他突然想起了车库里的老鼠，于是一个受大家欢迎的动物卡通形象——米老鼠就这样诞生了。所以，不仅迪士尼乐园的旅游的灵魂是客观存在的，米老鼠最初的灵感来源——老鼠也是客观存在的。

其次，以某种主题为旅游的灵魂也是客观存在的。以桃渚古城的“军事异境”为例，在最基本的景观系统营造中，“军事异境”就是千户衙署、大校场、东西正街等核心景观，就是桃渚战役纪念碑等标志景观，就是烽火台、护城河、点将台等实实在在的直接景观。在总体布局中，也将“军事异境”落实，采用建筑物相对集中的带状结构模式，从视觉、听觉、嗅觉三方面将军事战地概念细分化，烘托出一个“军事异境”。再如，世界财富公园以商业文化为内涵，其旅游的灵魂是“儒”，突出的是宁波商人的儒商特质。园内的万国商战博物馆、世界500强园区、100大富豪区、国际广告公园、国际品牌馆、中国100强、企业风云人物馆、财富训练营、东方财神等组成部分，无一不是作为儒商的一种客观存在的化身。世界财富公园所展示的实物、图片、雕塑、复制品、体验厅等，都成为游客认识儒商文化的客观对象。

最后，以某种文化为旅游的灵魂也是客观存在的。以井冈山为例，景区围绕红色文化，设有全国青少年井冈山革命传统教育基地，对青少年进行革命传统教育。《井冈山》是中国最大的红色实景剧，实景战争场面效果逼真，演出人员来自井冈山当地农民，祖辈多为红军，红色文化作为一种客观存在被游客所认识。再如，福建的三坊七巷是福州老城区经历了拆迁建设之后仅存下来的一部分，是福州的历史之源、文化之根，以闽都宅院文化为中心吸引无数游客。三坊七巷对以沈葆桢故居、林觉民故居、严复故居等典型建筑为代表的原有街区建筑择优进行保护开发，极大程度上保留了闽地宅院特有的建筑风格，文创商店及服务点也融入其中，打造和谐古街环境，辅以文化科普教育等功能。在这里闽都宅院文化不是虚的，不是空的，而是实实在在的。

由此可见，旅游的灵魂一定是客观实在的。游客游览一个景区，体验一个旅游项目，购买一次旅游产品，都是在对旅游的灵魂这个客观存在的对象进行反映。如果旅游的灵魂不是客观实在的，一方面，旅游灵魂就飘无居所，难以落实；另一方面，游客也无法对旅游灵魂形成反应，更重要的是，为旅游设计灵魂，设计什么呢？为旅游设计灵魂，还有什么意义呢？

3.4 旅游灵魂设计关键是要将不可捉摸的旅游灵魂可视化，诉诸五感

3.4.1 什么是可视化？什么是五感？

可视化，通俗一点来讲，就是利用各种科学技术、媒介工具等，将原本难以展示的东西，转换成可以直接用眼睛看到的形式。

五感就是形、声、味、闻、触，也就是人的五种感觉器官眼、耳、口、鼻、手形成的视觉、听觉、味觉、嗅觉、触觉。人通过五种感觉器官形成五感，进而在脑海中形成对客观世界中各种客观存在的看法、认识、意识。

3.4.2 水乡古镇——乌镇将旅游灵魂诉诸五感

为旅游设计灵魂，就是要将不可捉摸的灵魂可视化，诉诸五感，让看似神秘的旅游灵魂看得见、摸得着、听得出、闻得到，甚至尝得来。

乌镇位于浙江省嘉兴市桐乡，京杭大运河依镇而过，是典型的中国江南水乡古镇。虽历经2000多年沧桑，乌镇仍完整地保存着原有的水乡古镇的风貌和格局，梁、柱、门、窗上的木雕和石雕工艺精湛，拥有百余座古桥，出行用乌篷船摆渡。古镇的环境风貌与悠然的生活方式共同构成了独特的水乡文化，通过举办世界互联网大会、乌镇戏剧节、国际当代艺术展，建造茅盾纪念馆、木心美术馆等活动，营造强烈的文化艺术氛围，吸引来自世界艺术团体的目光。通过腾讯众创空间、中电海康“乌镇街”、凤岐茶社、平安创客小镇、亚太周刊轻媒体中心、有方创新创业中心等众创空间，成立“乌镇管家”信息员队伍，建立了一整套“乌镇管家”社会治安治理模式。乌镇在古镇观光休闲的基础上，建设风格各异的酒店客栈，打造了集商业会展、文化体验、艺术推广、休闲旅居、餐饮度假为一体的慢生活旅游目的地。游客完全可以通过五感，看得见、摸得着，从身心深处感受到乌镇的水乡文化的旅游灵魂。

3.4.3 旅游演艺成为旅游灵魂可视化的一道独特风景

近年来，为了更好地将旅游灵魂可视化，旅游演艺风生水起，以灵

山秀水为背景烘托、以历史文化为串联脚本，用美轮美奂、如诗如梦的舞台演艺，让观众物我两忘、不知“今夕是何年”，成为展示旅游灵魂魅力的亮丽名片。如《印象·刘三姐》《宋城千古情》等，就注重景观环境的原味打造，利用先进的声、光、电科技手段和舞台机械，强化游客观赏的五感，将旅游灵魂原汁原味地呈现在游客眼前，让游客全方位、深层次地与旅游灵魂进行亲密接触。

敦煌莫高窟景区也做得很好，不仅有关于莫高窟历史的视频讲解，用科技手段还原展示的洞窟壁画欣赏，绘声绘色的洞窟参观导览，还有以壁画、建筑为造型的雪糕等小吃，算得上是让游客进行了五感通觉，让游客一举一动、一言一行都有莫高窟的影子，都能领略到莫高窟的旅游灵魂之美。

3.4.4 旅游灵魂的可视化和诉诸五感，要做到全方位、多层次

但是，我们也不得不正视这样一个问题，尽管大家都知道旅游的灵魂可视化的重要性和必要性，但在五感方面做得还远远不够，绝大多数仅仅通过视觉和触觉，还不能做到全方位、多层次。更有甚者，有些景区仅仅是在旅游景观上做了简单的可视化，导致游客只能简单领略个大概，不能从心底认同旅游灵魂的美丽。

比如很多以历史文化为底蕴、以遗址古迹为支撑的景区，如嘉峪关、玉门关等，明明文化底蕴非常深厚，却只是展示了简单的断壁残垣，用三言两语介绍了此景的历史渊源和文化背景。这样一来，在视觉上整个景区显得不伦不类，既没有复原性展示带来的完整，又没有通过声光电技术带来的震撼，让游客觉得意犹未尽，心里空落落的，很难说将旅游灵魂进行了“可视化”，游客无法通过“五感”形成对旅游灵魂的认知，形成自己关于这个景区旅游灵魂的独特意象。深为这种有旅游灵魂却不能可视化、不能诉诸五感的旅游景区、旅游项目感到遗憾。

旅游的灵魂不是不可捉摸、深不可测的，有时候它就是一个简简单单、未经雕饰的客观存在。但是，难就难在如何将旅游的灵魂在策划中表现出来，如何将其进行可视化、物质化的表达，如何让游客在旅游景区的游览过程中，通过形、声、闻、味、触，在心里形成对旅游灵魂的认识和认同。一个不能让游客认识、认同到旅游灵魂的景区，毫无疑

问，就是一个失败至极、在市场上只能被淘汰的景区。

3.5 旅游灵魂的四个原理

旅游灵魂的基本原理具体有四个，下面一一为你道破。

3.5.1 “道”：旅游的灵魂就是哲学上“道可道，非常道”的“道”

凡事都讲究原理。关于旅游灵魂的原理，一个字：“道”。旅游灵魂的原理就是中国哲学讲的“道”理。

（1）“道可道，非常道”

道是什么？在道家看来，道是万事万物的运行轨道，也是事物变化运动的情况。道是推动宇宙运行最根本的规律，是“天”的意识，不受时空的限制。道又是独一无二的，本身就包含阴阳二气，阴阳二气相交而形成一种适匀的状态，万物在这种状态中产生，万物背阴而向阳，并且在阴阳二气的互相激荡下形成新的和谐体。

“道可道，非常道”。要有道必然要有产生道的根源，万物之道即为常道之“道”，产生宇宙一切道的根源即为“非常道”。道若是可以用语言表达讨论，那就不是永恒而常在的道；道可以借以言说，却又不是人间常论的道；道可以言说，但这个道，不是恒常不变的道。

（2）“道生万物”

“道生一，一生二，二生三，三生万物”。道就是一种很玄的东西，一般人参不透摸不清，道，非道，亦非非道。道只是古人为了方便而使用的一个名称，简而言之，道只是一个名称，只是一个字，而不是道的本质，道的本质是天地自然之理。

（3）“大道无名”

因此，我们只需牢记一点便足够了，那就是：道就是统领全局和万物的所在，是宇宙最根本的所在，它无时无处不在，却又无时无刻不在变化。正所谓“大道无形，生育天地；大道无情，运行日月；大道无名，长养万物；吾不知其名，强名曰道”。

（4）旅游的灵魂犹如“道”

旅游的灵魂犹如哲学上这个统领全局、统率万物的“道”。旅游的灵魂是独一无二的，当我们在思考旅游的灵魂时，它就在一个巨巢中生生不息，于是万物衍生；当游客去感受它的存在时，天人合，万物静，旅游灵魂的纯正之美得以领略。

对于一个旅游景区、一个旅游项目而言，旅游的灵魂就是根本所在，统领全局，决定了景区和项目的生死存亡，决定着其发展方向、运行轨迹，决定着其内容和品质。

2003 年 8 月 12 日至 16 日，在绵延 5 公里的舟山市普陀区沈家门渔港举办了中国首届沈家门渔港民间民俗大会。举办期间，浩浩荡荡的船队驶进渔港，喜庆的鼓乐响彻天空，50 多万名游客和市民倾城而出，掀起狂欢浪潮。为什么沈家门渔港民间民俗大会大获全胜？因为它有“道”。

沈家门渔港民间民俗大会以“海洋文化、东方渔港、海鲜美食”为主题，融旅游、文化、经贸、体育等各项活动为一体，展示了海洋文明和海洋世纪人类的精神风貌。围绕这个“道”，大会安排了四类活动：

一是大型文化活动。像“乐满渔港”海上沿港大巡游等，组织相关民间民俗团队乘船过渔港，上岸进行踩街巡游；组织各类彩灯进行表演；组织游客自发参加各种舞会，让游客沉浸在盛会当中。

二是举办海鲜美食文化周，既有海鲜排档一条街，各类美食任君品，多种厨艺任你赏，让游客过一把厨师瘾，好吃又好玩；又有风味小吃一条街，十大本地小吃和外地风味小吃轮番上阵。此外，还有厨艺大比拼、喝啤酒大赛……给游客带来味觉上的盛宴。

三是旅游工艺一条街。渔民画家在现场表演普陀渔民画绘制；沙雕手现场表演制作沙雕工艺品；邀请嵊州泥人制作艺人、海宁糖人制作艺人、面人制作艺人现场表演、制作。

四是进行文艺演出。有“渔都风情”大型广场文艺晚会、“万紫千红”社区广场文艺演出、大排档歌手演艺大奖赛、“群星荟萃”普陀区文艺精选节目演出、“沸腾渔港”孔祥东领奏百架钢琴演奏会、“激情飞扬”摇滚乐演唱会以及定海白泉木偶戏专场演出、街头舞蹈表演、海宁皮影戏演出等。

通过各种文化活动、美食活动、文艺演出、旅游工艺，沈家门渔港民间民俗大会构造了活生生的渔都民俗场景，使得海岛民俗风情栩栩如生地展现在游客面前。大会立足于渔港文脉，挖掘渔港内涵，弘扬了海洋传统文化。这是一次群众性、参与性、娱乐性、文化性兼备的大型综合盛会，是普陀献给游客的一份海洋厚礼。

“万物之始，大道至简，衍化至繁。”旅游的灵魂作为统领旅游的“道”，虽然看起来神秘而复杂，但其实又极其简单，有时候就是一个词语，都能看明白，那就是大道至简。但是大道至简，知易行难，在为旅游设计灵魂时，如何找到那个“道”，让“道”衍生万物、统领全局，却又不是那么简单。

3.5.2 “神灯”：旅游的灵魂就是《天方夜谭》中能够指明方向的阿拉丁神灯

阿拉伯民间故事集《天方夜谭》中有一篇关于阿拉丁和神灯的故事。主人公阿拉丁借助神灯，找到了回家的道路，也找到了人生的新方向。旅游的灵魂就是那盏能够指明方向的阿拉丁神灯，指引旅游找到自己的道路，避免旅游陷入盲区徘徊挣扎。

常州中华恐龙园可以说是一个非常独特的旅游项目，它以众所熟知却又十分神秘的恐龙为旅游的灵魂，独树一帜。这灵魂犹如那盏阿拉丁神灯，指明了发展方向，突破了传统主题公园的模式，将恐龙与博物和游乐有机结合在一起。

要知道，大人和小孩都对恐龙有着浓厚的兴趣，但在大多数人的心目中，以恐龙为主题的，无非就是一座博物馆，难以有深刻印象。如何走出这种误区，在一片误解中找到自己的发展方向呢？

专家们想到将博物与游乐有机结合并配以侏罗纪时代的环境以在时代潮流中找寻自己的航行方向，于是一座集旅游观光、休闲娱乐、博物科普为一体的侏罗纪乐园落成了。从筹建到开放，中华恐龙园着重对项目本身、项目主要内容以及公园的活动内容三个方面进行创新，突出恐龙的主题。整个园区以恐龙及恐龙生存环境为背景，不断开发新项目。中华恐龙园的核心部分中华恐龙馆除了传统的博物陈列，还增添了许多具有趣味性的高科技互动式参与项目。另外，还围绕主题对各时期的活动进行策划，开展了一系列富有新意、精彩纷呈的活动，如“世纪震撼——恐龙园之春”“同一首歌”“元旦寻宝”“明星天天见”“梦幻泡泡节”等大型活动，吸引了众多国内外游客。中华恐龙园将博物、游乐、科技有机结合在一起，创新性地开辟出一条全新道路。同时，恐龙园重视市场营销体系的完善，通过学习和借鉴同行的经验，开拓思维，不断探索，结合自己的实际情况走出了一条恐龙园的营销道路。

在国内许多人造景观纷纷败落的情况下，中华恐龙园为什么能找寻到一个全新的发展方向并大获成功呢？首先得益于恐龙这一“阿拉丁神灯”。

主题公园的通病是什么？当然是主题同质化，差异化程度不高，没有特色。恐龙主题非常不同，恐龙庞大的体型，凶猛的形象，再加上消失成谜等种种原因，使得无数人对其充满好奇和向往。选择恐龙为旅游灵魂，是中华恐龙园在发展方向上做出的最佳选择。

而且与迪士尼乐园、苏州乐园相比，中华恐龙园不仅有游乐项目，还有博物、科普项目；不仅有仿真恐龙，还有恐龙化石。全园以中华恐龙馆为核心，以恐龙化石、恐龙标本、仿真恐龙、恐龙群雕、侏罗纪走廊以及恐龙形状的仿生建筑等，构成了一幅形象生动、内容丰富、趣味无穷的恐龙世界和恐龙乐园，给人以惊奇和耳目一新之感。中华恐龙园也不负众望，打响了自己的品牌，成为国内著名的旅游景点，在众多主题乐园中找到了自己的方向。

旅游的灵魂，就是那盏阿拉丁神灯，能为旅游指明方向。而现如今的旅游发展，需要的也正是方向。很多旅游项目之所以发展不起来、发展得缓慢，就是因为在方向上走错了、走丢了。所以，我们需要找到如同阿拉丁神灯般的旅游灵魂，指明不断前行的方向。

3.5.3　支点：旅游的灵魂就是力学原理中能够撬动地球的支点

“给我一个支点，我就能撬动地球。”这是古希腊学者阿基米德一句家喻户晓的名言。支点是杠杆发生作用时起支撑作用固定不动的一点。将支点进行引申，就是事物的关键和中心。

旅游的灵魂，就是这样一个支点，牵一发而动全身。有了旅游的灵魂，就可以撬动整个项目的发展。

珠海，是中国最早实行对外开放政策的经济特区之一，地处南海之滨，毗邻我国港澳地区，与东南亚地区隔海相望，拥有平坦而广阔的地域发展空间，特别是拥有国际一流的完善的基础设施：国际一流的珠海机场、世界水准的珠海港、举世公认的优美环境和城市规划，并获得联合国颁发的“国际改善居住环境最佳范例奖”。

但是，好巢未必能引来凤凰！事实上，珠海一直人气不足，经济气氛淡薄，尤其是工业生产总值较低，一个时期甚至出现了企业纷纷外迁中山等地的怪现象。更令人疑惑的是，作为旅游城市，也不见旅游、度假的人纷至沓来。好巢不但引不来凤凰，还留不住凤凰！珠海旅游发展的支点在哪里？珠海应该制定怎样的发展战略，才能再次迎来旅游发展新高潮？

珠海市原来的定位是花园式海滨旅游休闲度假城市，但是很显然，这个定位并没有得到游客们的认同，而后来提出的工业商贸城、高科技城等，都不能作为珠海旅游发展的支点。珠海旅游要发展，必须要找到一个能够起支撑作用的支点。

珠海拥有大小海岛 146 个，海岛、沙滩常常就是浪漫和爱情的代名词。不仅如此，珠海还拥有世界上独一无二的以“情侣路”命名的长达 7 公里的海滨之路和象征爱情的“珠海渔女”雕像；拥有世界上独一无二的占地近 10 平方公里的以寻梦和圆梦为主题的世界寻梦园。珠海环境之优美更是举世公认，情调之浪漫、温馨确实无以复加。

人生中最浪漫的事情莫过于结婚和恋爱，莫过于在世界上最浪漫的城市度过人生中最浪漫的时刻。“世界婚礼文化名城”，这就是珠海全新的城市定位，这就是珠海发展的支点！

就世界范围来看，这是一个巨大的市场空白，把珠海营造成世界婚礼文化名城，成为举行各种婚礼婚庆的圣地，系统开发婚庆市场，着力营建婚礼文化，将婚礼婚庆产业化，以此为龙头和突破口，一定能够带动珠海旅游休闲度假和整个经济的全面发展。

情侣路像一条巨幅绸带，依山势地形而傍海浪沙滩，景色奇异而秀丽，为珠海增添了一道奇丽的风景线；“有多少岛屿就有多少爱情故事”，以爱情为主题，结合珠海房地产业，珠海作为百岛之市名声传播更广；世界婚礼大广场的建设更是珠海作为世界婚礼文化名城的点睛之笔；世界寻梦园、“海枯石烂”、“珠海渔女”等定能塑造一个又一个浪漫的经典故事……爱情与浪漫——世界婚礼文化名城这个支点必能撬动珠海市旅游行业甚至经济的全面发展。

旅游的灵魂，就是那个能够“撬动地球”的支点。旅游项目想要发展得又快又好，找到支点必不可少。

3.5.4 “山峰”：旅游的灵魂就是喜马拉雅山脉上高高的珠穆朗玛峰

喜马拉雅山脉是世界上平均海拔最高的山脉，旅游的灵魂对于旅游而言，就是喜马拉雅山脉的那座最高的山峰——珠穆朗玛峰。灵魂，给旅游项目带来关注，让市场进行聚焦，提升旅游的高度与深度。

杭州宋城集团在为旅游项目设计旅游的灵魂时，就特别注意要让项目有一个“珠穆朗玛峰”，让游客在宋城游玩时就能够真真切切体验到“给我一天，还你千年”的文化旅游高度；让游客提起宋文化古城时，第一时间想到的就是宋城。

1996年，宋城集团第一个项目——宋城开园时，就提出“文化是宋城的灵魂”。文化的表现形式是多种多样的，宋城的城墙由上千万块特制的青砖砌成，城门口的九龙柱是在山东曲阜用整块的大理石雕琢出来的，景区高大的城门楼、放着青光的石板街、“巨木虚架桥无柱”的红桥以及财神殿、观音堂、月老祠、仿宋的小吃一条街等，都是对宋文化的阐释。

但是，仅有这些是不够的，虽然它们是对1000多年前中国都市建筑文化、婚俗文化、饮食文化、神灵信仰文化的再现，但它们只是文化的物化，而不是一种鲜活的东西。作为一个以反映两宋文化为主题的公园，它需要有一种更为直观和亲切的表达方式，需要提炼和升华。

宋城拥有开封盘鼓、舞中幡、皮影戏等民间杂艺表演，蜡染、制锡、活字印刷等作坊表演，以及《杨志卖刀》《梁红玉击鼓抗金》《汴河大战》《水浒好汉劫法场》等大型影视表演，但直到水幕电影和大型歌舞《宋城千古情》推出，宋城才跳脱文化，有了灵魂。

《宋城千古情》以丰富多彩、形式各异的民俗活动、舞台节目、广场节目和影视表演丰富了宋城景区的文化内涵，提升了景区的文化品位，成为宋城当之无愧的“珠穆朗玛峰”。

为旅游设计灵魂，就是要让旅游的灵魂成为喜马拉雅山脉上最高的那座山峰，就是要让项目成为游客、市场都知道的“珠穆朗玛峰”。就是要让人一提起这个地方，想到的就是这个旅游项目、就是这个旅游的灵魂。

旅游的灵魂到底是什么？相信大家看到这里，已经了然于心。旅游的灵魂，就是“道可道，非常道”，“道生一，一生二，二生三，三生万物”中那个统领全局的“道”；就是能够指明方向的阿拉丁神灯；就是力学原理中能够撬动整个地球的支点；就是喜马拉雅山脉上高高的珠穆朗玛峰。

3.6　旅游灵魂的两大定律

旅游的灵魂有两大定律。

3.6.1　五度叠加定律

旅游的灵魂，是由五个度叠加组成的：文化的厚度、市场的热度、产品的力度、思想的深度以及理论的高度，这便是旅游灵魂的五度叠加定律。五个度缺一不可，五度叠加，旅游的灵魂才能让旅游无往不利、无往不胜。

3.6.1.1　文化的厚度

无疑，文化是排在首位的。作为旅游的灵魂，不能没有文化。

但必须指出的是，文化必须要有厚度。有厚度的文化才有可能成就旅游的灵魂。文化如果没有厚度，旅游依旧没有灵魂。

有人说世界文化遗产丽江古城正逐步失去民族气息，历史文化古城南京逐渐失去了金陵韵味，归根结底，不是没有文化，而是文化没有厚度，丢失了灵魂。

文化没有厚度，就流于表面，各种浅文化、伪文化、俗文化自然就泛滥成灾，古镇、老街、古城等景区自然也就千篇一律、千城一面、千镇一面。这样的文化就不可能让旅游拥有灵魂。

当文化有了厚度，才能营造独特的文化氛围，才能让游客由表及里，激情澎湃。

上海新天地就是因为文化有厚度而拥有旅游灵魂的典型例子。

“新天地”可以说已经成为上海响当当的一张名片。不仅沪上的年轻人与时尚人士汇聚于此，越来越多的国内外游客也慕名而来。时装表演、电影新闻发布会、模特大赛等各种时尚文化活动，也纷纷在上海新天地亮相。其时尚“前沿阵地”的地位在“开场”不久已经确立，上海又多了一处旅游风景点。

如果仅从新天地内的内容来看，无非就是餐饮、娱乐休闲等时下流行的消费项目，这样的休闲场所在上海有许多。

新天地为什么能够脱颖而出呢？

关键在于新天地有旅游灵魂，而作为新天地旅游灵魂基石的文化有厚度。

新天地紧邻中共一大会址，为了与中共一大会址的建筑风格相协调，在改造中拆旧、建旧、修旧、如旧，于是在旧石库门建筑老区内出现了以餐饮、娱乐、休闲、历史、文化为内容的全新的石库门样式的“上海新天地”。在这里，房舍是旧的，但内部的设备是现代的，意念是新的，旧上海里弄的海派风情与格调优雅的西式餐厅、酒吧、咖啡厅相融合，构成了一派独特的文化氛围。

再加上石库门这个上海近代史上独特的时代产物，以及在建筑风格上保留了完整的老上海风情的同时，运用了最先进、最时尚的管理策划理念，将众多世界知名的餐饮、娱乐、时装等品牌都引进了这上海老厢房中。在这里，有体现地中海文化的露娜餐厅、主营西班牙和意大利菜式的西餐厅、日本的摇滚阿卡音乐厅、美国的西餐馆、法国的餐饮演出、名人俱乐部、石库门博物馆。在这中西文化大荟萃的旅游场所，中国文化和本土风情也得以充分展示，中华文化商场出售的是手巧艺精的工艺品、居家用品、旅游纪念品，完全是地道的中国味。石库门博物馆通过对老上海居家环境的再现，让已经不熟悉老上海的年轻人和外国客人得以了解原汁原味的老上海人的生活形态和上海的历史文化。

上海新天地的成功得益于中西合璧的海派文化、历史与现代文化的交融，在展示深厚文化底蕴的同时，引入现代生活潮流和时尚。在这里，游客和市民可以找到20世纪三四十年代上海的迷人风情，在浓厚的文化氛围下，又能找到现代都市人所追求的精致时尚的休闲消费场所。

3.6.1.2 市场的热度

旅游的灵魂，要有市场的热度，要经得起市场的检验。

市场的热度，指的就是关注的人、参与的人的多少，就是市场受欢迎的程度。关注的人、参与的人多，就说明受欢迎的程度高，市场的热度高。

旅游的灵魂必须要有市场的热度，才能一举夺下世人的目光，抢先占领市场；如果没有市场的热度，这个旅游项目也就无人问津，或者说，市场对这样的旅游灵魂根本不感兴趣。

这里不得不再提常州中华恐龙园。“恐龙热”首先在欧美国家盛行，对于很多中国的大人和小孩而言，恐龙也令他们魂牵梦萦。换句话说，恐龙在中国有非常大的市场，但在旅游业，这块市场当年还是空白。

尽管不是恐龙化石区，与恐龙几乎毫无关系，但常州为什么敢修建这样一个国家级恐龙博物馆并形成一个以恐龙为核心的主题公园？原因就在于，“恐龙”这一旅游的灵魂能够带来的超高市场热度，能够带来的超高人气。

3.6.1.3 产品的力度

旅游的灵魂，不只是一种文化，一个市场，而且还是一个具体的、实实在在的旅游产品。

产品的力度，也可以称为“产品力”，是指产品能够满足消费者的欲望和需求并使之产生购买欲的能力，简而言之，就是产品对消费者的吸引力。产品的力度，在激烈的市场竞争中，也决定了产品的竞争能力。

如果产品没有力度，就难以吸引消费者购买，注定将被市场抛弃。旅游的灵魂作为一个产品必须要有力度，这样的旅游灵魂才能对游客形成强大的吸引力，这样的旅游产品才会有良好的市场，才能取得丰厚的收益。

这里就不得不提诺丁汉郡的白杆现代农场了。农场在创办之初就非常重视产品的力度，强调要以优质产品吸引回头客。

因此，在产品定位时，它将观光农业旅游产品定位为“使一家人在一个现代化的农场度过有趣的、有教育意义的一天”。有别于其他农场景点的单纯观赏性或参与性，它突出的是教育意义，所以面向以家庭和学校为主的教育对象，以寓教于乐、物有所值打出自己的产品品牌，吸引游客来此，度过短短一天的周末。

同时在产品设计中，该农场也颇有新意，游客不仅可以亲身参与农场活动，还可以进行动物喂食、水塔操作等，使游客在观光农业旅游过程中，可以自娱自乐，体验农事的艰辛与乐趣。

游客来此旅游，不仅可以换个环境、调剂生活，还能从中接受教育。这样一个有力度的旅游产品，怎么不能吸引游客呢？这也就难怪这个农场有 50％的回头客了。

3.6.1.4　思想的深度

在哲学上，思想的深度是指人的意识从感性到理性、从表面到本质的过程和程度。对于一个人而言，思想的深度决定了人生的高度；对于旅游而言，思想的深度决定了灵魂的深度。

现在很多旅游项目是没有思想的深度的，这也就导致只有表面的光鲜亮丽，没有深层次的内涵，让游客觉得没有特色，不能形成明确的场景记忆。

就像龙潭水乡，整个工程开发是精致之极，古色古香的苏州园林风格仿古建筑，小桥流水人家的江南情景，多样化的植物搭配，质量算是上乘。但为什么难入游客的法眼呢？

没有思想的深度！一来，整个定位没有围绕自身特征，一会儿是成都的周庄，一会儿是成都的清明上河园，可是，周庄是典型的江南小镇，清明上河园是典型的宋朝北方特色，两个定位自相矛盾，两个定位的元素都不是成都本身特色。二来，龙潭水乡周边都是厂房和写字楼，但景区内没有什么人文典故，更没有知名的历史建筑，建筑设计里透出来的都是红楼梦的元素，水乡没有水乡的思想、没有水乡的文化，游客看到的只是建筑的仿古原真。

没有思想深度的龙潭水乡游客看完则忘，留不下深刻的印象，当然也就人气冷清。

深圳有个旅游活动就非常有思想的深度。2002 年，深圳市旅游局、深圳晚报社、深圳中国国际旅行社、深度旅游策划管理公司联袂策划了“深圳人游深圳”活动，以“再一次呼吸家的气息”的思想，打动了很多深圳市民的心。

深圳是国内知名的旅游城市，有国际大都市、国际花园城市的美誉。深圳也是年轻的移民城市，但是深圳节奏和生存压力使得深圳人整天忙忙碌碌，无暇顾及深圳的美景。在大多数人看来，深圳是个冷漠的城市，大家都行色匆匆，神情严肃，形同陌路，缺少人情味。

旅游实质上是一个促进人与人的交流和沟通，达到彼此融洽的过程，这个过程也同样适用于家庭与家庭之间。深圳其实就是缺少一种“家”的感觉，大家都是深圳人，同在一片热土奋斗、打拼，彼此都是兄弟姐妹，大家都爱深圳这个美丽的家园。企业是一个家，社区也是一个家，深圳更是一个大家庭，整个城市需要有一种充满人情味的“家”的文化和健康的风气，而旅游则能营造一种“家”的氛围。

“深圳人游深圳”活动，就是秉持一个“家”的思想，让深圳人感觉在深圳，就是在一个家里。这样策划出来的一个有思想深度的旅游活动，游客当然是乐在其中了。

3.6.1.5 理论的高度

理论的高度，就是要透过现象看本质，通过深度实践总结上升到理论的高度。理论是非常重要的。纵观近代中国的发展，可想而知，如果不重视理论的建设和指导，不重视理论和实践的统一，我们还要走不少弯路，正如“没有革命的理论，就没有革命的运动”。

“一个民族要想站在科学的最高峰，就一刻也不能没有理论思维。”一个科学的有高度的理论，是对事物发展内在规律的深刻揭示，是破除认识误区的思想灯塔，是引领实践前进、发展的行动指南。

旅游的灵魂必须要有理论的高度。旅游灵魂往往决定了一个项目的走势。旅游灵魂没有理论的高度，那就非常危险了；旅游灵魂一旦有了理论的高度，问题就会迎刃而解、简单多了。

3.6.1.6 中山岐江公园——五度叠加的一个经典案例

中山岐江公园曾获得美国景观设计师协会（ASLA）2002 年度荣誉

设计奖。中山岐江公园位于广东省中山市，场地原为粤中造船厂旧址，这样一个城市公园为何能够受到国际同行的肯定与认同?

足下文化——文化的厚度。当人们仍在捡拾、弥补、包装古代文明的碎片时，有人已经在关注近现代工业文明的遗址，对其加以修复和利用，使之以新的面貌与世人亲密接触。岐江公园将原先与生产有关的东西生活化，以一种特有的审美形式走进人们的生活，从而具有了特殊的审美意义。岐江公园所关照的正是足下文化。一是保留历经沧桑的粤中船厂的厂房和机器设备，并引入新的设计形式，向人们展示了新中国工业化的艰辛进程，展现了那代人艰苦的创业历程，展现了那段真实而弥足珍贵的城市记忆。二是以足下文化唤醒对自然的重新认识，它把审美的目光投注于身边平凡却又坚韧的存在，让它们贴近广大市民的审美情趣，唤醒对自然的尊重与热爱。三是以对足下文化的观照传达对人性的深刻理解。在足下文化看来，普通的人、劳动的人，以及那段工业化实践、那些青春和汗水就是需要吟唱和传递给游客的。

精神家园——市场的热度和产品的力度。城市居民，需要一个公共空间来放松身心、接触自然、释放天性！随着城市的进一步发展，日渐繁忙的都市生活让市民们愈加不堪重负。长途跋涉去寻找诗和远方，在日常生活中实在是不切实际，市民需要一个公园、一个城市绿地来进行简单的观光旅游、休闲度假。这是广大城市居民的殷切希望，具有天然的市场热度。而岐江公园借助此热度，提出不设围墙、不收门票，让城市功能延续到公园中，让公园渗透到城市中去，让市民能在每天工作之余找到这样一个游憩场所，增强产品力度。公园具备文化、商业、旅游、娱乐、历史与环境教育多重功能，有餐厅、俱乐部、艺术馆等多个消费场所，既能丰富居民精神文化生活，又有广泛的社会效益、经济效益。

城市公园新概念——思想的深度和理论的高度。农业时代城市的主人是神、帝王、贵族，这种城市实际上是放大了的庙和宫殿。工业时代城市的主人是机器，这种城市实际上是放大了的厂房。现代城市的主人是真正的人，宫殿应成为文物，厂房应搬到城外，代之以知识经济。新型城市是为人设计和建造的，实际是放大了的家园。在以人为本的理念指导下，岐江公园作为一个建造在废旧造船厂场地上的城市公园，很好地融合了生态理念、现代环境意识、文化与人性，展现了中国的深厚发展历史和工业化探索历程，解决了防洪与古树保护、产业用地更新与城市现代化问题，融入了现代景观设计的全新理念，体现了对足下文化和精神家园的深切关注，突破了传统园林设计对唯美的过分追求，注重生态、文化和人，讲究审美与实用并举，实现了城市设计先行考虑下历史建筑的保护性再利用。

这样一个五度叠加的旅游灵魂，得到国际同行的肯定与认同，受到游客的追捧理所当然。

3.6.2 四点合一定律

旅游的灵魂同时需要符合第二个定律——四点合一定律。即旅游的灵魂，不仅是亮点、是卖点，而且还应该是热点和引爆点。四点缺一不可，方能成就灵魂。

3.6.2.1 旅游的灵魂是亮点、卖点之所在

亮点就是有光彩而引人注目的人或事物；卖点就是商品所具备的前所未有、别出心裁和与众不同的特色、特点，能够被消费者接受和认同。

旅游的灵魂是具有光彩、能够引人注目的亮点所在，也是能够让项目具备特色、能让游客趋之若鹜的卖点所在。

每年 3 月至 11 月，苏州古典名园——网师园的夜晚便格外热闹。来自五湖四海的外国游客欢聚一堂，或听戏，或观剧，或赏乐，浓郁的地方特色、丰富的文化内涵和传统的节目，加上精美典雅的园林环境，令宾客如痴如醉，流连忘返。这就是苏州市国际旅行社从 2010 年开始在网师园内举办的古典夜园。

作为一个旅游项目，古典夜园历经 10 年而不衰，接待客人 20 多万次，不仅取得了良好的社会效益，同时也获得了可观的经济效益，许多外国旅行社在编制中国苏州的旅游计划时甚至将古典夜园列为必游项目。网师园古典夜园究竟有怎样的魅力和魔力？

众所周知，旅游由吃、住、行，游、购、娱六大要素构成，对于在目的地过夜的游客，娱乐显得相当重要。20 世纪 80 年代初，海外游客

在苏州过夜，往往去苏州歌舞团欣赏文艺表演，文艺表演很受客人欢迎。后来由于停车困难、演员流失等原因，这一节目被迫取消，在苏州过夜的外宾只得“放羊”。有的客人自行去书场听评弹，由于基本听不懂，两个小时实在无法忍受；也有的去看戏，然而没有翻译或不便翻译，从头至尾不知所云。最后，很多游客只好待在房间里看电视。

苏州是著名的旅游城市，海外游客每年有几十万人，如果晚上没有精彩的娱乐项目，将大大影响外宾在苏州的逗留时间，最终影响客源。苏州历史悠久、文化底蕴深厚，既有举世闻名的古典园林，又有独具风韵的昆曲、评弹等传统戏曲，这都是国内外游客所心心念念的。网师园是最受外宾欢迎的园林，小巧玲珑，充满古朴优雅之情，厅堂亭榭很适宜小品演出，此外它坐落于南林、苏州、竹辉等多家涉外饭店附近，地理位置合适。若将网师园这座古典园林和昆曲、评弹等传统戏曲相结合，必然是一个亮点和卖点统一的旅游项目。

古典夜园果然不负众望，一炮打响。每天夜幕降临，网师园内华灯齐放，映照得园内亭台楼阁更具诗情画意，富有浓厚地方色彩的评弹、昆曲、古筝、笛箫、民间歌舞等，分别由身着古装的演员在各厅堂演出。游客移步换景，移步换戏，而且演员与观众共处一堂，增加了亲切感和交流机会，许多游人常常忍不住上台弹几下琴弦，学几个舞步，其乐融融。

3.6.2.2 旅游的灵魂一定是热点，而且还必须有引爆点

旅游要有亮点、要有卖点。然而，旅游的灵魂仅仅有亮点、有卖点，显然是远远不够的，还得有旅游的热点和市场的引爆点，才能火速引爆市场。

热点就是受广大群众关注或是某时期引人注目的地方；引爆点就是能让事情爆发、引起轰动效应的关键所在。

旅游灵魂设计，一定要设计引爆点，找到引擎。

引擎是发动机的核心部分，是动力源泉。

旅游的灵魂，就是旅游的引擎，起到中流砥柱的作用，要“叫得响、打得出、拉得动”。叫得响，就是技艺、内涵等远超同类之上，水平很高，名声非常大；打得出，就是具有很强的优势，能够在激烈的市

场竞争中杀出一条血路，夺得市场地位；拉得动，就是能够发挥所具有的带动作用，拉动相关产业、相关地区的协同发展。

旅游的灵魂是一个旅游项目中能够叫得响的名声，能够打得出去的品牌，能够拉动项目发展、带动旅游产业以及其他相关产业发展的带动点。

深圳市华侨城文化旅游区，是由 1989 年建成开业的锦绣中华、1991 年建成开业的中国民俗文化村以及 1994 年建成开业的世界之窗等大型人造主题公园组合而成的著名旅游区。华侨城文化旅游区的发展，带动了深圳许多相关行业，使深圳市从 2019 年开始旅游业接待规模以及主要旅游发展指标连续排在全国四大旅游城市之列。

可以说在主题公园领域内，不管是在国内还是国外，华侨城都真正做到了叫得响、打得出、拉得动。那么，华侨城是如何实现这三点的呢？

首先是大胆而又成功的主题定位。华侨城位居全国改革开放前沿的深圳，毗邻香港和澳门，背靠经济发达的珠江三角洲，优越的区位为华侨城的发展创造了丰富的客源，其中香港居民、深圳本地居民、前往深圳出差办公的全国各地公务旅行者和世界各国的旅游者都是目标客源。中国游客需要形象地认识自己，外国游客需要集中了解中国；海外游客需要了解中国历史和民族文化，中国游客需要了解世界历史和文化。华侨城的文化主题定位由此产生，锦绣中华、中国民俗文化村和世界之窗的蓝图由此形成，“一步跨进历史，一天畅游中国”“您给我一天时间，我给您一个世界”，这些宣传口号叫响了华侨城的名声，打出了华侨城的品牌。

此外，华侨城把文化的民族性、延续性和区域性与旅游需要的观赏性、娱乐性有机地结合起来，紧紧抓住文化这一主题不放，并在各个景区形成了明确的宗旨、鲜明的主题和内容。

如在兴建中国民俗文化村时，提出“要淋漓尽致地表现我们民族文化的广度和深度”，要通过建民俗文化村使人们“看到我们民族从远古走来的足迹，了解我们民族对未来、对生活的憧憬、追求和愿望”，要“弘扬民族文化，振奋民族精神”，并提出“源于生活，高于生活，存良去陋，有所取舍”的建园原则；在建设上提出“屋、景、林、情并茂”

的要求。

在旅游活动项目上安排了富有民族特色的歌舞表演，或模拟各族人民日常生活的场景、节日庆典、婚庆喜宴等活动，演员边讲边演示，让游客参与其中。而最令人震撼的是民俗村和世界之窗夜晚的欢乐大巡游及歌舞艺术表演，民族歌舞团和亚洲艺术团的演出，将人们的游兴推向高潮。特别之处在于以演出艺术或以剧场表演形式多方位、多层面地展现华夏文明和世界文化丰富多彩的图卷。

同时，华侨城文化旅游区的大型文艺表演的艺术水准和常演常新的内容，为国内外主题公园所罕见，它是华侨城旅游文化的精彩之笔。“民族之林，友谊之林”及“世界与您共欢乐”的主题由此表现得淋漓尽致。

在表现形式上，华侨城也坚持表现积极、健康、向上的题材，反对丑陋、荒诞、愚昧、恐怖的内容，深刻发掘和准确把握了中国民族文化的底蕴，以朴实、原始和天然的美吸引着中外游客。在建设质量上，华侨城树立精品意识，决心走精品之路，针对游客的心理需求，从总体布局到每一座建筑雕塑、庭园、小径，以至指路牌、路灯柱、小商亭、休息椅、垃圾箱、洗手间和花草树木，无不精心设计，精雕细琢。从竹、木、草、石自然材料的选用到色彩造型，都力求同景区的主题相融合，同主体建筑互相衬托，浑然一体。

由表及里，华侨城走的每一步都符合了“叫得响、打得出、拉得动”的引擎定律。

由此可见，旅游的灵魂需要符合“叫得响、打得出、拉得动”的引擎定律，才能叫得响名气、打得出品牌、拉得动产业，这才是旅游灵魂应有的本义。

3.7 旅游灵魂的五种特质

旅游的“灵魂”同时还有五个不可或缺的特质：有料、有趣、有形、有异、有用。

3.7.1 旅游的灵魂应该“有料”

有料，汉语本义，就是要有真材实料，广东话“有东西”的意思。

《有料：话就应该这样说》一书的作者认为，有料就是要有内涵，有了内涵就有了高度、有了深度、有了宽度、有了厚度。在网络语言中，有料是指有值得宣传的新闻点、事件以及一些大众感兴趣的事情。

旅游的灵魂，是一种客观实在，要有料。有料，才能让游客看得见、摸得着，才有拓展延伸的发展空间，才有深入游客内心世界、与游客达到精神契合的可能。譬如德国北度易土堡工厂，废弃之后，不少人认为其是一堆没有任何经济与社会价值的“建筑垃圾”，但拆除更作他用成本不菲。当地政府就工厂改造与土地整合问题向社会公开招标，最后当地一家设计公司的方案中标。根据此方案，德国北度易土堡从一座废弃的工厂变为具有多重社会经济价值的旅游观光景点。

该方案从旅游与休闲观光的角度出发，保留了工厂建筑，将建筑构件进行改造，使之适合于游憩活动。如工厂巨型烟囱外的铁梯成了攀缘的设施，辅助护卫设施被改造成别有特色的休闲长凳，工厂的外围环境则进行了适量的园林式点缀和景观照明设计。同时，方案挖掘了废弃工厂的历史和文化，引导游客在休憩的同时了解北度易土堡的工业历史。该方案投资极少而效益明显，深受当地居民和外来游客的欢迎。

以“工业旅游”这个旅游新概念对北度易土堡进行灵魂设计，让原本平淡无奇的“垃圾”，十足有料，让这座废弃工厂有了旅游的高度与深度，让游客了解了工业、旅游、历史、文化等多层次的内涵。

3.7.2 旅游的灵魂应该“有趣”

好看的皮囊千篇一律，有趣的灵魂万里挑一。有趣的灵魂是持续的吸引力，是最难能可贵的。

人们选择旅游，就是受够了日常工作生活的机械枯燥和暗淡无光，人们希望能够通过旅游去享受快乐和趣味，去调剂百无聊赖的生活。旅游的灵魂正是因为有趣，才能吸引游客。

南非巨型菠萝、美国西雅图口香糖墙、日本红酒温泉、中国枫泾古镇倒置屋、英国小矮人花园、澳大利亚巨大龙虾雕像……这些热门旅游景点都是因为有一个有趣的旅游灵魂而吸引游客前往旅行观赏。

3.7.3 旅游的灵魂应该“有形”

有形，就是有形状，人们能够利用自己的感官去感觉到、触摸到。

旅游的灵魂一定是有形的，如果游客无法用自己的感官去感觉的话，旅游的灵魂就失去了意义，旅游的灵魂就是失败的实在。

人们常说，旅游要有故事，但显然不能只是故事、只有故事。旅游的灵魂一定是个故事，但不能仅仅只是个故事。旅游的灵魂需要通过有形的东西表达出来、展示出来。

国内不少的旅游景区，打着以“××文化”为灵魂的名号，却无法让游客身临其境，无法让游客通过眼、耳、口、鼻、手去感受、去体验旅游灵魂的存在。就像老生常谈的玉门关景区、嘉峪关景区，不免让人失望至极。

3.7.4 旅游的灵魂应该“有异”

有异，就是要有差异性，差别化。有异，与众不同，才能引发旅游偏好，使旅游者能够将之与其他同类进行有效区分，从而能够在市场中占据有利的竞争优势。

旅游的灵魂一定是有差异的，就如同世界上没有两片完全一样的叶子，不可能存在两个完全相同、一模一样的旅游灵魂。也就是说，旅游的灵魂是不可完全复制的。

以主题公园为例。世界大凡知名的主题公园，旅游的灵魂没有一个是完全一样的。韩国济州岛小人国主题公园，它的旅游灵魂是小人国，结合了济州本地神话特色；日本东京迪士尼乐园，显然并没有完全照搬美国迪士尼乐园的项目，而是在引进大部分游玩设施和精彩表演的基础上，创造性地以日本文化为魂对其进行改造，并且非常注重内容的推陈出新，无时无刻不注意“有（差）异”；常州的中华恐龙园更不必说，以恐龙为旅游的灵魂，将博物与游乐有机结合，已然是最大的差异化……

一模一样的旅游灵魂势必产生一模一样的旅游项目，一模一样的旅游项目只能给游客带来审美疲劳。为旅游设计灵魂，设计出来的旅游灵魂是要有差异的，是要独一无二的。

3.7.5 旅游的灵魂应该“有用”

旅游的灵魂，不但要有料、有趣、有形、有异，而且一定得有用，不然旅游的灵魂就失去了存在的意义。我们为什么一再强调旅游的灵魂，为什么如此执着地为旅游设计灵魂？就是因为旅游的灵魂是有用的。对于旅游而言，它能让旅游有生命、有内涵，能够吸引游客、留得住游客、带得回游客。

南国旅行社在旅行社产品设计开发上的独到之处，充分体现了旅游灵魂应该有用这一颠扑不破的真理。

1999 年 6 月 23 日，南国旅行社在当时打出“妈妈，我要上北大”的主题旅游广告词，众多暑期放假的学生及家长就把电话打到旅行社来咨询。到 8 月 20 日，南国旅行社组织了 4 个旅游团共 170 余人前往北京旅游。

在景点安排上，除了常规景点外，南国旅行社紧紧抓住家长望子成龙的心理，推出参观北京大学或清华大学、中国人民革命军事博物馆、圆明园遗址公园、世界公园和观看天安门广场升旗仪式等活动。在参观北大或清华期间，导游还特地邀请学校教师讲解学校发展史。正是通过这些景点的安排，游客在不知不觉中既受到了爱国主义教育，又增长了知识，从而激发了学生学习的热情。

“妈妈，我要上北大”是这一旅游产品的灵魂，它抓住了学生的心理，带动了其他线路，把暑期生意做得红红火火。此外，如“97 重阳爱心之旅——爷爷奶奶逛北京”“我爱北京天安门”“千名老人游上海”“红色革命路线”“大年换个过法怎样”“女人有个三八节”“新婚蜜月之旅”“单身男女玫瑰之旅”“同学们，带你们看大海去”等，都是南国旅行社推出的主题旅游活动。虽然成败皆有，但这一举措在旅游界和广大民众中引起的反响却是强烈而长远的。

看到现在，大家也许渐渐有了一个关于旅游的灵魂比较清晰的认识：旅游的灵魂是客观存在的，是哲学上的“道”，是指明方向的阿拉丁神灯，是力学原理中能撬动地球的支点，是喜马拉雅山脉上高高的珠穆朗玛峰；旅游的灵魂是文化厚度、市场热度、产品力度、思想深度、理论高度的五度叠加，是亮点、卖点、热点、引爆点的四点统一；旅游的灵魂需要有料、有趣、有形、有（差）异、有用。

这是我们在为旅游设计灵魂时，需要牢记于心的几个关键要点。

3.8　旅游的灵魂原来竟是……

关于旅游的灵魂，我们不厌其烦，由外延到内涵，由定律到特质，说了那么多，讨论了那么多，无非是因为只有基于对旅游灵魂的内涵和外延以及定律、特征进行高度概括和抽象的描述，才能获取关于旅游灵魂定义的正确认知，才能有效地描述旅游灵魂的价值和关系体系，才能回答“旅游的灵魂到底是什么”这一根本性的命题。

然而，这显然不是我们的目的。所谓醉翁之意不在酒。现在，该到了言归正传，回归旅游灵魂最本质，也是最棘手的“是什么”的理论命题了。

3.8.1　一次课堂讨论

关于什么是旅游的灵魂，其实有着很多说法，有认为特色是旅游的灵魂，有认为产品是旅游的灵魂，有认为吸引力是旅游的灵魂，更多的人则接受已经成为一个标准化答案的文化是旅游的灵魂。

其实，讨论什么是旅游的灵魂，无非是要表明这个“什么”在旅游中的重要性，而不是说，这个“什么”本身就是旅游的灵魂。

围绕“什么是旅游的灵魂”，我在2020年复旦大学春季学期旅游策划学课上曾组织过一次讨论。同学们各抒己见。

有同学认为，“文化是旅游灵魂，文化使旅游的品质得到提升”，“灵魂或许是一种文化内涵，是对于特定客源市场的思想情结”。

也有同学认为，“旅游的灵魂是一个方向，这个方向要能够创造出与众不同的点并且能够持续下去”。

还有同学认为，“旅游的灵魂是精神面貌和文化氛围，是一个地方的精神文化特色”。

另有同学认为，“吸引力是旅游的灵魂，不管是旅游产品、旅游景点还是旅游目的地，或者是文化旅游、主题旅游，这些都是有着不同吸引力和魅力的，旅游灵魂可以说是从吸引力和魅力开始”。一个旅游区的旅游吸引力的大小不仅取决于该旅游区自然和人文景观的奇特、优美，而且也取决于该旅游区的交通、通信、生活、医疗、保障等配套设施是否健全。旅游吸引力越大，前来观光游览的旅游者就越多，反之就越少。

更有同学认为是“核心竞争力”。“灵魂”应当是能深入游客心中，打造壁垒和竞争力的。打造旅游的这个灵魂，要找到差异化、特色化、难以复制的资源来作为核心竞争力。

除此之外，还有同学认为是主题。因为只有定下了主题，才知道怎么设计旅游项目，需要整合哪些旅游资源。景区在旅游策划方面，需要注意景区的灵魂，也就是把握其独有主题。主题策划的成功是成功策划的灵魂。

3.8.2 一个发人深省的实例

我们再通过无锡拈花湾这个发人深省的实例，看看到底什么是拈花湾旅游的灵魂。

拈花湾通过建设一个自然、人文、生活方式相融合的旅游目的地，开拓特色文化旅游新市场，非常具有分析价值。拈花湾的出现，打破了无锡旅游目的地没有爆款产品的局面，不仅拈花湾房间一房难求，周边地区的农家乐、住宿、餐饮也被全面带动、激活。在从观光旅游向度假旅游转换的时代潮流中，拈花湾可谓是文化旅游产品体系中的佼佼者。

拈花湾所依托的灵山胜境，历经旅游核心吸引物的三期迭代。一期是高88米的灵山大佛，二期为九龙灌浴，三期为梵宫。

经过三个阶段数十年的发展，灵山胜境成为国家5A级旅游景区，每年有300多万的客流量。

拈花湾项目规划面积1600亩，建设用地1300亩，建筑面积约35万平方米。小镇整体建筑参考了唐风古韵的风格，同时又融入了中国江南水乡特有的小桥流水元素，整体营造出一种禅意深长的生活意境。

拈花湾的所在地马山是一个有文化特色的地方。

马山的全称为马迹山，为太湖西北部的岛屿。从文化来说，马山有着悠久的历史古迹及文化遗存，其中最有代表性的是吴文化。5000多年的文化积淀，奠定了马山“神话文化、吴越文化、民俗文化、佛道文化、现代文化”五块文化基石。

拈花湾是依托人文环境而建的“佛文化、禅生活”旅游度假区，是佛教修行的实践地，是灵山胜境佛文化的切身体验区。

拈花湾通过三条主要交通道路和水系的组织，规划了“五谷、一街、一堂”的主体功能布局，并配以禅意的命名体系，形成以“五瓣佛莲”为原型的总平面。

“五谷”分别为云门谷、竹溪谷、银杏谷、禅心谷、鹿鸣谷，形似五片花瓣。云门谷是项目的游客中心、停车场、交通换乘枢纽，是项目唯一的入口。竹溪谷、银杏谷是项目中的禅居区。其中竹溪谷为独栋酒店式公寓。银杏谷位于项目中部，是当年周边自然村落的中心，保留了一些当地的历史遗存。禅心谷是世界佛教论坛的永久会址，主要布局有会议中心及专属宾馆等建筑群。鹿鸣谷建设有高端禅文化艺术私人会所。

“一街”即香月花街，位于花心，是拈花湾的核心商业街区，起到连接“五谷”的作用。总建筑面积 15.5 万平方米，可供出租面积 1.8 万平方米，入住率 96%。业态包含餐饮、娱乐、休闲服务及酒吧。品类则有茶馆、花店、佛教展示厅等，均提供类似于茶道、花道、抄经等体验项目。街道上有 13 家禅主题客栈，建筑风格不尽相同。

“一堂”即胥山大禅堂，特邀日本隈研吾大师操刀设计，是一座可以容纳千人同时参禅的“色空奇观”大禅堂，也是拈花湾的大型景区标志物。

拈花湾的成功，几乎所有人都认为是有了佛禅文化这一旅游的灵魂。因为拈花湾依托的是无锡灵山的佛禅文化，以博大精深的佛禅文化为灵魂主线，以禅居生活为主题，成功打造了禅意旅居度假目的地。

在众多选择中，“禅”的出现，如果说不是最好的，也是最适宜而自然的。毕竟，“禅”将以下双重命题连接为有机整体。从佛文化的命题来说，禅是佛文化世俗化的象征，也是东方文化精神的独特代表。如果说灵山胜境成功体现了佛文化的博大精深，那么新一期灵山工程通过禅的方式来塑造俗世对佛的解读，明显能看到大灵山主题的内在统一和延续。从度假的命题来说，它已经成为国内中产阶层的生活方式之一。随着大众旅游时代的来临，度假并非一种奢望。但是，能抵达“挑剔”游客内心的度假产品，却是当今旅游行业的稀缺之物。

“禅”指的是简单、快乐、健康的生活方式，让人们慢下来、静下来、留下来、住下来，身与心一起乐起来。这一主题选择直击当下中产阶级工作压力大、需要释放的痛点。“禅”主题将佛教文化与旅游度假的双重命题连接为有机一体，一切都自然而然、不着痕迹，看似随意却包含了深远追思和灵光一现。

正是在“禅”的统领之下，拈花湾才有了自己的灵魂，才有了“东方禅意生活乐土，世界心灵度假花园”的总体定位，也才有了策划设计者们后来尽情诠释的各种对象和追求。

佛文化+度假的主题决定了拈花湾的先天基因。然而，要完美提炼这双重命题下的产品主旨，仍需主创者具备“众里寻他千百度，蓦然回首，那人却在灯火阑珊处”般的深入思考和灵光一现。

拈花湾旅游的灵魂，就是“拈花湾”三个字。“拈花”源于“佛祖拈花，迦叶微笑”的典故，“我自拈花笑，清风徐徐来”恰好是真实写照。

拈花湾以创意开发为主题的禅意艺术园区和文化交流中心，可以依托目前运营良好的多家文创产品小店和特色非遗体验工坊，进一步培育创意集市。虽然创意集市是一种舶来品，但是，如果跟当地的民俗、饮食、手工艺等非遗项目结合，就能打造成一种具有本土特色的集市旅游项目，甚至孵化为青年工匠达人的创客平台。

3.8.3　一个旅游的超级物种

旅游的灵魂到底是一种什么样的存在？旅游的灵魂到底是什么？现在我们终于可以下结论了：旅游的灵魂是一种客观存在的旅游的“超级物种”，是集旅游的超级文化、超级创意、超级符号、超级 IP 等于一身的旅游的“超级吸引物”的集合体。旅游的灵魂是中国哲学中至高无上的“道”，是指明方向的阿拉丁神灯，是力学原理中撬动地球的支点，是喜马拉雅山脉最高的山峰。

第四章

到哪儿去找旅游的灵魂

——百里挑一的旅游灵魂到哪里去找？我醒思省悟，发现了旅游灵魂藏匿的惊天大秘密

好多年前，我参加了安徽省滁州市琅琊山风景区旅游发展战略的交流与研讨。

来自北京、上海、四川、江苏的数十位旅游规划和旅游策划方面的专家，国内五家顶尖旅游规划设计公司的代表，滁州市各级领导以及相关政府职能部门成员莅临会议。

各路高手纷纷为琅琊山旅游发展指点江山：有认为琅琊山应紧紧围绕“和谐”两字做文章，打造“中华和谐第一山”；有主张通过布局一批超五星甚至超六星、超七星概念的宾馆酒店，打造度假胜地；有主张错位发展，做东晋和西晋历史文章；有认为用文化铸魂，依托唐代名刹琅琊寺发展宗教文化旅游。而更多的人主张，琅琊山应该从自身优势和特色出发，做好“亭”的文章，通过恢复甚至新建一批亭子，打造“世界亭都”……

的确精彩！

只是我并不赞同！

为了避免出风头，我的发言言简意赅：不愧高手过招，各位开出的药方令人受益匪浅。因为这次会议的主题是战略，聚焦战略这一层面和视角，我认为琅琊山旅游发展战略的根本和关键是要把琅琊山旅游的“魂”找出来。

会议室一片寂静。

那么，琅琊山旅游的灵魂到哪儿去找呢？远在天边，近在眼前。琅琊山是因欧阳修的《醉翁亭记》而名扬天下的，琅琊山旅游的灵魂就躲在醉翁亭的亭子里，就藏在欧阳修的《醉翁亭记》里，但不是亭子，也不是文章，而是《醉翁亭记》里的“醉”字上。

一年后，“醉美琅琊”“醉美滁州”出现了，醉风谷出现了！

为旅游设计灵魂，关键是要把旅游的魂找出来，而且不仅要找出来，还要找准了、找对了、找好了。只有把旅游的魂找到了，找准了，找对了，找好了，才能灵光乍现，才能为旅游设计灵魂。

“找魂”，需要脑洞大开，需要明察秋毫，需要过人的智慧，尤其需要那双能够发现旅游灵魂的明亮的眼睛。

旅游的灵魂无论隐藏得有多深，只要练就火眼金睛，相信总有办法和能力把它找出来！

我们的职责，就是要将隐藏在各种事物表象背后、各种历史文化尘埃背后的真实的旅游灵魂找出来！

4.1 我隐藏得这么深，这都被你发现了

我有很多学生，他们表示，自己心中或多或少都藏有一丝对旅游策划的好奇和梦想，也都认同为旅游设计灵魂的理念，但就是不知道到底怎么做旅游策划，到底从哪儿去找旅游的灵魂。在复旦大学 2020 年本科生旅游策划学线上课程教学中，有一位学生在发给我的信中表示：

“沈老师，我喜欢旅游策划，感叹它的神奇！也深深为旅游灵魂设计理论所折服。个人感觉灵魂是一种旅游寻求的终极目标，可能无限趋近于精神哲学层面。我很想知道，旅游的灵魂到底怎么去找，到哪里去找，你能告诉我吗？谢谢！”

很多旅游局局长，地方的区长、县长、市长，他们常常为找不到旅游灵魂而备感焦虑和苦恼。

我认识很多从事旅游策划、旅游规划的同行以及那些从事城乡规划、景观设计的朋友，他们纷纷表示，为旅游找魂，的确有意思，而且非常关键。大体也能明白其中的道理，但实际操作起来却困难重重，甚至寸步难行。不是找不到，就是找不准，找不好，不知从哪儿去找好！

这让我不由得想起了盲人摸象的故事。国王向盲人们问道：“你们都摸到大象了吗?”盲人们齐声回答说：“我摸到大象了!”国王又说：“你们每个人讲述一下大象是什么模样的。”摸到大象牙的说大象像大萝卜，摸到大象耳朵的则说大象犹如簸箕，摸到大象头的说大象像大石头，摸到大象鼻子的则说大象是圆木棒，摸到大象腿的则说大象像木臼，摸到大象背脊的则说和床没有区别，摸到大象尾巴的则说大象像一根很粗的绳子。

找寻旅游灵魂的确并不容易。我也曾经一样经历过无数次的“盲人摸象”的找魂历练。

我开始做旅游策划项目时，甚至在从事旅游策划之后相当漫长的一段岁月里，脑海中并没有什么思路。在我为旅游设计灵魂的 20 多年间，我到过全国至少 1000 多个城市，不计其数地进行“盲人摸象”。虽然我不清楚今后还有多少路要走，但我却知道自己寻找旅游灵魂的路远没有结束，还在不停地做摸象的“盲人”。

不仅找魂的路漫长、艰辛，而且，注定不会一帆风顺。我在找魂的工作中，常常遇到很多干扰，总有无数的“盲人”给我提出意见。

在旅游灵魂寻找的路上，尤其可怕的是各种各样的束缚，甚至常常招致别人的不理解乃至非议。譬如，我在为浙江省安吉县设计旅游灵魂的过程中，就遭受过各种各样的非议和质疑。有说不好操作的，有说故弄玄虚的。在为旅游找魂的路上，我们应该学会宽容，学会坚持，并且应该灵活地一点点打破各种各样的束缚和干扰。

在经历了无数次的盲人摸象般的找魂之后，渐渐地，我惊喜地发现，在持续不断地思考和实践中，旅游的灵魂不仅一点点浮现，而且，灵魂的出现似乎变得有些规律。

直到现在，我依然会为找不到旅游灵魂而焦虑和苦恼，也会为终于找到旅游的灵魂激动得彻夜难眠，高兴得手舞足蹈。无论是第一次要去的地方，还是去过无数次的故地，每当想到即将要找到的灵魂，我便激动得难以抑制心中那股熊熊燃烧的澎湃感和自豪感。当然，我也时有闪失，不是没找到，就是没找准。我常常因此而沮丧和懊恼。

当一个空间内没有光的时候会变得黑暗。我想我要做的不是将商品放在货架上，而是将已经存在却没有被人们注意到的东西呈现出来。这样一来，我们做出来的就不会是只在墙上挂挂的旅游规划、稀奇古怪的旅游策划了。

经由无数次的尝试，长时间的思考、观察和研究之后，我越来越发现：旅游的灵魂是实实在在存在的，并且无处不在，只是“你没见过”，或者“谁都没见过”；“你没找到”，或者“谁都没找到”。无论它多么擅长“伪装”，无论它隐藏得有多深，我们都应该把它找出来，我们也都能把它找出来！

原来，旅游的灵魂就藏在这里：藏在你怎么也想不到的尘埃里，隐在耐人寻味的思想里，躲在花枝翘拼成的地图里，掩在羽花如梵的故事里，藏在唯美的风景里，散落在被人遗忘的角落里……当然，也包括在文化里。

对于所有苦思不得其解的人来说，这种思维方式蕴含着很多能够刺激灵感的东西，告诉你的是旅游灵魂设计的一种特殊技巧。而且，更重要的是，告诉你旅游灵魂隐藏的规律及其背后的生成逻辑。

4.2 从唯美大气的名字里

什么？名字？这怎么可能？

不管你信还是不信，惊讶还是感叹，一个人、一个地方、一个事物的名称往往就是一座城市、一个旅游项目的灵魂！

4.2.1 来自“彩云之南”的故事

每当我说从名字中找灵魂，一个地方的名字就是一个地方旅游的灵魂时，绝大多数人的反应是惊讶，觉得不可思议，甚至有人认为纯粹属于哗众取宠。

2019年，上海交通大学邀请我为云南省旅游系统干部培训班讲授全域旅游背景下的业态创新。当我讲到要从名字里寻找和提炼旅游的灵魂时，立马引来哄堂大笑。

我便以“云南”为例，直面指陈云南旅游的灵魂就两个字：“云南”。起初，大家并不理解。在我对“彩云之南”深度解读后，特别是我列举了自己做过的多个案例以后，大家恍然大悟，如梦初醒。

记得当年我在主持编纂《安吉县旅游发展总体规划》的一次汇报中，提出“安吉”两个字就是安吉旅游的灵魂，安吉旅游的灵魂要从安吉的名字中找。后来，事实证明，安吉旅游的灵魂就藏在安吉的名字里。

旅游的灵魂为什么喜欢藏在名字里？

让我们一起以“名字”的名义，聊聊彼此都感兴趣的话题，说不定就能找到旅游的灵魂。

4.2.2 “请问尊姓大名”的寒暄

你可以认为名字不重要，只不过是一个名称而已。对于一个人来说，名字或许的确并不那么重要，中国古代的女子甚至都没有自己的名字。名字到底重要不重要，大可仁者见仁，智者见智。但现代社会人们普遍重视名字，对于孩子的取名非常重视，则是不争的事实。

在一次旅游策划学课上，我让学生思考：素不相识的两个人第一次见面，除了互打招呼，说声“您好”之外，寒暄的第一句话通常是什么？

同学的回答出奇一致：贵姓；请问你叫什么名字；或者首先自报姓名，然后，紧接着便是询问：叫什么名字，哪里人。

由人们对于“尊姓大名”的尊重，对于来自哪个地方的关切，可想而知名字的重要。

有人说，一个好听的名字，决定人的一生。这种说法未免有点夸张，但对一个人的一生的影响的确非常大。

4.2.3 好听的名字美到惊艳

人有人的名字，地方有地方的名字。

好听的地方名字，使人印象深刻。国外好听的地方名字，比如夏威夷、仰光、吉隆坡、米兰、威尼斯、巴黎、伦敦、东京、千叶、佛罗伦萨等。国内好听又好记的地方名字同样比比皆是：长春、大同、丽江、天水、苏州、杭州、敦煌等。

好听的地方名字，美到惊艳。譬如位于湖北孝感市的云梦、湖南益阳安化县的烟溪、云南的丽江、浙江的丽水，乃至法国的普罗旺斯、意大利的威尼斯、巴西的里约热内卢等。

一些地方原来没有什么名气，但改了名字之后，不仅好记好听了，而且名气大增。著名旅游胜地云南的香格里拉，四川的都江堰和九寨沟，便是地方名字改名成功的典型案例。

当然，改名失败的也不在少数。比如黄山市，改名后虽然打响了黄山这个品牌，但是对于徽文化的传承却产生了一些不利的影响。

可见，名字，大有学问。

4.2.4 各种各样的名字

旅游项目的名字大多与地点有关。它们的名字分为几种类型，这些类型不是完全互斥的，有交叉的部分。至于从事旅游的经济主体的名字，或者经过旅游设计后的概念，因为不具备旅游发展前的原始性，不是灵魂的来源，所以没有被包含进来。不同类型的名字在灵魂的隐藏上有些差异，但不必被这些差异限制住。

4.2.4.1 地方名字

行政区划命名自古以来就有。行政区划命名代表的是政权对地理要素的管辖权。一方面是划定土地的范围，边界清晰；另一方面是立足于人居住的社区。地名先是有个标准化的过程，明确哪些地名可供官方使用。行政区划选用原来的地名，或者根据需要自创组合，再根据区划的类型加上后缀。

地名强调的是自然属性和历史文化属性，行政区划命名强调的是社会属性。从地名寻找灵魂，选择面更广，能对自然和历史文化等跟旅游有关的要素进行充分挖掘，灵活性强。行政区划命名的优势在于具有现代性和官方性，在日常生活中被更多地提到，在知名度上有保障。能被用于行政区划命名的地名，也是得到了一定意义上的承认，名字本身可能就是好名字。

4.2.4.2 地理名字

地名是人们对特定地理实体赋予的代号。对于地理空间上的各个区域，需要依据地理实体来区分开。地理实体是依据一些特征在地理空间中能够被看作独立的部分。特征没有限定的标准，只要有原因、有必要命名就可以，自由度很大。

一群人可能会以固定地点的村庄为住所，那么就为村庄命名，与其他村子区分开。村外可能有座山，有条河，还有一片郊野。这些与地形地貌有关的实体也是地理实体，可被一一命名。当这条河流经其他村庄时，可能会得到另一个名字。随着探测的地理空间的扩大，广阔的山脉、高原、盆地、沙漠和海洋都有名字。古代的部落或国家占据一片领土，即便它们消失了，地名依然留了下来，比如蜀地，比如春秋战国的各国故地。城市的发展使街道、建筑都有名字。

地名是以地理实体为中心，强调的是地理实体的属性，并没有强调地区的边界。地理实体之间的分界可能是很模糊的。

4.2.4.3 自然景观名字

自然景观分为地文景观、气候天象、水域风光和生物景观。其中地文景观和水域风光因为在地理位置上的不同而有特定的名字。生物景观中的森林、草原等有自己的名字。自然景观名字以自然景观和类型为基底和后缀，完整的名字来源不一。自然景观名字可以吸收动物的名字，如野象谷；可以吸收人名，如莫干山。

尽管地球上的许多地方已经被人类占领，以人类的聚居地和行政区划命名，但是自然景观名字的重要地位依然不可撼动。自然景观之名声可能远远超出其他地名，正如“人们只知莫干山，不知德清”。

自然景观虽属自然，但它的名字往往有明显的人文气息。当自然景观被赋予名字时，就体现着命名者的思想。所以要跳出自然的范畴去看待。

4.2.4.4 人文景观名字

人文景观的出现首先是聚落，聚落的命名都算是人文景观名。此外，人文景观包括实物载体和精神形式的旅游吸引物。实物载体以建筑为代表，精神形式有民俗风情等。精神形式最终会体现在实物载体上。

顾名思义，人文景观名字有着浓郁的人文气息。在灵魂的找寻上，人文景观提供的素材十分丰富，灵魂与文化的隔阂似乎随手可破。正如滁州从醉翁亭这一人文景观的名字寻找灵魂，“醉”是人的状态，是在醉翁亭出现前就存在的文化，但还是要通过人文景观名字建立依据。

4.2.5 名字的灵魂特质

一个好的名字，不仅好听、好记，而且还深藏着我们苦苦追寻的旅游的灵魂。

许多人不解，名字绝大多数两个字，少则一个字，多则三个字、四个字、五个字，这两三个字的名字怎么会藏得了旅游的灵魂呢？这里蕴藏有什么样的奥秘？

4.2.5.1 名字是旅游的一种第一：名字是旅游打出去的第一张名片

显然，名字对于一个地方、一个城市而言，不仅仅是单纯的一个名字，而是旅游打出去的第一张名片。一个旅游城市，譬如黄山、张家界、三亚、西安，这些城市的名字本身就是一张张妇孺皆知的旅游名片。

旅游行为的产生与名字颇有渊源。早期人类的活动范围有限，而且在迁徙的时候没有明确的方向，走到哪里算哪里，对名字没有概念。后来人的流动行为变得复杂，群体间有来往，离开一个地方以后还会回来，前往别的地方也不是以居住为目的。名字最早产生是为了确定地理空间上的差别。

随着人口流动能力的增强和旅游的大发展，名字越来越接近于旅游名片。有的地方仅仅是被提到名字，就让人有向往之心。游客向往一个地方，可能是因为对那个地方有较多的了解，知道什么在吸引他。但更多情况下游客难以将信息完整地印在脑海，最后只记住了名字，名字作为旅游名片的地位自然就无可撼动了。

4.2.5.2 名字是旅游的一种唯一：一个地方的名字大都具有唯一性

我长期在浙江省长兴县从事旅游策划。长兴素以“茶文化圣地”“古生态奇观”著称。然而，我并不认为，这是长兴旅游的特色。长兴县真正具有唯一性的是“长兴”这个名字，至少在中国没有第二个名叫“长兴”的县。这个观点起初并不为多数人赞同。现在，长兴终于找到属于长兴自己的旅游灵魂，开始打响了“长乐长兴”“常聚长兴”的名片。

一个地方或一座城市的名字，往往具有唯一性。截至 2020 年 12 月，中国共计 1312 个县，没有一个县的名字相同；中国 388 个县级市，没有一个市名字重复。在如今这个崇尚旅游 IP 的年代，名字可以说是一个地方具有超级识别度的最大的旅游 IP。

分析名字的妙用时，大家习惯性地从名字的含义入手，而容易忘记关注名字的本质。抛开名字的含义来看，名字本质上是一种语言符号，用来指代不同的对象。寻找旅游灵魂面对的是一个具体的对象。如何在第一时间将对象与其他同类区分开？就是依靠名字。

名字作为身份标识，有强大的代表性。寥寥几字，就能引起人们丰富的联想。名字与事物建立连接，连接的只是一个点或者表面吗？不是的。即便事物改头换面，名字依然能彰显事物的独特。这表明，名字与被标识物的连接其实比我们看到的更深一些，有可能是深入灵魂的。

而且，名字往往需要出类拔萃。出类拔萃是指人或事物超出同类。什么样的名字算是出类拔萃？此处用“出类拔萃”，而不用“独一无二”，因为两者有差别。作为身份的标识，只要不出现重名的情况，名字就是独一无二的。出类拔萃，对名字提出更高的要求。

出类拔萃要求名字奇特。虽说是在同类中胜出，但其实奇特的名字是基本没有同类的。出类拔萃的名字避免用到名字中的常用字，但也很少出现生僻字。好的名字不会为了追求标新立异而放弃基本的美感与文化环境，好的名字总能做到刚刚好。名字，尤其是出类拔萃的名字，有更高的概率藏有灵魂，一是因为惊艳，二是因为得体。

4.2.5.3 名字是旅游的一种独一：名字是对一个地方历史文化独特性的高度凝聚

一个地方的名字往往不是凭空出现的，而是有含义的。如果名字想要获得藏匿灵魂的资格，那么仅仅有含义还不够，更进一步说是有深意。中华汉字文化博大精深，很多字都耐人寻味。

名字是文化的传承。有的名字千百年来都不会改变。有的名字虽然改变，但也有沿袭。名字传承的是祖辈的记忆，必然是有深层意思在里面。对名字深意存在一个解释的过程。按理来说如此短而抽象的几个字可以有非常灵活和不固定的解释，但实际上只有一两种解释能得到普遍认同。是什么导致了自发的共识？是灵魂。

名字的含义一般可以从字面上理解。可有的时候，如果不知道一些具体的信息，就不能了解名字的真正意思。这种名字的信息量是很大的，名字有时会引出历史、故事等信息。

大家都听过武夷山，武夷山的名字来源于彭祖的两个儿子彭武和彭夷带领族人疏浚洪水的传说。也有传说是源于武族和夷族在争斗后和好的故事。武夷山的名字不仅仅能讲故事，还能通过故事引出当地的民俗风情。

有的名字不讲故事，但传递思想。这思想可能是对自然的敬畏，对正义和美德的支持，对美好未来的向往。虽然名字简单，但名字涉及的东西很广。对名字这一宝藏作充分的挖掘，会有更多的发现。

名字还有审美价值。万物皆有向美之心，名字也不例外。什么样的名字算是美？名字的美，美在不同方面。有的名字美，在于对秀丽山水的赞美，如德清、丽水；有的名字美，在于对美好愿景的寄托，如安吉、福州；有的名字美，在于对自然景观的比喻，如舟山、象山；有的名字美，在于对善良品德的赞颂，如义乌、孝感……有美感的名字能提升当地居民的舒适感，能增强外地游客的向往心。

因为名字美，所以名字可能是旅游灵魂的藏匿处。毕竟，寻找灵魂，一定程度上是为了寻找旅游中的至美之物。一个美丽的名字，当然有资格支撑起旅游的整体美。有时，对于美丽，我们难以描述它，那么只说名字就足矣。

4.2.6　我从名字里找寻旅游灵魂的实例及其启示

名字中藏着旅游灵魂。很多地方、很多旅游项目的旅游灵魂都是我从名字里找出来的。例如，宋代葛应龙在《左顾亭记》中云："县因溪而尚其清，溪亦因人而增其美，故号德清。"德清县旅游的灵魂就隐藏在"德清"的名字里。

中华游子文化节之所以能够横空出世，就在于从德清的名字里找到灵魂。义乌市赤岸镇西海景区的诞生，其创意线索来源于赤岸镇的"赤岸"两字，尤其是"岸"字。义乌市马畈农业奇幻乐园的火爆，人们怎么也没想到是因为一匹脱缰之"马"的威力，灵魂在马畈村的"马畈"名字里。再如安吉的农业旅游项目野乐园，参考了它的原名"野乐村"。浙江长兴县的龙之梦乐园灵魂来自县名"长兴"。再譬如安吉县，乐东县，若尔盖县，张家港市，舟山普陀区，东方市，西充县，青岛地景大道，海南火凤凰部落，舟山桃花岛，唐山龙岛，舟山东极岛、蚂蚁岛，安吉天荒坪、余村，德清县蠡山……无一例外。灵魂藏在名字里，我从名字里找到了这些地方、这些景区的旅游灵魂。

下面，列举几个案例进一步说明。

4.2.6.1　魂从"东方"来——海南省东方市

提到"东方"，会想到什么？最可能想到的是中国。在中国，最可能想到的是东部沿海地区。其实，"东方市"在海南省，这是特别令人疑惑的。东方市并不位于海南省的东部，而是在海南省的西南部。东方市最早叫作九龙县，隋朝改称感恩县，新中国成立后撤县设市，才改为今天的名字。

东方市的名字令我们意识到其中大有文章可做，于是，我们便围绕“东方市”这个名字进行旅游灵魂的设计。

不管是巧合还是刻意，适当矛盾与离奇的名字能够造就一个旅游目的地。离奇的名字可以博取旅游者的眼球，激发他们探索的欲望。当然，我们也不敢刻意去制造离奇。过度的离奇是耸人听闻，适得其反。东方市的名字在适度的范围内存在离奇，这刚刚好。东方市的名字有着明确的来源，在字面上也没有夸大的嫌疑，因为抛开地理位置来讲，“东方”是一个极为普通的词。这种温和的离奇令人无法一眼就看穿其中的奥秘，只能亲自探索、慢慢了解。

4.2.6.2 “马畈”传奇——义乌马畈农业奇幻乐园

对于名字，向来都不可小瞧或无视。名字虽然很简短，包含的内容少，但作为一个线索，能够牵引出很多内容。可以把名字看作是文章的标题，旅游和文化相当于是文章。这文章不是从头写出来的，而是已经存在的，相当于一块隐藏的玉。名字做的事情就是抛砖引玉，以小小的名字把大文章引出来。在这里把名字比喻为砖块，是贬低了名字的价值，但作用是类似的。下面再来看看“马畈”是怎么抛砖引玉的。

马畈农业奇幻乐园（图源：义乌市人民政府网站）

“马畈村”这个名字在安徽、湖北、浙江、河南都有出现。“马畈”两字颇有深意。“马”是指动物，“畈”是指乡村主干道两旁有着同样大小的农田。“马畈”两个字放在一起怎么解释？马与农田好像没有直接的关系，这必然涉及意思的引申。注意，“畈”虽然指的是农田，但它特指与道路有关的农田，间接提到了道路。将道路与“马”联系起来，结合古代的背景，能引申出驿道和驿站的意思。区区“马畈”二字，蕴含的是深厚的驿站文化。浙江省义乌市马畈村的“马畈农业奇幻乐园”就是我从名字中找到的灵感，让“马畈”这一名字成就了马畈农业奇幻乐园旅游的灵魂。

4.2.6.3 后会无期——舟山东极岛

浙江舟山东极岛因韩寒的一部电影《后会无期》一举成名。

东极岛，原本为一个普普通通的小岛，人迹罕至。旅游的灵魂在哪里呢？东极岛的名字里含有“东”字，与东方市不同的是，东极岛的“东”是真正的“东”，因为它名字里还有更耀眼的一个字——“极”。世间有南极、北极，有干极、雨极、号称“第三极”的珠穆朗玛峰。不妨大胆地把东极岛也称作是“第三极”，打造“极地”观光海岛。东极岛主要是利用名字对概念进行炒作，瞄准旅游者对于“极地”这种意境的想象和追求，建设了一批反映东海极地主题的标志性景观，开展带有极地氛围的活动，突出东极岛的极远之势。东极岛的“极”当之无愧，无法推辞。东极岛的名字和地理位置决定灵魂必须从名字里去找。

4.2.6.4 安且吉兮——浙江安吉县

这么多年来，我一直在思考安吉旅游的灵魂是什么，现在越来越觉得，安吉旅游的灵魂就在“安吉”这两个字里。

“安吉”其实是平平常常的两个字，没有太多的亮点。它的寓意也很简单：“安”是“平安”，“吉”是“吉祥”。全国各地名字里带“安”和“吉”二字的地名很多。但这并不妨碍“安吉”作为安吉旅游的灵魂。安吉的成功，关键在于用灵魂改变旅游的创新思维。

张扬的名字，极力引起人们的注意，又试图在表达或者含义上做到足够震撼，“语不惊人死不休”。的确，名字张扬或者耀眼可以使旅游抢先分一杯羹。朴素的名字，虽然藏起了华丽与锐利的锋芒，但是做到了对本真的坚守。朴素的名字有温暖人心的作用，融化旅游者急躁的心灵。但话又说回来，张扬的名字不能消除旅游者的急躁吗？东极岛位于大海尽头的极远之地，隔绝了一切世俗的烦恼，恰好是对焦虑的治愈。看来，张扬与朴素是殊途同归：张扬是大胆地释放，远离世俗寻求解脱；朴素是在闹中取静，保留人间的烟火气，却不与喧闹相同。

张扬与朴素的名字没有优劣之分，最合适的才是最好的。当名字的特点与旅游地相衬时，灵魂自然就出现了。

4.3　从穿越了千年时光的文化里

能穿越千年时光的是什么？只能是历史，只能是文化！

由于文化包罗万象，旅游的灵魂很多都藏匿在文化里，要从穿越了千年的文化里去找寻。

千年，是一个极为漫长的时光。沧海桑田，物是人非。在如此长的时光里，恐怕很少有事物能够经受住考验。大多数的事物就像暴露在风雨中的岩石，化作尘土，不复当年的面貌。

物质一旦分解、消亡，离开了本体的、非物质的、精神层面的东西会在极短的时间内分崩离析。真的存在休眠千年后在新的时代里重新带来生机的灵魂吗？

考古学家曾在地下发现了沉睡千年的古莲子。神奇的是，这些古莲子经过重新栽培，竟然发芽并长出幼小的荷叶，获得新生。想象一下，在千年之前，这些古莲子的母体或同伴在荷塘中生机盎然。千年之后，它们又同样地绽放，仿佛千年时光只在一瞬之间。旅游灵魂是不是就像这千年古莲呢？灵魂在遥远的过去以耀眼的光芒照亮古人的生活，而今又重新焕发生机，惊艳世人。灵魂，埋在穿越了千年的时光里。

4.3.1　能够穿越千年时光的文化是什么样的

4.3.1.1　是每每谈起令人心潮澎湃的

我遇到过许多人，谈起未来时满怀希望，将激动的情感洋溢在脸上。当我问及他们对过去时光的了解时，他们总是不愿谈起。原因是，他们认为过去的事情已经过去了，不必纠结于过去，应该向未来看。我却不这样认为。

我们专注于当下，面向未来，这没错，是一个充满正能量的态度。可是历史就如同吃饭喝水，我们所具备的能量，都是曾经吃下的饭、喝下的水提供的。当下与未来发生的事情，是对历史的另一种重复。要想往前看，首先要往后看。

历史令人心潮澎湃。当我们身处古战场的时候，想起当年的金戈铁马，常能沉浸其中；当我们回顾古代的谋士斗智斗勇的故事时，惊叹于他们的才华。有的历史，没有打打杀杀和舌战群儒的激烈场面，可能只是讲述一个地方官员勤政爱民的故事，是否也能唤起我们心中的一丝感动呢？千年的时光存在于人们的心中，因激起心潮而惊艳。

4.3.1.2 是主线清晰，细节却充满谜团的

主线是历史的骨架，细节是文化的血肉。历史在人们面前拉起了一道帘，又用灯光将身影打在帘布上。影子足以将骨架反映出来，血肉在影子中是不怎么体现的。人的好奇心不会只甘心看到影子，人们总是想掀起那个帘子，窥知历史的全貌。

掀起遮挡历史的帘子不是那么容易的。就算将帘子掀起来了，还有重重的迷雾阻止人看到细节。这是令人苦恼的。但苦恼恰恰是一件好事。如果真相那么容易找到，历史就不迷人了。为什么人们总是愿意寻找答案？真的是因为答案不一般吗？其实更多的乐趣来自寻找答案的过程。真相往往是简单的几个字，解析真相的过程却是充满挑战。

旅游就是寻找细节与真相的过程。法国雕塑家罗丹说过：“世界上并不缺少美，只缺少发现美的眼睛。”被掩盖的真相也具有这种美。每个人的眼睛看到的美与真相都不一样。对于扑朔迷离的历史来说，你不一定能通过一次旅行来找到真相，但一定能在谜团中寻找到美。

4.3.1.3 是在新的浪潮冲击下岿然不动的

什么是永恒的历史？能够在重重质疑下依然不被推翻的才算是永恒的历史。历史经过千年岁月，充斥着改朝换代的交替变革。在时代的更替中，新旧力量有时是敌对的，新旧观念之间有许多不相容之处。

前人创造历史，用山石竖立起石碑，宣示自己的存在。后人翻腾起

新的浪潮，冲击前人的石碑，企图将这碑冲垮、淹没。有的石碑被冲碎，连同其光芒也暗淡。有的石碑在历代的浪潮中屹立不倒，成为不朽。

穿越千年时光的，一定是在新的浪潮冲击下岿然不动的历史。这样看来，历史是有幸存者偏差的。后人看到的历史是经过时间的筛选而呈现的。这对致力于探求真相的人来说是莫大的悲哀。但是，往好的方面想，被筛选后留下来的往往是精品，是灵魂绝佳的隐藏点。

4.3.2 灵魂何以寄居于千年文化而不灭

按理来说，灵魂的寿命是短暂的。岁月就像是纺织机上的梭子，不断地编织着天地间的一切。在这巨大的无形的纺织机下，灵魂何处遁形？是什么让灵魂保持了曾经的模样？是文化。为什么是文化？

4.3.2.1 文化有实物化的载体

文化有实物化的载体，可能是书籍，可能是文物，也可能是当地百姓。这是灵魂最大的依仗。寻找灵魂，不妨去历史中找，从文化中找。

有人说灵魂太抽象，从来没有见过灵魂。可以去看看秦始皇陵兵马俑，看一看那些用陶和木制作成的俑。那些栩栩如生的战士的雕塑，不就是一个个灵魂吗？游客从文化中感知灵魂，最直接的办法就是观察实物。也正因为有大量的实物作为载体，灵魂才可能藏在文化中。

4.3.2.2 文化在实物外笼罩着一层神秘光环

实物重要，实物外的光环同样重要。有了这样的光环，灵魂想要逃出去，更是难上加难。文化有没有神秘光环？当然有！

文化不仅仅是因为历史细节的未知而神秘。古代社会本身就充斥着各种神秘现象。古人常常夜观天象预测未来。日食一度被认为是大事的预兆。中世纪的猎巫行动是历史剧变造成的神秘惨象。清朝有关“叫魂”的妖术大恐慌一度使全国上下陷入混乱。文化充斥着神秘。如今人们虽然在观念上改变了许多，却也是对过往的神秘抱有好奇心的。

4.3.2.3 文化蕴含的，不仅仅是历史

人们一直在强调，观察一个对象，不能只看到对象本身，要跳出对

象获知更多的信息。历史不是事件与事物的简单堆叠。任何一个时刻的历史，其实都是波澜壮阔的图景，将当时的一切纳入其中。

当今，从文化中找寻旅游灵魂已成为大家的共识。历史的图景容纳的种种，笼统地概括起来，就是文化。从历史中能找到什么？能找到史实，能找到思想、科学、文学、艺术，几乎涵盖了文化的方方面面，并且与今天的成果有着千丝万缕的联系。

4.3.2.4 今人看历史，依然是在看自己

唐太宗李世民曾说："以铜为鉴，可以正衣冠；以人为鉴，可以明得失；以史为鉴，可以知兴替。""鉴"是什么？是镜子。历史就是一面镜子。看历史，就是在历史这面镜子里照自己。

这镜子，不是普通的镜子。在家里照镜子，只能照出躯壳，照不出灵魂。明代的董其昌说："读万卷书，行万里路。"照灵魂的镜子，一是书本，二是旅途。书本是以写书的人为镜，旅途是以旅游地的历史为镜。历史让不同时代的灵魂有了对话的机会。

4.3.2.5 没有文化，旅游将无处说起

旅游从何而来？过去很多人没有想过这个问题，仿佛旅游摆在那里，本就如此，对旅游抱有静态的眼光。后来随着旅游的发展，人们旅游观念发生了很大的变化，旅游不再是静态的。新的项目如雨后春笋般涌现，旧的项目不得不推倒重来。旅游的眼光不再是静态的，而是动静结合。这要求必须以发展的眼光探究旅游的来源和历史。旅游的存在必须以把握文化为基础。只要旅游不灭，文化就不能灭，灵魂自然也就不灭了。

4.3.3 灵魂会埋藏于哪些形式的文化中

文化是寻找灵魂的依据。灵魂从文化中找，文化包括实物的和抽象的。从文化找埋藏的灵魂，常会有意外之喜。

4.3.3.1 埋藏于书面的记载

从传统的木质、皮质和纸质书籍，到现在的电子书，都是广义上的

书面材料载体。大量的书面史料为寻找灵魂提供了更多的可能，同时也增大了检索的难度。

传统的书面记载包括各种史书、经书、文学作品、报刊、档案、地方志。旅游对历史的考证并不像历史学家那样严格，更像是一种“捕风捉影”，只要有依据或者联系，就有可能被树立为旅游的灵魂。但是，有可靠的文字记载，还是能为旅游提供有力的支撑。对于一个地方，地方志是最为详细的史料。详细的地方志甚至可以拿来作为旅游的导览书。

4.3.3.2 埋藏于遗留的文物

古代遗留的、对研究历史有意义的遗物和遗迹都可以称作文物，包括上述古籍。有文字的文物对历史有着记载；没有文字的文物其实也是会“说话”的。要想让文物“讲话”，一是分析文物的功能，二是结合其他史料比较并鉴定，获取对历史新的认识。

谈到文物，就要提到俗称“千佛洞”的敦煌莫高窟。敦煌莫高窟有大量的壁画和泥质彩塑，是世界上现存最大的佛教艺术地。在洞窟里，可以推演佛教的发展，可以见证几代文明的存在，令人叹为观止。历史留下的实物，无非分为自然物质和人造物质。文物作为人造物质中富含历史价值的一部分，必然埋藏着光辉。

4.3.3.3 埋藏于路人的口碑

既没有典籍，又没有文物，怎么办？问问路人。口碑，有口皆碑。有些历史事件在当地以口头形式广为流传，对于在书本中找不到的答案，问问路人就可能有意外的收获。

口碑也有弊端，就是难以长期地保存下来。当一些事情以口头形式在当地传开时，往往会有用心者以文字记述下来，延长口碑的生命周期。于是，情况经常是，文化从口头出发，又回到文字史料中。

口碑不能只被当地人知道。最好是把事情说出去，让各地的人都知道，才能为旅游提供机会。旅游自身也要成为发声、散播故事的手段。

4.3.3.4 埋藏于居民的习俗

习俗比口碑更为可靠。口碑只是在嘴上说，行动上不一定体现。习俗不仅是将历史体现在行动上，而且是有规律、长期不变的行动。

成都每年农历五月十五前后都在望丛祠举办鹃城赛歌会。每到这个节日，川西坝子的农民就离开自己的住处，从十里八乡涌向望丛祠，相聚赛歌。这种习俗肯定是有历史渊源的。无论是望丛祠的“望”，还是鹃城的“鹃”，都指向了古蜀国的国王望帝。鹃城赛歌会就是为了纪念望帝而举办的。这就是从习俗中揭示历史。

4.3.4 如何从穿越千年时光的文化里寻找旅游灵魂

灵魂体现在历史、习俗与昔日的知识中，并通过将构想化为实际可行的方案来发挥价值。从历史文化里找出旅游的灵魂，不仅需要具备策略性原则，更需要富有智慧的弹性。

以下是具体的实例，让你一窥奥秘和技巧。

4.3.4.1 东方智慧，神秘乐园——河南巩义河洛汇流

(1) 哪里是中华民族发源地

说到中华民族的发源地，我们首先想到的是中原，想到的是黄河中下游地区。具体是中原的哪里呢？也就是说，究竟谁更适合打出“中华文明源头”的名片？关于中华文明源头有多种说法，河洛汇流作为中华文明源头，只是源头说的一种，缺乏影响力。难道，河洛汇流从历史中找灵魂，要以失败告终吗？

(2) 探寻藏在时光中的智慧与神秘

从历史中找灵魂，但是发现最想找到的那个灵魂已经被他者抢先占据，那么就要放弃了吗？并不需要。历史蕴藏丰富的宝藏，不一定要执着于那一个。河洛汇流在定位上的问题是，它的历史以传说见长，缺乏物化的东西为依据，即便有，也容易给人以不可信的感觉。河洛汇流景区位于特殊的地带，指向的文化复杂多元，有新石器时代遗址文化、黄帝文化、源头文化等。可是每一个文化都不太突出，资源呈一盘散沙之势。

时光中的宝藏，必有最名贵的存在。黄金固然珍贵保值，但钻石更为永恒。二者如果只能选择一个，那么要选永恒的那个。时光的宝藏中哪个更为永恒？是一个个的具象吗？不是的。在具象上河洛汇流已失去

优势，那就要在精神层面收复失地。如何把河洛汇流散乱的资源统筹起来？就要以神秘文化为最本质的资源，以东方智慧为景区的灵魂。

河洛汇流的神秘和智慧体现在哪里？相传这里是河出图、洛出书、伏羲画八卦的地方。河图源于天上的星宿，蕴含宇宙的奥秘。河图不仅表现天象，还用于地理，在地面对应青龙、白虎、朱雀、玄武之形。河图至简至易而又深邃无穷。如果说河图表现的是静态原理，那么洛书表现的就是天地空间动态变化脉络的图案。洛书将一至九作为天地变化之数，模拟表达“气、形、质、数、象”五种要素，建构一个宇宙时空合一、万物生成演化的运行模式。八卦就更令我们熟知了。“太极生两仪，两仪生四象，四象生八卦”。万物源自不同属性正反两面的无限叠加。

（3）历史的变与不变

历史的大多数东西都在变。把不变的东西作为灵魂，更为稳妥。变代表的是消亡；不变不是一成不变，而是历久弥新。神秘是不变的，随着时间的推移，原先的东西会更加神秘，神秘色彩始终笼罩上古时期的历史。智慧是不变的，人类在智慧中前行。今人的智慧传承的是前人的智慧，不可对历史的智慧加以否定。

4.3.4.2 从过往到当今的不灭精神——艰苦灿烂的蚂蚁岛

（1）一段乘风破浪的岁月

对于蚂蚁岛，不知道大家是否有所耳闻。和桃花岛一样，蚂蚁岛是广阔的舟山群岛中的一个小岛。正如它的名字那样，这座岛很小。与大陆上许多有璀璨的千年历史的地方相比，蚂蚁岛太年轻——据说只有三百年的人居历史。在20世纪50年代以前，这里是鲜为人知的。

1950年，蚂蚁岛解放之初，岛上居民极端贫困。他们在政府的带领下组织起生产自救。全岛渔民群情振奋，掀起了一股自力更生、互帮互助、艰苦创业的热潮。1952年，舟山第一个渔业生产互助组在蚂蚁岛成立；1958年，蚂蚁岛建立起全国第一个渔业人民公社。当时有“小小蚂蚁胜苏联”的说法，蚂蚁岛成为全国农村艰苦创业的典范。如今，蚂蚁岛已发展成浙江省最大的虾皮市场，出产的虾皮以薄软透明、味道鲜美而远近闻名。

（2）蚂蚁岛旅游灵魂在哪里

蚂蚁岛在舟山群岛中是很普通的一座岛屿。舟山的各个岛屿都在旅游上有自己的风格，蚂蚁岛该给自己找寻怎样的发展方向？做休闲渔业？可以做，但不能作为战略性的方向。只做休闲渔业是没有灵魂的，蚂蚁岛必须有另外的灵魂。

这就是为什么我要讲蚂蚁岛历史的原因。蚂蚁岛的历史呼应了时代背景，令这座本不起眼的小岛闪耀光芒。蚂蚁岛的艰苦创业史一定要通过旅游讲出来。所以，蚂蚁岛旅游的破题思路是从“全国第一个渔业人民公社”出发，以“蚂蚁精神”为旅游灵魂，打造红色教育基地，突出艰苦创业精神，并以此带动休闲渔业和乡村旅游的发展。

4.3.4.3 每个人眼里的时光都不一样——桃渚古城的新生命

（1）被掩埋在时代沙尘下的桃渚古城

桃渚古城是明代东南沿海为抗倭而建制的几十个卫所之一，是台州抗倭的前沿阵地，是古代从海上进入台州府城的要冲，有极高的军事地位。古城如今保存较为完好，城墙、城门、明代街巷和古道格局都完整地保留了下来。

桃渚古城入口

这座具有较高历史价值的古城，本应该重新散发光芒。但是实际上，似有无形的沙尘遮蔽了人们的眼睛，让人们忽视了它的价值。桃渚古城的大量原生态的传统民居都有不同程度的损坏，许多房屋年久失修，濒临倒塌。

桃渚古城面临的问题，一是旅游认同感较弱，二是旅游资源优势不突出，没有哪个文物价值能在同类中跻身前列。桃渚古城的旅游灵魂埋在时光里，可是我们为什么看不到呢？

（2）切换视角，才能看到灵魂

大多数旅游者不是历史学家，不是考古学家。他们来旅游，只是想要满足体验上的快感。从专家的视角看，是不容易看到旅游灵魂的，必须切换到旅游者的视角。所以，为了塑造桃渚城别具一格的形象，我们推出了"军事"主题。

4.4 从花枝翘拼的地图里

4.4.1 这是一个读图的时代

相信大家都从小见过各种各样的地图，比如世界地图、中国地图、家乡的地图……地图蕴含了大量的信息。

地图的演变有着上万年的历史。早期的地图画在羊皮纸或者石板上。再早一些，当原始人想要表达地理的概念时，他们随手拿起一块石头，或者一根木棍，在地上写写画画，就能画出一幅简单的地图。之后的地图越来越高级，如今还出现了电子地图，可以随意放大缩小，有着丰富的功能。随着北斗卫星导航系统的建成，我们可以画出更精准的地图。

我们先看一看最熟悉的中国地图。我国东面和南面环海，黄河与长江汇入海中，催生出沿河而居的文明。观察我国版图，从神奇富饶的黑龙江，到一望无际的内蒙古草原，再到壮阔的西域、世界屋脊青藏高原，再到神秘的云南、广西，皆有各自的风情。再看看夹杂于其中的内地，更是多元文化的大熔炉。地图啊，仅仅是大概看一眼，无数景象就浮现于脑海。

4.4.2 地图暗藏的玄机

4.4.2.1 从神秘的"图"说起

还记得在讲巩义河洛汇流时提到的河图吗？地图的神秘，从根本上来自图的神秘。中国古代有着各种各样的图，其中很多都玄奥无比。“图”这个字的轮廓是方形的，表示在方形或近似于方形的东西上画图。

在上古时期，部落流行图腾崇拜。先民的崇拜分为拜物教和拜神教。不管是拜物还是拜神，所崇拜的东西都是有形象的。把形象画在石块、柱子或盾牌上，就成了图腾。

图腾神秘，但终归不是抽象的，是一眼就能看懂的。之后的人有了抽象思维，画出的图也就越来越抽象。如果事先不了解图的背景，那么是很难明白它的意思的，比如河图、洛书、太极阴阳八卦图。

实用一些的图，有建筑物的布局图，这是将建筑的布局体现在平面的图上，包含着地图的思想。还有一种图大家可能都见过并且玩过，就是棋盘上的图。以象棋为例，象棋相传是舜的弟弟象发明的，是模拟战争的游戏。到西汉开国时期，韩信在棋盘上加了楚河汉界，这就将地理的概念融入图中。

国外的图的发展情况与国内大同小异。因此，图文化在全世界都是历史悠久的文化。旅游从文化中吸取灵魂，就要考虑到重要的图文化。其中最典型的，就是地图。

4.4.2.2 地图有哪些要素

相信大家都会看地图。地图表现的范围是什么？一般是地球的表面，而且是把地球表面摊平为平面。地图的规范很严格，需要如实地反映出图上各个地点的方位与距离，反映出区域的轮廓。地图上的距离比实际距离要小许多，所以是按照一定的比例缩小的。对于地理的要素，地图也不可能将其原貌表现出来，所以是将地点画作小小的点，将区域的轮廓形状涂上颜色，并且标注名称。对河流、道路，则是化为地图上一条条的线。

地图上可以根据需要附加各种信息，比如按照气候或者人口密度给地图涂上不同的颜色。关于旅游，大的有区域的旅游地图，小的有景区导览图，这也属于地图的范畴。

地图在抽象与具体之间采取了折中的原则，使每个人都能轻松地看懂地图。可是，你真的看懂地图了吗？

4.4.2.3 看到地图的玄机，才算是看懂地图

很多事物的表现方法较为通俗，大家都能看懂。有的人只看到了第一层，有的人能看到第二层，有的人却能看到第五层。是什么让不同的人看同一个事物看出不同的层次？对于看东西的人来说是眼界，对于被看的事物来说是玄机。

就拿经典的“看山”来说，有三种境界：看山是山，看山不是山，看山还是山。这就是眼界不同，看到的就不同。其实，山就摆在那里，但是不同的人怎么就能看出不一样的结果呢？这是因为每个人灵魂的独特性，使相同的事物有了不同的反映。如果不是用心去看，而是用机器去拍照，呈现出的画面与实物是没有本质变化的。这是人与机器的区别。

看地图也一样。地图上图的形状轮廓大家都能看懂，地图上标注的各个地点也能看懂，但除此之外呢？你是否能注意到这个地点周围的其他地点？你是否知道这个地方有什么特殊的意义、特殊的优势？看中国地图的时候，你是否能看到一条巨龙盘旋其上？虽然在地图上没有明确地标注出来，但你能否用你的“心”看到它？地图蕴含着极其丰富的信息，不仅要用眼睛看，还要用心看。看到地图的玄机，才算是看懂地图。随着越发深入地看地图，我的敬畏之心越来越强烈。至少，我不敢说我已经看懂了地图。

4.4.3 跟着地图看旅游，会有不一样的发现

地图的奥秘实在是难以穷举。历史学家看地图、地理学家看地图、经济学家看地图，都有各自的视角。我们不妨从旅游的视角窥探地图的奥秘。为什么能从地图中看到旅游的灵魂呢？

4.4.3.1 旅游者是在地图上爬动的蚂蚁

把地图与旅游联系在一起的，自然就是旅游者和旅游行为。将地图拿在手上，联想此刻，有的旅游者乘飞机在两地间飞行，有的旅游者乘车穿行于地图上的各个点位之间，这张图是不是立马就变得生动了呢？你说有的人只在本地活动，不要紧，有城市内的地图，他们可能在公园

散步，可能在商圈娱乐。对于任意一个旅游者的行为，都能找到适当的地图呈现出来。

既然这样，就可以进一步观察了。旅游者并不是随机地在地图上游荡，他们的行动轨迹往往是有特点的。为什么旅游者愿意选择这些地点、这些线路？为什么在某些地方要选择绕路？这都是能够解释的。把旅游地放在地图中，再与旅游者的行动轨迹相对照，可以发现问题。

4.4.3.2　一个地方在地图上的位置决定其旅游定位

旅游定位跟位置是有很大关系的，甚至可以说是决定性的关系。在中国东南地区搞旅游策划和在西北地区搞旅游策划的定位能一样吗？几乎是完全不一样的。就比方打开浙江省的地图，可以发现，有的地方处于长三角，有的地方靠近长三角，而有的地方远离长三角。有的地方沿海，有的地方处于内陆。从浙江省内选出任何一座城市，观察市内各个县的分布，同样可以看出差别。发展旅游不可能不考虑位置。

位置不仅是必须考虑的因素，而且很可能是优先考虑的因素。当对一个地方一无所知的时候，我们如何将已知的东西套上去，来寻求初步的认识？

4.4.3.3　地图可以显示旅游能够借用的“势”

旅游借势，势是什么？是能够托举的力量。势可来自天时，可来自地利。地图不太能体现出时间的概念，所以地图标示的旅游能够借用的势就是地利，或者叫作“地势”。

可以借的“地势”有哪些？有经济之势：周边有经济发达的地区，那么自己也跟着沾光，把那些地区的旅游者吸引过来，吸引消费。有地形之势：身临著名的河流或者山脉，就能借其名号以壮大自身。有文化之势：利用文化的地域性关系，很自然地将文化的优势转移过来，解决缺文化的问题。

4.4.3.4　地图能在不经意间打开寻找旅游灵魂的思路

为旅游寻找灵魂，思维有时会陷入瓶颈。这时候难免东张西望。面对手头的资料，可能一筹莫展。关于目的地的各种信息摆在面前，想要找到突破点，找到灵魂，却难以理出头绪。这时候该怎么办？信息虽然庞杂，但是可以汇集在一张地图里。地图比那些零散的、碎片化的信息更集中、更清晰。兴许看地图的时候，思路就豁然开朗了。对许多信息的了解，就是从地图开始的。地图是对现实的抽象，却又十分地形象。如何从地图里寻找思路和灵感，如何从地图里看到灵魂，这是我们接下来要探讨的问题。

4.4.4 地图怎么看才能看得到灵魂

从地图上找灵魂，既要看得全面，也要看得巧妙。究竟如何看地图，才能参悟其中的奥秘呢？

4.4.4.1 既要往外看，又要往里看

当你为一个区域寻找旅游灵魂时，就要有这个区域的地图。看地图最基本的，是要先看个大概。既要往外看，又要往里看。往外看，看的是区域所处的大环境。看区域在大环境中所处的位置如何，以及周围有什么可以利用的东西。往里看，是看区域内部的布局怎么样，区域是怎么进一步划分的，有什么特别的旅游资源。

4.4.4.2 看旅游目的地的形象

有人问："从地图怎么能看到旅游目的地的形象呢？"旅游目的地的形象，很大程度上是旅游者心中的形象。他们对目的地形象的认知，一部分来自地图。

比如从地图上看到城市在海边，旅游者心中首先浮现的是典型的滨海城市的形象。如果周围由山脉包围，那么形象也就截然不同。人在认知上喜欢贴各种各样的标签，他们对每一种地形贴标签，对每一个地区贴标签。一旦目的地处于这样的地形或地区中，旅游者很自然地就将相应标签贴到目的地。这是固有的印象。

这种印象有时候还会变。对于一座城市人们很熟悉，对其形象比较了解。但是相邻的另一座城市，令人陌生。这时候人们就会想：虽然这两座城市离得很近，但它们一样吗？如果一样，为什么要在如此近的距离分出两座城市？甚至会因为这种想法而强行地、人为地给相邻的区域

找出差别。既然如此，何不顺水推舟，按照旅游者的意思去做呢？

4.4.4.3 看气质，也看气势

气质主要是区域的内在特征。内在丰富的情况下向外稍稍散发能量，这就是气质。旅游灵魂，仅仅是有气质还不够，还要有气势。气势是将气质倾泻出来，对外界造成强大的影响。

看地图，一开始看的是如何借周围的“势”。周围的“势”终究是外来之物。看周围的“势”，不是为了依附。周围的“势”，相当于火柴，目的是点燃区域内在的活力。旅游灵魂所要达到的，是以自己为中心构建秩序，将自己的气势释放出去。

气势有“气”的属性，气能在空隙之间流动。将地图当作是围棋的棋盘，一个单独的棋子周围四个空点是“气眼”。当对手用棋子将四个“气眼”堵死时，“气”不存，则失势，没了气势，灵魂就受到扼杀。因此，从地图中不仅能看到生机，也能看到杀机。生机与杀机的奥秘就是地图的玄机。

4.4.5 一起研究张家港地图

如果我们打开一张绘有张家港及其周边地区的地图，你能看到什么？

从基本信息出发，先看张家港的行政区划。张家港市是江苏省的县级市，由苏州市代管。对于江苏省和苏州市，大家都不陌生。我们继续寻找，发现张家港位于长江的南岸，而且十分靠近长江入海口。这也难怪，毕竟名字里就有“港”，是一座港口城市。依照这些信息，就可以确定张家港的位置了，并且对其有了初步的认识。

知道了张家港在哪里，就可以看张家港周围有什么。张家港的位置得天独厚，位于长江三角洲城市群的中心区域。从附近的城市看，北有南通、如皋、靖江，南有无锡、苏州、杭州，东有常熟、太仓、上海，西有江阴、常州、南京。此外，还可以注意到张家港离太湖比较近。

对于其中的南京、杭州、上海这些大城市，张家港应以合作为主，因为这些城市的“气”很盛，不可与之强斗。张家港与附近的常熟、南通、江阴、太仓等地在各方面旗鼓相当，处于僵持中的竞争格局。张家

港的“气”受到这些城市的堵塞。虽然在竞争的大背景下可以合作来通气，但张家港有被扼制住的危险，必须寻找到灵魂，寻找释放气势的空间。

如何令张家港的气势不可阻挡，使张家港在“龙潭虎穴”来去自如？有以下可以释放气势的办法。

其一，从港口城市入手。张家港的“气”虽然在各个方向都可能受到围堵，但是长江这一天险为张家港提供了得天独厚的条件。五行中的水有“滋润”“下行”的作用，在这里，是长江对张家港气息加以延长。相比之下，太湖就有“远水不解近渴”的感觉。从水入手，往更远的地方看，是遥远的日本，是鉴真东渡的历史，这段历史蕴含着鉴真成功东渡的一种吉祥文化，是张家港宝贵的财富。

其二，从“天堂”入手。俗话说：“上有天堂，下有苏杭。”苏杭堪比天堂。张家港在苏州和杭州的北面。自古以来就有“以北为尊”的说法。“上北下南”的“上”与“北”也很吻合。张家港可以适当地借“上北”的天然优势，打出“天堂之上”的招牌。得天独厚的位置，是张家港旅游灵魂的藏身之处。

4.5 从羽花如梵的故事里

都说旅游有没有灵魂，关键在于有没有故事。看来，旅游的灵魂，还可以从故事里去找。

关于旅游的故事，大家一定听了不少。但关于旅游灵魂的故事，恐怕大家听得并不多。在这里，就讲两个吧，看看羽花如梵的故事里，究竟藏着怎样的旅游灵魂。

4.5.1 陶朱公范蠡的故事

相传在春秋末年，吴国和越国争霸，吴国打败了越国。当时越国有个大夫名叫范蠡，跟随越王勾践在吴国当了三年的人质。后来越王终于灭掉了吴国，成为霸主，而功勋卓著的范蠡被尊为上将军。

范蠡曾对越王勾践有这样的评价：“蜚鸟尽，良弓藏；狡兔死，走狗烹。越王为人长颈鸟喙，可与共患难，不可与共乐。”范蠡看出来越王勾践是个过河拆桥的人，终究离开了越王，弃官从商。

范蠡更名为鸱夷子皮，带上西施，泛舟五湖，从齐地到陶地，在商业上取得了成功，成为巨富，自号“陶朱公”。在这过程中，范蠡曾隐居于浙江德清的某座山，后来被人命名为蠡山。这就是蠡山及其背后的故事。

蠡山风景区的旅游灵魂其实不好找。毫无疑问，大家都会从范蠡和西施的故事里找。蠡山确实有不少相关的景点：西施画桥、陶朱古井、翠岭马回、蠡山祠、蠡山戏台、西施梳妆台……蠡山旅游的问题来自范蠡，也要由范蠡来解决。蠡山的景点就像是范蠡从他的宝藏中拿出的一串珍珠项链，不小心把项链拆散了，珍珠掉了一地。现在要做的就是把散落的珍珠再串起来。

用什么将蠡山的珍珠串起来？解铃还须系铃人。蠡山因故事而生，自然也因故事而立魂。我们决定另辟蹊径。听多了范蠡和西施的爱情故事，不妨去听听陶朱公的故事吧！范蠡有儒商鼻祖之称，被民间奉为财神而受到崇拜，财富（财神）主题可作为蠡山旅游的灵魂。虽然这个故事里范蠡与西施的爱情也值得传颂，但爱情主题颇有雷同，爱情也不是百姓供奉范蠡的主要原因。

蠡山景区旅游策划迅即以陶朱公的故事作为抓手，以“财神”作为其灵魂受到追捧。

所以，灵魂可以从故事中找。不过蠡山的特殊之处在于：“蠡山”的名字就能体现出范蠡，从名字找灵魂也有出路；范蠡的故事有历史依据，从历史找灵魂和从故事找灵魂是有交集的。区别在于，历史表现的是大场面，是集体；故事更能体现个人的品质和成功。但也不必局限于此，条条大路通罗马。如果是从故事找灵魂，把握故事的核心内涵是关键。

4.5.2　白马变黑马的故事

山西晋城的白马寺山森林公园正是借助白马脱缰故事，由“白马”成为“黑马”。

4.5.2.1　白马文化还是白马寺文化

白马寺山森林公园的问题在于功能复杂，整体氛围不协调，文化内涵没能深入公园的各个区域。白马寺有丰富的文化资源，但这些资源既缺乏独特的吸引力，又没能有机地协调起来。为了解决这一问题，必须以某个文化为景区的灵魂，带动全局的协调发展。

白马寺山森林公园作为晋城旅游的一个象征物，必然要展示晋城文化的内蕴。原先大家不假思索地将白马寺文化作为主题方向，实际上陷入了思维的误区：未经思考而被错误引导。

如果以白马寺为文化主题，那么就要做宗教文化。晋城做宗教文化毫无优势可言，白马寺的知名度在宗教界并不高。而且，白马寺文化能够涵盖的范围只有那一座寺院。以白马寺文化为整个森林公园的主题？好像并不兼容。

“白马寺”并不完全是一个宗教意义上的概念。佛教在中国经历了长期的本土化过程，与中国原有的传统文化深刻地融合在一起。白马寺背后的文化框架，是更大一级别的白马文化。白马文化的历史更为悠久，涉及的领域也更为广泛，具有天然的优势。白马文化在不同地区的具体表现形式不一样。在晋城，它表现为一座丰碑。

4.5.2.2 白马脱缰的传说

晋城历史上有两座文化丰碑：孔子回车和白马脱缰。我们要借用的丰碑是白马脱缰。白马脱缰的传说有几个版本，其中一个经典的版本是讲一位少年的故事。相传古时有一位少年，在冬天上山砍柴，回来时遇到一位老者索柴取暖，少年大方地将柴给了他。老者赠少年一纸马，说：“这是神马，如果有需要帮忙，念咒语就可以。”少年返回村庄后，狂风大作，大雪纷飞，邻居都感叹无法进山砍柴。少年念咒将纸马变为白马，上山砍柴而归。一个地主知道后，想把白马据为己有，勾结歹徒深夜盗马，被白马踢翻在地，马铃散落。少年从睡梦中惊醒，跃上马背，与白马一道腾空而去。后来，马铃化作马铃石，漫山遍野都是。后人在此建寺，名为白马寺。

白马脱缰的传说赞颂的是百折不挠、忠诚善良、舍己为人、积极进取的精神，在当今都有较强的激励意义。晋城的中小学曾开展“争做白马少年”的活动。白马文化蕴含的精神力量深入当地人的心，为晋城的发展提供重要的精神动力。所以，将白马文化这一丰碑作为白马寺山森林公园的灵魂，是最优选择。

4.6 从懂你情怀的民俗里

民俗是一种习俗，是一种情怀，常常也能成就旅游的灵魂。

4.6.1 懂你情怀的民俗

甘肃省甘南藏族自治州（以下简称甘南州）原本有三大景区：当周草地公园、南山景区和合作森林公园。从这三大景区的名称就可以看出，甘南州有美丽的草原风光和优质的森林生态。实际确实如此，甘南州的自然环境是一大优势。但比起优势，甘南州的旅游发展问题更为明显。三大景区开发程度较浅，各自为政，没有强势的合力。虽然甘南有良好的自然环境，但观察其周围地区，名山大川比比皆是，相较之下甘南州就显得普通了。并不是说甘南州的自然风光没有吸引力，而是说其自然风光缺少某种力量的整合与升华，这种力量就是我们经常寻找的灵魂。

当自然环境的吸引力总是差那么一丝火候时，就要从自然环境以外的部分入手。自然环境以外的部分是人的因素。在人的因素中，我们可以关注许多方面。其中，民俗是重要的入手点。

什么是民俗？简而言之就是民间文化。文化涉及的面非常广，可既然是民俗，是民间文化，不至于像一般意义上的文化所指代的那样空泛。因为民间文化有这样的特点：一是民间的。民间的文化有别于所谓的高雅文化和精英文化，有更浓烈的烟火气息。二是本土化的。民俗流行于特定的民族或者社会群体当中。有些民俗，比如春节，流行于全国。有些民俗只流行于一个小地区。尽管这种地区性的民俗很小众，但这样反而可以成为地区的强烈符号，对于维持地区的独特性有不可替代的促进作用。民俗既然有强大的吸引力和特殊的表达力，那么就可能造就旅游的灵魂。

4.6.2 “香巴拉”旅游灵魂的澎湃动力

“香巴拉”你可能不太熟悉，但是它的另一个说法“香格里拉”，你肯定听过。它们都是藏语的音译，意思是“极乐园”。香巴拉是藏传佛教传说中的人类圣地，是一片环境优美、生活自由的净土。“香巴拉”最初只是出现在典籍当中，出现在宗教传说中。后来随着这一概念在民间的普及，它的表现形式也更加民俗化了。

如今的香巴拉，含义已不仅限于“极乐园”这样的空间概念。香巴拉的背后，实际上是多种民俗的集合，如饮食、购物、节庆。一年一度的香巴拉旅游节主会场原来就一直设置在甘南州。香巴拉具有浓郁的地方特色和民族特色，是整个甘南地区的民族之魂和文化符号。很多人对香巴拉这一神圣的符号有向往之意，并渴望能够参与并融入当地的民俗活动中。以香巴拉作为综合性的节庆活动，并作为规划区的专属，将动态的节庆景观化，是统筹甘南州三大景区灵魂的神来之笔。

4.7　从梦若神机的成语里

当我说“一个成语，就是一个世界”时，你是否陷入了怀疑？不仅如此，我还告诉你，旅游的灵魂有时还能从成语中找到。

不信？我们来看一看！

有一个成语为“天涯海角”，形容极偏远的地方。这个成语用在哪里？一种情境是为了躲避祸乱，逃到天涯海角，没有人追得到；另一种情境是亲友相隔两地，对于一方来说，另一方就是在天涯海角，突出的是思念之情。“天涯海角”代表的是一个世界，一个与外界隔绝的世界。后来有人寻思，既然传说中的“世外桃源”有具体的位置，那么“天涯海角”是否也指代一个具体的地方呢？

想象一下，如果让你指出“天涯海角”代表的地方，你会指向哪里？每个人的心中都有一个“天涯海角”，是一个极远的地方，是在自己认知中的世界的边界。

另外，提到“天涯海角”，想必很多人自然地想到海南。天涯海角游览区是三亚市天涯区的著名旅游景点，这个天涯海角游览区是有历史依据的。早在康熙五十三年（1714 年）这里出现“海判南天”石刻。雍正五年（1727 年），崖州知州程哲在此海滨巨石上题刻“天涯”二字。抗战期间，政府官员在相邻的巨石上复题写“海角”二字。于是，

"天涯海角"成为这片滨海地区的旅游的灵魂。

每个人的心中都有一片圣地。这片圣地自成一个单独的世界，与外界隔绝，只因此地有出尘的气质。成语是中国传统文化的一大特色，作为固定的表述搭配，成语深入人心。将成语用于旅游，容易引起大家的共鸣。很多成语，就是对心中理想世界的概括。问题是如何找到依据，证明这个地方最适合用这个成语。天涯海角游览区的石刻，显然是很有力的依据。

4.8 从句句惊艳的诗词里

4.8.1 诗词惊艳了旅游

既然成语里可以藏灵魂，那么中国语言文化的另一种表达形式——诗词，是不是也可以藏灵魂？自古以来，不少诗词就和旅游景点联系在一起。例如，崔颢的《黄鹤楼》，王之涣的《登鹳雀楼》，杜甫的《登岳阳楼》，张继的《枫桥夜泊》，刘禹锡的《乌衣巷》，柳永的《望海潮》……

4.8.2 诗词惊艳了灵魂

不过这些诗词大多是对景点的直接描写，景点因为有诗词的印证而更有名气。但这些诗词一定是旅游的灵魂吗？不一定。一是因为有的景点名气本身就不小，诗词只是锦上添花；二是因为景点没有以诗词为发展的依据，不会因为诗词而改变样子。我们见到的大多数情况是：不是诗词造就旅游，而是旅游造就诗词。既然是要为旅游寻找灵魂，我们更喜欢前一种情况：让诗词造就旅游，成为旅游的灵魂。有一个景区是真的将诗词作为灵魂——孟郊故里。

孟郊出生于德清县，因此，德清县想把孟郊这一文化名人资源利用起来，开发一个旅游项目。曾有一些备选的方案：孟郊祠、孟郊纪念馆、孟郊纪念园。这些方案的共同特点是按照传统的名人故里开发模式策划。在群星璀璨的唐代，孟郊虽然有一定的名气，但比不上李白、杜甫等大家。李白可以支撑起江油，杜甫可以支撑起巩义，而让孟郊支撑德清，就显得很吃力了。

孟郊最经典的一首诗是《游子吟》，这首诗的名气甚至超过作者本人。类似的，崔颢曾经写下的一首《黄鹤楼》，成为巅峰之作。当李白登临黄鹤楼看到这首诗时，想不出更好的诗，就放弃了。也就是说，不能将目光局限于诗人。如果诗的名气更高，从诗入手才是上策。《游子吟》在孝道文化方面是巅峰之作，自然是更好的选择。

因此，在做孟郊故里的项目策划时，我们放弃做“人”，转而做“诗”，体现诗的文化内涵，以游子文化为灵魂。

这样看来，成语可以藏魂，诗词可以藏魂，那么同理，其他体裁的文字组合、文学作品也可以藏魂。在为旅游寻找灵魂时多考虑这些语言文字的发展成果，可以有不少令人惊喜的发现，实在是妙用无穷。

4.9 从美醉流年的祝福里

“福如东海，寿比南山”，这是祝福的名言，可以合起来用，也可以拆开单独用，形容人的福气像东海那样浩大，寿命像终南山一样长久。最早的祝福，通过拜神、祭祀等活动来求得幸福安康。现在，祝福是亲友间的问候，是对他人的美好祝愿。可以说，祝福这一行为和文化经过了悠久的演变，历来受人喜爱。祝福能不能被用于旅游的灵魂？是可以的。接下来我们看一看。

4.9.1 给你一个“福如东海”的祝福

浙江舟山普陀区令游客熟知的是以普陀山为主的观音文化和以朱家尖为主的沙滩及沙雕艺术。局部形象可以在短期内为旅游地带来暴涨的热点，但从长远和全局上看来，旅游目的地缺乏一个整体的形象，这就使区域内大量的旅游资源没能发挥出效用。

“福文化”在我国有深厚的历史底蕴，其核心是一个“福”字。这个字最早见于甲骨文，本意是神祖的保佑。从甲骨文的字形来看，“福”是双手虔诚地捧着酒坛敬神的形象。《说文解字》提到：“福者，备也；备者，百顺之名也。无所不顺者，谓之备。”《尚书》有“五福”的说法：“一曰寿，二曰富，三曰康宁，四曰攸好德，五曰考终命。”在过年期间，家家户户都贴上“福”字。“福文化”是中华文化的灵魂。如何将“福文化”叠加于原先的观音文化？

他山之石，可以攻玉。在这之前，山东省的荣成市就有这么个地方，叫作“福如东海风景区”。景区自然地貌宛如一只浮在海上的巨大葫芦，寓意“福禄”。正巧，舟山市也濒临东海，按照“福如东海”的说法，能够得到认同。普陀区的“福如东海”主题园只是策划的一部分。我们还策划了诸如“五福临门”城门景观、爱情福窝窝、福文化沙雕景区、多子多福林等项目，将“福文化”深深地嵌入普陀区。其实，“福文化”之所以能与观音文化叠加，是因为许多人供奉观音是为了祈福。

4.9.2 分享一下“寿比南山”的祝愿

看来，以“福如东海”等说法为代表的“福文化”确实能成为旅游的灵魂，那么“寿比南山”可不可以呢？

寿比南山是一个成语，意思是寿命像终南山一样长久，是对老年人的祝福。寿比南山出自《诗经·小雅·天保》的“如月之恒，如日之升，如南山之寿，不骞不崩。如松柏之茂，无不尔或承”。“南山”指的就是终南山。

然而，南山不止这一处。在海南三亚，也有一座山叫作“南山”，而且是中国最南端的山。这座山历来被称为吉祥福泽之地。南海本来就与观音菩萨密切相关。南山靠近南海，自然也就沾上这福气。唐代的鉴真法师第六次从张家港东渡成功，于是张家港有了吉祥文化。其实，再往前推，鉴真第五次东渡未果后漂流到南山，在此居住一年半之久，并建造佛寺。所以南山的吉祥文化也是经过了多方印证的。

这样一个福泽之地，应该考虑从祝福中寻找灵魂。巧的是它叫作“南山”，正好可以将“寿比南山”的祝福语借鉴过来。于是南山不仅有“福文化”，还拥有“寿文化”，当然“寿”是“福”的一部分。对于“寿文化”的落地，南山将中国福寿文化园作为三大园区之一。

祝福是旅游的灵魂的一种来源。上述“福如东海”和“寿比南山”是利用地理上的名字与传统的祝福语结合。这样做选择面有点窄。实际上，更多的旅游景点做的是将祈福的文化默默地融入环境中。比如各地的佛寺，虽然没有强调祝福，但很多人是奔着祝福去的，这也是旅游的灵魂。

4.10 从伟大深邃的思想里

思想是行为的灯塔。旅游设计灵魂的每一个环节，都要有思想的指引。但是从思想中寻找旅游灵魂，与旅游策划的思想指的不是同一件事情。从思想中寻找旅游灵魂，这思想指的是指导人类为人处世的思想。这些思想的诞生背景与旅游无关，却能成为旅游的灵魂。

4.10.1 “两山”思想的深邃

伟大的思想超前于时代，超越于平凡，却又立足于当今，立足于平凡，并与时俱进。思想可能是一种理念。就拿“两山”理论来说。它提出于 2005 年，简而言之是“绿水青山就是金山银山”。这一思想的诞生背景是什么？人类自古以来就依赖于自然，并与自然作斗争。进入工业文明之后，人与自然的关系变得紧张。一方面，工业文明给人带来信心，人们认为自己已经能够征服自然，摆脱对自然的依赖和敬畏；另一方面，为了获取更多的经济利益，人类变本加厉地掠夺自然资源、破坏生态环境。后来人类开始受到这种恶劣行径的反噬，面临生存危机。

在自然与人文二元对立的背景下，出现了不同理论。有的是自然中心主义，认为人类应该放弃当前的文明成果，回归从前的生活，这种主张历史倒退的想法显然不切实际；有的是人文中心主义，提倡用科技的力量彻底战胜自然，实现经济完全摆脱对自然的依赖，实则将人类拖入万劫不复的深渊。在这一背景下，“两山”理论遵从马克思主义的自然观，基于人类的实践探讨人与自然的关系，指出人与自然和谐发展、经济文明与生态文明两手抓是可行的。

由于这一思想是在安吉余村提出的，所以余村将“两山”理论作为旅游的灵魂，建设美丽乡村的指针。既优化余村的生态环境，又为余村创造收入，正是“两山”理论构想的美好发展模式。另外，余村在对思想的运用上占得先机，成为思想的精神地标，这种精神力量成为余村的旅游名片。

思想成为旅游的灵魂，是这样的一个过程：首先，地方为思想提供萌生的土壤；等到思想成熟并成名时，地方的旅游借助思想这一东风起飞。思想是灯塔，指引无数的船前行。当这灯塔受到世人的认可时，灯塔自己就变成了著名的旅游景点。余村先充当船的身份，然后充当灯塔的身份。

4.10.2 孔子思想的伟大

说到思想，就不得不提一下影响我国数千年的思想家——孔子。曲阜“三孔”——孔府、孔庙、孔林，其灵魂是孔子这位人物，还是孔子的思想？显然，“三孔”与名人纪念作用是分不开的。但从其浩大的规模来看，远远超出名人纪念的意义。“三孔”景区的建筑风格，是封建文化的积淀。人们到“三孔”旅游的目的，除了纪念这位名人，主要是因为深受儒家思想的影响。

思想作为旅游的灵魂，为旅游赋能的作用是绝对显著的。可伟大的思想是极为稀缺的资源，能否运用，要看缘分。

4.11 从唯美意境的风景里

前面说到的其实都是从历史、文化中寻找灵魂，那么，现在就来说一说另一个重要的方面：自然与生态。

从历史中找灵魂，从文化中找灵魂，相信大家都能理解，都能认同。旅游的灵魂除了喜欢依附在流醉千年的历史文化中之外，还常常藏匿在自然里，藏匿在风景中。

首先要说的是旅游的灵魂喜欢藏在风景里。

4.11.1 风景有学问

什么是风景？你也许认为这个问题不需要回答。可你真的对“风景”的概念清楚吗？你又是否知道风景代表的是什么？是时候重新审视一下了。

4.11.1.1 “风景”是风与光线的搭配

风景——这个令人熟悉的概念，在旅游中几乎每次都能谈起它。风景究竟说的是什么？通常的解释是，风景是供观赏的自然风光、景物。我们很容易理解什么是景。景的本义是日光。上古的“景”代替“影”字，因为影子是由光线照射产生的。反过来，影子又能作用于人的眼睛，成为景象。景，正是因为日光产生的。

那为什么又要加上“风”呢？与“景”字搭配的有“景色”“景象”“景观”“景物”“景致”……却都没有“风景”一词来得妙，这是为什么？“风”指空气，“景”指日光。“风景”是两个意象的叠加。凑巧的是，这两个意象叠加得刚刚好。风和光线都是没有形状、不可触摸的物质，但它们确实对我们看见的画面起到了渲染的作用。光调整画面的亮度和颜色，风使光线和物体流动。我们看见的，就是风与光线处理过的画面。

比如海市蜃楼，其中的原理简单来讲，是空气中冷热不均形成特殊的分布，光线经过这些空气时发生折射，使人看到远处的物体。这是风与光线的杰作。

4.11.1.2 风景是所见者的情感寄托

当然，人在看见风景的第一时间，对风景是没有感情的。可是当人的大脑对风景做出反应时，有的风景令人愉悦，有的风景令人悲伤。我们的每一根心弦在不知不觉中就被风景、被视野中的一草一木牵动。正如“感时花溅泪，恨别鸟惊心”抒发的那样，人们将情感寄托于风景。“一切景语皆情语”。风景真的有那么特别吗？其实是因心而异，心又因人、因时机而不同。

由于人与风景间的作用并不是“看”那样单一，风景的概念逐渐超越了其本义。风景不仅从自然景观扩展到人文景观的范畴，还从简单的视觉转移到思想。

有人借景抒情；有人寓情于景；有人看到颓圮的篱墙，就心生感伤；有人稍稍察看人群和街市的气质，就能把握社会的脉搏。风景是从所见到所想，它不是简单的景，而是景加上刮进内心的风形成的奇妙感觉。

4.11.2 风景有意蕴

风景有着深刻的意蕴。从风景中找旅游的灵魂比从其他地方有更明显的优势。经常出现的情况是，风景成为当地旅游的核心。其他东西可以没有，但不能没有风景。风景中的深刻意蕴主要有以下几点。

4.11.2.1 旅游中的风景无处不在

风景对于旅游有多重要？可以说，“无风景，不旅游”。旅游者在旅游中的第一认知，是对环境的感知。风景是人感知环境的重要成果。观光是旅游最基本的动机。尤其是在早期缺乏娱乐设施的时候，旅游行为的产生就是以观光为主要驱动力的。即便是在娱乐设施充足的年代，或者娱乐设施丰富的目的地，旅游者对新地方的初次认知也是依靠观光达到的。娱乐设施，也要和风景充分结合起来。

再说，风景怎么会仅限于观光呢？如今但凡是名胜，都被划分为景点和景区。但风景的范围远不止那些被划分好的景区，它包括旅游者在任何时间、任何地点看到的一切。说得再贴切一些，图画和风景可以等同，而图画可以把一切都画进来，所以不难理解，风景也可以把一切都收纳进来。

总有一些灵魂，因为没有其他地方躲藏，只好躲在风景中。只要有一双善于发现的眼睛，就能在不一样的风景中看到灵魂。

4.11.2.2 风景代言的是生命

为什么有些风景令人愉悦，有些风景令人悲伤，有些风景令人恐惧？还是从海市蜃楼说起。你或许听说过这样的例子：一行人在沙漠中饥渴地行走，忽然看到远处有一片沙漠绿洲，绿树和青草在水边生长。于是他们满怀希望，前往绿洲，结果发现什么都没有。这就是让无数人从希望到绝望的沙漠海市蜃楼。这样的事情能够说明，风景代言生命，给人带来求生的动力。还有一些令人悲伤或恐惧的风景，是对人的警示，让人不要靠近，否则生命安全将受到威胁，这是风景对生命的保护。

风景代言生命，地球的风景因生命而大不相同。如果没有生命，地球表面也许全是光秃秃的岩石，再也没有绿色。如今能看到的风景基本上是对生命活动的演绎。从各方面来看，风景对生命有代言资格。掌握了生命，就离灵魂不远了。

4.11.2.3 风景牵动的是精神

风景牵动人的精神。最简单的，风景为人带来视觉上的愉悦感。可以依靠一些颜色、明暗、远近、形状等组合，搭配出符合人审美的风景，从而为人带来精神上的愉悦。比如绿色给人的眼睛带来舒适感。接下来，风景给人的感觉从视觉扩展到其他感官。红色和黄色给人带来温暖的感觉，蓝色给人凉爽通透之感。

我们看到的风景，都会在思想和经验的世界中被进一步加工。这样，看到的就不仅仅是风景了，可能是认知中的各种东西。就像有的人在夜晚看到月亮照在空阔的江面，思乡之情油然而生。风景牵动人的精神，因为人有无限的想象力，能够将眼前之景通过想象转化为另一个截然不同的画面。人在星空之下显得渺小，但人的伟大之处在于，只有人可以对着星空产生如此多的联想。

4.11.2.4 风景永远不会过时

旅游从风景而来，是否会最终脱离风景，自谋发展呢？不会的。风景当中最有灵魂意义的是自然风景。人类经过数千年的创造，让文明发展到了辉煌的地步，对大自然的控制力越来越强，仿佛自身就是自然的主宰。实际上，人类面临的未知远远多于已知。这些年发生的许多自然灾害表明，人类在大自然面前是微不足道的，所以绝不能无视自然环境对人类的影响。

旅游也是一样的。随着现在科技的发展和商业模式的丰富，人们可以依据自己的想法制造风景，比如建造巨大的公园，或者把风景带到影视作品、虚拟现实中。这种趋势看似说明旅游正在摆脱对自然风景的依赖，实际上，大家没有看到的是，离开了风景，现在的旅游基本做不起来。风景永远不会过时，我们应该学会让旅游与风景和谐相处、共同进步。

4.11.3 风景有灵魂

因风景而造就旅游灵魂的很多。这里以山东蓬莱为例。

蓬莱，这是一个家喻户晓的地名。蓬莱为什么如此出名？因为它有极其丰富的旅游资源，向来有“人间仙境”的美誉。蓬莱有“海市蜃楼”的奇观，有“八仙过海”的美传，是古代海上丝绸之路的起点之一，是抗倭英雄戚继光的故里。蓬莱有40多处旅游景点，其中有国家重点保护文物——蓬莱阁和蓬莱水城，有“仙阁凌空”“日出扶桑”等十大景观。除古老的景区之外，蓬莱还新建了蓬莱海洋极地世界、“八仙过海”等宏大的景区。可以说，蓬莱旅游十分地多元化。但这使蓬莱旅游面临新的问题——群龙无首。正因为如此，蓬莱的旅游开始显现出混乱之势，这令旅游从业者和游客都无所适从。蓬莱丰富的旅游资源需要用灵魂来统御。

为了统筹旅游市场，蓬莱计划构建“蓬莱旅游地标”。只有找到了蓬莱旅游的灵魂，才能明白什么可以作为蓬莱旅游地标，才能为接下来的行动规划路线。

蓬莱旅游无限生机的源头是什么？我们一一来看。“八仙过海”景区很有名，之所以有名，是因为“八仙过海”的故事有名。然而这个故事是虚构的，不可能单独支撑起蓬莱的旅游。蓬莱水城，反映明代戚继光抗击倭寇的历史，但是显然军事文化不是蓬莱文化的主流。再比如蓬莱旅游代表蓬莱阁，是不是旅游灵魂呢？蓬莱阁是一个道教宫殿，人们不见得热衷于道教。之所以有这么多人登临蓬莱阁，是为了看到“海市蜃楼”这一番胜景。

再联系其他的方面想一想，蓬莱之所以是“仙境”，之所以有“八仙过海”的故事，就是因为它有着独特的风景。可见，风景才是蓬莱旅游的灵魂。

不仅是蓬莱，对很多地方来讲，风景都是灵魂。在灵魂的来源中，风景占有重要的地位。

4.12 从自然隽永的山水里

山山水水，也许都能成为旅游的灵魂。

4.12.1 九寨沟的水，黄山的迎客松

当人们随时随地脱口而出“文化”这个词时，我的心中会闪过一丝

隐忧。诚然，当今世界的人类文明如此辉煌，文化大发展、大繁荣，我们的制造能力可以将文化以丰富的形式表现出来，文化对产业尤其是旅游业的拉动力不可忽视。但是，当人们不假思索地说出“文化”这个词时，很容易成为空话、标语和口号。文化一定能为旅游带来正效应吗？一定能为旅游带来灵魂吗？我们是否真的理解文化？了解灵魂？我想说的是，不能为了文化而谈灵魂、绕远路，有时旅游灵魂要直接从山水本身去寻找。

相信没有人会否认黄山旅游的灵魂是迎客松，九寨沟旅游的灵魂是水，玉龙雪山的旅游灵魂是雪。

4.12.2 湖州水云涧的涧

在浙江湖州，有一座黄回山，是一座普普通通的山，名气并不大。山中也没有什么特色旅游资源，只有一条小小的瀑布和湖州随处可见的竹林。这里实在是没有什么东西可以做，但投资商对此地情有独钟，一定要做。那么该做什么呢？按照惯常的思维，对于一个名不见经传的地方，我们要以文化赋能。

这个地方有文化吗？经过“踏破铁鞋”地寻找，我们终于找到了。一是历史传说：此地南朝四代曾出过五位皇后；二是名人：这里是南北朝时期著名文学家沈约隐居的地方。

看来寻找文化的成果还是很丰富的。有的地方能找到一个文化亮点就能做得很好了，我们找到了两个。可实际是这样吗？第一点，以皇后做文章，根据史书记载，确实是有证据的。但是通过考察，我们发现，这里并没有什么遗迹可以显示皇后存在过。如果在没有实物依据的情况下凭空去打造景点，太牵强了。第二点，做名人故里，也有问题：沈约的名气还是不够大，他并没有特殊的事迹来为项目贡献主题，再说附近已经有了孟郊故里，做沈约故里就重复了。因此，所谓的“亮点”并不是亮点，旅游找魂要另谋出路。

过于强调文化，会导致文化背后的成因被忽视。人类的文化是后天产生的。相比之下，感官是人的第一反应。感官包括全身一切能够产生感受乃至意识的器官。因为有感官，人类有了欲望，但由于受到自身能力的限制，或者与他人的冲突，欲望得不到满足，于是利用文化组织起精神的秩序。文化是人区别于动物的重要标志，但感官仍旧是灵魂中最核心的部分。如果在不必要的情况下让文化压制感官，那么结果会适得其反，贻害无穷。

游客是为了追寻所谓的高雅文化才来这个地方的吗？从第一动机来看，不是。文化之所以具有吸引力，是因为它能与游客的感官交互，带来愉快的体验。如果寻找灵魂变成为了文化而找文化，那么灵魂就失去了作为灵魂而应有的活力。何必呢？不如挣脱“文化”的枷锁，直接从感官入手，从感官寻找灵魂。想必，投资商对此地情有独钟，也是因为在感官上“一见钟情”。

此地要想满足游客的感官，就要回归自然。德清有名山，有湿地，那么再加一个“溪涧”概念。溪涧有野趣，有灵气，这是从多个感官入侵游客的心灵。也就是说，该项目应当将产品定位于满足游客回归自然、休闲度假的功能，在满足感官的基础上，再增添文化体验的功能。而文化体验最终还是为游客的感官服务的。

面对一些事情，最理想和最简单的方法是从实用和尊重人性的角度出发，不需要将事情和想法弄得那么复杂。文化是旅游的重要组成部分。但同时要考虑，文化究竟是以何种方式作用于旅游的。显然，如果我们能猜到旅游者的动机，就可以满足感官的追求。

4.13　从万物有灵的飞禽走兽上

4.13.1　飞禽走兽皆有魂

人类本身就是一种动物，很容易将情感转移到其他动物身上。人对动物的情感是复杂的，有喜爱、厌恶和中立之分。喜爱有普通的喜爱，也有更高的崇拜。厌恶当中的极端是恐惧。比这更复杂的是既崇拜又恐惧。因为特征不同，动物带给人的情感各不相同，所以动物以各种各样的象征意义融入文化当中。有的动物被神化，有的动物被妖魔化。

比普通的情感更重要的是人的好奇心。不管是喜爱还是厌恶一样东西，人总想看看它的样子。于是动物园火了起来，吸引城市中的游客前来观赏。然而动物园这种大杂烩的缺点也很明显。一是缺乏具体的主题，游客到处看，如同看碎片化的影像。二是没有本土性和原真性。将动物拉到异国他乡，脱离原本的栖息环境，使人感觉失去了本真。在北京的动物园看狮子和在非洲的大草原看狮子肯定是不一样的。

现在的游客追求越来越多元，品位越来越高，不但要到动物园里看动物，还喜欢看呆萌可爱的动物，于是，各种各样的萌宠乐园受到欢迎和追捧。

从万物有灵的飞禽走兽上寻找旅游灵魂的案例很多。譬如，南湾猴岛的猴，江苏大丰湿地公园的丹顶鹤，浙江安吉竹博园的大熊猫，它们都成了旅游所要寻找的灵魂。

4.13.2　空石林景区的大熊猫

宝兴县的空石林景区，名气不大，但有一些独特的旅游资源。

这里有全亚洲最大的杜鹃林，从山脚到山顶不同的海拔高度分布着100多种杜鹃花，还生长着当地独有的寄生杜鹃。每年4月到9月，各类杜鹃竞相开放，争奇斗艳、放眼望去，漫山花海。

在9月以后，红叶层林尽染。在杜鹃花开放前的3月，此地独特的野桂花树反季开放，清香扑鼻，而后夹杂于杜鹃花当中，把山装扮得色彩斑斓。

在海拔3000米处，坐落着寺庙遗址，是精神的皈依。在山顶不仅可以烧香拜佛，还能欣赏云海日出，仿佛置身于仙境。

此地有世界稀有的熊猫资源，1990年北京亚运会吉祥物“盼盼”从这里走出。另外，正如它的名字“空石林”，这里有喀斯特地貌，分布着规模庞大的怪石群落，形状各异，形成“怪石迷宫”。

这些资源有独特性，但缺乏唯一性和垄断性，每种资源在其他地方都能找到更好的替代物。究竟该以什么为空石林景区的旅游灵魂？

寺庙遗址和云海日出与同类中的佼佼者比起来显得很一般。况且这两者只是山顶的局部景色，不能代表景区的全局。杜鹃林、红叶和野桂花开放于不同季节，并且知名度不高，以花为灵魂也很难做起来。那么如果以石林为灵魂呢？宝兴县的空石林是自然奇观。但在喀斯特地貌方面，云南石林更为有名，宝兴县的空石林无力挑战。其实，空石林的主人才更引人注目。

1867年，法国传教士戴维第二次来华。他听说四川西部一带动物种类很多，其中有一些是人们尚未知晓的珍稀物种。于是，他从上海来到宝兴，不久之后发现了大熊猫，在西方世界引起轰动。宝兴便成了熊猫“老家”。

由于景区良好的生态环境，现在依然有十余只野生大熊猫栖息于此。以熊猫作为灵魂，有足够的说服力。况且，谁能拒绝熊猫的吸引力呢？虽然以熊猫为主题会面临同质化的问题，但这种稀缺的资源有许多方法可以做得独特，同质化危机不是放弃熊猫这一灵魂的理由。

现在的游客不会接受在普通的动物园里看动物。看动物，去动物的故乡看是第一选择。大熊猫是我国的特有物种，是“国宝”，外表可爱，深受各国人民的喜爱。在熊猫的故乡打出熊猫的主题，是找到了当地旅游的活的灵魂。

4.14 从芬芳馨香的花花草草中

4.14.1 会说话的花花草草

我们以花草树木笼统地指代所有的植物。人类有语言，动物有叫声和肢体行为，都有灵活的表达方式，而植物只能慢慢生长，从不说话。如何让植物“说话”呢？

人类理解植物表达的意思，比理解动物更难。但人们通过给每一种植物赋予了不同的精神内涵，让植物有了灵魂。北宋理学家周敦颐在《爱莲说》一文中列举了一些植物的精神内涵，菊象征隐逸，牡丹象征富贵，莲象征清廉高洁。不少文学家托物言志，以植物为意象来表达自己的想法。对于植物的内涵，人们达成了一些共识。有一个词叫作“花语”，起源于古希腊，是指人们用花表达人的语言。所以，植物是会说话的。

4.14.2 花花草草有灵魂

如果能接受“花花草草会说话”的观点，那么也就能接受“花花草草有灵魂”的说法。比如花有“花魂”，指的是花的韵致。有句诗“花魂迷春招不归，梦随蝴蝶江南飞”，说的便是诗人在春色中神情迷惘，从而看见“花魂”。

4.14.3 桃花岛上的桃花

一开始桃花岛是根据金庸的小说主打武侠文化。后来发现游客不一定能将桃花岛与武侠文化联系起来，就改变了策略，回归到“桃花”本身。桃花的花语有：宏图大展、桃李满天下、春天、爱情的俘虏等。人们提起桃花一般会联想到爱情，桃花岛应该以爱情为灵魂。

花有“花魂”，竹也有“竹魂”。竹乃花中四君子之一，也与松和梅并称为“岁寒三友”。竹子是世界上生长最快的植物之一，象征高洁、正直和坚强。竹子也是旅游的热点。长久以来，竹子与旅游的结合是以观景为主的，观赏一片绿油油的竹林，但这会渐渐地陷入瓶颈。未来“竹旅游”要想突破，就要从灵魂入手。安吉竹博园就起到了一个很好的先行示范作用，以“竹”为旅游灵魂。

4.15 从千锤万凿的金石中

“千锤万凿出深山，烈火焚烧若等闲。”古来诗人多咏动物、咏植物，于谦却咏石灰石。动物有灵魂，植物有灵魂，石灰石也有灵魂。这类非生命体但有灵魂的物质被称为“金石”。

“金”泛指金属，可金属里面较受推崇的恰恰是黄金。真金不怕火炼，黄金的珍贵是举世公认的，因为对黄金的认可始于对形貌的喜爱，终于对财富的追求。黄金代表的财富文化成了诸如温州瑞安、鳌山景区等地的灵魂。

另外，石头同样受到推崇，人们常用它来比喻事物的坚固、刚强，比喻心智的坚定、忠贞，常常用于爱情中。海南浪漫天缘景区的开发受到“海枯石烂”“山盟海誓”等成语的启发，景区中的主要景色是海，但石头也发挥了不小的作用，尤其是在第一大景区——“海枯石烂”爱情朝圣景区。“海枯石烂”是指海水干涸、石头腐烂，形容历时久远，比喻坚定的意志永远不变。“海枯石烂”既可以看作是“海枯”和“石烂”两件独立的事，也可以看作一件事：石头在海边矗立，受到海水的拍打、腐蚀，却依然坚挺。所以，将石头放在海边，是注入灵魂之举。

“海枯石烂”景区处处都是石头，全方位地发挥石头的内涵。入口处是红色花岗岩质地，镶嵌心形汉白玉。“爱神大道”上的试金石，寓意“精诚所至，金石为开”。“七夕圆”景区，利用良好的礁石资源，以五颜六色的七彩圆石为载体，将赏石与七夕爱情传说结合在一起。

再回过头来看看金属。有一种叫作锡的金属，可以用来制造兵器。于是，锡也成为战争的象征。有一个地方叫作无锡。关于它的名字，有一种说法是此地周秦间盛产锡矿，到秦末汉初锡矿渐渐地枯竭。人们认为没有锡是和平的象征，于是把当地定名为无锡。不管这一说法是否属实，都代表了无锡人民对和平的向往。想必无锡能够有灵山大佛，有拈花湾，就是因为无锡人民热爱和平而保持了此地的钟灵祥和之气，让此地积聚禅意和佛性。

金石与人的文化有不解之缘。人类文明是从石头开始的。早期的人磨制石器，助力生存。度过石器时代后，人们开始接触金属。金石与人类一同成长，早已在人们的心中刻下不可磨灭的文化烙印。金石的稀有程度不一，形态、质地千差万别，由于多样性而被赋予不同的内涵。关于石头，还有许多美丽的传说。女娲炼制五色石来补天；大禹的妻子涂山氏女日夜盼夫归，化作望夫石；《西游记》中的孙悟空从石头中诞生。只要金石有稍微特殊一点的地方，人们随时可以将文化赋予其上。再把金石看作是普通的没有灵魂的物体，就是对美、对文化的错失。

4.16 从五颜六色的生活中

我们见过各种各样的园，有城市公园，有产业园，有园林……园内是要素的堆积，要么是堆积景观，要么是堆积生产要素，要么是堆积娱乐设施。园的定位各不相同。有的园致力于吸引大量游客并盈利，有的园只是为城市的居民提供散步的休闲场所。园的定位不同本不是一件坏事，毕竟目的和受众群体不一样。但是旅游市场上的园普遍面临劣质化、缺乏创意的问题。

茶既可以饮用，又可以观赏。在安吉的溪龙乡，有一片千亩白茶园。大片白茶在山坡上生长，鳞次栉比，颇为壮观。身处于绿色的海洋，呼吸着茶香，身心受到涤荡，体验奇妙。这美景可以瞬间令人陶醉，但又在片刻间让人索然无味。一眼望过去，各处的景色都一样，不能长久地抓住人的眼球。

这也难怪。茶园原本是以产茶为主，一开始并没有考虑它的旅游功能。后来当地想让茶园与旅游结合起来。旅游首先是观光，茶园的景致倒也不错，就顺便发展起了观光旅游。

但是对于游客来说，从远处赶来，只为一睹这茶园的风光，也太不划算了。安吉白茶园要想做好旅游，就要走转型之路。

白茶园代表什么？可以说它代表风景，可以说它代表生产，但更应该说它代表的是生活。在旅游的过程中，游客除了用眼睛看，就是动手去做。动手做，是劳动。对于劳动的乐观态度，是认为劳动是生活的一部分，否则劳动就只成为生存的手段，不会给人带来真正的乐趣。

白茶园要一改之前单一的观光功能，增加体验功能。应把园区建设成以白茶为主体，集示范、观赏、体验、商贸、生产、休闲、度假于一体的现代白茶休闲农业园，将生活中的娱乐、购物、饮食、居住等行为添加到白茶的名义下。此外，白茶园要全方位打造白茶文化景观，充分挖掘乡土文化特色，进行故地、故里、故宅、故事的一体化开发，打造具有生活气息的场景集合。

什么是生活？有人说，生活是比生存更高层面的一种状态。生存是指维持生命，它以活下去为唯一的目标。生活的质量比生存更高，生活的人不需要太担心生存问题，能在生命中发现其他的目标和乐趣。

话虽如此，实际上二者很难区分。有些人看起来全然在解决生存的问题，但他能从生存的挣扎中找到乐趣，形成自己的稳定节奏。有些人看似没有在生存中挣扎，其实他所做的事最终是为了生存。生存也是生活，品质上不同，但实质上相同。

所以，生活是千变万化、五颜六色的。有的生活是白色的，简单而明亮；有的生活是黑色的，充满阴沉气息；有的生活是彩色的，充斥着多姿多彩的活动。把生活比作画卷，人们都能画出自己独特的“画”，每一种生活都有自己的灵魂。

如果旅游没有灵魂，那么试着审视一下，旅游是否与生活脱节了。纯粹超脱于生活的旅游，需要天马行空的想象力。大多数的旅游灵魂，都会回归到生活当中。从生活中寻找灵感，于朴素中寻得真谛，于无声处听惊雷。

4.17 从扑朔迷离的城市里

4.17.1 真的看懂城市了吗

行走在城市的大街小巷，我们或熟悉，或迷茫。熟悉的是走过的路、见过的楼房，迷茫的是远处从未涉足的角落，不知那高楼的后面和里面藏着什么东西。即便是面对熟悉的景象，我们的内心可能也会有莫名的恐惧。因为，它在变。哪怕只是变一砖一瓦，记忆感知不出来，潜意识也会意识到这种差别。

假如在城市里开发一片旅游地，灵魂从哪里找?

4.17.2 苏州东方水城要以水为魂吗

4.17.2.1 东方水城

水是生命之源，有水的地方就有人。苏州作为江南著名的旅游城市，对水的利用经历了一段演变。

最初苏州旅游提出的是“三古一湖”，即古城、古园林、古镇和太湖，历史文化遗产占主导地位。对于水资源，虽然意识到太湖的作用，但对太湖的功能开发没有拿出可行的系统方案。后来提出“四沿”布局，即古城沿环城河构成的“古典水韵、园林之都”旅游区；城东、城北沿金鸡湖、阳澄湖构成的“国际风情、现代休闲”旅游区；城区、城南沿太湖、石湖、大运河构成的“绿色度假、健康生态”旅游区；沿长江的张家港、常熟、太仓地区构成的“浪漫时尚、活力苏州”旅游区，为“东方水城”品牌的推出奠定基础。

再后来着力打造“东方水城”品牌，并分三个层次建设“东方水城”：第一层是环古城水上游，第二层是太湖游，第三层是沿长江的旅游开发。苏州大做亲水文章，其中环城河旅游是“东方水城”最重要的部分。环城河大搞水上旅游系统，取得了一定的成就，吸引每年约60

万人次的游客前来观光。然而这也是其瓶颈所在。

“东方水城”的灵魂是水吗？这个问题需要得到回答。

4.17.2.2 水城之魂不在“水”，在于“城”

须知流淌于荒郊野外的水和流淌于城市中的水是不一样的。水，放在杯子里，就是普通的水，能解决口渴的问题。流在河道里，作用就更多了，不仅可以观赏，还可以行船、发电。看水，绝不能只看水本身。中国的水道这么多，如果都用一样的看法，那还怎么利用水的特色？

看水，既要看到水本身，又要看到水以外的陆地。水城，是水与古城的结合，更是将水镶嵌于现代的城市中。水城的灵魂并不在于“水”，而是在于“城”。

苏州有“东方威尼斯”之称。威尼斯是著名的水上城市。但人们去威尼斯不是为了看水，而是看城。威尼斯是工业名城，是建筑名城。因为有发达的水上交通，所以也是商业名城。威尼斯的“水城”名号，是以城市为支撑的。

所以，“东方水城”要想做大做强，必须把城市的元素结合起来，做“水”和“城”一体化的“水城”文化。以环城河为例，不仅在景观方面将水景与沿岸的城景结合起来，还要发挥城市的休闲功能。环城河地区在保留原有的良好形象与高知名度的基础上，实现从原来单一的景观特色向“中央休闲商务集聚区”的产业特色转变。

4.17.2.3 从城市找魂，找的是城市性

旅游寻找灵魂是一道难题。但如果旅游项目身处城市当中，那么从城市中找灵魂可以大大地简化问题。

城市是大规模的综合性聚落。按其本义，既有“城”，又有“市”。城市集居住、教育、办公、经商、休闲等功能于一体，在城市中做旅游，要考虑综合性的战略。从城市找魂，依从的是城市的属性和特征。城市既是一个整体上的概念，又是局部性的体现。城市在各要素、区域整体结合时显示出它的城市性，但对局部的截取不会破坏城市性。城市性已融入城市的各个角落。因此，在城市做旅游项目若舍弃城市性，就太违和了。

4.18　不是缺少灵魂，而是缺少发现灵魂的眼睛

人有灵性，动物也有灵性，植物、菌类等由于是生物，同样有灵性。但是，一颗石头、一粒沙子也有灵性吗？

灵性是一种智慧，是蕴含于万物中的智慧。人们被这种智慧启发，被深深地吸引。虽然人是有生命的，但在广阔的物质世界中，人是普通的。人必须行走于大江南北、天地之间，通过欣赏万物来反思自己。

在旅游者的眼光里，世界以全新的面貌呈现自己：万物都有灵魂。太阳在其内部发生剧烈的反应，散发光和热，为生命提供能量，将真相照亮。地表下面是滚烫的熔岩，是地球的脉动。地球以宏伟的力量打造出山川、盆地、河流、海洋。月亮高挂于夜空，让人将愁思寄托于此。星星布满夜空，是对月亮的拱卫，是神秘的指示。上古的神话传说来自天空，来自大地。祖先受到天与地的启示，开拓文明。

蒸腾的水汽在天空汇聚成云，带走的是和云一样洁白的愿景与志向，又变成雨，湿润地面的物体，淹没人间的嘈杂。水渗入洞顶的岩石，又从洞顶滴到地面，然后固化，将钟乳石的美景示人。一粒粒的沙子在海边汇聚成沙滩，引发无数人的向往。

万物有灵。人们用最初始的意识从万物领略智慧，将思维世界中的碎片构造成成熟的精神成果，又用头脑中的想法改造具体的物质，形成人造的文化遗产。后人从自然遗产和文化遗产中继续领悟智慧，改造世界。在这一过程中，万物的灵性变得更加不可分割。

旅游的灵魂，藏在千行百业中，藏在万物的灵性中。指引旅游灵魂寻找路径的藏宝图，一开始是有字的，最终却会变为无字天书。当你真正悟透了旅游灵魂的真谛时，就可以丢掉这张藏宝图，丢掉限制你的固有思维，用灵动的心、灵动的眼捕捉灵魂，灵魂将无处遁形。

套用罗丹的名言：美是到处都有的，对于我们的眼睛，不是缺少美，而是缺少发现美的眼睛。可以说，灵魂是到处都有的，对于我们的旅游，不是缺少灵魂，而是缺少发现灵魂的眼睛。

第五章

旅游灵魂设计一剑封喉的秘诀

——打开旅游千把锁钥匙的24字铁律，醍醐灌顶

浙江大学管理学院举办湖南省岳阳市旅游管理培训班，邀请我主讲地域文化挖掘和旅游品牌的包装与打造。

在整个讲课过程中，“灵魂”两字一以贯之。从浙江安吉到四川若尔盖，从南湾猴岛到德清莫干山，我都在强调地域文化的“灵魂”价值和意义。

课后，一众学员纷纷涌上讲台，与我攀谈。有几位领导盛情邀请我前去他们当地考察指导，希望我能有机会到他们那里去讲授一下旅游灵魂设计的技巧和方法，因为他们很想知道究竟如何为旅游设计灵魂。

为旅游设计灵魂，最关键的是怎么设计：有什么秘诀，用什么方法，有哪些技巧。

我对旅游灵魂设计方法和技巧的掌握并不是一帆风顺的。

在为旅游设计灵魂过程中常常遇到许多干扰项，譬如究竟是从问题出发，还是从目标出发，抑或从游客需求出发；是思路决定出路，注重理念，还是格局决定结局，注重定位；是以文化为魂，去深挖文化，还是以资源为导向，去深挖资源。如果完全受制于这些干扰，可能根本无法找到解决方案，更不要谈为旅游设计灵魂了！

旅游灵魂设计是门艺术，是门学问，一定有个过程，有个进阶。我在复旦大学旅游策划学这门课上曾多次让学生进行旅游规划程序、旅游策划程序、旅游灵魂设计程序的课堂讨论，同学们的回答基本上大同小异，遵循的都是界定问题、拟订计划、调查分析、编制方案、组织实施这样的流程。这样的程序，也许对旅游规划、旅游策划有用，但对旅游灵魂设计来说，显然并不适用，我尝试了无数次，发现根本解决不了问题。

我经常带研究生参加旅游项目策划。这些研究生都很认真，也都很主动。常常在出发之前，询问要准备些什么，要查找些什么书和资料。我则一律予以这样回答：用不着准备，也用不着看书。因为，我知道，这样准备，这样看书，都没用。

因为我们设计的是旅游的灵魂，必须学会“形而上”地去思考，打破既有的束缚，才能为旅游设计出一个又一个鲜活的灵魂出来。

就这样，我不停地尝试，不断地探索。如果有十个选项摆在眼前，首先要做的，就是尝试一个个地排除。

比如，去掉第一个，仔细思考第二个到第十个，接着，可以尝试去掉第二个，将第一、第三到第十项仔细思考，看看可能会产生怎样的变化。

这样的尝试之后，渐渐地发现，旅游灵魂设计，其实并不需要那么复杂，并且，由于旅游灵魂设计完全不同于旅游规划，也并不等同于旅游策划，对象不同，视角不同，甚至思维方式都不同。所以，其设计步骤、设计方法、设计技巧，也有着很大的不同。

我努力尝试用旅游规划的程序、旅游策划的程序来为旅游设计旅游灵魂，结果发现，可以形成方案，可以形成创意，甚至还可以策划出一些亮点，但却设计不好灵魂。我也曾经一次又一次地套用资源整合、文化挖掘、市场细分、项目包装的手段来为旅游设计灵魂，的确会有一些新的发现和收获，但就是形成不了灵魂。

但我一直告诉自己，并且坚持认为，一定会有一把能够打开旅游灵魂设计千把锁的钥匙，只是没有找到而已。

俗话说，办法总比问题多。就这样，在无数次不停地思考，不断地实践后，我的旅游灵魂设计的“独家秘籍”渐渐浮出水面。不仅我自己屡试不爽，而且，听我讲过课的学生、指点传授过的业界同人普遍反映简单又管用。

我为旅游设计灵魂的秘籍在哪里呢？一剑封喉的秘诀是什么呢？

我为旅游设计灵魂，从逻辑上来说，到目前为止，依旧还停留在理论探索或学理研究的层面。灵魂在旅游中的重要性已经到了无以复加的地步。然而从实践和操作的角度来看，理想很丰满，现实很骨感。对于大多数人来说，捕捉稍纵即逝的旅游灵魂已经困难重重，甚至因无所适从而寸步难行，更何况那个神秘，甚至遥不可及的旅游灵魂设计的秘诀——方法与技巧。

旅游灵魂设计，虽然因旅游项目而异，在不同状况下变化万般，但我们还是可以透过纷繁复杂的表象去捕捉旅游灵魂设计的灵感，去找寻旅游灵魂设计那些依稀可循的规律。经过长期的理论研究和实践历练，我把为旅游设计灵魂的方法和技巧，总结归纳为“六步进阶法”。这个方法每一步都用一个原创性的概念，对应一个技巧，是解决问题的智慧。旅游灵魂设计的六步进阶法分别为：第一步，资源解冻；第二步，基因破译；第三步，灵魂打捞；第四步，载体设计；第五步，概念包装；第六步，故事推演。

5.1 第一步：资源解冻

——让旅游的灵魂在资源的快速解冻中获得新生

都说凡事开头难！

为旅游设计灵魂，从哪里入手？

第一步做什么？

特别强调一下，是“资源解冻”，不是“资源整合”，也不是“资源挖掘”。“资源解冻”这一全新而又独特的概念的提出不仅具有颠覆性，而且更有针对性，它为旅游灵魂设计带来崭新的理念和独特的视角。

为什么要进行“资源解冻”？资源究竟怎样解冻？“资源解冻”到底在说什么？为什么是“资源解冻”而不是“资源整合”和“资源挖掘”？

5.1.1 资源困局

一般来说，资源会给旅游带来正效应：资源越丰富越独特，禀赋越优异，就越有价值，越能够促进旅游的发展。可我们会发现，许多地方的旅游资源并不少，也很独特，但怎么就发展不起来，或者发展得并不好，这是为什么呢？或许，是资源在将我们引入误区，从而吞噬旅游的生机。

5.1.1.1 旅游资源的尴尬

旅游资源开发与利用正在陷入这样一个步履维艰的尴尬境地：在当前旅游产品异常繁多的情形下，想要通过老套的资源调查、资源挖掘甚至资源整合这样的惯性思维和方法去开发一个有吸引力的特色旅游项目，是一件十分烧脑的事情。

为旅游设计灵魂，必须考察当地有哪些旅游资源，然后考虑利用这些资源可以做什么。为旅游设计灵魂是不可以脱离现实生造的，需要有资源依托。但令人失望的是，从资源寻找特色已经变得越来越难，因为好找的都已经被前人找去。有人悲叹，但也有人发问：“旅游资源真的没有特色了吗？”

5.1.1.2　旅游资源整合的困境

传统的资源调查与分析方法在给我们提供便利的同时，也在泯灭我们的创造性，蒙蔽我们的双眼，将冰山下的巨大真相隐藏起来。

传统的资源调查与分析方法先是通过实地调研和工作走访，获得翔实的统计数据，包括对单体的统计和分类。关于分类已有国家标准。针对具体的目的地性质，我们又有特别的分类方法，并能从中选出典型代表物。然后对资源进行分级。如果有高品质的资源，策划就好做了。即便做得马马虎虎，在浪费资源的情况下，依然能有不错的效果。

上述的方法是资源评价的一般流程。除此之外，时下最时髦的概念是资源挖掘和资源整合。资源挖掘就是将不为人知的资源找出来，或者探寻已知资源的另一面，讲究挖得深、挖得多。资源整合是对不同来源、不同层次、不同结构、不同内容的资源进行识别与选择、汲取与配置、激活和有机融合。资源挖掘和资源整合对资源潜力的寻找和价值的提升起到了显著的作用。不过二者的局限性在于，它们都是偏向于对已有资源的开发利用，在创造性方面有所缺失。

尤其是经过一番费尽心机的挖掘后，当我们发现只能挖到零碎的边角料时，不少人就归咎于资源的贫瘠。细想一下，我们是不是在逃避方法上的失当、认知上的偏颇以及视野上的狭窄呢？我们所挖到的真的是大部分了吗？

换个角度想一想，其实这也未必是坏事。陷入前人传统的套路，只开发了表面的资源，使大量的资源能够受到保护，留给后人。这是资源对我们的馈赠，能否有效利用这一馈赠，取决于是否有真功夫。

5.1.1.3　走出困局

当我们面对隐藏的宝藏准备施展功夫时，发现“手脚”不灵巧，被限制住了。限制我们的，既是资源不丰富、不独特这一有形的枷锁，也是思想僵化这一无形的禁锢。

俗话说：“人无我有，人有我优，人优我转。”“人无我有”，可现在往往是我有人也有；“人有我优”，可是发现在同质化资源中已难较高下；“人优我转”，可是不管转到哪里都无所遁形，又被其他人围攻，十分尴尬。在已有的天地间徘徊，万物终有穷尽之时。与其彷徨，何不大刀阔斧，开辟出属于自己的一片新天地呢？“人无我有”，可无中生有；“人有我优”，可通过奇招来变得优秀；“人优我转”，可另辟蹊径，转出别样的风采。这是行动上的变革。

思想指挥行动，行动的变革来自思想的变革。传统的资源调查和分析方法我们依然要利用，因为它有助于整理出资源的概况，挖掘到资源的特色，但我们的想法绝不能止步于此。如果传统的资源分析方法是万能的，那么任何人都可以将这一套模板套进去，然后分析出一个结果来，不需要多大的技巧。然而当前旅游资源开发的艰难现状告诉我们，传统的资源分析方法是不足的。我们需要再往前迈一步，而且是关键性的一步，要让迈出去的那一步对现状造成根本性的改变。真正优质的旅游资源是埋藏在深岩中的宝藏。原来的挖掘机能够将泥土和碎石挖出来，却挖不动坚硬的岩石。这时候，就要祭出新的利器了。

打破枷锁，打破限制，来一场思想变革。

5.1.2 冰箱原理

要想掀起思想变革，必须先知道这一思想到底是什么，最起码要明白它的意思。大家都明白资源是什么，也明白解冻的意思。但这两个词语放在一起，特别是运用到旅游上，也许就令人难解了。其实稍微让脑筋转个弯，就能够略知一二。

5.1.2.1 “解冻”——一个形象的比喻

解冻，是将冰冻的物体放在温暖的环境中，让它融化。解冻常常是一个美好的词语，因为伴随解冻的是温暖，是生机，是活力。解冻可以指冰冻的土地、江河等在气温回升时融化。清朝诗人高述明在《塞外》诗中写道：“炎风初解冻，夏草渐萌芽。”文人墨客喜欢借解冻之现象表达内心的欢愉。因此，“解冻”一词背后有着悠久而深厚的文化内涵。

5.1.2.2 “解冻”——来自冰箱的原理

生活中常常也需要解冻。比如，在烹饪前须将冻肉、冻鱼从冰箱中取出，解冻后再用来制作美食。对于冻结的资金，要想利用，就要先解冻。新的朋友互相认识时，也需要一个“解冻”——或者更多地被称为“破冰”。解冻和破冰的不同之处在于，解冻侧重于用高温熔化，破冰是将冰直接打碎。二者又是相辅相成的：稍微解冻后的冰比较脆，更容易打碎；破碎的冰也更容易融化。既然目的是一样的，那么不管是用融化还是用打碎，都可以得到期望的结果，都算作“解冻”。

5.1.2.3 “解冻”——管理学带来的概念

作为一个博取百家之长的学科，管理学将“解冻”的概念应用了进来。刘永芳的《管理心理学》中提到，解冻是将某些维持当前组织运行的阻碍力量减少，是变革的前奏，是推行变革措施前的酝酿、宣传、说服和教育活动，其目的是统一思想，扫除变革的障碍。其实现的原则包括建立足够产生变革的紧迫感或者是要有变革的需求，尽可能地减少人们对变革的恐惧，即引入变革动因，打破现有的组织平衡或稳定状态。

现实中有着各种各样的局面，发展到一定程度之后，就趋于稳定了，或者说是固化了。不同的人面对固化的局面，有着不同的态度。大多数人安于现状，不思进取。少部分人不满足于停滞不前的现状，锐意进取，试图解冻这固化的局面。当他们取得成功时，新的局面、新的模式就产生了。在新的局面下，管理的结构继续演化，直到遇到瓶颈，形成新的固化模式，进入下一个解冻的循环。

管理的范畴可以有无尽的延伸。管理都管些什么？管理本质上是运用主观能动性，发动人力和物力来解决当前的问题。旅游策划在资源方面正面临诸多难题，发展存在停滞的风险，也要策动力量去解决。所以，管理和旅游策划的解冻有着共通之处。

5.1.3 资源解冻的深意和新意

> 面对困境，我们了解到资源解冻这一有力的武器。对于资源解冻的意义，需要给予进一步的探讨。资源解冻的新意和深意在于，打开过去被限制的视野及对未来的想象，更重要的是以灵魂为线索实现对旅游资源的重整、重组和重构。资源解冻，为旅游灵魂设计奠定了发展基础，走出了最具关键性的第一步，甚至可以让灵魂在脱胎换骨后获得新生。

资源解冻是旅游灵魂设计的第一步，也是最基础的一步，是旅游灵魂设计的基石。

资源解冻是在为旅游设计灵魂过程中对停滞不前的现实最犀利的攻击，是为了改变固化局面而做的最勇敢的尝试。正因为解冻，旅游灵魂设计才能得以摆脱沉寂的态势，获得新的生命力。

那么，资源解冻在为旅游设计灵魂中具体到底是什么意思呢？

在旅游灵魂设计中资源解冻不仅要将现有资源打碎和打破，对旅游资源进行评价和分类，更重要的是，将重新以灵魂的意义和价值为中心线索对旅游资源进行重组和重构，通过资源解冻，让灵魂在脱胎换骨中获得新生，而不再以资源的多寡、规模的大小、禀赋的优劣作为评判的依据和标准，这便是资源解冻的新意和深意所在。

以大家熟知的“好客山东”为例。对于山东旅游资源的认知，以前人们总是以“一山一水一圣人”进行提炼并概括。“一山一水一圣人”这样的提炼和概括，固然没错，并且是事实，但却遮蔽了山东旅游的灵魂。通过资源解冻，通过“好客山东”这一旅游灵魂，山东旅游获得新生。

“好客山东”商标

再以我为义乌市赤岸镇西坑片区设计旅游灵魂为例。正是由于摆脱了对原有特色资源和优势资源的依赖，不以二乔故里为重点，不以蜀水塘为核心，不以十里桂花长廊为中心，不以冯雪峰故居为特色，而是结合乡村振兴和美丽乡村建设，剑走偏锋，以古月桥作为西坑片区最核心、最具特色的资源，成功打造了“西海”景区。看起来不可思议，然而，这是确实在发生的。

资源解冻的新意和深意具体表现在以下五个方面。

5.1.3.1 新的思维方式

资源解冻带来的思维方式的变革是十分彻底的。思维指导着行为，而行为又影响着结果。因此，思维的变革只有最为彻底，才能带动行为和结果产生较好的变革。毕竟，改变的幅度从思维到行为再到结果，往往是衰减的。有的时候想法已经反转，行为却还没有改变，可见衰减是多么严重。

看问题时，我们一定要保持一颗警惕的心。在某些人眼里，“看山是山，看水是水”；在另一些人眼里，“看山不是山，看水不是水”。这两种人处在不同的境界中，孰高孰低，不好区分。实际情况到底是什么样的呢？山是不是山？水是不是水？或许没有人能说得清楚。也可能它本来是两面的东西，我们只看到了其中一面。

其实，看到什么并不重要，怎么看才是重要的。眼睛是心灵的窗口，看到什么靠的是眼，怎么看靠的是心。只有确定了怎么看，才能确定看到什么。资源解冻的理念告诉我们，我们过去的想法和看法很可能是错误的，需要调整。

5.1.3.2 新的行动模式

决定了怎么看，就能决定看到什么，进而决定做什么。所以说，新的思维方式带来的是新的行动模式。有人说，这不太对呀，我只是思维方式改变了，看到的东西变了，但面对不同的东西，我的行动模式还是不变的呀。其实，只要思维方式改变了，行动模式就会发生改变。

以往我们看东西比较局限，所以看到一样东西就直接去行动。现在我们变得谨慎了，我们不仅在看到事物的局部后不轻易行动，在看到事物的全貌之后依然畏首畏尾。我们什么都没做吗？也不是。以往做策划，是看到一种资源，就把它做成一个项目，然后寻找下一种资源，做下一个项目。这是让结果充斥在策划的周期中。现在我们的行动更加有全局意识，看到一种资源后，先把它记录下来，再寻找下一种资源。等到寻找到所有资源时，我们也不轻易得出结果，而是选择资源解冻，让隐藏的资源显露出来，再得出结果。这样，旅游策划的结果就是一个整体了。

有人又提到，前面不是说解冻不是勇敢者的冒险吗？怎么现在看来，行动如此谨慎，以至于不像勇敢者？实际上，把握全局确实比掌握局部更需要勇气。毕竟，一着不慎，满盘皆输。

5.1.3.3 新的分析方法

分析方法，尤其是对于资源的分析方法，是一定会发生改变的。在保留传统的资源调查、资源评价、资源挖掘和资源整合的前提下，我们还会加入新的方法，并对传统方法产生影响。

传统的分析方法是将发展的出路建立在已有的资源上。一般是找出多个资源并进行评价，然后重点关注其中的高品质资源、主导资源或者具有共性的资源，围绕这些资源找出发展的主题，再想办法将其余的次要资源融入主题中。这种方法曾让人屡次获得成功，并引起更多人的争相效仿。可是到了如今，却渐渐地失灵。传统方法的局限性有三点：一是将眼光放在看得到的表面，忽略了资源的潜力；二是以部分资源作为主题的立足点，立足点很可能是偏的；三是缺乏细致入微的思考，丢失旅游的灵魂。

新的分析方法，则以困难作为出发点。同质化问题引起的困难，就要从避免同质化、寻找异质资源入手。旅游资源不协调引起的主题不明的困难，就要从剔除不协调因素入手。此外，要补足传统分析方法的局限性，从深层分析，从整体分析，从细微处分析，从灵魂分析。至于具体怎么分析，前人没有做出明确的规定。所以，我们不得不开创出自己的分析方法，而这一定是崭新的。

5.1.3.4 新的旅游亮点

“亮点”是指光彩的、引人注目的事物。早期的目的地中的佼佼者可以达到鹤立鸡群的效果，但随着时间的推移，越来越多的“鸡”成长为“鹤”，所谓的优质资源就要受到质疑了。在一群亮点中，有亮点也等于没亮点。

这个时候，就要寻找新的旅游亮点。所谓的亮点并不需要比原先更亮。只要做到发出特殊颜色的光芒，同样能够引起人们的注意。这种对待亮点的态度不同于以前的优中选优的方式，只是单纯地在一个方向上挑选，上升到一定高度就上不去了，并且会面临骑虎难下的痛苦。和一群同质化的旅游资源竞争，何苦呢？异质化的旅游资源并不需要在品质上达到多么优秀，只要与众不同、有独特的魅力即可。

旅游亮点的寻找方式随着资源解冻而改变。以往因为优质资源的存在，亮点是能够轻松看到的。就好比一块璞玉，价值在雕琢之前就已经被意识到。这种情况下，旅游策划做的就是雕琢，让亮者更亮。而资源解冻所做的，是化解冰层显现出里面的生灵，是凿开石头露出里面的玉，是从沙子中淘黄金。资源解冻能够做到化零为整，化暗为亮，没有亮点也要创造亮点。经过洗礼后的目的地，必将更加璀璨。

5.1.3.5　新的灵魂轮廓

按部就班地开发旅游资源，做出来的旅游产品，有灵魂吗？可能有。灵魂有趣吗？可能没有。有趣的灵魂百里挑一，但我们很可能是另外九十九个。有趣来自新奇。大部分灵魂无趣，大概是因为在旅游者眼中是由于相同而无奇的吧。

资源解冻，解冻的是凝固的现实，打破的几乎是一切，包括灵魂。灵魂，作为一个深层的核心事物，每个部位是相连的，是难以分割的。通过简单地替换灵魂的某个部位来改变灵魂轮廓，是不可取的事情。既然修剪边边角角不可行，那么就应该直接将灵魂打碎，然后再重新塑造。

资源解冻，就是如此彻底。旅游地的身躯在日益僵化的时候，我们可以用如此巧妙而果断的方式，不仅击碎旅游的血肉，击碎旅游的骨骼，也击碎旅游的灵魂。资源解冻的精髓在于不保留旧的固化模式中的杂质，在于能够对资源进行大手笔的布局和整合。

5.1.4 资源解冻的诀窍

资源解冻不仅有望解决旅游资源匮乏、旅游资源同质化等旅游发展中存在的共性问题，而且更能为旅游灵魂的设计开创新的局面。那么，资源究竟怎么解冻呢？资源是不会自己解冻的，新的局面也不是等来的，需要主动去争取，需要用科学方法去引领。

5.1.4.1 颠覆，打破像铁板一样的固化系统

固化系统，就像光滑的地面嵌入不规则的石头，抠也抠不掉。即便抠掉，也会在原来位置留下缺口。固化系统，就像拼图被胡乱拼接起来，拼不上的地方就用强力胶水粘在一起，并不美观，却也无法修正。固化系统，就像是一堵墙，将买家和卖家分隔在两边，使他们不能相互交流。

人对固化系统的看法是有区别的。有的时候，我们不希望一些因素发生改变，需要维持一种安定的状态。同时，我们又希望一些东西改变，尤其是令我们不满的因素，这个时候就需要借助一些力量来寻求改变。是否需要打破固化系统，也是取决于我们的现状。旅游地千姿百态，各不相同，面对的情况也不一样。有的旅游地天生就有优势，并且这种优势长时间无法被替代，这种情况下维持现状就是最好也最省力的办法。只要这种优势能够保持，那么一切的优化和改善都可以在当前的局面下进行。有的旅游地就没有那么明显的优势，它维持现状意义也不大，无法带来足量的客源。这种地方之所以安于现状，是因为没有变革的勇气，担心因为变革而失去仅存的那一点收益，还要搭进去成本。

担心改变、逃避改变、安于现状也是很常见的事情。这种选择不无道理，是对自己的保护。虽然说，“条条大路通罗马”，但是前往罗马的路上我们不知道会发生什么，所以待在原地是不错的选择。我们确实不提倡为了改变而改变，为了颠覆而颠覆。我们的行动一定要有明确的方针，要在清醒的状态下做出决策。

资源解冻的特别之处在于，在具体给出方案、实施方案之前，我们

的思想是游离的。在行动上的问题我们可以先搁置一边，应该首先在思想上颠覆旧的观念。对目的地以及现有的旅游设施、旅游资源考察之后，我们会在脑海中将景象复盘。既然思想是自由的，是可以游离的，那么我们的想法应尽可能地大胆。在脑海中，我们可以随意地揉捏、随意地敲打图像，将不满意的地方打碎并重新组合。总之，思维上的自由度要好好地利用，要摆脱传统的既有的思维。至于想法是否提出来，是否写进方案中，则需要更大的魄力。

5.1.4.2 寻找“第一”——资源的引领者

固化系统的打破是解冻的第一步。这一步完成之后，我们发现，系统现在变得更乱了。思想的游离也使我们找不到边际，迷失方向，从而陷进更大的困惑当中。为了凝聚起思想，就要抓住主要矛盾，将细碎的问题也聚集在主要矛盾的周围。主要矛盾，其实就是主要亮点。在旅游策划中，我们称之为“第一”，而与“第一”相匹配的资源就是“第一资源”。

找到“第一资源”有助于帮助我们快速地理顺思路。“第一资源”就是看起来最大的那个资源吗？不一定，取决于我们怎么看。所谓“一叶障目，不见泰山”，小小的树叶挡住了我们的眼睛，连高大的泰山也看不见了。所以我们看事物一定要站在高处，一览无余，也就是常说的“上帝视角”。

资源解冻的魅力在于思想的运转十分灵活：既能从细致入微处出发，以小见大，也能从宏观的角度出发，看清地域的全貌。寻找“第一”，既可以从大局中去看，寻找最主要的那个因素，也可以在细微方面道听途说，从人们的只言片语中了解。就拿江苏省盱眙县的旅游来说。当年盱眙人立志大搞旅游业，打算做五个十亿级的旅游项目，把八仙台、铁山寺、四洲城、天鹅湖和天泉山资源作为开发的重点。但是，如果不是资源解冻，没有找到“龙虾”这个“第一资源”，那么盱眙就可能没有如今的名气。所以，一定要独具慧眼，多方面、多角度地去看、去想。

找到“第一”很重要。“第一资源”是对传统局面的颠覆、对资源解冻的最强大的力量，就像是冲破砖缝的小草，能够引起连锁反应。有了“第一”，旅游整体就都可以被带动起来了。

5.1.4.3 回避固化陷阱，大同之下存小异

有时候，我们的运气可能没那么好，可能会找不到最为鲜明独特的那个资源。找不到关键的独特资源的破冰点。

寻破冰之奇异点，乃寻其大。对于大者失去信心，是因为大者与其他地区的相同了，这就直接葬送了一个破冰的可能。这时候我们还可以看到，虽然大同，但小的地方还是有差异的。能不能利用小异，来以小博大呢？

数字的运用在旅游界很普遍，比如各种“第一”。有的时候不用“一”，用“十”。例如，一些喜欢竹子的人，会把“中国十大竹乡”都去一遍。我们不排除现实中的确有热衷于竹子的人，这种人慧眼独具，能够看出不同地方的竹子神韵之间的差别。但对于更多的普通人来说，竹子看一两遍就不新奇了。好在各大竹乡风韵不同，并没有过于激烈地争抢彼此的市场。安吉的“竹博园”，建瓯的“竹海粮仓”，会同的“木竹”，广德的“竹海栗乡”……十大竹乡都在细微之处有所不同，可做文章，将细节放大。

“大同”实为无奈的现实，而“小异”是最后的倔强，是最后的坚守。当最后的“小异”都被放弃时，旅游地就彻底沦为同质化的失败者。坚守固然是好，却未免太被动。与其眼睁睁地看着“小异”被蚕食，不如主动出击，抓住小的差异点，将“小异”变为“大异”。

如何将微小的差异放大呢？首先需要评判一下这个差异值不值得放大。微小的差异有很多，有的能够吸引人，有的能够令人厌恶。我们一定是选择能够吸引人、令人喜爱的差异去放大。在着手策划项目的时候，就应该以微小的差异为中心、为重点。这就好比“破窗效应”，在窗户上只要破开一个小小的裂缝，在接下来的触碰中就可以让裂缝越来越大，最后破开束缚发展的窗。

5.1.4.4 资源激活：彻底冲出重围

寻找“第一”和大同之下求得小异，是旅游资源解冻的两个方向。在实际的操作中，要想实现资源解冻，就要往资源激活上努力。资源的冻结，就相当于灵魂的冻结，灵魂在冰层中沉睡。我们首先将灵魂外的

冰层融化或打破了，但灵魂还没有醒，没有破冰而出，那么冰层早晚还是会冻上的。我们要做的，是在打破冰层之后稳住缺口。好比木已成舟、生米煮成熟饭，让已成的定局无法再变回去。

如何做到呢？要用一些项目来作为打入冰面的木桩，让冰层始终有缺口，同时想办法让灵魂苏醒过来。灵魂只有苏醒过来，才能脱胎换骨，才能重获新生。达到这一效果，需要将资源激活。

激活，是指刺激某个事物，让它活跃并发挥作用。刺激归刺激，重要的是有活力，而活力从哪里体现呢？最有活力的，当然是人，从人那里体现活力。只要让人乐在其中，旅游地就有活力。于是，体验性的项目开发必不可少。体验性项目的关键点在哪里？我认为在于两点：文化和活动。文化反映了当地的人文风貌，是地方的特色，是动人的一面。文化还有知识性的一面，就像安吉竹博园的科普作用，让游客在知识的海洋中体验学习的乐趣。活动对于发挥体验性的作用就更为直接了。活动有亲民、亲自然的成分，能够让旅游者沉浸在当地人的生活状态当中。其乐融融的氛围，为资源注入活力。

需要注意的是，在旅游资源激活过程中，产品化很重要。产品化，就是将资源改造成稳定的样子。要想普及地方特色的知识，就要建造品质化的博物场馆；要想创造对地方特色生活的体验，就不能停留在低品质的农房，一定要专为旅游者而打造。资源激活中的产品化，就是强调品质化。只有打造精品，才能将资源的活力锁住。

旅游资源的解冻，从颠覆现状到资源激活中项目的落地，经历的是在顷刻间化为废墟、又重新构造的过程。这一过程伴随着剧痛，但也让人饱尝创新的激情，实在是难能可贵。

5.1.4.5 让灵魂安享风暴之后的宁静

虽然我们对过程的描述多为轻描淡写，但实际过程充满惊涛骇浪。勇敢的创新者奋力敲碎冻结了旅游资源的冰面，唤醒旅游的灵魂，又让风暴将灵魂拍碎，再到风暴平息之后的灵魂重构、脱胎换骨，实在是惊险万分。

旅游策划者驾驶承载灵魂命运的小船，为旅游地寻找前进的出路，需要在动荡中寻找机会。没有天然的机会，就只能勇于创造机会。这一举动说冒险，其实也不算很冒险。因为，对于旅游策划来讲，即便没能涌现出奇妙的想法，也能硬着头皮把项目做下去。只是，如果将创意的缺失看作是紧迫的危机，局面自然就变得凶险起来。传统的方法没有问题，走固有的资源挖掘、资源整合路线也没有问题，只是一旦接受了资源解冻的概念，体验到它独有的魅力，其他的手段就顿时索然无味，情愿为巨大的潜力和可能性而冒险。这在他人眼里是不归路，在自己眼里是通往成功的不二捷径。

当资源成功解冻后，一切就都平静下来。旅游灵魂在经过改造后变得更加坚韧，应对周边的相似竞争者更为得心应手。风暴之后，是一段长期的平静与繁荣。从旅游目的地发展的长远周期来看，对资源的认知是一个重复固化、重复创新、重复颠覆的过程，资源的激活方法在新旧交替中延续。我们在享受宁静的同时，也应该多多关注大环境的发展趋势，以便从容应对下一次的变革。

5.1.5　义乌市赤岸镇：资源解冻全过程

> 通过一个案例，也许更能全面系统地认识资源解冻，了解和掌握资源解冻。
>
> 之前提到的西坑片区，只是赤岸镇的一部分。从整体上来讲，赤岸镇各个部分的旅游资源都有待开发。而资源解冻这一操作也将贯穿赤岸镇旅游策划和规划的全过程。

5.1.5.1　得天独厚但非绝无仅有

义乌市的赤岸镇地理位置优越，交通便利，资源丰富并且有一定的特色，可以用“人杰地灵，得天独厚”来形容。马溪漂流、柏峰仙迹、寒尖风光、松瀑泉石、古桥月影、东岩书舍、大桥泼水、容安古堂、一新故居、二乔故里、丹溪陵园、雪峰故居……都是赤岸镇秀美风光的缩影。

根据《旅游资源分类、调查与评价》（GB/T 18972—2017），赤岸旅游资源包含地文景观、水域风光、生物景观、遗址遗迹、建筑与设施、旅游商品、人文活动七种类型。其中，主要以建筑与设施、人文活动两类资源为主，占到总资源的 58.9%。旅游资源的分布呈现出大分散、小集中的格局，成片分布明显，主要包括西部片区、东部片区和南部片区。从资源的评价来看，主要以普通级的旅游资源为主，占到总数的 62.6%；优良级旅游资源中无五级旅游资源，四级旅游资源 2 个，三级旅游资源 21 个，优良级旅游资源占总数 20.5%；未获级的旅游资源 19 个，占总数的 16.9%。

赤岸的旅游资源特色可以用三个字来概括：绿、灵、静。赤岸旅游资源的优点在于山水清幽秀丽，田园充满野趣，朱丹溪、二乔、黄大仙等资源在整个义乌非绝无仅有但无可复制。可这同时也说明了赤岸镇旅游资源缺乏垄断性的问题。资源总体“散、乱、弱、小、平”，独立性差，级别低，规模小，缺乏高品位、高吸引力、具有垄断性的自然山水核心旅游资源。有“义乌第一峰”之称的大寒尖在浙江群山中名不见经传，名医朱丹溪也缺效应。赤岸镇旅游要想在整个义乌出名，在整个浙江省占有一席之地，就要好好地解冻一下资源。

5.1.5.2　以理念为解冻的发力点

关于赤岸旅游资源解冻，要解决两个问题：乡村旅游林立，难以突围，如何塑造赤岸不一般的战略差异？如何凭借资源禀赋打造优势产品组合？

乡村旅游资源林立，解冻靠什么？靠的是理念。乡村林立意味着在旅游者心里，它们是同质的。乡村林立也意味着各自发展，缺乏竞争力。乡村也时常在旅游的门槛内外徘徊，有时是旅游区，有时只是普通的居住区和农耕区。赤岸乡村旅游的资源解冻，需要借用“全域旅游”“旅游目的地建设”和“新田园主义”三大发展理念，将赤岸的乡村旅游统筹在乡村品牌之内。正如西海景区以“美丽”的理念为核心资源，乡村旅游资源的解冻点一般放在理念上。

5.1.5.3　用理念守“小异”，激活资源

赤岸的旅游资源丰富但没有极为突出的竞争力，也缺乏凝聚力。依靠乡村旅游的休闲、养生、体验的主题，可以将广泛的资源凝聚在一起，并拔高一大截。依据资源在理念下的统筹和资源的分布特点，赤岸镇重塑旅游空间的骨架，以“一带、三核、一心”来概括。“一带”，以

绿道为带。“三核”包括东部的丹溪养生文化产业园区、南部的大寒尖省级旅游度假区和西部的西海国际乡村旅游精品示范区。“一心”则是以镇区为中心。

有了理念，有了主题，有了骨架，赤岸镇旅游资源的解冻就几乎没有阻碍了。赤岸镇的例子告诉我们，当众多的资源没有特别的引领者时，“大同”不可避免。而通过理念赋予资源特色，就是对“小异”的坚守。以理念为核心资源，就能将大大小小的资源纷纷激活。

5.2 第二步：基因破译

——开启旅游灵魂宝藏的钥匙

旅游灵魂设计有两个必不可少的基础性研究工作，第一个是研究资源，第二个是破译基因，一定程度上也可以说是破译文化。

旅游灵魂设计，对于基因的了解是必要的。基因，作为一个地方基本层面的要素，与文化十分接近。因而基因与文化一定是密不可分的。众所周知，文化是旅游的强大驱动力。谁把握了文化，谁就抓住了旅游灵魂设计的一半奥妙。然而，文化浮于表象。从基因层面入手，是从文化的内部本质去突破，常常会发现令人意想不到的奥妙。文化是宝藏，而基因破译，就是开启宝藏的钥匙。

5.2.1 只谈表象不谈基因，有南辕北辙之险

南辕北辙，比喻行动和目的不一致。做事最忌讳的就是南辕北辙。现实中有一种现象十分常见，就是旅游发展没能与其目标相一致，很大程度上是因为只看到了文化，看到了表象，而没有看到表象背后、文化深处流淌的基因。

5.2.1.1 表象亦真亦假，令人眼花缭乱

表象是迷人的，同时也是致命的。表象能够第一时间出现在眼前，出现在脑海中，如招展的花枝，引人驻足观看、联想。殊不知，如果一个人沉醉于表象中无法自拔，不再思考，无法及时看到表象下的本质，

等到本质自己显露出来的时候，才发现之前所做的一切都是错的，就悔之晚矣。

表象并没有好坏之分。对于认识事物来说，表象是必要的和直观的。看表象并没有错，只是不能停留在表象，以为看到了表象就看清了事物的全貌，而停止了继续深挖和思考。有些表象很忠实地表现了事物的本质，而有些表象却隐藏了事物的本质。至于哪些是真，哪些是假，不好确定。把握随机性，不如把握必然性，把握本质。

5.2.1.2 只看表象，如同盲人摸象

对于文化，我们并不陌生。文化能够代表一个区域的形象。形象，就是表象的来源。区域在发展旅游之前，就已经有了形象，这种形象能够被直观地感知到。感知容易，说清楚难。如果想搞清楚是何种文化代表了区域的形象，很可能会被表象误导。

说到表象，这里的“象”，使我想到了“盲人摸象”这个经典寓言故事。盲人摸的象，就是他们心中的表象。就拿宁波市北仑区来讲。北仑旅游文化就像是一头大象，宗教文化、民俗文化、海洋文化、丝路文化可能分别就是这头“大象”的象牙、象头、象鼻、象耳。大部分人都知道，盲人对大象的认识太片面。可在旅游文化的寻觅当中，谁又何尝不是“盲人”呢？实际上，北仑旅游的文化符号，应当是港口。其他文化，也只能服从于港口文化。并不是所有人都看不到北仑的港口文化，能够认识到北仑港口文化重要性的也大有人在。港口文化是表象，其他文化也是表象，不同人看到的是不同的表象。旅游灵魂设计中，把握必然才是真实的。看来，表象并不是决胜的依据。真正需要注意到的，是表象背后的本质，是旅游文化的基因。

北仑港城风采（图源：宁波市北仑区人民政府网站）

5.2.1.3 旅游文化的本质在于基因

都说看问题要看到问题的本质，究竟什么是旅游文化的本质呢？有人说是价值观，有人说是生活方式。这些都可以是本质，不过我们并不打算以这些为重点。找寻旅游文化的本质，一是要能够有概括性，将文化中的道德、价值观、情感、民俗、生活方式、历史等纷繁复杂的概念落实到统一的概念上。二是有可操作性。什么样的东西有可操作性？可操作的事物是要被明确认知的，而且是简单的。就像积木，只有几种简单的形状，却能够搭建起形态各异的建筑。

对于一个区域的文化，也需要做类似的还原。需要搞清楚，庞大的文化体系中哪些是相同的，哪些是不同的，它们的先后顺序是怎样的，是怎么组合的，哪些又是能够被改造的。对于源自相同本质的文化形态，并不需要面面俱到，只要抓住它们相同的唯一本质就好。为此，“基因”的概念就被提出来了。复杂文化表象下的基因并不是能够轻易被看到的，仿佛存在基因的密码。基因解码虽然要耗费工夫，却是值得的。

5.2.2 基因：在两个世界间来回穿梭

> 基因是什么？相信大家对此并不陌生。尤其是在这个时代，“基因”一词反复地在生活中被提及。当一个词在原来的领域成为热门的时候，它往往会在其他领域有特定的含义。基因，不仅存在于生物的肉体当中，也存在于人们的精神世界里。

5.2.2.1 生命科学中的基因

“基因”一词是由英语单词 gene 音译而来的，指的是生物体携带、传递和表达遗传信息的基本单位。每一个人的基因都不同，决定了人与人之间的差异。父母与儿女之间由于基因的遗传，能够表现出更多的相似性。又因为基因能够变异，随着生物的繁衍生息，子代不断地产生与亲代不同的新特点，使整个种群能够顺应时代的变化，适应新环境。这些特点的存在，使得基因不仅仅是生命科学中的一个概念，它更是一种思想。这种思想，能够让人跳出单个学科的视野，从而审视整个世界。

5.2.2.2 文化上的基因

"基因"的概念很早已向文化上迁移。为什么要向文化迁移？因为文化是人与其他动物的不同之处，正是由于人独有的特性，用广泛的生物学含义描述人是不够的。概念最终是要为人所用，关注人的意义。

那么，文化基因是什么？有的人认为，人群的文化是由其基因决定的。因为基因能够影响人的性格，而性格是与文化有关的。所谓"一方水土养一方人"，地域间的人群既有遗传上的不同，又有性格和文化上的不同。在大家通常的印象当中，东北人热情奔放，江南人温柔细腻，不得不让人猜想到文化基因的不同。所以，一些人所持的观点是：生物体内的基因能够直接决定文化。

这种观点虽然新颖，可惜缺乏充分的依据。人们并没能对所有的文化特征都找到对应的基因。文化本身如此复杂，并不单指性格等个体层面的特征，它早已超越生命和个体的层面。因而在找寻所谓的文化基因的时候，并不能再停留于生物学的范畴，也不仅限于物质的范围。文化基因是指信念、习惯、价值观、语言等基本的文化单元。这些文化单元是所有文化共有的，但在具体表现上大有不同。这就是不同文化的特色所在。

5.2.3 基因破译的奥秘

> 旅游灵魂设计中的"基因破译"与单纯的文化研究显然不同。旅游灵魂设计中的"基因破译"不仅要认清地域文化的种类、本质和组成，还包括对文化主次的分辨、对文化拉动力的寻找，更重要的是文化基因破译甚至再创造。

5.2.3.1 是看清本质的透视镜

本质，就是文化的真面目。有人的地方就有文化。一个区域有如此多的人，每个人的精神世界都是独特的。尽管可以将很多人的精神世界中的共性归类到一起，依然难以清晰地将多样的精神世界简化。况且，在文化具体表现的时候，同一种文化又有多种表现方式。仅从文化的产品来看，将其归为某种文化也不是一件容易的事情。而且，一种文化产品可能对应多种文化。总的来说，文化与文化产品存在一对一、一对多和多对一的关系。这些关系交织在一起，组成复杂的地域文化网络。

纷繁复杂的表象带来了文化的繁荣，但有时也令人苦恼。基因破译，就是为旅游灵魂设计拨开重重迷雾，看清文化的本质。通过基因破译，我们能够明白，哪些不是文化的范围，哪些文化是区域特有的、能够吸引外地旅游者的，文化产品与文化之间的对应关系是怎样的，而哪些文化是从基本的文化衍生出来的。基因破译，能将复杂文化表象抽丝剥茧，从而显露出区域文化的本质。

5.2.3.2 是分辨组成的三棱镜

其实在看清本质的时候，地域文化的组成就不难分辨了。一个区域的文化可能十分耀眼，就像太阳照射出的光芒，但是要想看到太阳光不同的颜色，就要利用三棱镜。当区域的文化以其整体性呈现在眼前时，如何说清楚它其中的真实组成？正如宁波北仑区的旅游文化由港口文化、宗教文化、民俗文化、名人文化等组成，而港口文化又可以细分为海洋文化、江南文化、商埠文化、丝路文化。如果不使用基因破译这一“三棱镜”，如果不知道北仑文化背后流淌的基因，为旅游设计灵魂就无从谈起，也就不可能设计出“儒商”这一旅游的灵魂。

都说地域文化是综合性的，到底怎么综合呢？还是需要说清楚。综合性固然是有活力，可脱离组成成分而单纯地说综合性，是不合适的。当没有弄清楚文化的组成时，有些综合性甚至无从谈起。就拿海岛文化为例，很多海岛本身就小，在这么小的尺度上谈综合性，有点难度。这种时候，还是应该说清楚其组成，对具体区域具体分析，而不是一概而论。

5.2.3.3 是寻找核心的瞄准镜

瞄准镜，瞄准的是什么？是要害，是最有效的攻击点。综合性的文化体系由多种文化组成，可它们是有主次之分的。从发展的角度来看，不能将各个组成部分一视同仁。毕竟，用于投入开发建设的资金和人力都是有限的，地区能容纳的旅游产品、旅游者的注意力也是有限的。对各种文化铺天盖地地开发，背离了我们的初衷。

用差异的眼光看待旅游文化的组成部分，需要从多个维度出发。区域中的各个组成部分，有些属于文化部分，有些属于非文化部分；有些属于狭义的文化，有些则属于广义的文化。有的文化并不是独属于该区域的文化，它可能是普遍分布于更大环境的文化，这种文化可能就缺乏独特的吸引力了。在区域独特文化体系的各个组成部分中，有的文化独特性极其鲜明，能够起到统领全局的作用，是文化体系的核心；而有些文化只能处于被统领的地位，作为核心文化的从属部分。分清文化的主次，不仅要从目的地的本身看，还要从旅游者的角度看。不能大量吸引旅游者的文化，也不能算是核心文化。此外，一种文化虽然在整个区域算不上核心，却可以在区域内的某个项目中成为核心。所以，基因解码是寻找核心的一门学问。

5.2.3.4 是面向未来的望远镜

对问题认识的最大意义，一定是发展，而发展是面向未来的。虽然短期的利益也很重要，但短期利益融入长远的利益当中才是最好的结果。认识文化的目的是利用文化、发展文化。面向未来利用文化，一是指从核心文化出发谋篇布局，二是指对文化的再创造。现在的许多科学技术将基因工程运用到人类的发展中，比如转基因食品，就是对基因的再创造。文化再创造可以是对新的文化种类的开辟，也可以是用新的形式表现原有的文化。

为了消除原有的不合理结构，生成新的发展动力，基因破译提供重塑区域旅游文化布局的过程。譬如，我们在破译浙江省宁波市东钱湖的文化基因时，着眼的不是历史上的范蠡，不是历史上的宁波商帮，也不是近代的五口通商，而是着眼于现代商业文明的中华儒商。因此，破译文化基因后，我们继续做的工作，实际上在一定程度上是在“编码”。有时，基因一旦破译，灵魂也就出现了，譬如独具宁波旅游灵魂特色的儒商的“儒”字。

5.2.4 不去破译基因，会怎样

旅游利用和发展文化，难。难在哪里呢？相信大家深有体会。旅游灵魂设计如果过不了文化这一关，就再也没有其他办法进行下去了。尤其是在这个旅游与文化有着千丝万缕联系的时代，抛开文化发展旅游，是行不通的。那么就该用基因破译攻克旅游中的文化难关。

5.2.4.1 难在认识

认识旅游文化之难，是贯穿全程的。第一难，就难在开端的认识。认识难，所以人们做的很多事情都仅仅是为了认识。

到底什么是文化？历史传承下来的，如古镇、古城、古村是文化。而那些看不见、摸不着的呢？譬如“好客山东”，究竟是不是呢？

对文化的认识，就是对人类自身的反思。当局者迷，旁观者清，人类认识自己比认识外物难。旅游与文化都有着上千年的历史，很多方面都没有被人类完全认识。为什么这么多年来人们在对文化的认识上发展如此缓慢？就是因为时间不等人，文化也在与时俱进，要求人们对文化不断地有新认识。

世间没有一直在变的事物，在变化之中一定存在不变。如果我们对文化仅停留在表面的、朴素的、感性的认识，就会不断地被变化拖着走。基因解码，就是为了寻找不变的方法和不变的本质，以不变应万变。当今旅游发展得确实太快了，新事物给我们带来的冲击确实太大了，以至于大家都没有缓过来。当冷静下来，站在一个局外人的角度重新审视旅游文化时，尤其是在目睹过不少景象之后，就会发现，旅游文化是有共性和不变性的。

5.2.4.2 难在发现

发现，与认识不太一样。发现的“无中生有”之意更深。认识是将杂乱的思绪理清，而发现是让新的内容涌入思绪中。发现能够带来机遇，并为旅游文化注入新的活力。

发现是发现哪些东西呢？既然发现是稀有的，那么也应该是灵活的，涉及方方面面。比如，发现新的文化，发现新的文化产品，发现新的发展模式，发现新的文化主题，发现新的消费偏好……总之，就是先看到别人还没有看到的东西。

这里的“看到”也不是完全没看到，还有可能是熟视无睹。例如温州瑞安，可以把“财富”作为瑞安旅游的卖点和热点。但为什么很多人没有发现这一点？

还是因为缺少一双善于发现的慧眼。实在没有慧眼，怎么办？基因破译可以告诉你答案。

发现的机会并不少，就在身边。虽说发现需要灵机一动，却也不尽然。从基因出发去发现，肯定比试图从表象发现更加容易。

5.2.4.3 难在挖掘

挖掘文化，既是挖掘区域的文化资源，也是挖掘某种文化的内涵，最终都是为了挖掘文化的价值。与文化发现相比，文化挖掘有着更强的力度。力量大，耗费亦随之增大，这值得吗？当然！

其实，挖掘不是单纯用力气，也是有讲究的。就像挖土，要先剔除地表的杂草，把地弄得稍微平整一些，然后才开挖。遇到坚硬的石块，就需要懂得回避，从最软弱的地方下手。挖掘宝贵的矿物质时，因为矿物质是集中分布的，所以要在有矿的土地周围多挖。这样全程挖下来，就会发现，挖掘是有一定轨迹的。轨迹就是挖掘过程中用到的技巧。

记得当年在做宁波梁祝文化公园旅游策划时，我固然发现了梁祝故事忠贞不渝的爱情文化基因，但在深挖化蝶、梁山伯庙这些支撑点上却是费尽了周折。

基因破译，能够为旅游文化的挖掘提供轨迹，提供线索。基因破译帮助人们发现文化与文化之间的联系，将文化在最短时间内连根挖出。抛开基因破译去搞文化挖掘，总会碰到障碍，而面对障碍却毫无办法，就只好用上蛮力，力气不够就只能放弃。

5.2.4.4 难在整合

文化又多又杂又乱，虽然没有优劣之分，可是对旅游发展来讲需要整合和筛选，归并同类文化，剔除相对价值不高的文化资源。比起发现和挖掘，整合是对已经有的东西实施操作，是一个由多到少的过程。可真的是这样吗？且不说待整合的文化形式与产品的冗杂，即便有工夫去梳理所有的内容，整合的标准又是什么呢？没有标准的情况下看起来可以为所欲为，可以更加自由，可过度的自由恰恰是不自由的，因为连做什么都不知道。旅游文化的整合需要一套完善的标准。

基因破译，致力于为旅游文化的整合提供标准，一套基于基因层面的标准。有了这套标准，就能知道旅游文化需要从哪些方面整合，哪些文化是重复的，哪些是需要整合到一起的同类文化。旅游文化的体系是一个整体，这个整体就好比一个生命，有外在，也有内在，从头到脚，从思想到心灵，是有顺序的。而这些部位或者层次，都能找到对应的文化基因来控制。基因破译为梳理区域旅游文化提供指引，让旅游灵魂设计者不迷失。

5.2.4.5 难在吸引

吸引旅游者，是激发旅游者内心的欲望。旅游者的欲望，是刻在骨子里的，是刻在基因深处的。基因说到底还是通过人的想法表现出来的。谁抓住了旅游者的想法，谁就抓住了旅游者的心。

吸引旅游者，难在不懂旅游者。旅游者对目的地的向往一般是建立在已有基础之上，欲望不会凭空产生，天马行空的欲望不是真正的欲望。既然旅游者无法通过想象力来给我们启示，我们就只能主动地寻找他们的欲望了。

目的地有文化基因，旅游者或客源地也有自己的文化基因。当两边的基因产生共鸣的时候，文化的吸引力随之产生。共鸣不是等来的。吸引力藏在目的地的基因深处，欲望藏在旅游者的基因深处。基因破译寻找这两串密码的交织点。如此操作下来，就很容易找到令所有人出乎意料的吸引点。虽然出人意料，却在情理之中。基因破译，让吸引力触手可及。

5.2.4.6 难在开发

没有旅游的文化不是旅游文化，旅游文化必须为旅游发展带来效应。能够以原始面貌直接带来客源的硬核文化毕竟很少。以文化促旅游，重在开发。可开发绝非易事。且不说想不到开发的点子，即便想到了点子，以破坏环境和文化原貌为代价的开发也时有发生，为人诟病。肆意地开发图一时之利，实在不可取。

文化资源怎么开发？原则大家都懂，无非就是投入与产出之间的权衡。投入人力、物力和时间，产出旅游产品，吸引游客。当然，额外遵循的原则就是保护环境，保护目的地居民的生活方式和生存空间。原则看起来简单，遵守起来却很难，就是因为不懂得有效率地开发。

实际上，大家对“开发”的含义缺乏解读，而只是简单地把注意力放在了“开发”这一动作中。“开发”二字，合则为本义，分则有深意。“开”是终结关闭的状态，“发”是放出或表达。基因只是一些序列，要想体现出含义，终究是要通过表达来完成。如何打开文化的大门？如何表达文化的内涵？这些问题无法绕开，基因可以给出答案。

5.2.4.7 难在布局

开发与布局有着紧密的联系。旅游文化通过开发将潜力释放出来，可没有良好的布局，潜力终将白白流失。布局就是提供一些水桶，将水泵中冒出来的水接住。至于水桶放在哪里，水桶的规格怎样，用水桶还是水盆，则是布局的细节问题。布局不一样，效果也会不一样。

“布局”是个热词。人人都想有谋略，都想构建一个自己的“局”，成为棋手。可怜的是，许多人并不自知，自己才是这局中人。棋艺不精，落子不当，反而将自己推入僵局、危局甚至死局。旅游文化的布局之难，让很多人都把路走窄了。

“布局”常与“谋篇”一起出现，叫作“谋篇布局”。“篇”就是文章，写文章要有学问，有了学问才懂得如何布局。学问从书本中来。什么是书本呢？就是基因。基因记载着关于文化的学问，值得细细品读。熟悉了基因这一书本，理清了文化中的各条脉络，写起文章来也便得心应手。文章了然于心，则韬略无穷，布起局来不慌不忙，有条不紊，使旅游文化的潜力尽数为我所用。

5.2.4.8 难在创新

创新，终究是旅游灵魂绵延不息的保障。旅游文化的创新，分为文化内容的创新和文化表达形式的创新。不管是哪种创新，都会造成差异，都会给人耳目一新的感受。

每个人都是创新者，可并非所有人都能做优秀的创新者。之所以人人都能创新，是因为每个人在日常生活中总有灵感涌现的一刻，这种涌现是不经意的。之所以优秀的创新者少见，是因为刻意需要创新的时候反而创造不出新东西。困境不会总是成功地把创意想法逼出来。枯竭的水源是挤不出水的。

文化的创新可以是自发的，也可以是人为干预的。自发的创新，就像是生物进化过程中基因的突变。当生存的环境和形势发生变化时，为了适应变化，文化自发地产生变化。人为干预，是人为地对文化的基因进行改造，使之不仅能够适应环境的变化，还能走在大环境的前面，处于领先的地位。既然创新是对文化基因的改造，或者是对基因表达方式的改造，那么通过基因破译来熟悉文化基因的原貌是必不可少的步骤。不管怎样，不懂基因破译，就不能攻克旅游文化之难关。

5.2.5 基因破译的法宝

基因破译固然重要，可分不清哪些属于基因，哪些不属于基因，恐怕会误入“病急乱投医”的歧途。基因看不见、摸不着，究竟怎样才能清晰地判别呢？基因破译有三大法宝：简单性、遗传性、特异性。遵循这三个原则，掌握了这三大法宝，基因破译基本上不会出错。

5.2.5.1 简单性

作为原始的基本单位，旅游文化基因的结构是简单的。这是与文化最终表现出来的复杂形态的显著区别。何为简单？就是不可分。文化基因的不可分，是指文化的代表物在保留文化性的前提下达到最基本的尺度。

文化基因的寻找过程就是将文化产物解构的过程。文化产物被解构为物质实体部分和非物质体部分。正如大家都熟悉的故宫的解构，故宫的物质实体是由砖瓦等建筑材料堆积成的建筑、宫内的花草树木和文物。众所周知，仅凭物质实体，故宫不是故宫。故宫之所以被人们认可，是因为必不可少的非物质部分。故宫的建筑是对建筑文明、建造工艺、劳动人民的智慧和中国古代建筑特色的承载，花草树木寄托人们对自然生灵的亲近，而文物包含的文化内涵就更加丰富了，因物而异。除此之外，统领故宫的非物质体定有庄严的皇威，随之而来的是我国悠久的封建文明。

文化产物的物质部分是外在，非物质部分是内在。分析基因，就是用一些属性概括文化产物的全貌。这些属性包括：物质类别、物质生成方式、物质外表特征、世界认知、价值理念、语言表达方式和思维主体。在描述过程中，这些属性可以从多个维度分解。例如，物质外表特征被分为形态、颜色等。属性与属性之间也不是简单的线性排列，而是交叉的。比如，外表特征的某种颜色能够表达怎样的价值理念。

5.2.5.2 遗传性

遗传，有“遗”又有“传”。“遗”指保留，是稳定性的体现；“传”指传承、传播，既在时间上延续，又在空间上流动。所以，区区二字有着沉甸甸的分量，蕴含着变与不变的道理，值得细细品味。

这对地域文化来讲尤为重要，直接决定某种文化基因对地域是否存在归属关系。在一个地区当中，个别人或者个别群体追求着与众不同的偏好，而大多数人有时也在头脑中冒出奇怪的想法。这些偏好或者想法属于这一地区的特有文化基因吗？显然不属于。从遗传的角度来讲，一个不能代表区域特色的文化，在这片区域难以延续或流行，也就不能作为目的地吸引旅游者的标志。

怎样判断文化基因是否在区域有遗传效应？需要结合知识、制度、思想、行为等多方面情况。遗传一定是顺应发展潮流的，逆水行舟不会持久。发展潮流表现为知识和思想上的进步以及制度和行为上的优化。需要思考，一个地域的主流文化曾经和现在是怎样的，将来会如何发展；地域的文化是按照什么方向传播的，是内生的还是外来的。把这些来龙去脉理清楚，就能识别出能够遗传的文化基因和不可遗传的文化基因。

把握遗传性还有一个妙用，那就是地域之间文化基因的成功传播有助于吸引外地人来此旅游，追本溯源。地域间的文化千姿百态，却有着共同的源头。

5.2.5.3 特异性

特异性很好理解，就是文化与文化之间的差异。能在同一属性中有不同表现的基因才是需要关注的基因。“天下乌鸦一般黑”，如果乌鸦都是黑色的，那么决定它们颜色的基因就不值得关注了。不过这句话说得并不准确，其实是存在少量白色乌鸦的。

文化与文化之间的同一方面，可能表现出相同的属性，也可能表现出不同的属性。这些相同或不同的基因片段经过组合，使文化在整体上表现出独特性。在同一个区域中的多个独特的文化整体经过组合，又能使区域总体的文化表现出特有的形象。旅游文化基因从最简单的基因片段产生差异，再经过层层组合，一直上升到区域的整体，表现出的特异性几乎是无可复制的。

这是幸运的，文化因千姿百态而使旅游地的价值提升；这也是不幸的，因为多层次的多样性给基因密码的破解者带来了极大的困难。但不同人需要注意的层次又是不一样的。一定要将基因解码推进到最细微的层次吗？也不见得。有时将目光更多地聚焦于整体，同样能收获奇效。判别旅游文化基因，判断哪些属于基因，哪些不属于基因，并不是要将区域中的每个小小的物件都识别出来，而是在自己所关注的层次，将有限数量的部分归类。

5.2.6 基因破译的密码

认识基因的组成，是为了在基因的改造和表达方面更加得心应手。给定一个区域，需要把握区域的整体文化特色，再细分文化的组成成分，寻找处于关键地位、具有决定性的几个焦点，然后考虑基因的组成与分布是否合适，最后基于基因创新表达方式。我们以张家港为例，了解基因破译的具体操作步骤和技巧，告诉你一个基因破译真实的密码。

5.2.6.1　全程扫描

解析组成成分，就是还原一个区域文化基因的本来面貌。从层次上来看，要先把握区域的整体文化特色，再将整体分为关键的几个组成成分，也就是仅次于整体的文化结构。至于是否继续往下分解，就要看有没有必要性了。

张家港历史悠久，人文资源丰富。从历史上来看，张家港总体属于典型的吴越文化。据史料记载，张家港境内共出过 2 名状元、1 名榜眼、4 名探花和数百名进士。张家港人民有光荣的爱国传统，有抗金、抗倭的耿介忠节之士。在经学、文学、史学、书画、音乐和医药方面也人才辈出。有以 6 位中国科学院院士为代表的学术人才。最为杰出的是唐代从张家港起航成功东渡日本的鉴真大师。张家港还包括“民俗、民风、乡情、节庆”等文化与人文的形态，有代表物河阳山歌。从地域上来看，张家港是一座新兴的现代化港口城市，并且可借长三角和江南水乡之势。

还原张家港的文化基因，需要从张家港的整体出发，从时间和空间的维度找到张家港的定位。时间维度，张家港属于吴越文化，历史悠久，在古代和近现代都有着各自的闪光之处。空间维度，张家港位于长江下游南岸的苏州境内。这是张家港的整体。对于上述整体进一步拆分，由吴越文化能够引出张家港的方言和地方民俗民风。古代和近代的文化分为名人和文物，现代文化是在“张家港精神”下开拓而成的现代化港口城市。空间整体的文化能够被分为港口文化、江南水乡文化和长三角文化。这些粗分领域又可被进一步细分，如名人文化中包含东渡吉祥文化。细分领域又能对应到具体的一些文物资源，而文物又有各自的属性。

总之，对于一个区域，在了解它的概况后，我们能够找出其中的文化成分。再从整体出发，自上而下，层层分解，最终可以还原出区域文化的基因。至于分解到何种层次，需要酌情考虑。

5.2.6.2　找文化敏感点

通过对区域文化组成成分的解析和对基因面貌的还原，一个层次化的结构就浮现了出来。想象一下，这是一个金字塔的结构，由上到下领域越来越细，内容越来越多。不过这又与现实中的金字塔结构有所不同，因为文化的组成结构不是一块一块的砖垒起来的，而是由结点和结点之间的连线组成的立体化的网络。结点是具体的文化类目，而连线是这些文化之间的关系。有些结点十分耀眼，因为它所对应的文化类目是独特且珍贵的；有些结点较为暗淡，一般是低品质的文化资源。这表明，尽管我们对区域文化的层次结构已经熟悉，可由于这些结构不是均匀分布的，所以要判断，哪些结点对整个网络具有拉动作用。也就是说，哪些文化资源是区域旅游的焦点和核心。

文化资源既是有形的，又是无形的，而“无形资产”是值得重视的。张家港的知名度和影响力最能体现张家港旅游资源的品牌价值特征。在古今文化的比较中，张家港的传统历史文化较为平凡，现代社会文化更具优势。在名人文化中，鉴真东渡有较高价值。此外，需要重视地理上的文化焦点作用。在地理上，焦点是张家港，而这一焦点向四周都有延伸，把江南水乡天堂苏州、长江旅游统一体的文化部分都连在一起。

在焦点和重点连接而成的网络之下，才能挖掘细分文化，做具体的小项目。如果只是解析文化的组成成分，忽略焦点，那么就会找错重心，舍本逐末。

张家港现代风貌（图源：张家港市人民政府网站）

5.2.6.3 塑造基因形态

分析文化基因的组成结构，寻找文化网络中的焦点，是为塑造基因形态创造成熟的条件。塑造基因形态，一方面是对于原有的文化结构重新排列组合，将文化资源中的次要部分删减或者放到焦点的统筹之下，提高焦点文化在整体的区域文化中所占的比重；另一方面是创新文化形式，在文化中加入新的元素。其中，第一方面是必须做的事情，因为对于原始的文化分布总要人为地加工塑造、改变重心才能利用。第二方面是对文化本身的再创造过程，是可选择的，但有的时候再创造会偏离人们的喜好，并且破坏文化的原始面貌，需要谨慎为之。

对于张家港文化基因形态的塑造，应始终围绕“江南水乡”“滨江港城”等主题，以长江和港城为张家港旅游的立足点。在历史文化遗产中，以鉴真东渡为垄断性的资源。将苏州的“天堂”非物质文化遗产巧妙地移植过来，作为张家港的专享文化、特色文化、卖点文化。充分利用现代工商名城的形象，将鹿（禄）苑文化、凤凰文化、东渡吉祥文化等整合起来，并以吉祥文化为特色文化、亮点文化。

实际上，在捋清区域文化基因的组成、找到焦点文化之后，塑造基因形态便水到渠成。在大致的基因形态下，对于具体的领域进一步细分和策划，就是最新的基因形态的完整面貌。

5.2.6.4 造典型象征物

表达是基因解码的最后一步，也是认识和塑造基因形态的最终目的，是将基因解码的效果通过落地来实现的过程。如果将基因解码比作写文章，塑造基因形态是明确立意，那么创新表达方式就是具体的书写过程。

基因的表达与后续的步骤也有关系，需要明确灵魂、概念和载体，贯穿旅游灵魂设计的若干过程。在基因解码阶段，创新表达方式是在文化层面为后续的灵魂设计做一些准备工作，是明确对文化的表达。张家港重点做“水”“乡”“城”“岛”“人”这五篇特色文章，其中或多或少存在文化的影子。文化基因的表达要么单独进行，要么与自然风光结合起来。

在微观的层次，基因表达的实现依托于一些亮点项目的策划，如张家港市现代农业示范园区（体现现代化的江南水乡文化）、东渡苑（体现吉祥文化）、双山岛（体现现代的致富精神）、凤凰城（集成众多传统文化资源）等。此外一些产品设计和节庆策划也是文化基因表达的载体。

总而言之，表达方式是对文化的层次和焦点的体现，是基于文化基因的实际情况而进行的相应创作，是解析文化、还原基因之后的再次组装过程，在保留文化的原始面貌前提下从旅游的角度发掘了文化的价值。

东渡苑（图源：张家港市人民政府网站）

5.3 第三步：灵魂打捞

——要把旅游的魂找出来

“资源解冻”和“基因破译”是旅游灵魂设计的基础铺垫，根本目的和关键就是要把旅游的魂找出来。因而为旅游设计灵魂的第三步“灵魂打捞”显得尤为关键和重要。

5.3.1 为什么要用“打捞”两字

文化是旅游发展的要素，文化碎片化是当今旅游最常见的现象。文化碎片化的起因是文化多元化。一个地方的文化形式和内容本来很简单，但由于人口的流动、信息的传递造成文化的冲击，导致文化碎片化现象的发生。其实文化的冲击自古以来就有。比如古代西域和中原地区之间的人口流动使不同文化相互冲击，亚历山大大帝东征和罗马帝国的扩张都带来了文化的冲击。只是古代的人口文化流动较慢，并且有很长的时间融合，碎片化的文化最终融入文化的新整体。当今文化的冲击速度和规模是前所未有的。在这种速度下，文化碎片根本就来不及融合，原本的文化也被掩埋在碎片中。

对于一个区域，旅游的特色并不一定是清晰可见的。多元的文化带来的是多元的特色，多元的特色看上去又无特色。灵魂连同文化一起被埋没于碎片化的文化。对于碎片化的文化不能放任，而是要整合到一起。文化整合的带动者是灵魂。打捞灵魂，是因为灵魂本身就存在，只是被掩藏住了。将灵魂打捞上来，再统筹引领碎片化的文化，把整个旅游做活，是理想的过程。

5.3.2 灵魂打捞究竟是什么意思

灵魂打捞，顾名思义，就是将灵魂从“水”中捞出来。灵魂沉浸的“水”是什么“水”？就是碎片化的文化。此外，还有一些阻碍打捞的因素，比如水草，比如水面的雾气。在旅游里，这些阻碍因素对应的是地方的、与真正灵魂偏离的旅游资源、旅游产品，这些都蒙住了发现灵魂的双眼。

有的人认为，灵魂是虚无缥缈的，如水中倒映的月影，认为打捞灵魂等同于猴子捞月。其实这种看法是不对的。灵魂有其客观的实体，是真真切切能够捞出来、能够抚摸的。灵魂打捞说的是找出阻碍我们认知灵魂的层层因素，还原灵魂的本来面貌。

5.3.3 灵魂打捞有着怎样的理论

> 根与魂是灵魂打捞过程中遇到的两大主体。处理好根与魂的关系是灵魂打捞的必经之路。根和魂既有同一性，又有异质性，在旅游中起到不同的作用，扮演着两种角色。灵魂打捞必须先树根，后立魂。这便是旅游灵魂打捞的“树根立魂”理论。

5.3.3.1 什么是根

(1) 根与事物的发展

“根”的含义多种多样，这些意义是由其最早的本义衍生出来的。根最早是指植物的营养器官。根通常位于地表之下，吸收土壤中的养分，并且有支持、繁殖和贮存有机物的作用。根的结构是随着植物的进化而完善的。越是高等的植物，根系结构越复杂，也越能体现出生命力。

植物的根极其重要。自然环境向来都险恶无比。大自然既为生命带来希望，又带来危机。一片土壤就是一个生存空间。而植物要想在这片土壤上为自己谋得生存的机会，主要做两件事：一是将自身固定于土壤中，二是从土壤中吸收养分。做到这两件事，植物才有希望茁壮成长。离开根，一切发展皆为虚妄。

从植物的根的作用中，我们可以获得启示。事物发展需要起点和立足点。起点或者立足点自身先演化出具有一定体积的结构，如果这种结构为事物在环境中的存在提供必要的条件，为事物的发展保驾护航，那么这种结构就可以被称为根。由此衍生出了一些词语，如“根本”“根据”，都是在表达这个意思。

(2) 寻根问祖——根与人的记忆

提到根，人们的心中会有凛然之感。人类从出现起，硬是凭着自己的勤劳、勇敢、智慧与团结，克服万难，创造辉煌的文明。是什么为人的发展提供立足之处？是根。

人记忆中的根该如何表达呢？能够将自然的环境与人的发展联系起来的，从物质上说是资源，从精神上说是信仰。其中信仰更为重要，信仰使人具有精神动力，有精神动力才能发挥主观能动性，利用资源改造世界。

资源与信仰之间的关系，就是一个个的故事，就是人类文明的根。太阳为植物提供光能，为人类带来光和热，这是资源，而对应于太阳能资源的信仰，就是某些族群崇拜的太阳神。水是资源，于是有对各种水神的信仰；金钱是资源，于是有了财神。这些神的背后都有一些故事，可以激发人的兴趣。由这些神又诞生出其他一系列的神，虽说与资源没有直接的关系，却也是间接地由资源而来。随着私有制的产生，人类从奴隶社会发展到社会主义社会，解决的是资源在人与人之间分配和利用的问题。在这一过程中，历朝历代的人们有着不同的信仰，为了信仰要么忍耐，要么斗争，书写了一系列的壮美篇章，留下令人津津乐道的故事。还有科学家为了验证假设而艰难求索，促成了对资源的高效化利用，这也是故事。今天的人探访故地，缅怀往昔，就是让故事在脑海中流转。

（3）旅游是对根的追寻

理解了根的含义，根与旅游的关系不言自明。根是旅游目的地的记忆和故事，而这些记忆与故事是能够打动人的，并且是保持原貌，没有经过加工的。对于湖州孟郊故里的旅游来说，《游子吟》就是它的根。这首诗在未经任何加工的情况下，能用游子与慈母的情感打动无数人。游客去孟郊故里，是追寻这个根。

还有我们常见的红色旅游，对根的体现是非常明显的。在红色革命的遗址，发生过的革命故事，或激情昂扬，或凄惨壮美，给人以深刻的印象。由此看来，根可以来自于数千年前，也可以来自于数十年前。旅游本身就是多元化的森林，根亦表现为多种多样。

5.3.3.2 根与魂的关联

（1）根是魂的事实来源

根要么是故事，是发生在历史上的真实事件，或存在于传说中的“事实”；要么是刻在我们文化基因中的记忆，作为客观的存在伴随着当前的生活。根通常对应的是具象，能够在脑海中呈现图景，有着来龙去脉。魂是对根的抽象，却也不是简单的抽象。魂是从根中抽象出的内涵性的东西，再进一步加工，得到精神性的产物。这样来看，魂的来源是根。可是仔细想，即便没有根，魂也不会直接灰飞烟灭。魂中的一部分似乎有其他来源。

所以，魂作为精神方面的成分，不是对根的全然概括，不是根的附庸。根只是魂在事实方面的来源，为魂提供存在上的依据。魂以此依据为核心，寻找人性中与根契合的部分，共同组成完整的灵魂。

（2）魂是对根的精神诠释

根是将故事摆出来，而魂是对故事的进一步诠释。根往往是固定的，而魂的诠释是灵活的。魂能全方位地诠释根，如德清孟郊故里的根是《游子吟》，魂是“游子文化”。《游子吟》是广为流传的一首诗，歌颂母爱的伟大与无私，表达诗人的感激与尊敬。根据这个根，需要有魂来诠释它。虽然诗从表面上只表达了亲情和孝道，但这背后的背景和凝聚的情感却没有这么简单。这不是简单的母爱和感激，这是“游子文化”。游子文化在中国古代农业社会持续了相当长的时间。一些年轻人为了在事业上取得成功而背井离乡，行走在外，难免泛起乡愁。直到今天，这一情感都能引起许多人的共鸣，使孟郊故里成为游子思念之情朝圣者的圣地。

魂也能在最关键的点集中地指出根的精神。滁州琅琊山的根以欧阳修的《醉翁亭记》为代表，从中提炼出的魂仅为一个“醉”字。“醉”字看似以偏概全，实际上是最关键的点。“醉”字刻画的是一个典型的“醉翁”形象。欧阳修虽在仕途上遭遇不顺，却能怡然自得，与民同乐，实则是以“醉”的心态面对周遭的一切。而今人来此，远离喧嚣与烦恼，也是能沉醉于这风情之中的。

醉美滁州·醉翁亭（图源：滁州市人民政府网站）

由此看来，魂在精神上诠释根，既能全方位诠释，又能聚焦于一点而诠释，方式不尽相同。魂所诠释的，是故事、记忆或作品原本表达的情感，也是令人与之共鸣的部分。而这些，都已超脱于根基本身。

（3）根是静力，魂是动力

这两种力是相对而言的，因为每个主体都有动静的部分。为了阐释根和魂的关系，在此刻意把静和动区分开来。静力提供稳定的环境，将系统中不稳定的成分死死地摁住。这恰恰是根的特点。根以故事、记忆或作品这些完整的形式留存下来，在形态上是不变的。根把自身固定在旅游的土壤中，为魂的存在提供稳定的依据，不至于让魂的基础变来变去。魂是动力，并不是说魂自己在动，而是在为旅游注入动力。旅游没有魂，就没有“精气神”，就不能按照统一的方向有活力地发展。

静力又是动力的源泉。根的静力，如平静的湖泊，而魂的动力似从湖泊流向河道的活水。根也在动，一方面汇集环境中零散的养分，一方面将养分输送至魂，只是根在这一过程中显得波澜不惊。相比之下，魂的动是活跃的、不停息的，每时每刻为旅游地的各个组成部分输送精神动力。当旅游地的一处小小景观或者游客在精神上出现偏差或疲态时，魂会及时给出反馈，让旅游整体保有活力和青春。

5.3.3.3 灵魂打捞必须先树根，后立魂

先树根，后立魂，这是一直被强调的灵魂打捞的步骤。没有根，魂就立不住。从“打捞”的意思来看，树根是为灵魂所在的位置确定边界。从水中打捞一样东西，可以用网。在水中打几个桩，再把网拉上，灵魂就会被限制在固定的范围内，之后再把灵魂捞上来，能节省不少的力气。

5.3.4 灵魂打捞到底如何“打捞”

灵魂打捞，最终落实在找到灵魂。灵魂的寻找要与根结合起来，找到旅游的根，再依据根找到魂。在实际的操作上，灵魂打捞分为两大阶段：一是把根留住，二是把魂找出来，让人弄明白旅游的这个“魂”到底是什么。

5.3.4.1 先树根，把根留住，让魂有立足点

没有根，灵魂就失去了立足点，成为空中楼阁。“树根”也是承接了资源解冻和基因解码步骤的成果，从文化中寻找根，突出了旅游灵魂设计各步骤之间的严密性。树根是从现状中挖掘出属于本土、本国、本民族的“根文化”，进行评价、分析和研究。树根是从资源寻找根，根是能够承上启下、统筹全局的资源；树根也是从文化寻找根，根是本土的文化，有着独属于本地的支撑力。文化是资源的一部分，所以从文化中找根就是从资源中找根。寻找一个地方的文化，对大家来说已经比较得心应手了。根是诸多地方文化中的一个，需要将这一个“根文化”找出来。

根文化一定是与旅游项目涵盖区域相同级别的文化，不是大一级别区域的根文化，也不是小一级别区域的根文化，至少在知名度上能够将此区域均匀地覆盖。任何一个旅游地、旅游产品，只要和旅游有关系，那么都有根。下渚湖的根是什么？下渚湖显然具有湿地文化，但湿地文化太笼统，没有本地的特色。下渚湖也有防风古国的文化遗存，有本地的农耕、渔业文化，还有“地裂防风国，天开下渚湖”的名句。往大了说，下渚湖属于德清，但德清的根不能作为下渚湖独有的根。所以，无论是从时间、从影响，还是从当今的民风民俗、湿地特点来说，防风文化都是下渚湖旅游的根之所在。其中有诸多的故事和历史记忆等待发掘。准确来说，下渚湖的根是防风氏的传说。

5.3.4.2 再找魂，把魂捞出来，让魂有聚焦点

在找魂的路上，我们已经走过了树根的第一段旅程。前方的路正式通往找魂的目的地，但是在树根与找魂之间有一段距离是需要衔接的。这就涉及从根到魂的转化。这一步转化虽然不是核心，但也不可忽视。如果这一步走错，那么在后续的找魂阶段可能会迷失，导致被迫走更多的弯路。

从根到魂的转化方法与前面所说的根与魂的几种关系是相互对应的。魂要以根为事实依据，优先尝试从根的内容提取可能属于魂的成分。根的成分以事实为主，不会直接呈现精神的成分。魂的精神成分占

比更大，是对根的精神内涵的提取、整合、压缩和概括。同时，魂有动力和生命力，与固化的根不一样。在将根转化为魂的时候，要尽可能做到彻底。这里的“彻底”指的是将根和魂的特点分清楚，切莫将二者混为一谈。但是彻底转化也不意味着抛弃根的一切，而是抛弃形式，保留内涵，否则灵魂就拴不住了。

继续分析下渚湖。前面提到，下渚湖旅游的根是防风氏的传说，下渚湖的魂是什么呢？解决这个问题的入手点是设法从防风氏的传说中提炼出属于魂的成分。实际上，正如我们所见，防风氏的传说引出了包括大禹治水等一系列内容在内的防风文化，魂也要从防风文化中找寻。防风文化体现的是人与湿地相处过程中的精神，既有坚忍顽强的治水精神，又有对湿地生态的温柔关怀。防风后人在抵抗和顺应中与下渚湖共生数千年。因此，下渚湖旅游的魂可以被概括为“防风精神”。

5.3.4.3 后立魂，把魂设计出来

根为魂的存在提供了立足点，缩小了魂可能存在的范围。由树根到找魂是顺理成章的事情。但在实践过程中有一些变化，面对特殊情况要注意变通。

（1）看得见的魂和看不见的魂

许多旅游地的魂是看得见的：只要了解当地的文化和根，稍微结合已有旅游发展的经验，就知道魂是什么。可有一些魂本身就是看不见的，只能用深度的意识呈现。

看得见的魂显露于表面，有着强烈的气息，令人无法将目光转移，颇有盖过其他实体之意。看不见的魂或隐匿于黑暗，或弥漫于无形，想要捕捉，却发现其形体巨大而分散，如广阔的烟雾，不能完全装进口袋中。其实也不必担忧，看不见的魂虽然形体散乱，但形体之中掩盖着较为集中的存在，这就是“神”，形散而神不散。集中抓住魂的神，就能囊括其形。

德清的魂是什么？德清的魂需要一个故事去带动，并且这个故事是全局性的、有代表性的，可惜我们找不到这样一个故事。德清的魂无法直接看见。德清有名山，有湿地，可与中国五岳、佛教道教名山等比起来，莫干山却不是那么出名。湿地资源也不是决定性的优势。可德清自

有其魅力所在，这种魅力是无形的，又是随处能感受到的。可以猜到，德清的灵魂是朴实而伟大的。不妨从文献中寻找答案。宋代葛应龙的《左顾亭记》有云："县因溪而尚其清，溪亦因人而增其美，故号德清。"所以，"清丽山水"是德清的魂。

清丽山水·莫干湖（图源：德清县人民政府网站）

看不见的魂真的看不见吗？也不见得。只要转换视角，转换眼光，灵魂便无所遁形。这样想来，许多旅游项目之所以找不到魂，是因为魂是藏匿的，并不是没有魂。

（2）关注魂的竞争优势

灵魂与灵魂之间有差别。之所以称之为灵魂，是因为它"灵"。如果在别的灵魂面前它不灵了，找魂就是徒劳无功。关注魂的竞争优势是很有必要的。"有趣的灵魂万里挑一"，灵魂不仅要反映本真，还要有趣。当灵魂足够有趣时，就能建立起独特的竞争优势。

好看的皮囊与有趣的灵魂该怎么选择呢？二者如果能兼得当然更好，但如果只能选一个，就要掂量一下了。原先常觉得，好看的皮囊很重要，因为引起人们的注意是第一步。但空用一个噱头博人眼球，不注重对灵魂的深耕，只会导致差评如潮。如今旅游地的负面信息的传播速度非常快，令潜在的旅游者打消前往的念头。现在人们的生活品质和鉴别能力也在不断提高，即使包裹华丽外壳的东西也很容易被看穿。关键还是要把灵魂的有趣作为核心竞争优势。

创新是保持灵魂竞争优势的不竭动力之源，也是制造趣味性的好办法。虽然比起肉体，灵魂更有韧性，但就像一切事物都有消亡的期限，灵魂也是缓慢磨损、衰老的。但创新能为灵魂充实新的内涵。我们说灵魂为旅游发展提供动力，可不能忽视发展的阻力。在旅游市场规模既定的情况下，旅游面对的是竞争者的阻力，尤其是当竞争者也有灵魂的时候。须知动力是有限的，总有用完的一天，必须为旅游灵魂注入新能量。而这个新能量，就是创新。老的故事应当讲下去，同时在新时代为根赋予新内涵，迎合大众的新口味，用新的视角看待地方的历史记忆。

（3）终究是要走出竞争谈魂

竞争是个激烈的过程，或许令人疲惫，但难能可贵。关注竞争对找魂很重要，但找魂绝不会止步于竞争。

竞争只是在同类产品的阻力下保护自己发展条件的手段，可这种阻力并不永恒。当根深深地扎进土壤中，魂紧密地与根贴合，魂表达的精神内涵深入人心时，旅游地的形象就已成长到难以磨灭的地步。这个时候，制约旅游发展的不是对手，而是自身。自身画地为牢，在规律的束缚下得不到挣脱。

既然竞争之外的制约总会来到，那么在旅游灵魂设计之初就提前做好准备是应该的。在一开始就要考虑，怎样使旅游灵魂最终得以自我实现？灵魂终究是要以表达自我为目标。上海的市级商业专业特色街就是很好的例子。按照很多人对上海的印象，上海这座城市充满了残酷的竞争。可这些街区各具特色，彼此之间的竞争不是很激烈，平静共处。这很大程度上是因为，比起竞争，上海的特色街区更注重表达自我。它们一边保留自身原始的特色，一边结合当代游客的喜好，加入购物、休闲等元素，形成了不同的定位，彰显各自的灵魂，如多伦路的文化名人底蕴，衡山路的欧陆休闲情调，皆与行人的心理产生共鸣。

灵魂要独特和有趣。表达自我是实现灵魂差异性和趣味性的最自然的方法，没有任何刻意造作的痕迹。旅游的灵魂，也终究要在自我表达中实现自由自在。

5.4 第四步：载体设计

——旅游灵魂载体的前世今生

打捞上来的灵魂需要有地方安放。找到灵魂，是为了让灵魂表达。灵魂是描述出来的，但更多是看出来的。尤其对旅游者来说，灵魂要通过具体的事物表达自身，这种具体的事物就是载体。灵魂通过载体表达自身的过程叫作“载体设计”。不同的载体发挥的效果是不一样的，这其中大有门道。

5.4.1 青岛国际啤酒节的“载体设计”故事

魂不附体，那是可怕的。载体是灵魂的安身之所，是灵魂存在的必要条件。载体能够确保灵魂不会逃脱和消散，为灵魂与人的交流提供便利。灵魂的安身之所多种多样，可大可小，取决于灵魂如何安放。

5.4.1.1 灵魂需要有安身之所

安身之所，对于每一个个体来说都是必要的。它能为生存提供庇护。同样的，灵魂与人无异，也需要寻找地方以求庇护。

如今，灵魂的含义不再那么单一。灵魂指一个人内心的信仰和向往，也指对别人的思恋、仰慕和纪念。每个人都有独特的灵魂，对应一定的情感和喜好，表现为对一些物品的喜爱，也就是说，灵魂有时存在于这些物品上。对别人灵魂的思念，表现为睹物思人。不管是什么含义上的灵魂，都有这样的安身之所。

为什么灵魂一定要有安身之所呢？因为灵魂虽然是客观存在的实体，但我们难以与灵魂有直接的交流，为了我们与灵魂能有连接，要有这么一个东西，能让灵魂长时间栖息于此。这个东西有两个作用：一是让灵魂与人彼此之间能够沟通，二是将灵魂固定住，不使其轻易地逃脱和破灭。这样的安身之所叫作“载体”。没有载体，灵魂就只能存在于想象的世界，自然就虚幻无比了。

5.4.1.2 从青岛国际啤酒节看灵魂的安放

啤酒很多人都喝过，啤酒节也可能参加过。相信大家对青岛国际啤酒节并不陌生。这三十多年前始于青岛市崂山区的节日已经展现出其巨大的影响力，超越节日本身的意义，成为青岛与世界交流的独特城市名片，是品牌之都青岛不可或缺的精神坐标。

啤酒节原本只是一些人的小型狂欢。其成长为青岛独特的形象代言者，是不可思议的。这是载体的妙用。起源于公元前 6000 年，作为人类最古老的酒精饮料，啤酒承载了人类太多的记忆。啤酒的灵魂一方面在于通行意义上的酒文化，给人以美和醉的感受，激励人的情绪；另一方面由于其独特的色泽、口感和烈度，给人以轻松和畅爽的体验。啤酒的灵魂载体很明显，就是啤酒产品本身。可是啤酒的灵魂已如此强大，仅仅蜷缩于一瓶瓶啤酒内，感到了极大的束缚力。喝啤酒的人也远远不能满足于举杯独饮，肯定愿意与朋友相聚，辅以娱乐项目。啤酒的灵魂在聚会中有了更大的寄居空间，非常尽兴。

啤酒的灵魂强大到不能被几人、几十人的小聚会限制住，而是尽情发挥，以城市级别的盛大节庆为舞台，为载体，受到世人的瞩目。在这一舞台上，多种娱乐项目、歌舞演艺为节日助阵，声势浩大。青岛国际啤酒节表明，灵魂的安身之所形式多样，可大可小，需要学会选择。

5.4.1.3 青岛国际啤酒节在传递怎样的信息

青岛国际啤酒节的做大有着一定的里程碑意义，至少在国内是如此。首先，虽然啤酒只是日常生活中普通的饮料，喝啤酒也只是小规模人群的日常活动，可在适当的策划下，这样小小的产品或者活动能被打造成盛大的节日。说明同样的内涵，能够采取不一样的载体来表现。其次，青岛国际啤酒节再一次说明，节庆活动已不拘泥于传统的春节、端午节等庆典。节庆活动是能够被快速地重新打造的。随着旅游的发展，载体不再止步于已有的形式。另外，载体的选择是把载体作为手段，目的还是带动旅游的发展。因此，载体的选择不能为自己设置限定。

长期以来，在旅游发展中，载体的选择和设定已经有着一些默认的行动模式。在做旅游策划的时候，大部分人是不强调“载体”这一概念的，基本上直接按照自己想到的来选择载体。做事想当然，就会循规蹈矩，就会陷入思维定式。提到做某一类型的旅游项目时，自然而然地想到相应的载体，其实是缺乏突破和创新的。不仅没有创新，而且连载体最基本的逻辑也被忽略掉了。青岛国际啤酒节告诉我们，一定要懂得怎样发挥载体的作用。

试想一下，青岛啤酒如果不是选择以“节”的形式作为载体，而仅仅是以通常的青岛啤酒博物馆、工业旅游示范点等作为载体，也许，其“与世界干杯”的旅游灵魂就无处安身了。

5.4.2 旅游灵魂的载体有哪些

根据载体的含义，载体的分布极其广泛，似乎任何事物都有可能成为载体。旅游灵魂的载体可以按照不同的维度进行分类，其多样性也毫不逊色。多样性固然是好事，多一条选择就多一分自由。可是形形色色的载体将最佳选择掩盖了，加大了甄别的难度。

5.4.2.1 载体的含义及其与产品的异同

(1) 载体的含义

载，意为承载；体，是形体、实体。载体，指承载知识或信息的物质形体。当然，载体在现实中的含义远不限于此。知识或信息的载体只是存储的手段。其实，只要是有“承载”这一行为发生，必然有行为的双方——承载者和被承载者。物质有载体；精神也有载体；知识和信息的高级形态——文化，有载体；文化背后的灵魂也有载体。说到底，只要是一个事物依附于另一个事物，被依附的事物都可以被称作载体。

(2) 载体和产品的异同

在旅游或者其他领域里，载体和产品容易被相提并论。由于旅游的商业属性，灵魂的载体常常以产品的形式存在。实际上，载体和产品有重叠的部分，也有独立的部分。

首先，二者在目的导向上不同。载体存在的意义是为灵魂提供安身的场所，并且帮助灵魂表达。产品存在的意义是供人们消费来创造价值，在大多数情况下是创造利润。二者的意义有相同的部分：载体表达灵魂，吸引旅游者消费；产品为了增加自身价值而引入灵魂。在个别的场合下，二者会起冲突。在保护灵魂与创造价值相互矛盾时，载体与产品只能保留一个。

其次，二者在具体情境下的指代不一样。就拿青岛国际啤酒节来说，节庆活动本身是载体，也可以笼统地说它是产品。当节庆活动被作为产品时，由一系列的实物商品和服务、活动项目组成。说到载体的时候，指的是整体的概念，不需要将整体分开来谈载体。

考虑载体，一定要把发挥载体对灵魂表达的导向放在第一位，切莫因为着眼于产品而因小失大、本末倒置。

5.4.2.2 旅游灵魂的载体

万物有灵。小到一棵草、一朵花，大到一座山、一座城市，都可以作为旅游灵魂的载体。载体形式的分类，可以在多个维度并行。

（1）从自然到人文

大自然的鬼斧神工、雄风伟力，令人赞叹和敬畏；花草树木、飞禽走兽的灵性，又触动人心。自然之力造就的景观千姿百态，承载万物的灵魂。人类在自然景观的基础上进行创作，将特有的价值观融合到文明的产物中，使自然的灵魂被赋予人性的光芒。纯自然的景观、纯人造的景物，以及自然与人造的复合物，都是旅游灵魂的载体。人文载体表达七情六欲和对真理的追求，自然载体表达力量的天然存在。

（2）从微观到宏观

人的活动空间有大小之分，灵魂的影响范围也有宏大和微小之别。有的灵魂，需要借助区域整体的“势”，凌驾于诸多旅游片区的布局之上，其载体必然是宏大的，正如上海的现代城市之魂，以长江和黄浦江的入海口交界处平原为基座，以外滩、徐家汇、五角场等诸多城区枢纽为结点，靠各方大势的布局为载体的构筑依据。有的灵魂低调而沉静，不适合匹配鲜明和大气的表达方式，而是应该将载体收缩于较小的空间内。比如许多名人纪念地，常常坐落于闹市区一片安静的角落，以故居、纪念馆，甚至一尊雕像作为载体。

(3) 从实物到活动

实物载体是最为直观的。可有的时候，相比于非实物载体，实物载体不是最好的选择。活动是旅游灵魂的非实物载体。其实实物和活动是相辅相成的。在实物载体上，面向游客的观光、娱乐活动得以开展；节庆等活动需要考虑场地、用品等实物因素。在一个旅游体系中，实物和活动的地位不一样，只有主要的那一方能够承担起灵魂载体的作用。

5.4.2.3 形形色色的载体

在旅游灵魂设计过程中，找出灵魂之后，要考虑的问题就是选择合适的载体作为灵魂的安身之所。可选的载体种类非常多，可最合适的却只有那么一两个。其他不合适的载体虽然也可以用，但只能作为点缀，居于次要和边缘位置。如果说最合适的载体是灵魂的主要居所，那么其他载体只能算是灵魂的后院、偏殿。

不同的载体有其局限性。过于微观的载体限制灵魂的表达，过于宏观的载体会稀释灵魂；自然载体缺乏人文之美，人造载体容易丢失生命的灵动；实物载体缺乏流动性，非实物载体的保质能力较差。从载体的缺点看更为清晰，有利于在形形色色的载体当中进行甄别。

不管是何种载体，都具有同样的属性类型，只是在属性的表现上不同。表现的不同与载体选择最终达到的效果有因果关系。依照经验和逻辑，厘清灵魂形式、载体的选择与效果的因果，是行得通的办法。

5.4.2.4 载体正在演化

载体的格局不是一成不变的。纵观国内旅游的趋势，伴随旅游发展模式变化的是旅游载体的格局。随着旅游从观光经济向体验经济转变，载体的功能也不再停留于被看到，载体更加承担起体验的功能，从对旅游者视觉的作用转变为对视觉、听觉、嗅觉、味觉、触觉等全感官的作用，而最终的作用是直击心灵。随着旅游的智能化，载体的形式也变得越来越“科技”和“智能”，这在以往是见不到的。但万变不离其宗，原理依然是通用的。

5.4.3 为什么要进行载体设计

既然灵魂已经找出来了，对于旅游灵魂设计的认识就已基本明了，为什么还要加载体设计这一步呢？需要明确的是，找魂只是旅游灵魂设计的认识阶段，认识之后还需要通过实践来发展。

5.4.3.1 为了剔除灵魂的杂质

打捞上来的灵魂是原始的。既然是原始的，那么一定是有杂质的。从“水”或者“泥潭”中打捞灵魂，灵魂多多少少会沾上水珠或者泥土。所以，需要剔除灵魂的杂质，或者说净化灵魂。

在选择载体并由载体表达灵魂时，灵魂需要做到与载体的完美融合。融合过程自然而然就能将灵魂中的杂质过滤掉，从而得到更纯净的灵魂。载体将灵魂净化后吸收，使自己的纯净得以保持；灵魂也通过这一过程而得到进一步的升华，实在是互利共赢的过程。

旅游的灵魂在被找出来之前，也是有载体的。原始的载体没有经过人为的加工，非常杂乱。许多原始的载体，其实是和旅游无关的，只是当地人生产生活的凭借之物。旅游灵魂与非旅游的部分混合在一起，虽说对于保留原生态是有好处的，但是难免缺乏吸引力。所以，灵魂需要净化，需要以旅游的方式来净化，那么也就要以此为目标来设计载体。

5.4.3.2 为了固定灵魂的形态

灵魂有形态吗？什么是灵魂的形态？这种无法用肉眼直接观察解决的问题会难倒很多人。灵魂的形态不必细究，不必冥思苦想，只需相信眼见为实就好。好的载体发挥，载体是什么形态，灵魂就是什么形态。

以乐山大佛为例。乐山大佛的载体很简单：以山崖石壁为依靠，直接顺势雕琢而成，十分自然，没有一丝多余。佛作为佛教的形象，以高大的形象彰显佛教的灵魂。同时，对于四川省多山之地来说，乐山大佛的意义不只是佛教人物形象，而且是对山崖挺拔之势的体现。山有山魂，将佛和山融为一体，显然在载体发挥方面表现得极为出色。

载体固定灵魂的形态，就是如此简单。以“道”取胜的人，能够直接打破灵魂世界与物质世界的界限，使人肉眼之所见即为灵魂之形态。

5.4.3.3 为了表述灵魂的内涵

灵魂的内涵有多重要，不必解释。灵魂的形态是灵魂的外表，而灵魂的内涵是灵魂的内在，是灵魂的思想。要想让旅游有强大的生命力，就要让旅游会“思考”。旅游传达思想，是当下对旅游提出的新要求。没有思想的旅游，就会变得僵硬，渐渐地淡出人们的视野。

灵魂作为旅游精神领域的核心，自然不能缺席对旅游思想的发现。旅游灵魂表达思想、表述内涵，一定是通过载体的。载体为灵魂打开一扇窗，供灵魂与外界交流。

5.4.3.4 为了打造旅游的雏形

通过载体来打造旅游的雏形，是显而易见的。载体本身就有形状，能够作为旅游雏形组成的很大一部分。旅游灵魂设计有再多的好想法，也是要落实到雏形上的。旅游的雏形是结果，也是开始。

例如，东方布依景区总体上分为水稻公园、东方布依文化中心、布依风情小镇、浪哨湖、摩铃山谷、恐龙园和高山草甸牧场七个功能分区，每一个功能分区的载体都各不相同。从字面上看，功能分区有着自己的特色，各自都能作为一个复合型的载体；每个功能分区又分为开发类的项目和自然类的项目，每个项目都具有单独的载体。这些载体是以实物载体为主，可能伴随有娱乐活动性的非实物载体。

这样看来，以载体设计打造旅游的雏形，就显而易见了。在整体上先通过载体来决定旅游的布局，根据布局再细分旅游产品的形式。实物载体是对旅游雏形的直接显示，而非实物的载体对旅游雏形的刻画作用也不难理解。通过载体的选取、组合与排布，旅游的初步样貌就显现了出来。

5.4.4 载体设计，设计什么

旅游灵魂设计的前三步：资源解冻、基因破译、灵魂打捞，是对资源、文化和灵魂的认识。载体设计，则是对前三步认识成果的发挥和落实。认识成果不能仅停留于脑海，而是要落实到载体上。

5.4.4.1 设计的是资源的品质

资源的品质，代表的是地区旅游发展的起点和潜力。资源经过解冻、利用和塑造，改变了存在的模样。从载体的身上，我们依然可以看到资源的影子。

资源是旅游发展架构的建筑材料。载体是灵魂的安身之所，其建构要用到资源。当然，建构载体的资源并不等同于制造载体的实物材料，而是特指载体背后的旅游开发意义上的资源。

旅游资源中的实物景观，可以构成实物载体的一部分。旅游资源中的文学艺术作品、民间习俗，通过相关的载体来表达。还有更高一层的理念层面的资源，比如余村的“两山”理论资源，由于其指导作用，相当于载体的顶部。

总之，旅游资源要么直接参与载体的建构，要么为载体的建构提供依据。载体必定要发挥旅游资源的优势。

5.4.4.2 设计的是文化的内涵

在当今的社会生活中，载体设计大多是对文化内涵的发挥。众所周知，文化是无形的，要依靠载体才能存在。对于文化的载体，人类探究了上万年的时间，各种物化的或精神化的产品和媒介都变成了文化的载体。

旅游文化也不例外。旅游文化是经过旅游环节加工的文化形式，比一般意义上的文化更高级。因而，载体对旅游文化的发挥，主要是发挥文化的内涵。黔西南的东方布依景区讲述的是“水稻民族”的传奇故事。布依族的文化内涵颇为独特，而这是通过载体设计出来的。景区的载体包括村、镇、寨组成的实体和人、景、产品交融的生活场景，显然都与布依族的文化有关。

布依族生活场景（图源：黔西南州人民政府网站）

5.4.4.3 设计的是灵魂的魅力

载体设计，设计的是灵魂的魅力。

譬如，浙江省安吉县的旅游灵魂“安吉”二字，通过“大年初一小镇”这一项目载体，淋漓尽致地把安吉旅游灵魂中流淌的“安且吉兮”的魅力全方位地设计了出来。

载体，作为灵魂的安身之所，发挥灵魂是其最终目的。载体发挥灵魂的什么呢？可能是灵魂的形态，可能是灵魂的内涵，在这里统称为灵魂的魅力。

灵魂的魅力，在于灵魂外在和内在的美。灵魂外在的美，联系到载体，就是载体的外在美。载体直接给人以视觉、听觉等感官上的体验，让游客直接评判体验的美妙与否。灵魂内在的美，在于灵魂表达的内涵。内涵是通过语言来表达的。物品有物品的语言，符号有符号的语言。载体对应于某种语言表达方式，这种语言经过翻译和品味，就形成他人对载体乃至灵魂内涵的理解。

5.4.5 载体设计，如何设计

围绕载体，要想达到目的，核心的环节有两个：选择载体和设计载体。选择载体，是按照一些依据从形形色色的载体中选择最合适的；设计载体，是在载体的形式已选定的情况下，将载体设计成最终的形态。

5.4.5.1 选择载体

（1）从功能角度：载体即功能

载体的种类直接就对应其功能。实物景观类的载体一般对应的是观光功能，而非实物的载体对应的是娱乐功能。在更小的产品层次上，啤酒类的饮料具有饮用功能，而书籍具有教育功能。当把教育基地作为载体的时候，虽然观光功能也是其一部分，还是优先考虑其教育功能。

传统的旅游六要素“吃住行游购娱”对应的是六种功能。在选择载体的时候，绝对不能忽视载体的功能。因为载体的功能率先对接旅游的需求。选择一种载体还是多种载体，取决于旅游以核心功能为主还是多种功能均衡发展。同时，面对旅游同质化的问题，在制造旅游差异性时，也可以从制造功能差异性的角度入手，在载体的选择上造成差异性，这是达到目的的手段之一。

功能代表的是载体的实用性，区别于载体的外在，也区别于载体的精神内涵。功能是游客与载体互动时体现出的最直观的特性。失去了功能的载体，在旅游吸引力的效果上是要大打折扣的。

（2）从表达角度：载体会说话

载体提供灵魂与外界交流的窗口，所以载体是会说话的。虽然载体本质上是转达灵魂“所说的话”，可从实际的效果来看，就是载体在说话。载体蕴含着一些语言内涵，拥有一些符号，能够通过组合来表达某些意思。

包括布依族在内的一些少数民族，有着自己独特的语言。如果他们直接用自己的语言与游客交流，大部分游客可能听不懂。但听不懂不代表看不懂。实际上，只要载体选择得好，跨文化的交流和理解不是问题。东方布依景区的水稻公园，讲述的是农耕文化；布依风情小镇，以对民俗的所见所闻给游客造成印象，比单纯的语言表述更为清晰和丰富；以摩铃山谷为代表的养心生活区，既然是养心，那么以沉默为主，让游客在宁静的环境中冥想，通过无言的休养来领略布依族生活地的奥秘，达到“此时无声胜有声”的效果。

载体会说话，而且是以灵魂的口吻来说，又让人在灵魂的层面接收无声的话语。所以，载体的说话是灵魂与灵魂间的交流。选择什么样的载体，取决于想表达什么。

(3) 从感官角度：让游客尽兴

载体与人的互动，是感官上的互动，是对感官的直接或者间接的唤醒。最常见的互动是视觉。无论是实物载体的外貌，还是非实物载体带动的视野景象的变化，无时无刻不在影响视觉。不同的载体，除了有着视觉的影响以外，在听觉、味觉、嗅觉、触觉上都可能与游客存在互动。这种互动带来的感觉能够直达游客的内心。

所以，载体的选择要让游客感到尽兴，在感官层面充分地把游客的兴趣调动起来。这也是青岛国际啤酒节的成功之处：把游客的尽兴作为活动追求的目标。对于载体选择质量的评判依据很简单，就看游客的反应。选择人们喜闻乐见的载体形式，迎合人们的喜好，放下心中的固执，摒弃墨守成规的做法，在载体的选择上需要创新的时候毫不犹豫地创新。

5.4.5.2 设计载体

(1) 设计载体的外在表现

选择载体之后是设计载体，设计载体分为设计外在表现和设计内在逻辑。比如景观设计和旅游产品设计都包含对外在表现的设计。对载体外在表现的设计是对美观的追求，是力求在外表上产生吸引力。具体的美观方面的设计可参考相关领域的设计原则。

外在表现可能是载体发挥作用的核心，也可能是辅助。在处于核心地位时，外在表现直接通过外貌来诠释旅游灵魂的内涵，这对于观光因素占主导地位的景区来讲是最为明显的。处于辅助地位时，外在表现可能不是载体发挥的加分项，但不注重外在表现则一定会给载体带来负面效果，毕竟最基本的观感还是要保证的。

(2) 设计载体的内在逻辑

载体设计的最终落脚点是在“发挥”其作用上，这一落脚点需要得到内在逻辑的支撑。也就是要思考，究竟怎样做才能让载体真正发挥它的作用。

例如，以种植基地为载体发展采摘旅游，要明白，采摘旅游的逻辑在于体验采摘的过程，而不是被采摘的蔬果本身的食用功能。所以要从提高游客的体验满意度入手。在设计孟郊故里旅游灵魂的载体时，我们放弃了孟郊纪念馆、孟郊纪念园以中华游子文化节作为设计载体。在《中华游子文化园策划》中，设计了“心·路·家”三大主题功能载体，并以上山、下山景观廊道将其连接起来。

从内在逻辑上来比较，传统的纪念馆或者纪念园只是从经验和感性的角度出发推出的方案，缺乏逻辑的支撑，难以找到吸引游客的理由；设计三大主题功能区载体并以廊道连接，取得了文化空间的时间连贯性、景观的交融性和情景叙事的完整性，既做到了对空地的全面利用，又增强了游客的沉浸感，有着充分的逻辑支撑。

载体发挥作用，一定是向外发挥，而不是向内收缩。对于载体发挥作用的考量，要注意其对外部环境的作用，而不能只顾对自我的“改良”，从而脱离了实际。

5.5 第五步：概念包装

——概念，旅游打出去的第一张名片

对于概念，相信大家一定并不陌生。无论哪一个专业，哪一门学问，哪一门课程，都会帮我们解释各种各样的“概念”。在为旅游灵魂进行设计的过程中，概念包装不仅有着与一般设计并不相同的内涵，而且还有着许多从事策划、规划、设计的专业人员都并不知道的奥妙。其在旅游灵魂设计中的重要性非同一般。可以这样说，概念是旅游打出去的第一张名片。

5.5.1 拈花湾为什么能红：一个鲜为人知的概念包装的成功范例

大家都知道无锡有个拈花湾，但很少有人知道其背后的故事，更不知道，拈花湾的成功首先就是概念包装和设计的成功。这片土地生态秀美，环境优越，向来就有“净空、净土、净水”之称。而且这里与驰名中外的灵山大佛相邻，为其禅文化提供了坚实的根基。此地集天与水之灵气，适合打造为度假胜地。

基因有了，那就是佛教文化；魂找到了，那就是禅修；载体也设计出来了，那就是特色小镇。一切计划似乎都顺理成章，可是在命名环节，即用什么概念进行包装这个节骨眼上让人犯了难。叫“禅修文化村”，表面上看好像没有问题，实际上平平无奇。中国的村很多，以“禅修”为主题的也不少。“禅修文化村”这个名字看起来表达了所有信息，实则相当于什么也没有表达。叫“禅修文化村”显示不出灵山地方的独特性，需要设计一个独一无二的名字。上哪里找呢？后来发现灵山上有佛祖拈花而迦叶微笑的经典故事——“拈花一笑”，再加上其所在的地块形似五叶莲花，因此叫作“拈花湾”，既有故事又有水。靠着这个概念包装，拈花湾的旅游顿时就火起来了。

5.5.2 概念包装不可不知的奥秘：旅游打出的第一张名片

> 都说包装重要，但概念包装究竟重要到什么程度？在这里，我要告诉大家，概念是旅游打出的第一张名片，可见概念包装的重要。

5.5.2.1 概念包装让旅游冲上云霄

拈花湾的例子充分证明，概念包装很重要。数亿甚至数十亿的旅游者，带来的是极大的消费潜力。在这巨大的蛋糕和数不清的分蛋糕者面前，机不可失。一个好的概念包装，可以在旅游者的脑海中构造美丽的图景，让旅游者心生向往。大量旅游者的涌入带来的是财富，是口碑，是名声。这意味着景区能够做大做强，吸引更多的旅游者，形成正反馈。旅游者带来的，也是火箭发射的能量，能够在转瞬之间点燃旅游发展的火箭，让旅游冲上云霄，和时代共舞。

冲上云霄，看起来很急，实际上又急不得。若非有宁静而致远的禅心，又怎会想到“拈花湾”这样浑然天成的概念呢？“冲上云霄”是世俗的成功现象，策划者本身的内心万万不可如此浮躁，否则会从半空跌落。概念稳定人心。

5.5.2.2 概念包装让旅游横空出世

上海有一片著名的石库门老建筑地带，叫作新天地。“新天地”这一概念在各地的不同类型场所中都用到不少，可唯独用在上海的这片地带，却是十分地精妙。这一概念好在哪里呢？一方面，新天地有着较为明显的含义：过去石库门建筑以居住功能为主，经过改造，被赋予商业经营价值，形成了崭新的充满生命活力的商业天地。另一层的含义人们很难猜到：它的附近有中共一大会址，象征着我们党书写的开天辟地的新历史！因此，上海新天地一直都带有传奇光环，令游人无不沉浸于其魅力中。

横空出世，讲的就是在同类产品中脱颖而出。一个旅游地明明在资源、文化、产品设计和服务方面都做得不错，为什么没有人来呢？其实往往只是在概念包装设计这一环节不到位。有了好的概念，同质化景区变得不再同质，开始压倒周围的同类竞争者，变得引人注目。

5.5.2.3 概念包装让旅游枯木逢春

浙江安吉曾经有个大汉七十二峰景区，苦苦经营，却没有起色。后来，把大汉七十二峰包装成了今天的浙北大峡谷，立马改观。

能够让枯木迅速复活生长的只有两种东西：一种是养料，一种是灵魂。养料，比如水源，来自于外部，可以滋养根部和躯干，为树木的生长提供源源不断的物质。灵魂来自于内部，是树木本质的东西，决定着一棵树、一个生命体是否有资格存活。一个失去灵魂的生命体，就算给予再多的养料，也终究无法存活，只能使养料白白流失。

对于旅游来说，游客就是养料，客源地就是水源。游客不会主动到达旅游地，即便经过了也会很快就离开。文化已经为旅游地赋予了灵魂的大体形态，然而要想让这个灵魂真正完善并且延伸至肉体，还差了一丝火候。这一丝火候是什么呢？就是概念。我们所设计出的灵魂是生动的，并且是能主动吸收养料的，就像树木生长有导管。一个旅游地已经因为资源、文化等要素而使肉体和灵魂初具雏形，而我们的概念包装设计能够做的是为旅游地的图景点上耀眼的一笔，让旅游地的图景直达旅游者的心灵。所谓“未见其人而先闻其声”，就表明了概念在第一时间对旅游者心灵造成的冲击。旅游者既有想法，又没有想法，处于一个动摇和彷徨的状态中。这个时候，一个好的概念能够左右旅游者的想法，将游客引向旅游地，为即将枯死的旅游地输送源源不断的养料。

5.5.3 概念包装中的概念是什么样的“概念”

概念大家一定都知道。那么，旅游灵魂设计中概念包装的“概念”究竟是个什么概念呢？规划设计中有“概念规划”一类，所指又是什么？旅游灵魂设计中概念包装的“概念”显然不全是这些含义，那究竟是什么概念呢？

5.5.3.1 你所知道的“概念”

我们平常所说的“概念”，来自《辞海》对其所作的解释：反映对象特有属性或本质属性的思维形式。人们从对象的众多属性中抽出其特有属性或本质属性来概括对象。在语言形式上，概念通过词或词组来表达。

没有概念，万千事物将不可言说。有了概念，事物之间就有了区别。有了区别，人与人之间就能传达意思了。概念让我们认识到了世界的丰富多彩。

5.5.3.2 你可能也知道的“概念规划”中的“概念”

策划重在解决做什么，规划重在解决怎么做。二者在旅游建设生命周期中相辅相成。我们不妨从“概念规划”中的“概念”入手，从而体会概念包装中“概念”的含义。

概念规划的规划范围可以是城市、社区或其他局部地带。概念规划对区域具有方向性、战略性的重大问题进行研究，从经济、社会、环境的角度提出综合目标体系和发展战略。“概念规划”中的“概念”与“概念”的原始含义十分接近。一个区域的本来名称，或者是扩展的名称、别名，都是它独特的概念。如义乌赤岸镇的概念性旅游规划，只需挖掘地方的特点，不需要另外寻找词语来刻画赤岸镇的图像。

实际上，在做一个项目的概念规划时，我们已经明白了概念是什么。因为概念是本来就有的，是多年以来大家对这一地方的称呼。我们做概念规划，只需知道我们做的是赤岸镇的概念规划，而不是其他地方的概念规划。在概念规划中，我们不必再质疑概念本身。但是，如果项目本身没有概念，或者我们对概念不满意，那么该怎么办呢？答案就是：进入概念包装设计环节。

5.5.3.3 你所不知道的“概念包装”中的“概念”

概念包装中的“概念”的含义来自于“概念”本身的含义，也受概念规划的启发。与它们不同的是，概念包装有着更强的艺术性和生命力。为旅游设计灵魂，在载体确定后，必须进行概念设计，要用概念进行包装。概念包装中的“概念”主要就是旅游景区、项目、产品甚至活动的一个名字，或者说名称。

5.5.4 概念包装，包装什么

5.5.4.1 包装名字

概念包装，起名字是关键。说到概念，我们不再停留在对事物特征的概括上，转而将眼光放在名字上。人的名，树的影。先有名字，再有名誉、名声。对于人的灵魂力量和人性的光芒，我们要借鉴到旅游策划中。

在古代，婴儿出生之后由亲人取名。男子行加冠礼时取字。女子举行“结发加笄”之礼时也取字。名与字的意思相同、相近或相反。如岳飞，字鹏举，有展翅高飞之意。此为名字之由来。

到了现代，人们渐渐地不区分名和字了。名字与名是一个意思。名字是有许多作用的。最直接的，是区分人的标志，因此尽量不要与人重名。名字能够诱导一个人的性格倾向。好的名字能使人乐观豁达，性格刚毅，做事沉稳，不落俗套。名字能够影响人的精气神。名字还能够影响一个人在社会中的交际。独特的名字能够使人产生好奇心和好感，不过名字中使用生僻字也会阻碍人与人的交流。可以说，名字推动精神的表达和塑造。人的名字对物的名称和概念具有借鉴意义。

5.5.4.2 包装名称

景区的名字，就是名称。景区处在自身特有的地理位置，因此我们可以想当然地用地名来给景区命名。地名再加上功能，可以组成景区的名称，如“顾庄生态园”。这种格式的名称比比皆是，我们已经司空见惯。我们不反对“地名＋功能”的命名格式，我们反对的是因此而忽视内容、失去创意。大家并不知道顾庄生态园是什么。实际上，盆景是顾庄生态园的亮点，顾庄生态园是如皋市盆景产业基地。以“顾庄中央盆景公园”命名才更为准确。

与人名不同的是，景区的名称有长有短。长的就像前面讲到的格式，短的则比人名更有画面感，如“拈花湾”“桃花岛”，含有意象。我们可以联想一下电视剧、小说、动画等故事作品，它们中的虚拟地名在形式上往往比现实中的随意生动。人名可以含蓄，用简短的字表现出深邃而丰富的意思。旅游地的名称不可过于含蓄，否则会曲高和寡。

旅游地的名称，更像是对图景的概括。所谓“图”，能够将旅游的各个要素以最简明又最完整的方式表现出来，而细看，则图中有图，大至山川河流，小至花草树木，都寓形于图中，令旅游者无论是粗看还是细看、远看还是近看，都能有所收获。所谓“景”，实者为图，虚者为情，如情景、愿景，都是有思想和感受在里面的。图景既有目中之所见，又有心中之所想，将旅游者的感官想要触碰的东西都容纳了进去。所以，旅游策划中概念包装的起名少不了一番斟酌。

5.5.4.3 包装名片

综合前面来看，我们可以把概念提升到名片的高度，这是每一个旅游策划者追求的，也是经营者希望看到的。对于人来讲，名片记录着姓名、职位、所属单位和联系方式，是新朋友互相认识的快捷方式。交换名片是商业交往的标准动作。名片能够向他人推销自己。

旅游产品的名片是什么呢？它一定来自于旅游产品的名称，同时比名称多出其他含义。旅游产品的名片不是摸得到的物质，不等同于有实物媒介的广告。旅游产品的名片，或者其他非旅游的单位宣传的名片，都侧重于品牌和口碑。名称强调的还是自身和媒介，而名片强调的是带给别人的感受。毕竟概念本来就与人的认知是分不开的。

名片是需要打造的。打造名片，就是打造品牌。设计是打造的前部环节。概念包装设计既是起名字，又是造名片。对于一个品牌来说，名称重要，名称的落实也重要。对生产者来讲，品牌是无形的资产，是努力的方向，是卖点，能带来溢价。对旅游者来讲，品牌是对于产品和服务的认可，是印象。品牌的拥有者与旅游者的交互，就是递名片的过程。递出什么样的名片、以什么样的方式递名片，是旅游灵魂设计要解决的问题。

旅游有灵魂，要让灵魂为我所用。灵魂要有感召力，能够感召旅游者。要想感召旅游者，就要让灵魂先出窍。旅游灵魂出窍就是靠概念这张名片。

5.5.5 不懂概念包装，你一定会感觉到“痛”

“正入万山圈子里，一山放出一山拦。”不懂概念包装，那么所要面临的痛苦就像是重重大山，从开始到结尾痛之又痛。即便勉强解决眼前的痛苦，新的痛苦又接踵而至，最后使人不得不放弃，或者草草收尾。一个积极的态度，是主动回避不必要的痛苦，是寻找造成痛苦的源头并把它控制住。不然，一痛高过一痛。

5.5.5.1 痛在失去方向

为旅游设计灵魂是需要方向的。没有方向，就不知道第一步应该向哪里迈。或者说如果不知道应该以什么样的状态结束一个项目，就依然找不到方向。概念包装的目的在于在人的头脑中构造一个大体的印象。这个印象不仅仅是旅游者心中的想象，也是旅游策划者内心打的草稿。在不懂概念包装的情况下，设计者往往不知道自己想要的是怎样的景象，自然就找不到方向了。

我们常常说自信者胸有成竹，就是因为他已经在心中构造了竹子的图景，在下笔作画之前就有了极大的信心，当然是很容易寻到方向的。当有了“大年初一小镇”这样的概念，我们自然就有了“安且吉兮”的文化景象。

5.5.5.2 痛在无从下手

有些不懂概念包装或者概念包装方面较为粗糙的人还是找到了开始着手的一个大致方向，度过了第一大痛。然而此时他才发现，还有第二大痛苦在等着他：无从下手。为什么有了方向却还是无从下手呢？因为他只找到了总方向，却在阶段性工作尤其是开始阶段没有如何做事情的方向。胸有成竹者大有人在，但这种信心能否保持呢？这是很难说的。即便在心中有了完整的图景，实际下笔的时候还是不知道从哪里开始。

好的概念包装和设计往往伴随着好的思路。做旅游策划时，策划者在概念设计阶段要保持清醒的头脑，要确实明白概念的内涵和外延。如果一个概念凭空产生，就意味着概念对应的图景也是凭空产生的。搞不清楚概念的来龙去脉，自然也就搞不清楚从何下手。

5.5.5.3 痛在笨手笨脚

当旅游灵魂设计真正开始进行的时候，设计者已经摆脱了无从下手的问题。然而，旅游灵魂设计是一个漫长的过程，不是一朝一夕之事。大到对旅游地整体形象的策划，小到对每一个细节的实现，都是设计过程中的复杂环节。即便知道第一步该怎么做了，接下去该做的事依然不一定清楚。原因就是缺乏一个统领全局的概念。一个不恰当的概念，只能覆盖旅游项目的一部分，不能覆盖全部。那些没有被覆盖到的部分是与整个概念不合的，甚至已经完成的部分也出现了偏题的情况，等到发现时已经晚了，于是在是否推倒重做的选择之间纠结。

为旅游设计灵魂不懂得概念包装，就会使人笨手笨脚，并且蹑手蹑脚，无法大展身手。每做一个具体细节的策划时，都像是挤牙膏，把路走得越来越窄。正所谓，磨刀不误砍柴工，要在概念包装阶段把刀磨好，这样在具体的策划当中才能快刀斩乱麻。

5.5.5.4 痛在缺乏灵感

灵感是艺术层面的东西，是想象力和运气的体现。灵感就像是在思维的汪洋大海中抽奖，力图抽到合适的那一张奖券。要想更加轻松地命中想要的那个想法，应该在前期做好铺垫工作。我们要通过概念包装将灵感可能出现的区域筛选出来，再由面到点，针对性地找出灵感。因此，灵感并不是空穴来风。寻找灵感是一个先收缩再命中的过程。铺天盖地地找灵感是费时费力、容易失败的。

概念包装在寻找灵感的过程当中参与了收缩范围的环节。最理想的状态是直接命中灵感点。如果不懂得概念包装，那么在收缩范围之后反而把最好的灵感排除在范围之外，那就是得不偿失了。

5.5.5.5 痛在没有新意

一个好的构思或理念对于策划是非常重要的。那种落于俗套、缺乏创新、按部就班编制的策划既难以实施，也不宜实施。只有从理论创新和观念更新的思维方法上，审视旅游产品所处的背景环境，根据其地脉和文脉，归纳和提炼概念，优化策划构思或规划思想，拟订切合实际又有远见的目标，才能体现其真实价值，既定目标才能得以实现。这也是概念包装和设计的意义所在。

为旅游设计灵魂不懂概念包装，就很难产生新意。如果不能产生新意，那么不仅难以吸引旅游者，策划者在做项目的时候也会因为没有创意而得不到自我认可。创新既要求对全局有把握，又要求推陈出新。概念包装应该做到概括旧的状态并包含新的状态。

5.5.5.6 痛在难以收尾

在没有好的概念的情况下，能够将工作完成，已经很不容易了。为旅游设计灵魂一路走来，尝尽痛苦，终于看到终点线。然而在奔向终点线的途中，却感觉步履是如此沉重。由于缺乏好的概念，设计者手忙脚乱地做完了大部分的内容设计，却发现所设计的诸多内容缺乏共同点，不知该如何找到它们之间的共性和联系。

为旅游设计灵魂不懂概念包装，那么前面所做的工作就相当于用一堆不规则的石头随意搭建一栋房子，搭建到房顶的时候却不知该怎样让房顶契合这些杂乱的形状。之前的内容越分散，收尾就要花越多的工夫，被迫花大量时间回溯并填补漏洞。旧的漏洞被填补的同时出现新的漏洞，最终使收尾工作变得艰难，只能草草收尾。

5.5.5.7 痛在不伦不类

当一个旅游产品的策划和制造完成之后，就可以交给市场去评判了。旅游者来此是为了感受当地的生活方式和旅游产品的灵魂。当旅游者发现所到之处混乱不堪、难以体会时，就会失望而归。在景区众多功能区没有共同的主题、共同的概念时，就会显得不伦不类。这是一件十分尴尬的事情。

由破碎的生活方式拼接在一起的东西无法被称为生活方式，由破碎的灵魂拼接在一起的东西也无法提供生命力。当一个产品因为强行拼接而变得不伦不类时，会使整体远小于部分之和。旅游策划的目标在于使旅游产品脱颖而出，而现在所做之事与目标背道而驰。不伦不类，实乃长久之痛。

5.5.5.8 痛在断绝未来

一个旅游产品的生命周期是极其漫长的。旅游灵魂设计也并非一劳永逸之举。后来之人，需要在原有的内容基础上做修改和添加，为旅游产品赋予时代的生命力。一个常见的延续方式是在原有的概念之下添加新元素。

如果概念不明确，那么后人也会无所适从，断绝了添砖加瓦、为旅游产品续命的可能。试想，前人在概念不明确的情况下，为了一时的策划而竭尽全力，后人哪里还有新的力气去在此基础上再创造呢？除非付出巨大代价，将一切销毁重来。所以，概念实在是让灵魂出窍的第一张名片。好的概念应当做到让所有人都看得懂，并且在旅游产品上添加或删去某个部分都基本不会破坏整体意境。概念包装在于延续生命力，求得自在。

5.5.6 概念包装的门道和学问："叫得响，打得出，拉得动"

> 概念包装是一门学问，有很深的门道。概念包装，怎么包装？有什么学问？关键一个字——"好"；三句话——"叫得响，打得出，拉得动"。具体的技巧则是化繁为简、无中生有和小题大做。

5.5.6.1 概念包装就是要“叫得响”“打得出”“拉得动”

(1) 叫得响

中国旅游业蓬勃发展，大量从业人士加入旅游策划的大军当中，使得这一领域异常喧嚣。要想压倒这些声音，让四方安静，自己就要叫得响。

怎样才能叫得响呢？一是发出不一样的声音，二是叫得有底气。所谓发出不一样的声音，就是让名称具有独创性。当今旅游产品的同质化现象比较严重，名称的同质化也十分多见。让自己的名称与他人的名称产生差异的办法是：首先一般以地名为依托，利用地名或地区别名的独特性制造差异，也有助于对号入座。然后注重名称在当地的创新性和唯一性。这二者是互补的关系。地名的独特性本身就可以使名称脱颖而出；如果抛开地名，名称依然足够独特，那是最理想的状态。

所谓叫得有底气，就是相信自己所提出的名称能够吸引人的注意，相信自己提出的名称符合旅游产品的本来面貌，并且具有新意。创新性是十分重要的。一个名称如果是抄袭他人的，那么在叫出的时候难免底气不足，担心遭到同行的讥笑。另外，名称本身也是决定性因素。名称起得好，韵律优美，叫出来掷地有声，就已经取得了很大的成功。

实际上，许多旅游从业者也深谙此理，不过他们又走入了另一个误区。他们的名称虽然叫得响，但是过于夸张，没能如实地反映出旅游产品的样子。一味地脱离实际追求名称也是不可取的，这会失去旅游者的信任，从而降低旅游产品的口碑。所以，名称需要叫得响，但不等于哗众取宠，最后得不偿失。

(2) 打得出

叫得响是营造一个战斗前的声势，而打得出直接就是力量的冲击。叫得响是行动之前的口号，而打得出是在行动过程中扛起的旗帜。旅游策划力图独树一帜，不仅是把旗帜树立起来，而且是真正地投入到战斗中的。打得出要求概念设计具有排他性，即不可重复性和不可模仿性。毕竟要想打得出，就要有一块自己的领地。

我们常说：“打出金字招牌。”这也是打得出的一种表达方式。我们不仅要打得出气势，还要打得出名声，打得出名片。“金字招牌”意味着名片的耀眼，也意味着坚不可摧。概念设计要具有冲击力，能够将其他平庸的名片一举打碎。在旅游市场趋近饱和、扩张的空间越来越小的背景下，我们的竞争由争夺增量市场转变为争夺存量市场。市场是残酷的，这要求我们的旅游策划不能软绵绵，也不能平平无奇，即便以柔克刚，也是借力打力。面对竞争，一定要让名片有非凡的力量。

力量分为两种，一种以尖锐为特点，一种以厚重为特点。尖锐的名片需要做到极其新颖和犀利，能够让看到的人心中震撼。厚重的名片在切割力方面存在不足，但是有很强的撞击力。之所以厚重，是因为懂得借势，既能借旅游地的地脉和文脉之势，又能借时代之大势，让原本微小的力量多次翻倍，达到不可抵挡的地步。这两种力量可以结合起来利用，相辅相成，造成一加一大于二的效果。成功运用这两种力量打出名片，在于在策划实践中的技巧。

（3）拉得动

叫得响和打得出都是向外部发力的，重点在于冲击竞争对手，开拓和争夺市场。要想真正把旅游产品做起来，还应该向内部、向自身发力，毕竟自身强大才是真的强大。向自身发力，就是“拉得动”。

之前提到过，旅游策划不懂得概念设计，就要面临八大痛苦问题。这些痛苦问题可以概括为一点：拉不动。旅游策划没有好的概念设计，项目实施起来就会很费劲，就要靠生拉硬拽，自然会心有余而力不足。当用蛮力解决不了问题时，就要用巧力。好的名片就是灵巧之物，能够轻松将项目拉起来。

概念是有灵魂的，灵魂与本体有着千丝万缕的联系。既然有联系，那就有牵引力。概念有灵魂，也就是说抓住概念就是抓住灵魂，有“牵一发而动全身”之意，并且效果远胜于此，可以叫作“牵一魂而动全身”。好的概念能够让人分清主次，能够让人找到发力的焦点所在。找到发力的焦点，我们就知道从哪里开始做，然后依靠已经做成的部分来拉动其他部分，进而拉动整体。这是一个由整体到局部，再由局部到整体的过程。

拉得动在于分析力的原理，寻找力的脉络和走向，而概念设计需要承担这一切。否则，要想拉得动，就只能靠绝对的力量，比如巨大的资本投入。即便依靠巨量的资源，在方向不明的情况下，也会给自己设置阻碍。看来，好的概念的九字标准并不容易达到。

5.5.6.2 概念包装就是要化繁为简、小题大做

概念包装有学问，更有技巧。掌握了这些技巧，哪怕你知其然而不知其所以然，也不会过于被动。

(1) 把握整体脉络，化繁为简

化繁为简，就是将复杂的事情化作简单的事情，从而得到意想不到的效果。由此还可以联想到一个词——大巧不工，讲的是真正巧妙的东西并不是非常注重外形和细节，但实际效果很出色。

旅游灵魂设计中的概念包装并不是雕刻艺术品，也不是制作精密仪器，我们也不是雕刻家或工人。况且，艺术或工业品的创作也需要先有个概念。概念，作为对事物特性最精练的概括，本身就无法容纳复杂的存在。而且，化繁为简是人们解决问题时渴望达到的状态。没有人愿意面对毫无头绪的一团乱麻。肯定是越简单越好。

繁由简而生。我们要实现的就是相反方向的推演。先考虑一下，由简生繁靠的是什么？是脉络。就像一株简单的幼苗长成枝繁叶茂的参天大树，是通过脉络不断地输送营养成分，不断地长出新的枝条。化繁为简，就是根据大树的脉络推演出幼苗的本来面貌。

因此，我们看到一片广阔的待开发的旅游地，脑海中想到种种复杂的景象，却不知从何入手。这个时候，就要根据事物演化的基本逻辑去反向推导、化简。假如我们事先不知道拈花湾这个概念，只看到或想到房屋、花海、山水，以及隐隐感受到的那说不上来的气质，我们就要从这众多的表象中去寻找根源。为什么这里的山水独有其宁静？为什么这里的人心境澄明？还有何来“拈花一笑”的故事？策划者面对这片土地，想到建禅修小院，想到搞水上游乐设施，想到种花……为什么会看到、想到这么多？观察这一切的发展脉络，我们可以追溯到它们的源头：禅。这个源头清楚了，就达到了将复杂现象简化的目的。

(2) 突破思维定式，无中生有

思维定式，就是我们之前解决问题时用了一个有效的方法。在那之后遇到相同的问题，就倾向于使用同样的方法。这让我们减少了用创造性思维解决问题。长期来看，是有许多害处的。

从思维按照常规运行的方式来看，概念设计能够将设计者繁复的感性和瞬间思维上升到统一的理性思维。也就是说，一个有趣概念的乍现来源于概念设计者瞬间的灵感。对于这一灵感，是否采用、该怎么修改，则要进行一个较长时间的斟酌。思维定式是节省时间的，是以理性为出发点的，往往会把感性的部分抹掉。没有感性空谈理性对人来说就是不理性。灵感一定要找。

灵感是在设计过程中的某个时刻产生的，是推动设计进程的一个重要节点。在这一节点前后，我们要用到更多的理性。理性始于对客观事物的认识。概念设计的认识首先是将对基本状况的认识提升到对人性的认识的过程。理性地考察、研究和分析，使我们可以按部就班地完成对基本状况的认识和对人性的认识。当理性思维告一段落时，我们就开始感性思维。

很多时候，灵感的出现不是一件容易的事情。即便出现了，也不一定能被及时捕捉。人的思维就像一片汪洋大海，而灵感潜伏在大海的深处，找寻灵感如同大海捞针。或许，我们对灵感并不是一无所知。我们只是暂时没有窥得全貌，但可以有一丝线索。这一丝线索可被称为创意素材，是创意满足的已知条件。线索往往来自于前期的理性思维阶段的准备。

我们为什么又要考察项目，又要做创意素材的准备呢？因为无中生有往往只在一瞬间，只是一个点的突破。哪怕在理性的准备阶段，少上一个环节，都会使我们与灵感相隔千里。这是做加法。

如果无中生有实在是生不出来，就要打破思维定式，试着做减法了。这里的减法，是大刀阔斧地减。“拈花湾”这个概念我们需要保留那么多素材吗？不需要。最后减得只剩下“拈花一笑”的故事和“湾”这一后缀了。

（3）围绕实施原则，小题大做

概念推出之后，就要想着落实了。实施概念，是为了诠释概念的含义，是为了让更多的人理解这一概念。实施概念，就要落实到每一个细节，从细节处体现概念之意。

概念包装，是要本着打造名片、打造品牌的原则和目标。这是概念包装的初衷，不可忘记。当我们已经有了一个好的概念时，要做的就是通过后续的实施和经营来使品牌真正地形成。

打造品牌，就要注重旅游产品的差异化。这是品牌之第一要义。然后确定品牌面向哪些旅游者，根据旅游者的可能喜好来调整产品的细节。紧接着就是推广营销了，让潜在的旅游者看到产品。最后就是长期的良好运营，切莫让旅游者失望寒心。

概念，也只有概念，是一切品牌打造行动的保障。从差异化产品的打造，到控制旅游者的感知，都是以概念的独特和鲜活作为前提的。

5.5.7 槟榔河商业街：概念包装的一次奇思妙想

完成了理论的铺垫，就可以进入案例实战的环节了。我们这次的主战场是在海南三亚的槟榔河畔。海南省三亚市驰名已久，是著名的热带海滨风情国际旅游城市，被称为“东方夏威夷”。在这喧嚣的市区核心边缘，槟榔河静静地流淌。在这河的周围，高楼大厦已经占据了广阔的地盘。能够用来做文章的只有河岸两边的边角料。如何让荒芜的地段焕然一新呢？

5.5.7.1 出路展望：麻雀虽小，五脏俱全

这个项目还是有很多优势的。项目毗邻槟榔河，生态景观条件好。毗邻城市主干道，而且是机场进入市区的必经之路，道路通达性较好。再加上周边地区客源稳定，市场中集购物、餐饮、娱乐为一体的综合性项目存在空白，我们看到了这里成为未来“三亚商业名片”的希望。

尽管如此，这个项目依然较为棘手。我们发现这个项目的难点在于资源。这里地方小，加上河道过宽，联通动线过长，造成东西两岸互动难度增大。而且此地缺乏大客车停车位，接待旅游团体能力受到挑战，在外部客流导入方面可能会存在相当不畅的问题。此外，三亚本身的市场量级有限，较难吸引国内连锁品牌入驻。

对于这些难点，找适合的模式就很重要。槟榔河商业街应该做成商业综合体，还是商业步行街或旅游商业街，还是其他形式呢？从趋势、市场、客户群和可持续性来看，纯粹的传统商业开发模式或者商业主

导、生态为辅的模式，投资大，收益不确定，风险难控。旅游城市的商业，一定是复合性的。把旅游、文化和商业结合，才有可持续的吸引力和生命力。

因此，创意思路的核心理念一是颠覆与再造，颠覆传统商业概念，跳出商业街定位，对创意、基因和流程进行再造；二是无中生有与小题大做。“小”是项目的劣势和现状，所以，小题大做、小中见大是关键。总体思路上，我们要举旅游旗，打文化牌，走休闲路。只有将多种要素综合在每一寸土地上，才能做到不浪费。

5.5.7.2　窥探灵魂，逼近灵感之节点

我们不妨先以人性为出发点，以文化为落脚点，探寻槟榔河商业街的灵魂。槟榔河分布着黎族自然聚落，具有原生态的黎族文化特色。当人们现有的对娱乐的追求同传统的少数民族文化相结合时，就是对自然的向往同对人间烟火气息的留恋心理之间的平衡。人性就是处于一种矛盾而平衡的状态：既想逃离当前的环境，又不愿完全融入对立面的生活情境中。这一矛盾的两端是两股力量，撞击着人的灵魂，又彰显着槟榔河过去和未来的灵魂形态的转变。以平衡的设计，才能满足平衡的人性。

接下来，我们开始寻找灵魂背后的文化基因。槟榔河原生态的基因是什么？顾名思义，当然是槟榔。这一点毫无疑问，也最直观。槟榔河未来的商业性的具有烟火气息的基因又是什么呢？这个还不存在，需要对基因进行创意再造。因此，槟榔河商业街的灵魂就是至美的海南热带风情与现代都市商业气息的结合体。要想表达这一灵魂，就要有概念设计这一操作。

5.5.7.3　思维创新——迂回式的想法

概念设计可以从文化的基因出发。在此，我们需要一个具有概括性的、独特的概念，这个概念能够叫得响、打得出、拉得动。槟榔河的“槟榔”作为已有的文化基因和项目所在地的独特标识，应该被包含于概念中。对于概念的剩余部分，需要再创造。之前有人打算直接就叫作“槟榔河商业街”，我却是坚决反对。天下河流千千万，商业街也是随处

可见，“槟榔河商业街”这一概念毫无特色。

以往我们的概念设计要么是有啥用啥，用的都是本地已有的意象；要么是造出一个全新的词，比如“裸心”。我们发现过去的两种路径都使我们寸步难行。于是，我们创新思维，让想法迂回了一下，从旁借引，移花接木。

观察槟榔河商业街的地块，我们发现它较为狭长。如何用一个有限的地块表现一定规模的图景呢？利用散点透视法，设置较多的结点，运用场景串联的手法，达到咫尺千里的效果。这就类似于宋代张择端的名画《清明上河图》。

于是，我们把槟榔河商业街的旅游概念设计为“槟榔上河图”。

5.5.7.4　围绕这一概念，我们可以做什么

小题大做，概念的延伸很重要。光给出概念而不诠释，概念就相当于空中楼阁。结合概念设计和总体模式，我们可以以槟榔河为基底，以《清明上河图》为原典，以海南热带雨林为特色，集合海南及亚马孙和夏威夷微景观，创新演绎一幅现代版的“槟榔上河图”热带雨林奇观。

“槟榔上河图”热带雨林奇观效果图

大的概念设计之下还有小的概念设计。我们在槟榔河沿岸规划出三大主题片区，分别赋予三大概念：槟榔艺术长河、文化记忆长廊和慢生

活长街，分别以艺术、人文和生活为主题。一共四个概念，一个大概念加上三个小概念，寥寥数语，就勾勒出了槟榔河商业街的整体形象。

5.5.7.5 概念包装的价值再一次体现

在槟榔河商业街的策划中，如果不懂概念包装设计，情况会怎样？

如果不懂概念包装设计，那么槟榔河畔这片狭长细碎的地带就难以规划。如果想不到利用《清明上河图》的散点透视法设计景区，一味地随意堆积诸多景观，就会造成旅游地的形象不清晰，造型不美观。此外，如果不懂得在大的概念之下进一步做小的概念设计，那么整体设计步骤也是难以确定的。

正因为有了好的概念，我们才得以在脑海中迅速构建出“槟榔上河图”的整体形象，各个房屋、店铺、道路和人群都是如此清晰。“槟榔上河图”使三亚凤凰路槟榔河畔这片无人问津之地具备灵魂，充满活力。

5.6 第六步：故事推演

——灵魂形象得以丰满

故事推演，是旅游灵魂设计核心战法的最后一步。故事推演是两方面的推演：一方面是在旅游灵魂设计前，为旅游寻找合适的故事；另一方面是在旅游灵魂设计中，考虑如何将故事讲给游客听。

5.6.1 东方伊甸园：讲的是故事，也不仅仅是故事

伊甸园是《圣经》中亚当和夏娃的原居住地。加上“东方”二字，讲的自然就是同一类型的另一个故事——梁山伯与祝英台的凄美爱情故事。坐落于宁波的梁祝文化园，推出的是现代版的爱情主题公园。梁祝是古老的故事，而爱情是人类永恒的话题，如何让经典故事永不过时？东方伊甸园的做法是将内涵外延化、外延内涵化，运用现代休闲理念和高新娱乐科技手段，加强公园的参与性、娱乐性、观赏性，让故事为旅游服务，而不是将旅游限定于故事。

故事随处可见。作为一种容易获得的旅游资源，故事总是被运用于

旅游中。旅游不是说用了故事就一定能成功。在运用故事前，要明白一些问题：旅游灵魂与故事的关系是什么？从哪里去寻找故事？什么样的故事算是好故事？如何用旅游来讲故事，从而为旅游发展提供更强大的生命活力？掌握了这些，故事的脉络将随你的想法而游动。

5.6.2 讲故事不难，讲好故事好难

> 每个人都喜欢听故事，游客也不例外。旅游很重要的是要有故事，并且要讲好故事。好的故事能够让人对旅游有直观的认识。同时，好的故事蕴含着价值观，并且这种价值观能够清晰地被传达到他人心中，得到他人的认同。

5.6.2.1 好的故事能引起好奇心

好奇心是探索未知世界的不竭动力之源。好奇心有着强大的力量，能够让人不计时间与风险去寻找真相。从古至今，为了满足好奇心而去冒险的人数不胜数。虽然仅仅是没有经过验证的故事，但依旧不会降低追寻者的热情。早在先秦时期，就有关于海外蓬莱仙山的传说。相传在渤海的东边有仙岛，被黑色的冥海所包围。在蓬莱仙山可以寻得长生的奥秘。秦始皇统一六国后，为了使自己的国家和个人的生命能够得到永世的延续，召集能人异士，前往蓬莱求取长生仙药。当时，著名的方士徐福拜见秦始皇，率领三千童男童女从山东出发东渡。对于徐福最终的真实去向有着诸多说法。不过从这件事情上可以看出来，蓬莱仙山确实是一个好故事。

今天的蓬莱是山东省烟台市下面的一个县级市。现在的人再也不会相信海外仙山的存在，但蓬莱早已借着这些传说积攒起自己的名声。蓬莱旅游以此传说为主题的景点不在少数。并且，蓬莱依然有着神秘的色彩，最为重要且神秘的是蓬莱的海市蜃楼，这可能也是蓬莱其他传说的由来。另外一个引起人好奇心的故事记载于陶渊明的《桃花源记》。尽管成功找到桃花源的渔夫、后来寻觅桃花源而失败的刘子骥都是虚构的人物，可揭示了故事是如何引起人的好奇心的。

5.6.2.2 好的故事使旅游被直观认识

对一个概念的直接描述、对理论的严肃铺陈常常令听者头疼和困倦，因为在缺乏故事或者实例的情况下想把道理讲清楚是很难的。在听一个理论或者听对某种问题的解决方法时，如果有一个具体的情境设定，将理论或方法带入情境中去说明道理，那么是十分直观和通俗易懂的。人在成长的早期学习语言，是在语境下直接面对相应的事物，而不是对着抽象的文字和读音去死记硬背。这都表明，对事物的最直观认识来自于情境，来自于好的故事。

故事引起人们的想象。好的故事使人在没有去过一个地方的情况下对那个地方产生联想，如果联想的场景与真实场景在特征上符合，那么认识的目的就达到了。桃花岛大家不一定都去过，但在去桃花岛之前可能读过金庸的小说《射雕英雄传》和《神雕侠侣》。在小说中，桃花岛被描绘成是一座美妙神奇的小岛。这个岛离大陆既不太远也不太近，人迹罕至，成为书中黄药师、黄蓉、周伯通等人的活动天地。另一个关于桃花岛的故事是先秦隐士安期生漂流至此岛，采药修道，开炉炼丹，因而有安期峰这一舟山群岛第一高峰。古代的高山常为隐士的隐居场所，而隐士的故事反过来能使人联想到山之高。桃花岛的故事很自然地在人的脑海中构造出一个与世隔绝、地势起伏的小岛景象，比直接描述要直观得多。

5.6.2.3 好的故事会得到价值认同

故事不光是讲述一件事情的前因后果，还传达价值观。故事的价值观是故事创作者和讲述者心中对某种价值取向的认同。好的故事不仅是将价值观表达清楚，而且表达的价值观是进步的、积极的，能够得到社会人群普遍的认同。

价值认同对旅游很重要。当旅游者在价值观上接受故事所传达的思想时，才有可能对故事所联结的旅游地感兴趣。如果故事不符合人们的价值观，那么与故事高度相关的旅游也自然被认为是不会符合价值观。如果在价值观上违背了游客的心意，那么旅游背后的文化和灵魂就都站不住脚，旅游顿时变得黯淡无比。

且不说价值观对旅游需求的影响，其实在早期，价值观是直接影响旅游自身的存亡，是关乎命运的。在20世纪的城市化进程中，由于代表了新旧两个时代的不同价值观之间的冲突，人们很难认同古代遗留的一些事物，导致许多老城墙、老民宅被拆除，这是对旅游资源和旅游文化的残酷冲击。尽管今天人们认识到，旧时期的价值观不应被全盘否定，对于文化遗产要保护起来，但是已经损失的古迹是无法挽回的。

旅游之所以被冷落，甚至自身的存在都受到威胁，不一定是因为其价值与社会背离，或许只是因为没能将价值传达清楚，从而引起误解。如果能够利用故事等通俗易懂的办法将价值观传达出来，那么命运会截然相反。

5.6.2.4　好的故事使灵魂形象更丰满

面貌与价值观不仅是旅游的属性，而且是灵魂的属性。灵魂自身的内在无疑是很丰富的，可作为形象，灵魂需要让别人看到。灵魂在别人心中的样貌也同样重要。好的故事通过对事情的经过和场景的描述，间接地点出灵魂的形象。

灵魂形象因为故事而丰满。文学作品通过一系列的故事对人物加以刻画，丰富其形象，彰显其灵魂。旅游灵魂形象的刻画也是依靠故事的。没有故事，旅游灵魂就过于单薄，不能支撑起旅游的大局。在形象的刻画上，迪士尼就做得很好。迪士尼创作大量的动画，塑造米老鼠、狮子王等经典形象，同时将白雪公主、阿拉丁、花木兰等在迪士尼产生之前已有的形象进行再创作，使其形象更加丰满，并且融入迪士尼的文化产品圈中。在动画电影方面取得杰出的成就之后，迪士尼开始建造主题公园。以丰满的形象作为支撑力量，迪士尼乐园取得了巨大的成功。因此，旅游的成功很大程度上是与故事的成功分不开的。

当今的各种信息媒介使故事的传播更加容易，将故事讲给别人听是高效和低成本的。这既是机遇也是挑战。故事虽多，但能称得上是好故事的少之又少。挑出好的故事，将故事与旅游灵魂匹配起来，是严峻的挑战。如果故事讲得干巴巴，不够生动，那么灵魂形象反而变得更加干瘪了。

5.6.3 故事从哪里来

要想讲好故事，首先要明白故事具有哪些来源。既然编故事的是人，那么故事可能是人对所见所闻的加工，或者是基于现实生活的常识来想象，可以说故事来源于现实。由于时代不同，故事的讲述方式不同，故事的来源多种多样。每一种来源都有一定的特点。

5.6.3.1 从现实中来

故事是艺术，艺术源于现实而高于现实，故事也同样是源自现实。现实对所有的事情都是均等对待的。故事对现实进行加工和描述，为了体现其生动性，侧重于突出现实非同寻常的一面。人是不完全理性的动物，因此只要是将现实从人的口中讲出，就一定会有情感上的偏向和取舍，从而将现实加工成故事。从这个层面来看，人人都是艺术家。

人的认知是有局限性的。人对现实的认知依赖于感觉。每个人的感觉都不一样，对现实的反应也不一样，这使得来源于现实的故事失去了原真性。后人看到故事并加以考证，发现没有现实依据能够与故事完全吻合。故事与现实有偏差，不代表故事没有现实依据。历朝历代的文人都喜欢写史书，而史书中以纪传体写成的被称为“正史”，常见的说法是“二十四史”。梁启超曾说：“二十四史非史也，二十四姓之家谱而已。”史书讲述的也是故事，但史书的故事真实性也有待商榷。尽管事情经过的真实性应该被怀疑，但史书的人物原型一般是存在的。故事再离奇，也无法与现实斩断瓜葛。

5.6.3.2 从神话中来

神话故事是人们自小耳熟能详的。神话和传说总是被混为一谈，并称为“神话传说”，其实二者描述的范围不一样。传说的范围比神话更大，神话一定是传说，但传说不一定是神话。传说可以产生于各个时代，而神话集中出现在上古年代。神话起源于早期人类对自然未知的探索。由于缺乏认识世界的手段，人又急迫地想解释世界的演化、人类的产生和自然现象成因等根本性问题，于是通过神话故事将问题的解释归结于超自然的力量和卓越的神灵。神话故事又分为民间神话和宗教神话，是以不同的体系和角度解释世界。

旅游与神话故事素有渊源。神话故事用于旅游的特点在于因为故事的发生年代较为久远，故事的地点有很大的自由度，所以能被更加随意地定位。海南文笔峰盘古文化旅游区就是借用盘古的故事。由于盘古开天辟地，其故事的发生并不属于特定的某地，所以只要地形奇特就可以借用盘古文化。不过这种随意借用是否合理，需要打一个问号。

5.6.3.3 从传说中来

传说的分布更为广泛，几乎每个地方都有自己的传说。从传说中为旅游找故事，是很巧妙的方法，因为基本上都是能找到的。发展旅游，需要关注当地的传说。提到西湖，就能想到玉龙和金凤与王母娘娘争抢明珠、不慎使明珠落入人间化为西湖的故事，想到白蛇传，想到苏东坡与东坡肉的传说，想到印度僧人慧理追寻“仙灵所隐”之地而建灵隐寺的故事。又如提到山西陵川县，就能想到“观棋烂柯”的传说；提到浙江天台，就能想到济公传说；提到山海关，就能想到孟姜女哭长城的故事……传说类的故事主要在故事发生的当地流传，有的故事名气比较大，为各地所知。故事的名气越大，吸引的人群就越广。可是不为人知的故事也有妙用，因为能让知道的人有意外的惊喜。

5.6.3.4 从名著中来

名著的故事要么是对已有的事实或传说的整理和改编，要么是原创的新故事，名著故事的第一受众群体是读者。名著的特点在于具有较高的艺术价值和知名度，在主题的凸显和人物形象的刻画手法上都比较成熟。

将名著的故事用于旅游，是让故事走出书本，映照到现实。对四大名著的故事的应用有很多例子，如以《红楼梦》的宁国府为“名片”的宁国市，以《三国演义》为基础的无锡三国影视城，以《西游记》为基础的随州市西游记公园。安徽临泉的封神演义主题景区、陕西省周原景区的“封神演义·炫战”旅游演艺都来自于名著《封神演义》。萧红的近代名著《呼兰河传》使呼兰河口湿地一举成名。

名著的故事元素较为丰富，既有人物元素，也有场景元素。对于背景广阔的名著，只需选取其中的一个人，或者截取一处场景，就能将它改造成旅游景区。名著是故事的坚实来源。但是，如果只是借用名著的元素，不进行再创作，那么旅游容易陷入落后的局面。

5.6.4　有故事不难，有好故事很难

通常来讲，故事只要具备人物、时间、地点、事件原因、发生过程和结果六要素，就是合格的故事。很多故事经过千百年流传，经受住了时间的考验，算是好故事。但在旅游中，所有的故事都值得讲吗？不见得如此。什么样的故事才能使旅游灵魂的形象更加鲜活和丰满呢？

5.6.4.1　好的故事有新颖的题材

很多时候，做旅游抱怨找不到好故事，不是说没有故事，而是说没有新颖的故事题材。对于什么题材算是新颖，不同人有不同的理解，没有绝对的定论。题材新不新颖是比较出来的。故事的题材新颖，意味着某种故事有常见的题材和角度，而个别故事能够跳出通用的角度，给人以新鲜感。

以历史人物为中心的故事是对这个人物经典事迹的讲述，那么事迹就是故事切入的题材和角度。如果能够以鲜为人知的故事为切入点，那么题材就是新颖的。大家知道刘邦是西汉的开国皇帝，刘邦的故事也有很多。其中一个题材新颖的故事是樊哙在沛县卖狗肉，而刘邦经常吃狗肉不给钱。樊哙为了阻止刘邦吃狗肉而搬到河东，但刘邦骑着老鼋过河，樊哙又杀老鼋与狗肉一起煮。刘邦当上泗水亭长后没收樊哙的刀，樊哙只能将肉煮得更烂，用手撕肉，却更加好吃。后来刘邦当了开国皇帝，樊哙被封为舞阳侯，沛县狗肉也大为出名。

大多数故事都是对人物或事件的正面描写，题材也较为宏大。而一些故事喜欢侧面描写，这样的故事如果能写好，就更加精妙。四川青莲镇天宝山脚下有一条磨针溪，位于李白故居陇西院下方。铁杵磨针的故

事没有现实依据，可已经家喻户晓。这是因为大家都在讲李白的诗歌时，有人讲这则新颖的故事，就成功了。

5.6.4.2 好的故事表达美好的愿望

故事传达的是人的思想和情感，这些思想情感代表的是人美好的愿望。愿望是对特定的物或情感的向往，包括对健康、平安、幸福、财富、事业、爱情、自由等的追求和期许。好的故事都能从正面或者反面体现出这种愿望。

某种类型的故事还能表达共同的愿望。例如，爱情故事表达对美好爱情的向往，革命故事和武侠故事表达对人类公平正义的期望，孝道故事背后存在对亲人生活美满的祝愿。也有专门针对愿望实现的故事，如《一千零一夜》中的《阿拉丁神灯》。在宗教故事中，关于许愿的说法更加广泛，因此各地与神灵有关的景点都有专供人许愿的地方。

旅游的故事带有愿望，就能够与游客心中的愿望共鸣，这也是旅游灵魂自我实现的途径。毕竟，对未来的期待是人的重要生活动力，是灵魂的要素之一。

5.6.4.3 好的故事从细微之处揭示深意

宏大的故事固然令人心潮澎湃，但没有那么多宏大的故事可以讲，许多故事都是从细微之处揭示深意，阐明大道理。做旅游，也要注重以小见大，有限的载体无法承载过于宏大的故事。

在这一类型的故事中，孟郊的《游子吟》是最为经典的故事之一。对于孟郊的生平，我们所知甚少。在群星璀璨的唐朝，孟郊显得不那么耀眼。但为什么孟郊依然能出名呢？就是因为《游子吟》的故事讲得好。这首诗选取的是游子临行前母亲缝衣的平常的场景，采用白描的手法，利用平淡朴素的语言，歌颂了母爱的伟大与无私，感染力强，使中华游子文化深入人心。

人的思想是复杂多样的，但究其根本，无非就是对自然的探索和对人性的反思。思想复杂，但大的道理屈指可数。所以，故事的重点不是揭示什么样的道理，而是怎样揭示道理。这样一来，手法就很重要了。以小见大的手法就非常受用了。

5.6.4.4 好的故事注重强烈反差

比起皆大欢喜的故事，人们有时更喜欢悲剧。因为悲剧能与一般的欢快场景形成强烈的反差。中国古代民间四大爱情故事：牛郎织女、孟姜女哭长城、白蛇传、梁山伯与祝英台，都是以悲剧收场。虽说后人于心不忍，在悲伤的结局之后添加了一些欢喜的情节，但总的来说，吸引大多数人的是爱情故事中的悲剧部分。包括《罗密欧与朱丽叶》《孔雀东南飞》，都是为了爱情而以死抗争。或许是因为快乐的故事太过平淡，不值得讲，悲剧就脱颖而出了。宁波是梁祝文化的发源地，当地以梁祝爱情故事为主题打造梁祝文化公园。公园以梁祝故事情节“草桥结拜”“三载同窗”“十八相送”“楼台相会”“化蝶永伴”为主导游线，令游客身临其境，在走完全程之后唏嘘不已，久久回味后才回到现实，在现实与虚幻的强烈对比中心情起伏，获得难忘的体验。

反差使故事与众不同。圆明园遗址公园的整体景色是温和宜人的，游人沉醉于阳光、和风与花香，享受宁静的漫步时光。但在公园的一个小小角落——西洋楼遗址，是火烧圆明园留下的残垣断壁，与周围的温和景色形成强烈反差。行至此处，游客才明白，圆明园讲述的是近代中国遭受西方列强欺凌的屈辱故事。正因为残垣断壁与周边安详的景色所形成的强烈反差，故事才深入人心。

5.6.4.5 好的故事必须是本土化的

旅游的文化、旅游的根、旅游的灵魂都是需要本土化的，故事也不例外。最简单地来讲，故事一定是要发生在当地、与当地有关系的。

有些地方通过一些巧妙的手段将外地的故事移植到本地，这也是可以的。比如，苏轼在徐州和黄州时期就已经创造了东坡肉，后来苏轼在杭州为官，在西湖防洪筑堤，受到百姓的爱戴。百姓送苏轼猪肉，苏轼做成东坡肉给筑堤工人吃。

于是东坡肉在杭州就变得更为出名了，甚至有人以为东坡肉就是在杭州发明的。

有人可能会有疑问，为什么像迪士尼这样的主题公园的故事并不是本土化的？一方面，主题公园由于其主题性，在公园的区域内与外界相对隔绝，削弱了当地的本土效应；另一方面，上海迪士尼的游乐项目虽然没有直接讲述本土化的故事，但由于迪士尼乐园在全球的稀缺性，也间接地讲述了上海现代化全球大都市的发展故事。实际上，上海迪士尼虽然没有直接讲完整的中国故事，但园内的中国元素还是随处可见，弥补了本土化故事的不足。

5.6.5 掌握了讲好旅游故事这六招，你就觉得并不难

故事的最初诞生是自发的，并不是为旅游量身定制的。故事虽好，但不具备旅游的属性，如果将故事生搬硬套到旅游里，可能会弄巧成拙。如何对故事进行处理？旅游怎样来讲故事？怎样讲好故事？这些是故事推演最终要解决的问题。

5.6.5.1 确定讲故事的目的

对于一个具体的旅游项目，在讲故事前，要明白为什么讲故事。弄清楚为什么讲故事，才能确定讲什么故事。或者说，为什么要讲这个故事。

有的时候，讲故事的动机很简单：一个人、一个故事在当地太有名，做旅游绕不开这个故事，必须要讲。莫干山的名字来源于春秋末年吴王阖闾派干将和莫邪在当地铸成举世无双的雌雄双剑。每一个前往莫干山的游客肯定会对莫干山名字的由来产生好奇，因此，干将和莫邪的故事必须讲。

有的地方，某个故事不是那么必要，这个时候就要考虑讲故事的动机了。或许，是旅游资源太匮乏，需要以故事来填补；或许，是为了弘扬某种精神，而借助故事是好的办法；或许，是借故事来证明当地有着悠久的历史，令游客对旅游地的底蕴信服……讲故事的动机，不一而足。

5.6.5.2 把握故事的范围与重心

故事的范围，指的是先选择故事，然后考虑是讲完整的故事还是讲

故事的一部分。如果是完整的故事，那么应该按照什么线索、什么样的焦点和侧重点来讲？如果是讲故事的一部分，那么应该选取哪一部分？严格来说，没有哪个旅游能把故事完整地讲出来，所谓的完整是相对的，或者说只是结构上的完整，而在内容上不完整。旅游讲故事，都是选取某个角度来讲的。

桃花岛讲的是《射雕英雄传》完整的故事吗？作为小说其中的一个地点，桃花岛显然不是故事的全部。桃花岛与故事最重要的联系是什么？是地点。所以，桃花岛讲故事的焦点和重心都集中在地点。包括对安期生故事的讲述也一样。既然是以地点为重心，那么最先要做的事是将场景复现出来。在场景上做得逼真，才能讲故事。至于故事的范围，则是讲场景中出现的人、发生的事，再捎带些场景外的元素，比如金庸本人的雕像。

大多数的民间传说都比较简短，用较少的篇幅就可以讲清楚。对于这样的故事，要完整地讲。可以将故事的来龙去脉分成几个片段，每个片段都对应一个场景，按照前后顺序串联成旅游路线。

5.6.5.3　讲故事需要合适的载体

游客是如何在第一时间知道故事的？或是此前就有所耳闻，或是根据名字，或是通过浏览旅游地的网站看到故事。这些是故事的载体，可这些载体不属于旅游。旅游讲故事，绝不能只停留于信息媒介。

有的故事复刻场景，或者直接对故事发生地的遗址加工，作为载体。在场景内，可能会展示历史照片，放置雕塑，让游客对故事有视觉上的认知。有的故事不但以静态的场景和雕塑为载体，而且以演艺的动态形式将故事从头到尾讲一遍。故事的最初载体是文学。放到旅游里，则要更加生动形象，以旅游的特征为基础，将故事落实到实物载体。

5.6.5.4　选择表现手法

载体和表现手法都属于故事的表达技巧。如果载体是“实”的东西，那么表现手法就是“虚”的东西。旅游讲故事的表现手法可以参照文学作品的表现手法，常见的有衬托、象征、照应、反衬、烘托、渲染、层递、白描等。

在旅游的构景上，这些手法常被用到。在故事的讲述中，表现手法有无穷的妙用。渲染有助于增强旅游的环境特征，使游客有身临其境之感，仿佛自己就是故事的主角。白描以最简单的景致讲好故事，没有多余的元素。对于黑色旅游，既可以用渲染增强场景的压抑感，也可以用白描把思考的空间留给游客。照应是指各部分之间的配合，比如用旅游路线的首尾呼应提高故事的层次性。总之，把旅游讲故事跟文章讲故事类比，就会发现它们在技巧上有许多共通之处。

5.6.5.5 扩大和升华故事主题

扩大和升华是对故事主题在横向和纵向上的延伸。因为有故事，所以旅游的故事主题是存在中心的。但不少故事面临的问题不是缺少主题，而是主题不突出、缺乏新意、广度和高度不够。如何在主题上对故事的讲述作优化呢?

第一，主题要扩大。东方伊甸园的故事主题是爱情，在实际策划的过程中，不被爱情的主题限制住，而是奔向更广阔的主题——爱。广阔的主题能容纳更多的服务对象，男女老幼皆宜。在爱的大主题下，景点可融合多种娱乐和观赏设施，使每个人都能玩得尽兴，感受到爱。

第二，主题要升华。升华主题，是将旅游讲述的浅显易懂的故事上升到精神层面，使故事的中心更加深刻突出。讲故事不仅是把情节讲明白，还要在故事的结尾画龙点睛，令人回味无穷。短暂的爱情终究只是玩乐，东方伊甸园园区的钻石纪念广场对永恒爱情给予的庄严肯定才是真正的崇高主题。

5.6.5.6 长期视角：讲故事要跟上时代变化

讲故事的方式要跟上时代的最新要求。在旅游产品的打造中，要以满足游客参与和体验的需求为主旨，要注重利用高新技术手段展示故事。对古典故事的场景，要利用现代化的色彩、材质打造。

经典不会过时，但对经典的利用不一定有资格被称作“经典”。试图吃经典的老本、企图一劳永逸的做法是不会成功的。我们见过太多这样的景点：在建立的初期依靠故事火爆一时，过了一段时间就被冷落了。不是故事不吸引人了，而是人的旅游观念变了。旅游讲故事遇到的问题，究其根本，不是故事的问题，而是旅游的问题。旅游讲故事是很好的创意，但不要让创意被故事绑架。

第六章 旅游灵魂设计的操盘策略

展开我为旅游设计灵魂波澜壮阔的画卷——
百里挑一的旅游灵魂原来是这样被设计出来的

心中有天，怀里有地，脑袋有魂，手下有技，自然鬼斧神工，必定独领风骚。

旅游进步的历程永远都在对未来无尽的探索上，不轻易被定义，不满足于当下。无论旅游规划还是旅游策划，未来定义式，就是挣脱束缚，自我定义，用想象力创造无限可能，用文化与旅游并驾齐驱的旅游灵魂设计艺术成就旅游传奇。

凭借“唯我不同”的灵魂设计，“随我所驭”的实力操控，用每一次精妙的创新，缩短旅游与灵魂之间的距离。

灵魂深处闹革命：每一次旅游灵魂设计的旅程，每一次思想的轰鸣，都是内心情怀的一次燃烧，都是灵魂深处的一种煎熬。在为旅游设计灵魂二十多年的旅程中，我一直将“灵魂设计”的基因不断注入作品中。从遵循灵魂藏在名字里的安吉旅游，到深谙“一山一魂”理念的德清洋家乐；从小题大做的海南南湾猴岛，到代表无中生有的马畈农业奇幻乐园……均以技惊四座的风姿，为探索旅游非凡灵魂，展示了卓越实力。

“定制”和“原创”，是我坚持独树一帜最本质、最核心的两个关键词。我将这些“百里挑一”的经典个案，首次向公众亮相，实力展示旅游灵魂设计的无限可能和美好愿景。

严格意义上来说，这些不仅是经典案例，还是明星作品。想营造灵魂的专属、独特，就不能如同流水线般统一而反复，要像对待每一件艺术品一般，将一个个旅游项目当作一件件珍品精心勾勒。同样，呈现的这些作品、这些案例也表现得合乎情愫才好，是从“我”的角度，讲述的实际上是我为旅游设计灵魂的找魂记、寻魂诀。

人们常常因灵魂而迷惘，因文化而焦虑甚至恐惧。一来旅游灵魂这个东西实在难以捉摸，二来总让人觉得有点空、有点虚、有点玄、有点沉重、有点冷冰冰。这里，就是想通过这些活生生的例子，现身说法，让你忘掉灵魂的沉重模样，让你改变旅游灵魂难以捉摸的感觉。原来，旅游的灵魂可以有趣，可以有情怀，可以老少咸宜，可以激动人心，可以与民同乐。

最重要的是，实际上这更是旅游灵魂设计的实践指南。从一个市、一个县，到一个镇、一个村；从乡村旅游、农业旅游、生态旅游，到文化旅游、亲子旅游、民族旅游……他们各自的旅游灵魂有什么特点、有哪些内涵、如何去找、到哪里去找，为他们设计旅游灵魂都有哪些规律、哪些技巧以及哪些成功的奥秘，你完全可以按图索骥，甚至按部就班，一一对应，从中找到各自所需的类别和方向。

现在，有了这么一把钥匙，而且是一把能够打开旅游千把锁的钥匙，旅游灵魂设计的大门，正等待你去打开。

6.1 怎样才能让中国2800多个县[①]的旅游灵魂个个做到百里挑一

——浙江省安吉县：流传的三个关于旅游灵魂的故事，一个比一个传奇

6.1.1 “安吉”两字，有何深意？它与安吉旅游灵魂有着怎样的关联？

2003年4月9日，习近平同志担任浙江省委书记约半年后，就到安吉调研。他说自己最早知道安吉的名字，是在福建分管农村工作的时候，知道安吉的竹业经济发展得比较好。

2005年8月15日，时任浙江省委书记的习近平第二次到安吉调研。他意味深长地说：“从安吉的名字，我想到了人与自然的和谐、人与人的和谐、人与经济发展的和谐。”

2020年3月30日，习近平总书记第三次来到安吉。

人们不禁要问：安吉县到底是怎样的一个县；“安吉”的名字，有何深意；安吉旅游越做越大的秘密是什么。

安吉旅游的灵魂是什么？流传的三个关于安吉旅游灵魂的故事，为什么说一个比一个传奇？安吉旅游的灵魂是怎么找到的，又是如何设计出来的？

我来告诉你，安吉县流传的三个关于旅游灵魂的故事。

我来告诉你，为一个县设计一个不可思议的旅游灵魂，都有什么规律和秘密。

6.1.2 每一个县都有它独一无二的旅游灵魂，只是你还没有找到

截至2020年，全国共有2844个县级行政区。其中包括973个市辖区、388个县级市、1312个县、117个自治县、49个旗、3个自治旗、1个特区和1个林区。

---

① “中国2800多个县”是出于表述的方便，实指县级行政区。

县，作为中国法定的二级行政区、事实上的三级行政区，是中国旅游的中坚力量和中流砥柱。

改革开放以来，中国县域旅游蓬勃发展。2003年，国家旅游局颁布《创建旅游强县工作指导意见》和《创建旅游强县工作导则》，首次提出县域旅游概念。2005年8月，国家旅游局提出要“推出一批县域旅游经济的发展模式”。2005年11月，由国家旅游局发起组织的县域旅游典型模式推广峰会在云南昆明举行，推广了“栾川模式”，后来又推广了“婺源之路”“宁波经济”“泰宁路径”。2007年，国家旅游局命名首批17个中国旅游强县，后来浙江淳安、遂昌，吉林抚松，贵州思南等都相继召开了县域旅游发展论坛。2015年8月，国家旅游局明确表示，要大力推进创建全域旅游示范县。县域旅游的发展受到前所未有的高度重视，发展模式更趋多样，县域旅游经济日益壮大。

然而，一个不争的事实是，在中国2800多个县中，有很多的县为旅游犯愁，正在痛苦的撕扯中寻求蜕变，遭到了灵魂拷问。

灵魂拷问一：一个县的旅游究竟怎么发展？县域旅游有县域旅游的特点，县域旅游有县域旅游的做法，完全不同于一个乡、一个镇、一个村以及一个景区。

灵魂拷问二：一个县的旅游规划到底怎么做？怎样才能突破“规划规划，墙上挂挂”的尴尬和困局？

灵魂拷问三：如何去为中国2800多个县设计它们各不相同的旅游灵魂？

灵魂拷问四：一个县的旅游灵魂到底是怎样的一种灵魂？怎么找？到哪儿去找？

如果中国2800多个县真的都想做旅游，但却苦于不知道究竟怎么做，希望走出困境，走出迷惘，在重重障碍中摸索出一条重生的涅槃之路，那就不要犹豫了，更不要自己否定自己。

我们坚信，中国2800多个县，每一个县都有其独一无二的旅游灵魂。不是没有，也不会没有，只是没有找到。

下面就让我们一起去了解一下浙江省安吉县旅游灵魂设计的来龙去脉，通过我为安吉旅游设计灵魂的例子，一起分享并揭秘一个县旅游灵魂设计的规律和秘密。

6.1.3 概况扫描：浙江省安吉县——“两片叶子”

浙江省安吉县以“两片叶子”著称，拥有以下特点。

6.1.3.1 得天独厚的自然环境

安吉为浙江省湖州市下辖县，毗邻湖州市的长兴县、德清县，杭州市的余杭区、临安区和安徽的宁国市、广德市。

安吉自然环境得天独厚，山地和丘陵面积占全县总面积的 60% 以上。境内的东、南、西三面环山，东北开口，形状像一只畚箕。地势西南高，东北低。安吉县南端龙王山海拔 1587.4 米，是浙北最高峰，也是天目山脉的主峰。

安吉山川锦绣，环境优美，全县植被覆盖率 75%，森林覆盖率 71%，是一个充满活力的生态县。

6.1.3.2 闻名天下的“两片叶子”

安吉以“两片叶子”著称。一片叶子是竹叶，安吉为全国著名的“中国竹乡”，有“世界竹子看中国，中国竹子看浙江，浙江竹子看安吉”之说。另一片为茶叶，全县茶园面积 6.6 万亩，“安吉白茶”系茶中极品，闻名天下。

6.1.3.3 覆盖全县的旅游资源

安吉旅游资源丰富，分布广泛，覆盖全县。有省级自然保护区龙王山。有赋石、老石坎两座特大型水库和亚洲第一、世界第二的天荒坪电站以及一望无际的竹海。

安吉县共有 415 个旅游资源单体，分属 8 个主类，27 个亚类，80 个基本类型。属于优良级的单体有 66 个。

6.1.3.4 丰富璀璨的人文遗存

安吉境内古迹众多，人文璀璨。已发掘出旧石器时代、商、周、秦、汉、西晋、宋、元、明、清各朝的珍贵文物，极具历史、科学和艺术价值。

人文遗存主要有安城古城墙、古塔灵芝塔、千年名刹灵峰寺、中华名关独松关等。

安吉“孝文化”源远流长，“二十四孝”中有“二孝”出在安吉。此外，“昌硕文化”“邮驿文化”“白茶文化”等，都体现了安吉地方特色。

6.1.4 理论推演：为旅游设计灵魂就是要为旅游设计一个光芒万丈的伟大思想

为旅游设计灵魂，到底设计什么？这不仅事关为旅游设计灵魂的内容，而且关乎旅游灵魂的本义、大义和要义，必须说明、说透。

为旅游设计灵魂，设计的是思想。

思想是行动的指南。时代风云、实践发展有多么波澜壮阔，理论创造、思想创造就有多么博大精深。思想是灵魂的精髓，旅游的任何一个突破，一定首先是思想的突破。找到了思想的突破口，也就找到了突破的“药方”，找到了旅游的“灵魂”。

安吉旅游蓬勃发展，充分验证了这一颠扑不破的真理。安吉旅游的每一次突破，都是思想的突破。安吉旅游中一以贯之的思想就两个字——“和谐”，是人与自然的和谐、人与人的和谐、人与经济发展的和谐。

灵魂因思想而伟大。为旅游设计灵魂就是要为旅游设计一个光芒万丈的伟大思想。有思想，灵魂才能光芒万丈。

6.1.5 核心战法：借船出海

在中国2800多个县中，安吉是全国首个休闲农业与乡村旅游示范县、全国首批全域旅游示范县、长三角著名的休闲度假旅游胜地。

安吉旅游的成功经验是什么？关键在哪里？

我有幸拜读过很多关于安吉旅游成功原因揭秘的文章：有说是因为政府重视，有说在于机制创新，有说是因为长期不懈的生态坚持，也有人说是因为旅游资源丰富而独特，因为发展全域旅游……诸如此类，不一而足。怎么说呢，这些的确都是安吉旅游大获成功的原因，但肯定不是根本和关键。在中国重视旅游的县比比皆是，旅游资源比安吉更加丰富而独特的也绝对不在少数。

安吉旅游大获成功，与其“借船出海”的核心战法息息相关。安吉旅游历经起航、出海、扬帆三个阶段，三个关于旅游灵魂的传说，更是一个比一个传奇。

6.1.6 操盘实录：石破天惊

安吉旅游为什么要“借船出海”？又是如何借的船、出的海？

就让我们一起从容演绎安吉旅游灵魂设计的精彩过往吧！

6.1.6.1 借“黄浦江源”起航——“黄浦江源头”，第一个关于安吉旅游灵魂的传说

俗话说，凡事开头难。安吉旅游靠什么起步？用什么开篇？是竹子还是白茶？安吉旅游怎么起航？从哪里借船？中国大竹海吗？龙王山吗？

你一定做梦都不会想到，安吉旅游竟然是借“黄浦江源”起的航！

在 20 世纪 90 年代，那个时期的安吉，非常偏僻，非亲历所见者所能想象。每次去安吉，我都得早上 6 点从上海老北站乘车出发，经由沪青平省道，一路颠簸，直到下午 5 点左右才能到达安吉县城。

那个时期的安吉，默默无闻，恐怕就连浙江省内都很少有人知道还有一个安吉。

那个时期的安吉，仅有龙王山和竹博园两个景区以及作为县级文保单位的吴昌硕故居。当时还没有江南天池，没有中南百草园，更不用说灵峰山旅游度假区、中国大竹海等如今的热门景区了。

那个时期的安吉，旅游的著名度和辨识度很低。德清有中国四大避暑名山莫干山，长兴有中国五大淡水湖太湖，安吉除了省级自然保护区龙王山，除了一望无际的竹海，著名度和辨识度稍高点的真的没有。

当年，安吉县邀请我，起因是江南名关独松关。也许因为我是历史学专业毕业的缘故，他们希望通过研究，经由独松关把具有安吉地方特色的递铺文化（邮驿文化）挖掘出来。可事实是，当年孤陋寡闻的我并不知道独松关，而且也不知道吴昌硕到底是怎样的一个名人。

用竹子或者白茶开篇，看似最符合情理和逻辑，而且当时大家都普遍这么认为。竹子是安吉的特色，安吉位居中国十大竹乡之首，做

“竹”文章天经地义。然而问题是，中国有“十大竹乡”，换句话说，安吉之外还有九大竹乡存在。白茶呢，虽然安吉白茶闻名全国，但中国种植白茶的地方同样很多。也就是说，无论竹子，还是白茶，都不具有唯一性。

用龙王山开篇呢？问题是没有多少人知道龙王山，即便安吉旅游如今热火朝天，知道龙王山的依然不多。

打“昌硕故里”牌呢？吴昌硕作为金石书画大师，有一定知名度，可以打造成亮点。但在书画专业之外，一般人并不知道吴昌硕。

显而易见，无论龙王山、昌硕故里，还是竹博园、独松关……这些“船”都太小。

并且，在我的逻辑中，那个时期安吉旅游的根本问题不是“船”的问题、大小的问题，而是最终驶向哪里的问题；不是资源问题，不是项目问题，不是产品问题，而是安吉知名度低，安吉旅游还无人知晓这个现实关键问题。

最终，安吉旅游起航，甚至整个安吉县启航，是借“船”起的航，借的是“上海”这艘船。打的不是中国竹乡品牌，不是昌硕故里品牌，而是“黄浦江源”品牌。

“安吉——黄浦江源头”——安吉旅游从一开始就打出了一张让人眼前一亮、为之一震的名片，一张独一无二的名片，一张能够与上海紧紧关联的名片。

从此，上海、浙江、长三角乃至全国，都知道浙江有个安吉县——它是上海黄浦江的源头。

6.1.6.2 靠“中国美丽乡村”出海——“中国美丽乡村”，第二个关于安吉旅游灵魂的传说

安吉靠“黄浦江源”一鸣惊人，安吉旅游靠“黄浦江源”一炮打响。紧接着便又扔出重磅炸弹：安吉——“中国美丽乡村”。

丰厚的自然和人文历史积淀，为安吉的“中国美丽乡村”建设提供了悠远的历史背景和深广的文化资源。安吉县于2008年年初明确提出建设“中国美丽乡村”，将其作为一个品牌进行打造。安吉建设“中国美丽乡村”顺应了党的十七大提出的推进城乡统筹发展的历史潮流，把

中央关于新农村建设20字方针与安吉实际进行了有机结合。

安吉旅游乘势而为，通过“中国美丽乡村”建设，借助新农村建设这股浪潮，打响了“中国美丽乡村”品牌。

“中国美丽乡村”，不仅成为安吉县新的国家级名片，也成就了安吉旅游鲜明、独特的个性。安吉全县开始了一场自上而下、轰轰烈烈的以“中国美丽乡村”为抓手的乡村旅游建设运动。

安吉发展乡村旅游，原来只有大溪、章村等极少数几个靠吃野味生存的农家餐馆。随着“中国美丽乡村”建设的全面展开和深度推进，天荒坪镇、章村镇、报福镇、山川乡、余村、鲁家村、高家堂村……乡村旅游与农业休闲如雨后春笋般迅猛发展起来，安吉县因此获得了全国首个休闲农业与乡村旅游示范县的荣誉称号。

6.1.6.3 凭“安吉”名字乘风破浪，扬帆远航——“安且吉兮”，第三个关于安吉旅游灵魂的传说

今天几乎人人都知道，安吉生态环境全国领先，是全国首个国家生态县，是“绿水青山就是金山银山”理念的发源地，但很少有人知道安吉旅游的未来，安吉旅游彩绘的蓝图。大家都知道安吉特别好玩，漂流、滑雪、帐篷客、杭州 Hello Kitty 乐园、田园嘉乐比乐园、大年初一小镇、云上草原……新项目、新业态不断涌现，不断推陈出新，但却很少有人明白这些项目与项目之间究竟是怎样的一种逻辑关系。

安吉旅游正在下着一盘大棋，一盘关于亲子旅游的大棋，并且早已提前布局，安吉旅游发展目标直指“中国亲子旅游第一县”。

“中国亲子旅游第一县”？这是一盘什么样的棋？安吉为什么要下这样的棋？凭什么下这样的棋？

如果说，20世纪90年代，安吉旅游靠“黄浦江源”起航，打的是生态牌；20世纪初，靠“中国美丽乡村”出海，打的是乡村牌；如今进入文旅新时代，安吉旅游早已开始打文化牌了。

什么样的文化能够担当安吉旅游灵魂的重任？是竹文化吗？是孝文化吗？是邮驿文化吗？是昌硕文化吗？

不是，都不是！

草蛇灰线，伏脉千里。真正能够担负安吉旅游文化魂脉的竟然是

“安吉”二字引出的文化。

习近平总书记说：“从安吉的名字，我想到了人与自然的和谐、人与人的和谐、人与经济发展的和谐。”

“安吉”名字，有何深意？

“安吉”二字，是怎样的一种文化？背后隐藏的到底是怎样的一盘大棋？

先说“安吉”名字的由来。汉灵帝赐名“安吉”，取自《诗经》“安且吉兮”。千百年以来，“安吉”二字不仅成了一个县的名字，事实上也成了一种文化，一种独具安吉地方特色，具有唯一性并且能够担当安吉旅游灵魂魂脉重任的文化。

由“安吉”二字，由“安且吉兮”，我首先想到了“吉祥”。又由“安吉”二字的中文谐音“安吉儿”或“安琪儿”，我联想到了英文单词“angel”（天使）。

“安吉”，多好的一个名字。“安吉”，多么寓意深刻的一种文化。“安吉”，多么有趣的一个旅游灵魂。

这下你也许终于弄明白，安吉为什么会冒出一个大年初一小镇，为什么会有杭州 Hello Kitty 乐园，以及为什么会有打造“中国亲子第一县”的底气，原来这些都与安吉旅游的灵魂“安吉”二字息息相关。

6.1.7 江湖故事：“安吉”二字的旅游灵魂，灵感竟然来自我自己的名字

我与安吉有着无法割舍的情怀。

我有幸来到安吉，为安吉旅游设计灵魂，与安吉旅游同发展共成长，长期深耕于这片神奇而又美丽的土地，几乎踏遍了安吉的山山水水，走遍了安吉旅游景区的每一个角落，历经安吉旅游发展的三个不同阶段。前后二十多年，我承担了安吉大大小小各类旅游策划和规划项目近百项，安吉成为我名副其实的“根据地”“大本营”。

更有意思的是，“安吉”二字的旅游灵魂，灵感的诞生竟然也和我的名字有着一定的巧合和关联。

记得当年安吉县邀请我到安吉，担心我这个上海人没听说过安吉，不知道安吉到底在哪里，所以在电话中反复强调说：安吉，是“平安”

的“安”，“吉祥”的“吉”。

当别人问我的姓名时，我也会解释一番：“祖国”的“祖”，“吉祥”的“祥”。

也许我与安吉二十多年的“姻缘”冥冥之中早已注定，我发现并且坚信“安吉”二字能够担负安吉旅游灵魂重任这一灵感是顺理成章的。

6.1.8 策划手记：安吉旅游灵魂的破译，具有石破天惊的示范意义

我的一位朋友，曾经的德清县旅游局副局长，后来的德清县下渚湖湿地风景区管理委员会常务副主任朱伟，当年常常与我商讨德清旅游、谈论安吉旅游。他太了解安吉、了解德清了。我不止一次向他阐明这样一个观点：安吉旅游发展得好，不是因为条件好、资源好、基础好，而是因为做得好。

6.1.8.1 策划手记一：安吉旅游灵魂的破译，具有石破天惊的示范意义

“石破天惊”的第一个示范意义：安吉旅游始终站在引领中国旅游发展的最前沿，掷出的是一个又一个石破天惊的“重磅炸弹”。

“石破天惊”的第二个示范意义：安吉旅游不断突破传统旅游学的发展理念和发展模式，不断探索和革新旅游发展的路径。阶段可以变，重点可以变，内容可以变，但“和谐”这一旅游灵魂思想牢牢贯穿始终，永恒不变。

“石破天惊”的第三个示范意义：当今世界旅游经济格局暗流涌动，原有运行秩序和竞合逻辑正在酝酿巨变。中国的旅游格局也正在酝酿巨变，从景区旅游到全域旅游，从“旅游＋”到文旅融合，旅游格局已接近从量变到质变的临界点，旅游迎来文旅新时代。安吉旅游显然早已提前布局。

“石破天惊”的第四个示范意义：“安吉”二字是安吉旅游的灵魂，这一发现和论断本身具有石破天惊的示范意义，为中国 2800 多个还在黑暗中摸索的县指明了一个方向。原来，一个县的名字可能就是一个县的旅游灵魂。“安吉”两个字，不单单是一个县的名字、一个县的历史，

而且还能发展成为一个产业，成为一个县旅游发展的灵魂，并且还能催生出让人眼睛一亮，诸如大年初一小镇、杭州天使乐园等这样的文旅新项目、新业态。

6.1.8.2 策划手记二：直击根底：一个县的旅游能否做大，关键在于“打什么牌”

是什么规律和秘密，直抵旅游发展症结的关键？是什么规律和秘密，直击旅游灵魂的根底？关键在于到底“打什么牌”。

记得有一年，我与华东师范大学的楼嘉军和上海大学的姚昆遗两位教授一同应邀前往安徽省凤阳县参加“凤阳县旅游发展高峰论坛”。会上我即席作了题为《凤阳旅游发展的思路与出路》的主题报告，直指凤阳旅游的根本问题是思路问题而不是资源问题，凤阳旅游的出路只有一个，那就是理清思路，弄清楚凤阳旅游究竟应该“举什么旗，打什么牌，走什么路”。其中，关键是“打什么牌”。

我们常说“打牌”“玩牌”，其实一个“打”字，一个“玩”字，早已入木三分，道出了牌的全部真谛。众所周知，打牌，第一靠牌运，要有一副好牌；第二靠牌技，要有一定技巧和水平；第三靠牌局，要有牌友的默契配合。

为旅游设计灵魂，很多原理、很多道理其实和打牌如出一辙。

很多时候，很多地方旅游走不出迷惘和困境，不是因为资源不多，优势不突出，恰恰是因为资源太多，优势太突出；不是因为历史文化不太厚重，恰恰是因为历史文化太过沉重；不是因为旅游没有特色，恰恰是因为特色太多，也就不知道到底什么才是真正的特色；不是因为没有去寻求蜕变，而是因为不知道打什么牌，甚至“一手的好牌打成了稀巴烂”。所以，不是资源问题、文化问题、定位问题、特色问题、亮点问题、卖点问题，而是到底“打什么牌”这一事关全局的根本问题。

这样的例子不胜枚举。我到过的县，去过的乡镇，规划和策划过的景区，几乎无一例外。安吉县是，德清县是，长兴县是，普陀区是，张家港是，南湾猴岛是，下渚湖是，桃花岛是……关键问题都是到底“打什么牌”。

以德清县的洋家乐为例。由于德清县没有莫干山的管辖权，便另谋出路，不仅豪气冲天，开发下渚湖，而且踌躇满志要把天泉山打造成“西莫干山”，要在莫干山脚下搞“环莫干山”。德清洋家乐之所以大获成功，一个非常重要的原因就是打了莫干山牌，而且打好了莫干山牌。

6.2 一个乡和一个镇的旅游灵魂设计，藏有什么规律和秘密

——义乌市赤岸镇：旅游从无到有，他们是怎样靠着繁花似锦的灵魂破茧化蝶的

6.2.1 开篇导读：上面一条线，下面一根针

2013年12月23日至24日，中央农村工作会议在北京举行，会上再次强调三农问题是党和国家事业发展的全局性问题。要解决三农问题，需要全面深化农村改革；而全面深化农村改革，还需把目光放在农村改革发展的最前沿——中国的乡镇上。

“上面一条线，下面一根针”，乡镇是国家政策上传下达的关键环节，关系到党和国家路线、方针、政策在农村的落实，关系到农村的稳定发展。中国乡镇的发展与农村的发展息息相关，群众脱贫致富奔小康，关键还在乡镇的发展上。

在国家政策关怀下，中国乡镇的旅游蓬勃发展，不管是旅游强乡，还是旅游强镇，似乎都在宣示：乡镇旅游大有可为！

但是乡镇上承县域下接农村的地位，也让乡镇旅游发展迷雾重重：

乡镇旅游怎样破茧化蝶？

如何去为一个乡、一个镇设计旅游灵魂？

乡镇旅游的灵魂到哪儿去找？藏有什么规律和秘密？

6.2.2 灵魂拷问：乡镇旅游发展面临的现实困境

许多乡镇都跃跃欲试，都想发展旅游，但众多失败的前例又让这些乡镇踌躇不前、犹豫万分。乡镇发展旅游，面临三大现实困境。

6.2.2.1 困境一：要农业没农业

农业是乡镇发展旅游的基础，农业不仅是农民赖以生存的希望，也

是旅游发展的摇篮之一。城乡居民选择前去一个乡、一个镇进行旅游，很多时候是向往此地的山水环境、田园风光，农业不可或缺。毋庸置疑，任何乡、任何镇，肯定都有农业，只是这些乡镇的农业，没有优势，也没有特色。有农业等于没农业。

6.2.2.2 困境二：要旅游没旅游

从总体来看，我国很多乡镇旅游还没有起步。即便起步，大多处于初级阶段，开发层次较低，主要是一些农家乐、采摘园、垂钓园。一方面提供的产品过于单一，千乡一面，千镇一面，照搬复制，毫无特色。另一方面散、乱、弱、小、平问题突出，旅游更多成为一种点缀，有旅游等于没旅游。

6.2.2.3 困境三：要文化没文化

乡镇毕竟不是中国传统文化最密集的积淀地，相对县和市，乡和镇的文物古迹、历史街区、风俗习惯、传统技艺等文化资源严重缺乏。许多乡和镇，不要说独特的人文环境和悠久的历史，就是历史风貌、农耕习俗都已荡然无存。

中国有那么多的乡镇，要农业没农业，要旅游没旅游，要文化没文化，但他们也想发展旅游，怎么办?

义乌市赤岸镇，靠着繁花似锦的旅游灵魂，从无到有，一炮打响。破茧化蝶的经验我们可以分享给你。

6.2.3 概况扫描：不说不知道，一说吓一跳

赤岸镇位于义乌市南部，东与东阳市黄田畈镇相邻，南临永康市中山乡、八字墙乡、象珠镇，西南与武义县接壤，西靠金东区孝顺镇、澧浦镇，北同佛堂镇毗邻。距义乌市中心 18 千米。镇域东西最大距离 14.5 千米，南北最大距离 7.7 千米，是义乌市南部通往东阳、永康、武义的交通要道。

赤岸镇人杰地灵、山清水秀，是一个具有 2000 多年悠久历史的文明古镇。镇域面积 149.98 平方千米，辖 66 个行政村，1 个居委会，总人口近 4 万，是全国环境优美乡镇、全国千强镇、浙江省生态镇、浙江

省教育强镇、浙江省历史文化名镇、浙江省卫生镇、浙江省文明村镇。

赤岸镇文化底蕴深厚：一是中华滋阴养生学说创始人朱丹溪故里；二是著名道教神仙黄大仙故里；三是三国时期赫赫有名的大乔、小乔诞生在此镇；四有冯雪峰故居；五有戚继光抗倭历史文化。名山秀水资源众多：有松瀑山、塘山、大岩山、龙兽山等峰丛，有丹溪、东溪、大田溪等溪流；有万亩茭白园和十里桂花长廊苗木基地等特色农业。

总体而言，赤岸镇旅游资源得天独厚，特色鲜明，具有“四性”特征：一是旅游资源的立体性，类型多样、总量丰富、覆盖面广，具有综合性、丰富性和多功能性特征。二是旅游资源的原真性，保持了相当的原始性与完整性。三是历史文化的悠久性，底蕴丰富，内涵深刻，具有人文性、内涵性、灵魂性特点。四是旅游资源的经典性，不仅精彩纷呈，而且精华独揽，丹溪中医文化、黄大仙神仙文化、三国二乔名人文化，各具特色。

6.2.4　理论推演：为旅游设计灵魂就是要为旅游进行顶层设计

对旅游进行顶层设计，也就意味着为旅游设计灵魂时要站在最高层次上统筹安排，考虑策划区域内的各层次和各要素，追根溯源，统揽全局，以寻求问题的解决之道，从想法到策划再到实施都要有大局观、全局观、系统观。

6.2.5　核心战法：定向爆破

6.2.5.1　存在的诸多问题

赤岸镇旅游资源丰富，但问题突出：

（1）资源——瓶颈突出

赤岸旅游资源并不拥有绝对优势，数量虽多，但体量普遍较小，布局分散，呈星空状，难以有效整合形成有广泛号召力的品牌产品。

（2）阴影——屏蔽浓重

赤岸与知名度极高的义乌国际小商品城、横店互为近邻，导致赤岸在形象塑造和客源市场开拓上难以摆脱它们的屏蔽和挤压。

（3）地形——布局分散

赤岸旅游点多线长，布局分散，再加上山体众多，交通组织类型多、难度大、成本高。部分山体湖塘存在滑坡隐患，游览线路组织难度较高，部分景点可达性差。

（4）产业——基础薄弱

在赤岸镇区域范围内，缺乏休闲型、度假型、娱乐型、参与型的旅游产品，旅游产品推陈出新力度不够。同时缺少丰富多彩的娱乐活动和服务功能齐全、环境优美的旅游饭店，产业基础薄弱，设施匮乏。

（5）品牌——核心缺失

赤岸旅游结构及现状均处于低端，具有同质化特征，且低附加值，赤岸旅游发展面临激烈竞争。赤岸旅游缺乏市场认知度，没有形成品牌。与赤岸毗邻的佛堂、上溪近年来旅游发展提速，他们充分利用了山水自然资源，旅游发展风生水起，先声夺人，这对同样以生态为核心资源的赤岸镇来说，无疑是一种巨大的竞争压力。

（6）竞争——名花有主

在赤岸众多重量级的旅游资源中，大寒尖、丹溪陵园、二乔故里，事实上都已经名花有主。

赤岸镇的旅游发展面临着旅游格局分散、产业蓄力困难、核心品牌竞争力压力巨大等问题，而最大的问题则是布局分散，各类旅游资源似满天星，杂乱散落，难以将之织成星网。

赤岸旅游长期以来发展不起来，是一个不争的事实。二十多年来，依旧仅有一个3A级的丹溪陵园，以及胡坑里村的一家农家乐。

6.2.5.2 徘徊、纠结、迷惘

赤岸镇旅游有多个发展方向，可以做丹溪故里，可以开发二乔故里、黄大仙故里，或冯雪峰故居。可以搞采摘、农家乐、民宿……貌似什么都可以做，也什么都应该做。然而问题在于，赤岸镇毕竟资源有限、资金有限、能力有限，不可能面面俱到，什么都去做。必须找到一个抓手，实施定向爆破。

赤岸旅游定向爆破的突破口到底在哪里呢？

做养生吗？不行！养生难做，而且朱丹溪的知名度不高，绝大多数

人都不知道朱丹溪是何许人也。做黄大仙吗？也不行！金华市已经做过了。以二乔故里为突破口呢？全国至少有五个地方在做二乔故里的文章。做民族英雄戚继光或红色旅游吗？好像也都不行。

徘徊、纠结、迷惘！

6.2.5.3 一万年太久，只争朝夕

义乌市和赤岸镇高度重视赤岸镇的旅游发展。义乌市人民政府还特意拨款给赤岸镇举办义乌市首届丹溪国际养生旅游文化节，邀请省内外旅游专家、学者，共商赤岸镇旅游发展的方针大计。我有幸受邀参加了那次峰会。

赤岸镇和义乌市对赤岸镇旅游发展事实上已经“心中有谱”：那就是打丹溪牌，发展养生旅游。整个论坛，专家们几乎也是一边倒地为养生旅游叫好。偶有不同见解者，也只是在充分肯定养生之外，认为可以同步开发二乔故里或者黄大仙故里，让赤岸镇的旅游产品更加丰富而多元。

我最后一个发言。先用“虎头蛇尾”为我作为大会最后一个发言者自我解嘲。紧接着，话锋一转，毫不客气，直击问题要害：一万年太久，应只争朝夕。这些项目无论哪一个，起码都得三五年才能开发建成，赤岸发展旅游当务之急是要赶快破题，抓紧突围。在我看来，赤岸旅游不宜用丹溪养生破题，也不能用黄大仙故里或二乔故里破题。赤岸旅游必须回归乡村旅游这个话题。赤岸镇不是城市，而是农村。都市喧嚣给现代文明带来的“高楼大厦、人车拥挤、快生活、快节奏”的生活方式，让人们向往农耕文明中“山灵水秀、宁静幸福、动中有慢、慢中带静”的乡村诗意栖居。因此乡村旅游才是赤岸旅游破题的方向选择。赤岸镇要用“乡村旅游破题”，大力发展乡村旅游，全力做好“新田园主义生活”这篇乡村旅游特色文章，这才是赤岸镇旅游发展的王道。赤岸镇旅游顶层设计，一定要从乡村旅游角度入手。

赤岸镇领导听闻后委托我做赤岸镇旅游发展总体规划和赤岸镇西坑片区旅游策划，用乡村旅游为赤岸旅游破题。

6.2.6 操盘实录：月亮的夜

赤岸镇毕竟是一个镇，六十几个村散布在各处，总不能遍地开花。

最终我们采取定向爆破的方法，选择赤岸镇西坑片区九个村联袂打造西海景区。

操盘要点如下：

第一，进行概念设计，把西坑片区命名为“西海”景区。

第二，进行顶层设计，把西海景区定位为乡村旅游度假区。

把西坑片区定位为以田园休闲为特色，乡村旅游为方向，生态度假为驱动，在地文化为亮点，多元主题为内涵，具有业内标杆性、地区引领性、中高端品质化的新型乡村旅游复合型产品。

第三，“一线串珠”，形成“一弯西海明月，九枚田园明珠”的发展格局。

①一线：一弯西海明月

西溪绿线及旅游绿道的发展定位是“一弯明月·赤岸美溪”。以景点建设思路，通过“西溪八景”打造，建设一个完整、高品位、高档次的西溪河道旅游景观。“西溪八景”分别为：小桥流水、花溪水街、非诚勿扰、桂香醉月、杜鹃传奇、农耕记忆、芦苇飞絮和康桥遗梦。

②串珠：九枚田园明珠

九枚田园明珠，即西坑片区九个村旅游产品设计和打造。

赤岸·西海景区旅游产品策划

村庄	总体定位·主体形象	发展主题	项目策划	主要内容
午山干	西海门户·都市村庄	山地休闲、农民运动	西海门户	午山广场、西海花市、农民体育公园
胡坑里	生态名村·桂花飘香	农业休闲、生态旅游	桂花园	花文化主题广场、桂花博物馆、桂林美径、月湖、桂花榭农庄、珍奇桂花园、桂花科普园、天香度假屋、情感主题纪念林、停车场

续表

村庄	总体定位·主体形象	发展主题	项目策划	主要内容
神坛	雪峰故里	新派红色文化、时尚运动休闲	长征文化园	长征文化纪念广场、长征之路、雪峰故居、红色竞技园、红街
大新屋	栀子花村·花花世界	山地运动、田园休闲	五花山	五花爱情主题广场、樱花大道、栀子花开、梅花三弄、玫瑰谷、梨花园、花神观音、栀子花演艺大舞台、栀子花艺DIY工坊、花溪湖、浪漫满屋VIP露营地、栀子花乡村度假酒店、婚纱部落（摄影基地）、花香果园、花言爱语
大树下	慢动懒村·城市驿站	新派驿站文化、时尚慢动休闲、低碳生态经济	花居驿站	大树下广场、花香客栈、驿站人家、开心农庄、西海植物园
雅端	优雅古村·田园牧歌	耕读体验、文化旅游	田园牧歌	耕读农庄、市民公社、容安古堂、花溪水街、雅端书院（向日葵乡村度假酒店）、薰衣草庄园
上八石	民俗村·民俗飘香	山地艺术、民俗体验	民俗飘香	民俗墙、墙画街、民俗大舞台、农耕文化长廊、农耕文明记忆雕塑、生态公园
下八石	画家艺术村·花海梯田	健康休闲、花海梯田	花海梯田	艺术家村、露天“农”艺术博物馆、田园艺术创意展览室、田园认养、田园艺术摄影大赛、田园艺术文化节

续表

村庄	总体定位·主体形象	发展主题	项目策划	主要内容
塘边	水乡青村、荷塘月色	水运动、夜生活	荷塘月色	蜀水塘、竹水山庄

第四，重点打造四大亮点引擎。

一是五花山。以现代花卉农业为基础，把休闲、观赏、娱乐、度假作为核心要点，以“花之爱”为主题，把五花山建设成集农业观光、休闲度假、爱情体验、户外运动、婚纱摄影于一体的五花山花卉爱情主题公园，叫响五花山“花之山”“爱之山”“观音山”的旅游知名度。打造“花之神”的主题和“花在此、爱在此”的形象。

二是蜀水塘。突出水之秀，以荷花为特色，打造蜀水塘休闲旅游度假区，彰显“花之秀”主题，以“江南第一塘”为目标，以“一塘荷花水，一轮明月茶”为旅游形象。

三是十里桂花长廊。依托千亩桂花苗木基地，串点连线成片，打造“十里桂花”景区，立足观赏性、文化性、景观性，突出花之“绿”，打造义乌首屈一指的桂花公园。

四是花居驿站。挖掘大树下村具有悠久历史的驿站文化，开展客栈民宿旅游，以“大树底下好乘凉”为策划创意，形成“慢”概念，做成“懒”特色，倡导“慢”休闲。

6.2.7　江湖故事：“虎头蛇尾”

我为赤岸镇旅游设计灵魂，纯属偶然。那年赤岸镇举办义乌市首届丹溪国际养生旅游文化节，我作为省外专家应邀参加。因为行程安排的原因，没能参加实地调研考察活动，只能在会议当天一早从上海出发，中午抵达赤岸镇，对赤岸镇一无所知。下午进入会场落座，大会主席告诉我，按照大会议程，我第一个发言，作主旨演讲，这可急坏了我。心想：我没有参加现场考察，对赤岸镇一无所知，第一个发言，而且要做主旨演讲，这怎么讲啊！但我不去点破，干脆故作姿态，礼让其他专家，主动要求最后一个发言。

专家们各抒己见：有竭力主张做丹溪养生旅游的，有认为应该做黄大仙、二乔故里文章的。听完专家们的发言，我对赤岸镇的大概情况也就心中有数了。我最后一个发言，简短扼要，但直击要害，也是大会唯一一个坚决反对把丹溪养生作为赤岸旅游发展抓手的专家。

正是这个“虎头蛇尾”的发言，让我有了为赤岸镇旅游设计灵魂的机会。

不当虎头，而作蛇尾，其实是我一贯的风格。我既不愿意第一个发言，也不喜欢中间发言，喜欢稍后甚至最后一个发言。一来，这样我就无须做过多事前准备，因为每每轮到我发言，经前面专家们的反复陈述，我大体上也就知道了个大概。二来，做蛇尾，只要你讲得稍有点见解，在临近会议结束大家都疲惫不堪之时，往往会收到意想不到的效果。

6.2.8　策划手记：是雪中送炭，不是锦上添花

锦上添花，作为一个汉语成语，比喻好上加好，美上添美。雪中送炭，作为一个汉语成语，比喻在别人急需的时候给予帮助。

锦上添花易，雪中送炭难。锦上添花是添美，雪中送炭是救急。

谚语有云：“锦上添花天下有，雪中送炭世界无。”说明绝大多数人喜欢做锦上添花的事，不太愿意干雪中送炭的活。

是要雪中送炭，不是锦上添花，这是我为旅游设计灵魂常常提及并且拳拳服膺的一个铁律。对于一个乡、一个镇，一个县（市）、一个区域的旅游发展来说，心中必须要有这杆秤，究竟是要雪中送炭，还是要锦上添花。锦上添花好办，做什么都可以，怎么做都可以。例如，三亚、苏州、杭州、黄山等这些旅游热门城市、热点景区的绝大多数项目都属于锦上添花。但对于更多的中国市县和乡镇来说，他们需要的是雪中送炭，是在等米下锅。事关一个城市或乡镇旅游能不能一炮打响，能不能从无到有，能不能成功逆袭。

必须清醒地认识到，赤岸镇急需的是雪中送炭，而不是锦上添花。

赤岸镇拥有丹溪故里、二乔故里、黄大仙故里、冯雪峰故居等众多人文特色资源，如果赤岸镇旅游已经蓬勃发展，哪怕初具规模，从这些优势资源出发，这些项目都可以做。但对于当时的赤岸镇来说，需要的

是雪中送炭，而不是锦上添花。从这一要求出发，无论丹溪故里、二乔故里、黄大仙故里，都很难一炮打响，而且即便可以一炮打响，从策划、规划到立项、开工、建设，起码三五年时间。赤岸旅游既等不起，也耗不起。

赤岸镇创造了中国乡镇旅游发展史上的一个奇迹：2016 年 5 月完成西坑片区旅游发展策划，7 月启动西海景区建设，这一年中秋节，“月宴”成功开宴。2017 年 5 月 1 日，西海景区正式建成向游客开放。赤岸旅游从无到有，不仅实现零的突破，一炮打响，还风生水起，迅速在义乌市形成燎原之势。

6.3 为什么说为旅游设计灵魂，中国城市不可怕，可怕的是中国农村

——安吉县余村：石破天惊的旅游灵魂原来是这样被发掘设计出来的

6.3.1 开篇导读：习近平总书记两次来到安吉余村

2005 年 8 月 15 日，时任浙江省委书记习近平来到安吉余村考察。在听取余村关停矿山、水泥厂的汇报后，习近平指出：“刚才你们讲了，要下决心停掉矿山，这些都是高明之举，绿水青山就是金山银山。”

2020 年 3 月 30 日下午，习近平总书记再次来到余村。十五年前，“绿水青山就是金山银山”的理念在这里诞生，十五年来，余村认真践行“绿水青山就是金山银山”的理念，推动绿色发展，以自身的发展实践，成为生动诠释这一理念的典型样本。经过十多年不懈努力，余村不仅打造成中国美丽乡村精品示范村，并且完美蜕变成国家 4A 级旅游景区。

相信人们一定会好奇：余村到底是怎样的一个村？余村“绿水青山就是金山银山”的旅游灵魂是怎么发掘并设计出来的？

6.3.2 灵魂拷问：中国城市不可怕，可怕的是中国农村

美国有位教授写了一篇名为《中国城市不可怕，可怕的是中国农村》的文章，惊讶中国农村发生的天翻地覆的变化。我则脑洞大开，不由自主地联想到了中国类似余村这样的千千万万个农村的旅游。

村，是中国基层的群众性自治单位。

据民政部统计，截至 2017 年 12 月 31 日，全国共有行政村 691510 个，自然村 1865247 个。

约 70 万个村，这是什么样的一个概念？意味着什么？

意味着——中国有 70 万个村都要乡村振兴。

意味着——在中国 70 万个村中少说有 20 万个村都在发展旅游。

意味着——在这 20 万个发展旅游的村中，至少有 8 万个村的旅游不温不火。

意味着——起码有 5 万个村的书记们、主任们正为他们的旅游没有灵魂而犯愁。

中国有这么多的村，而且这些村都想发展旅游，你说，为一个村设计旅游灵魂有多难！

为旅游设计灵魂，中国城市不可怕，可怕的是中国农村，中国有 70 万个像余村这样的村。

6.3.3 概况扫描：余村旅游该何去何从

6.3.3.1 人间小天堂

余村位于长三角腹地安吉县天荒坪镇西侧，是典型的浙北小山村，距离湖州市区 60 千米，距离南京、上海、宁波、黄山 200 千米，距离无锡、苏州均 140 千米。余村村域面积约 4.86 平方千米，村庄建设范围约 0.7 平方千米，共有 7 个自然村。

余村地处天目山北麓，西、南、北三面环山，因境内天目山余脉余岭及余村坞得名。

余村群山环抱，秀竹连绵，素有“人间小天堂”之称。旅游资源丰富，禀赋优异。

余村旅游资源一览表

主类	亚类	资源单体	代表资源
A 乡村自然生态景观	AA 乡村地文景观	山丘	浮玉山
		岩石洞与岩穴	铜矿坞
	AB 乡村水文景观	天然湖泊与池沼	冷水洞水库、余溪
		潭池	绿水潭
	AC 乡村生物景观	树木	银杏王
		林地与草地	竹林
		动物栖息地	竹林片区
	AD 乡村天气景观	气象	观星
		气候	避暑地
B 田园景观	BA 农业生产景观	养殖基地	竹林鸡养殖
		农田景观	菜田
	BB 经济林	林地	竹林
		果园	桃林
		茶园	茶园
C 乡村遗产与建筑景观	CA 建筑与设施	街巷	古道
		桥梁	石板桥
		社会经济文化活动遗址遗迹	矿山遗址
		宗教与祭祀活动场所	隆庆庵
D 乡村旅游商品	DA 风味食品	特色小吃	米糕
		饮品	茶
		餐桌佳肴	农家菜
	DB 乡村名特产	特色产品	银杏、白茶
		传统工艺与手工艺品	竹工艺品

续表

主类	亚类	资源单体	代表资源
E 乡村人文活动与民俗文化	EA 人文活动	现代节庆	
	EB 乡村民俗	地方文艺	
		地方风俗与民间礼仪	婚嫁习俗、宗教朝拜
	EC 乡村文化	人物事迹	
		传说故事	浮玉山的来历
		节庆	春节、元宵、端午节等
		文化典故	浮玉山典故
F 乡村景观意境	FA 乡村景观通道	乡村景观街巷	古道
		景观山水廊道	余溪
	FB 乡村景观意境	乡村传统聚落意境	
		乡村社区生活意境	余村
		乡村景观环境意境	绿道长廊、银杏林

6.3.3.2　名副其实的“首富村”

余村矿石资源丰富。20 世纪 80 年代以来，在靠山吃山、加快发展的思想推动下，余村先后办起了矿山、水泥厂，这里成为安吉县规模最大的石灰石开采区、有名的工业村。余村凭借每年 300 万元的收入，成为安吉名副其实的“首富村”。余村一半以上家庭在矿区务工。然而，也因为开矿，造成了严重的水土流失、空气污染、环境破坏。面对遮天蔽日的粉尘和频频发生的安全事故，余村人开始思考，这样的发展究竟能持续多久？2003 年，安吉县提出创建全国生态县目标，余村下决心关停矿山和水泥厂。

6.3.3.3　旅游低位徘徊

余村旅游起步很早，不仅有农家乐和民宿，并且还成功打造了荷花山以及荷花山漂流两个景区，引进了金栖堂度假酒店和房车露营项目。

然而，在乡村旅游飞速发展的中国，像余村这样山清水秀的村，不要说整个中国，就是在安吉也不在少数。余村旅游产品不新，档次不高，景区规模偏小，始终低位徘徊。主要问题在于：一是品牌效应不强。乡村旅游开发点多面广，没有整体包装，缺乏统筹安排和相互协调，与天荒坪旅游和安吉旅游之间缺乏有机联系。二是产品差异化不大。余村乡村旅游产品虽然“农”味十足，荷花山漂流也有一定的参与性、体验性，但与周边乡村旅游产品比较差异化不大。三是开发力度不够。余村旅游以农家乐为主，但以乡村生产、乡村生活、乡村活动以及竹乡文化底蕴深厚的非物质文化，如民间音乐、传统艺术、传统手工技艺、民风民俗等为对象开发的文化体验和乡村休闲活动很少。

6.3.4 理论推演：为旅游设计灵魂就是要为旅游找寻一个新的历史方位

农家乐有了，景区有了，漂流有了……余村旅游到底该何去何从？

我们完全可以瞬间煞有介事地开出一大帖“药方”，如高端突破，民宿突围；如留住乡愁，深挖农耕；如品质提升，景区转型……

是让现有农家乐转型升级搞民宿吗？是让荷花山和荷花山漂流两个景区提档升级吗？是通过新一轮招商引资让烂尾楼金栖堂度假酒店起死回生吗？是迎合市场需求增加采摘园，建设房车营地？还是脑洞大开，依托千年古刹隆庆禅院，玩一把“禅修”体验？

无论哪剂“药方”，实际上都无济于事。

为旅游设计灵魂就是要为旅游设计一个新的历史发展方位。

在狭窄的空间寻求突破，即便找到了突破口，也只是局部突破，难改全局和大局。从农家乐到金栖堂度假酒店，从荷花山到荷花山漂流，余村一次次突破，但始终是在一个狭窄的空间中寻求突破，所以，很难实现真正意义上的突破。

为余村设计旅游灵魂，就是要为余村旅游找寻新的历史方位。

一个时代有一个时代的使命，一个时代有一个时代的特点，一个时代有一个时代旅游的灵魂，无论是安徽的小岗村，成都的五朵金花，还是江阴的华西村，安吉的鲁家村，都是因为科学地把握了国内外发展大势，找准了新的历史方位，才在新的历史方位中实现了突破。

为余村旅游设计灵魂，需要从新的历史方位、新的时代坐标中谋划新的奋斗目标和宏伟蓝图。

6.3.5 核心战法：高举高打

高举：高度提炼“绿水青山就是金山银山”的价值，高高举起“两山”发源地的旗帜。

高打：集中优势打歼灭战，把优势和特色聚焦，短期内迅速形成“两山”产品和品牌的引爆。

6.3.6 操盘实录：步步为营

我为余村设计旅游灵魂，操盘实录可以概括为“步步为营”。

简单五步，环环相扣：

6.3.6.1 高举“两山”旗帜

高举“两山”旗帜，坚定不移地把“绿水青山就是金山银山”作为余村旅游发展的旗帜，作为余村旅游发展新的主题。

6.3.6.2 深挖“两山”资源

到底什么是余村旅游的特色呢？余村有没有“独一无二”的旅游资源呢？余村“独一无二”的旅游资源到哪里去挖掘呢？是一望无际的竹海，还是冷水洞水库？是大禹传说，还是禅院传奇？是荷花山上的娃娃鱼，还是千年古银杏？

显然都不是。

“绿水青山就是金山银山”，是新时代中国特色社会主义的绿色发展理念，生动形象、入木三分地阐明了经济发展与环境保护之间的辩证关系，为我们建设生态文明、建设美丽中国提供了根本依据，具有重大理论价值和实践价值，是余村独一无二的旅游资源，是余村旅游发展的“第一资源”。

6.3.6.3 找准历史方位

发展旅游关键在于找准历史方位。

余村应该从通常的国内外乡村旅游发展模式中跳脱出来，站在中国特色社会主义新时代和“两山”理念这一全新的历史方位上去谋划未来，去发展乡村旅游。“绿水青山就是金山银山”这十字真经，标示了余村旅游发展新的历史方位，给迷雾中的余村旅游指明了前行的方向。

余村宣传手册封面

6.3.6.4 设计不朽灵魂

“两山”理念是余村旅游发展不朽的灵魂，可以概括余村旅游一切的精华和精彩，具有独特性和唯一性，是余村独一无二的出发点和归宿点。红色引领，“两山”指路，以“绿水青山”为发展主题，发展具有新时代中国特色的“红色旅游”。

我们对余村旅游进行了全新的发展定位：

高举“两山”旗帜，明确“两山”理念发源地定位，坚持以优质生态资源为本底，以独一无二的“两山”理念为灵魂，坚持红色引领，打造一个以习近平新时代中国特色社会主义思想为指导，集文化探源、田园体验、休闲养生、乡村文创、美丽宜居、户外运动以及农家特色美食等为一体，以深度体验性和高度参与性休闲娱乐项目为吸引的红色旅游精品景区。

“两山”理念发源地　中国美丽乡村第一村

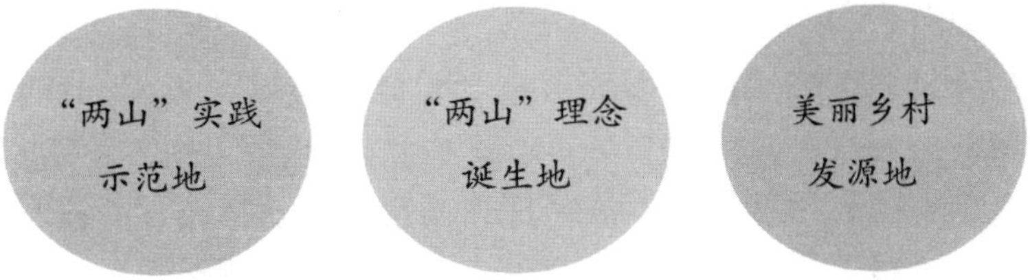

余村旅游发展定位

6.3.6.5 高举高打

(1) 发展目标直指国家4A和5A级旅游景区

在《余村创建国家4A级旅游景区策划》和《余村创建国家5A级旅游景区策划》两个策划文本编制过程中，以创建国家3A级旅游景区为起点，大胆提出了4A与5A创建的愿景目标。2018年9月，安吉余村“两山”景区被批准为国家4A级旅游景区。

(2) 创建中国唯一一个以“两山”命名的景区

旗帜鲜明地提出把“两山”作为余村旅游发展主题，创建中国唯一一个以“两山”命名的“两山景区”。

(3) 全域打造

余村原来的旅游总体布局是“荷花山＋荷花山漂流＋余村”。在新的一轮旅游策划方案中，对余村旅游以“一核两翼”进行空间格局再造。

“一核两翼”：构建“极核＋节点＋圈层”的全域旅游大格局		
一核：昂首引领	两翼：比翼齐飞	
极核：红色经典区	节点：生态旅游区	圈层：美丽样板区

(4) 红色照耀

何为极核？何为两翼？作为极核的当然是围绕“两山”文化展开布局的红色经典区。红色经典区的“两山”会址和文化礼堂都已修缮一新，主要问题在于旅游核心功能缺失，无法发挥“两山”的极核引领作用，缺乏围绕“两山”展开的配套项目和接待服务设施。于是，“两山”广场、“两山”博物馆、“两山”公园等“两山”精品项目策划出来了，做足“两山”发源地文章，变“小景点”为“大景区”，围绕“两山”会址布局项目，围绕“两山”完善配套设施，为游客带来一次“两山”思想的朝圣之旅。

两翼则是作为节点的生态旅游区和圈层的美丽样板区。余村的一大优势是自然景观资源丰富，可谓是青山绿水相映、金矿银矿相间，不足在于可资观赏的资源不多。因此，需要在生态旅游区植入“两山”主题，以“景观化”“产品化”“实践化”的方式立体展现余村“两山”的绿水青山秘境，构建“两山源”寻幽探源的生态旅游高地。以“两山源”为主题构成核心吸引，以“寻幽探源”为特色诉求，通过“七个世界”打造集文化探索、生态寻幽、绿色骑行、传奇探索、健康养生等功能于一体的“两山源”生态休闲旅游区。

美丽样板区则紧紧抓住“美丽乡村”这个主题，在余村行政村内以“美丽乡村＋”为发展思路，坚持把美丽乡村建设与产业发展、农民增收和民生改善紧密结合起来，加快推进“美丽乡村＋生态宜居”“美丽乡村＋旅游休闲”“美丽乡村＋健康养老”“美丽乡村＋文化创意”“美丽乡村＋村庄建设”五篇特色文章，叫响“中国美丽乡村第一村”在全国的知名度。以“美丽生活，幸福余村”为主题，通过主题化打造，形成以幸福宜居、民宿休闲、乡村文创、健康养生、农家美食以及美丽乡村示范为核心的乡村体验旅游区。

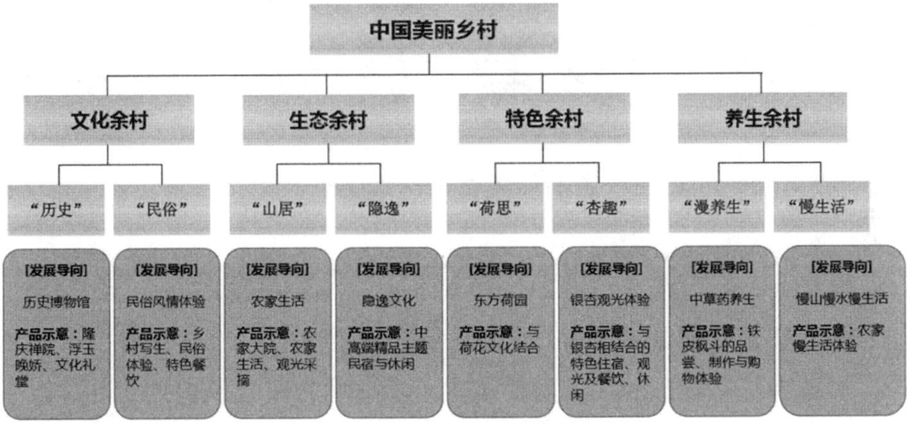

美丽样板区功能结构图

（5）全链产业构建

在产品设计板块，构建四大旅游产品谱系、三大主打旅游产品以丰富余村旅游内容，以地方特色彰显品牌效应。围绕“中国美丽乡村发源地”主题设计乡村旅游产品，注重自然生态以及乡村田园风光意境的保护和营造，将各类农作物生产情景同乡村的优美生态环境相结合，体现“回归家园、回归自然”的乡村旅游内涵。以“慢山·慢水·慢生活”为主题的休闲度假产品则充分利用余村的自然和人文旅游资源，做好乡村体验、休闲度假的产品组合及内涵提升，增加余村旅游的体验性和休闲性。作为重头戏的是“绿水青山就是金山银山”的红色旅游产品，根据余村的独特气质和地位，结合游客的社会需求，通过景观设计、会务建设、教育功能植入，打造作为朝圣地的余村。

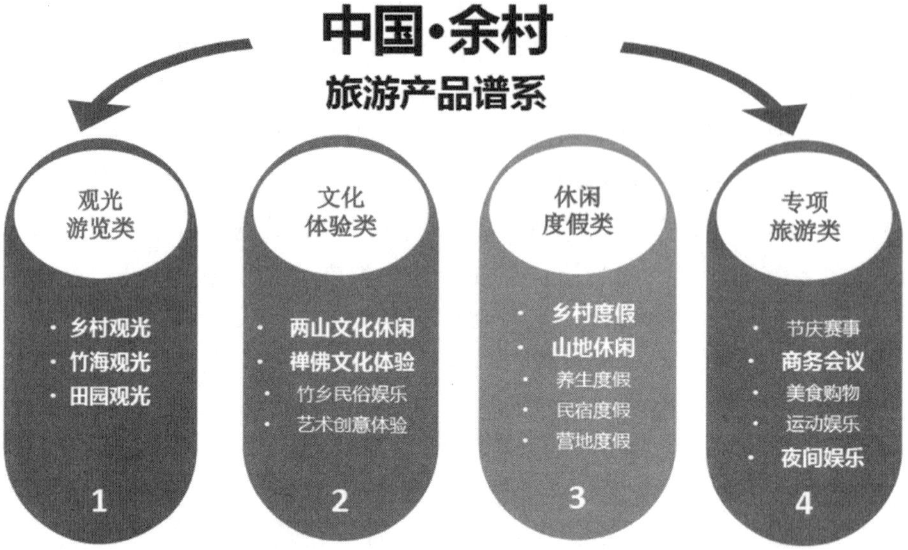

余村四大旅游产品谱系

6.3.7 江湖故事：追你追到天涯海角，等你等到天荒地老

一天晚上，我与时任余村村党支部书记潘文革、村主任俞小平、老书记鲍新民以及天荒坪林业服务总公司总经理梁一品喝茶聊天。梁一品总经理突发奇想，认为在余村最高处山顶上建一平台，让游客到这里来数星星、看月亮，也许是余村最浪漫的一件事。因为可以看到天荒地老，听天荒地老的故事。

是啊，旅游策划何尝不是，星星带来遐想，月亮带来灵感，可以突破狭窄的时空。正应了那一句“众里寻他千百度，蓦然回首，那人却在灯火阑珊处”，旅游灵魂的找寻岂不如此吗？

我与余村的江湖故事正应了那句“追你追到天涯海角，等你等到天荒地老”。

如今的安吉余村，用“天下谁人不识君”来形容，恐怕一点都不为过。但对于当年的我来说，我是先知道天荒坪，后来才逐渐听说了余村。

余村隶属安吉县天荒坪镇。“天荒坪”三个字究竟何来，有何深意，我从来没去查询考证过，但其深刻的意蕴，相信每个人都能由其名而了其然。我第一次听到“天荒坪”三个字，就油然而生一种莫名其妙的好奇和冲动，并坚信这是一个有故事的地方，不然不会叫这个名字。

天荒坪确是一个有故事的地方。不仅有余村，有亚洲第一、世界第二的天荒坪抽水蓄能电站，而且也有因拍摄电影《卧虎藏龙》而闻名的中国大竹海景区。

在天荒坪，在安吉，流传有这样一句话，叫作“追你追到天涯海角，等你等到地老天荒”。真是要多浪漫就多浪漫，要多神奇就多神奇。

已经记不得到底是哪一年第一次去的余村。只记得后来因为参加金栖堂度假酒店规划评审，因为负责天荒坪旅游大景区规划、姚家大院旅游策划、荷花山旅游发展规划、荷花山漂流项目策划，更因为主持余村A级乃至4A级、5A级景区创建策划，无数次去了余村。

我在余村一直在追，直至追到天涯海角。

有尴尬，有困惑，有歧路。曾经不得其法，想过做“竹”，因为有“中国竹海看安吉，安吉竹海看余村”一说。余村竹海绵延，竹文化又深受中国人的喜爱，在诗词书画中各有体现；又兼具精神上的高风亮节，再加上竹林七贤等名人故事及竹子广泛的生活用途，既可弄文又可动武，大有文章可做。

甚至差点剑走偏锋，玩文字谜语，在余村的“余”字上大做文章。余，饶也，有饱足之意。年年有余，可谓中国传统吉祥祈福最具代表的语言之一，表现了农耕文化中生活富足、每年都有多余的财富及粮食的殷切希望。也曾想着将余村的重点放在乡村历史和农耕文化上。

今天再仔细想一想，当年如果真这样策划的话，不仅与以前的旅游发展脱节严重，格局还变小了，余村的旅游将只围绕“乡村”“农业”展开。这样一来，余村可能最多在安吉范围内有点小名气，等走出安吉，走向湖州，走向浙江，走向全国的时候，余村就难以“撑场子”了。

6.3.8 策划手记：匪夷所思到你不敢相信为止

长期以来，余村旅游始终无法突破，一直小打小闹，对于创建“两山”景区，很多人持不同意见，抱怀疑态度，认为没有这个必要。当我们提出创建A级旅游景区，很多人认为多此一举；后来提出创建3A级景区，更多人认为不太可能；瞄准4A旅游景区目标，直指不切实际；在我们编纂创建5A级景区策划方案时，更被批评为天方夜谭。

或许有人疑惑，有人不解，甚至不屑一顾，因为像安吉余村这样的村在中国毕竟只有一个，没有可比性，没有参考性。如果你真的感兴趣，或者你正在为你们村的旅游没有灵魂而烦恼，那就推荐你去搜索一下浙江义乌马畈村、义乌大树下村、德清宋市村、安吉和村、杭州龙井村、江苏如皋顾庄村、河北三河东西八里沟村……看看我又是怎样为这些村设计匪夷所思的旅游灵魂，是怎样让这些村的旅游飞起来的。

6.4　农业旅游：怎样才能走出十面埋伏

——义乌马畈农业奇幻乐园：一炮打响的奇迹是怎么创造出来的

6.4.1　开篇导读：农业旅游早已掀起滔天巨浪

在中国，作为最古老的产业——农业，经历了几千年的发展，不管是在文化领域还是在经济领域都有显著地位。近年来，随着休闲农业和旅游业的蓬勃发展，农业旅游已经成为利用农业景观和农村空间吸引游客前来参观的一种新型农业经营形态。

2018年，中央1号文件明确提出要实施休闲农业和乡村旅游精品工程。农业农村部认真贯彻落实中央决策部署和要求，提出要开展休闲农业和乡村旅游升级行动，以促进乡村旅游产品质量、硬件设施建设、软件管理服务、文化内涵、环境卫生、人员素质技能等多方面的升级，真正打造一批生态优、环境美、产业强、农民富、机制好的农业旅游、乡村旅游精品。党的十九大提出，要按照“产业兴旺、生态宜居、乡风文明、治理有效、生活富裕”的总要求实施乡村振兴战略。农业旅游当之无愧成为促进产业融合、乡村振兴、农民脱贫致富的重要力量、重要途径和重要引擎。

中国的农业旅游早已掀起滔天巨浪！

6.4.2 灵魂拷问：农业旅游如何走出十面埋伏的困境

“问君能有几多愁，恰似一江春水向东流”，这也许是农业旅游深陷十面埋伏困境的一个写照。

随着城乡居民收入水平的提高，人们在旅游中对生态环境、休闲娱乐、养生养老、宜居宜业等方面的需求更加提高。农业旅游为城乡居民提供了纯粹的农村自然风光、必要的生活设施，让游客通过农耕、收获、采摘、垂钓、饲养等活动，享受回归自然的乐趣，迎合了久居大城市的人们对宁静、清新环境和回归大自然的渴求，吸引大批城市居民前往休闲、度假、避暑、养老。但从目前全国各地的发展状况来看，农业旅游问题突出。

问题一：有旅游，无农业。

很多地方发展农业旅游热情高涨，但是在农业旅游发展过程中却出现了“注重旅游发展，轻视农业生产”这一本末倒置现象，将农业旅游的优势抹灭，成为都市旅游“麦当劳化”的劣质农业旅游项目。农业旅游，旅游是有了，但农业不复存在，难以达到农业旅游的发展初心。

问题二：有发展，无带动。

由于农业具有很强的季节性，所以即使有些地区有了相关的农业旅游产品，但是却因为“观光为主、农产品季节性强、产业链条短”等问题带来的淡旺季现象严重，难以持续创造价值，旅游对农业、农村、农民的带动作用受到很大限制。

问题三：有产品，无特色。

我国农业旅游产品过于单一，开发力度较弱，开发层次较低，在农事体验、传统饮食、农耕文化等方面的深度挖掘不足，导致文化内涵和地方特色缺乏，同质化现象严重。各地农村发展农业旅游的主题不鲜明，带来恶性竞争和无序发展。

问题四：规模小，不专业。

农业的发展受自然因素影响较大，受限较多，导致很多地方的农业旅游规模小、分布散。而且受经营者自身管理能力、资本投入等条件的限制，发展水平低，经营意识淡薄，缺乏专业化管理。

问题五：缺资金，无设施。

资金短缺以及基础设施薄弱，是农业旅游发展遭遇的又一个困境，导致道路、停车场、洗手间、酒店客房等食住行游购娱设施不能满足游客需要，很难吸引游客前往，更难让游客留下。

滔天巨浪之下，农业旅游怎样才能破浪前行而不致船毁人亡？农业旅游究竟以何为帆？如何在滔天巨浪中设置前行的航线？

义乌马畈农业奇幻乐园，无中生有，一炮打响。让我们一起去探究下，无中生有的旅游灵魂，我们是怎样设计的。

6.4.3　概况扫描：马畈村——与中国大部分的村庄一样

马畈村位于浙江省义乌市大陈镇，由马畈村、钱宅村、马车弄村三个自然村组成。这个只有800多人的小村庄，原先与中国大部分的村庄一样，年轻人外出赚钱，年长的人留在村子里种地过日子。在2011年之前，马畈村经济穷、环境乱，怎样才能让群众走上快速致富的道路，成为村两委班子需要解决的头等大事。

马畈村两委经过考察学习，决定走农业旅游发展之路，打造宜居、宜业、宜游的农民幸福生活家园和市民休闲旅游乐园。

但是，马畈村没有任何出色的旅游资源，也没有任何特色的农业产业，只有一个不起眼的小水库以及小水库边上唯一的一家农家乐。唯一值得提起的特色农业便是马畈村种植有60亩左右的猕猴桃。

马畈村农业旅游全然是一张白纸！没有任何值得挖掘的旅游资源，没有任何已有的旅游发展基础，没有任何的旅游基础设施，也没有堪称独特的历史文化。马畈村的书记和主任告诉我，马畈村能够用来发展旅游的就是农民宅前宅后几块连不成片的232亩废弃荒地。他们设想的农业旅游也就是利用马畈村紧靠公路的优势，开展“农家乐＋垂钓＋猕猴桃采摘”活动，仅此而已。

6.4.4　理论推演：为旅游设计灵魂就要“无中生有”

无中生有，本为《三十六计》中的第七计，原文为：“诳也，非诳也，实其所诳也。少阴，太阴，太阳。”本计计语又出自《老子》第四十章“天下万物生于有，有生于无”，揭示了万物的有与无相互依存、相互变化的规律。

“无中生有”的“无”，指的是“假”，是“虚”。这个“有”，指的是“真”，是“实”。无中生有，就是真真假假，虚虚实实，真中有假，假中有真。在旅游策划中，无中生有是指那些没有强势资源、文化为依托或是资源相对匮乏的旅游目的地，通过创意创造，“空降”特色项目或产品，把原本“无”的资源做成“有”的产业，从而引爆市场，带动旅游产业的发展。这些“空降”的旅游项目，对当地的文化和资源依附性不大。“无中生有”取胜的关键是要足够新奇特，能快速出击，一举占领市场空白，确立行业领先地位，并在以后的发展中不断推陈出新，升级符合市场需求的创新产品。简言之，“无中生有”不是跟风模仿，而是要创造第一。

无中生有的旅游策划源于对市场机遇的敏锐把握和深入思考，在于有果敢的魅力和高超的智慧，善于从市场变化的契机中看到一通百通的“多米诺骨牌效应”，善于借势而行。无中生有，我们看到的不是一系列的“无”，而是“无”后面的“有”。“无”是动力，“有”是目标；“无”是变数，“有”是永恒。千万不能一路高歌“一无所有”走向终结，要在“无”中找“有”，在“无”中生“有”，在“无”中做大“有”。

6.4.5 核心战法：无中生有

马畈村既然没有出色的旅游资源，那就索性来个“无中生有”。

6.4.6 操盘实录：找准灵魂

马畈村怎样无中生有？无中生有的“无”在哪里？无中生有生出的“有”是什么？

6.4.6.1 从“马畈村”三个字破题

相信大多数人都会好奇地问：为什么叫马畈村？

马畈村旅游灵魂设计就从“马畈村”三字破题。

6.4.6.2 用“马畈文化”铸魂

马畈村之所以叫作马畈村，不是因为村里有人姓马，而是因为历史上这里有南来北往的驿站，马畈就是驿站附近养马的场所。

如果一定要找、要挖的话，相信马畈村的文化也能勉强找出一些，说出一些，譬如农耕文化、民俗文化、祠堂文化等，但这些文化都难以担负旅游灵魂的重任。

我们独辟蹊径，从“马畈文化”入手，用“马畈文化”铸魂。

6.4.6.3 打造“马畈农业奇幻乐园”

马畈农业旅游项目最初的规划面积是 15.5 公顷，约 232 亩。说大不大，说小也不小。

最终我们用“马畈农业奇幻乐园”鸣锣开道，打造主题公园模式，在文化创意农业发展理念的指导下，打造“文化创意新田园”。

马畈农业奇幻乐园内以创意农业、景观农业、休闲农业、科技农业等新型农业为主导，以特色观光、主题游乐、节庆活动、旅游购物等旅游产业为支撑，以休闲餐饮、特色活动、体育运动等休闲产业为要素，为游客带来一场前所未有的农业旅游体验。

6.4.6.4 演绎“马”的传奇和精彩

马畈农业奇幻乐园的旅游项目紧紧围绕“马”字展开，并且努力做到极致。

（1）各种带有“马”字的奇花异草构建成马鞭草田园游乐区：颠覆感官的农业奇幻体验，开启不可思议的欢乐之旅

奇幻田园游乐区作为马畈农业奇幻乐园的主体部分，主要依托该片区开阔的农地和良好的生态环境，以奇幻为主题，以农业为载体，以文化创意为表现形式，融合建筑、景观、农艺等多个领域，引入动物游乐、奇趣蔬果、艺术果园、浪漫花园等多种创新方法，建设游客服务中心、奇幻精灵乐园、魔力蔬果森林、浪漫奇幻花园、奇幻艺术果园、缤纷田园商业街和奇幻田园大道等旅游项目，打造中国首个“马”字特色的奇幻田园农业旅游产品。

在游客服务中心，推出如特色欧式田园马车、手摇游船、自行车等多种特色交通，实现全方位的游览体验。在奇幻精灵乐园，针对以儿童为核心的家庭市场，导入动物展示、动物表演、动物竞技等项目，为孩子提供一个亲密接触动物的自然空间，打造视觉游乐和趣味运动产品，

丰富孩子的体验。魔力蔬果森林则以农作物——蔬菜、瓜果为主题，用温室种植、无土栽培、立体种植等方式，促进游客与植物的互动，形成集农业观光、科普教育、农业创意等功能为一体的综合性农业观光项目。

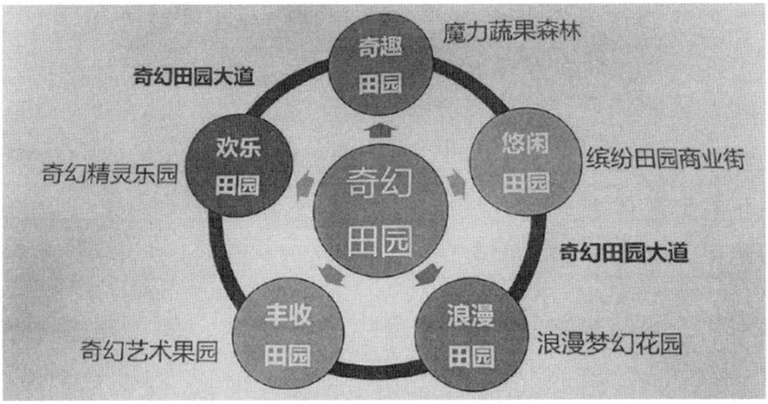

奇幻田园功能分区图

（2）驿站文化体验区：驿站文化核心体验区，感受世界驿站文化的精彩

驿站文化是马畈村最具特色的文化之一。据村里的族谱记载，马畈村始建于明永乐年间，至今已有600多年历史。因旧时该村处于杭州通往金华的官道上，村东两座小山间有一驿站，驻有铺兵，养有马匹，故取名马畈。

驿站文化体验区紧紧依托马畈当地深厚的驿站文化和牧马文化，结合义乌作为中国浙商代表城市的文化底蕴，打造以浙商商帮、世界客栈文化为特色的休闲客栈群落，同时结合空心村改造，形成田园民宿群落，为村域旅游做好服务配套。并围绕马，推出和马有关的乡村马戏乐园、马戏表演、马戏节等娱乐活动和节庆活动，演绎底蕴深厚的驿站文化和牧马文化。

（3）推出中国首个“线上—线下”游戏互动农业乐园

推出义乌市创意农业文化节，以创意农业、休闲农业的发展为核心主题，举办义乌市范围内的创意农业文化节。在搭建技术、理论交流平台的同时，形成农业科技、创意农产品、管理服务等相关产品的贸易平台。举办特色动物赛事，以农村常见的动物为成员组织各种各样的动物赛事，其中包括每年一度的动物足球大赛，每月举行的斗鸡比赛以及在周末和节假日定时上演的“小猪快跑”“小鸭快跑”等，增强景区的生动性和可看性。举行农业奇幻网游大冲关，以网络流行的与农业相关的游戏为蓝本，利用项目地开阔的土地还原游戏中的场景，供游客在现实世界中实现他们在虚拟世界中已经找寻到的快乐，成为中国首个“线上—线下”游戏互动农业乐园。此外，还有一些横跨四季的节庆活动，以提升项目人气。

如此一来，便通过“真真假假，虚虚实实，真中有假，假中有真”的无中生有，总体上形成“一带三区”的空间格局，完成了马畈农业奇幻乐园的平地起高楼。

6.4.7 江湖故事：重要的是你想不想做，而不是能不能做

马畈农业奇幻乐园是时任马畈村书记钱江主动联系我来做的旅游策划。在和钱江书记的交往中，我不得不承认，他是个“三明”书记：聪明、精明和高明。

钱江书记刚上任时，马畈村不管是经济还是环境都是一团糟。如何快速发展、脱贫致富，成为迫切需要解决的头等大事。钱江书记想到用旅游来带动村子转型，进而带动发展，因此特意跑来上海找我。钱江书记提到，他之所以萌生发展旅游的念头，一是因为村里有猕猴桃种植，可以进行猕猴桃种植、观光、采摘；二是村里有个小水库，可以开展垂钓；三是马畈村整个村就在马路边，可以发展规模化的农家乐；四是赤岸镇获得的成功所带来的口碑和马太效应。

不过，他也多少带点谨慎甚至疑惑。不忘小心翼翼地问我：“沈教授，你看马畈村能不能发展旅游？做这些项目可不可行？”

我直截了当地回答他说：“第一，重要的不是能不能做，而是你想不想做；第二，如果你真的想做，那你不妨先回村里，看看村民们同不同意你这样做；第三，如果你们下定决心要发展旅游，那么，你们准备请谁来做旅游策划、谁来做旅游规划？”

钱江书记一行当天便回了马畈村。

第三天，钱江书记满怀喜悦地打来电话：“沈老师，向你报告好消息！第一，我们真的想做，而且一定要做。村里开过会了，都同意了。

第二，大家一致决定，一定请你来帮我们做旅游策划、做旅游规划。”

在整个项目合作中，钱江书记非常聪明，始终把我们策划团队推到第一线，比如项目资金筹集、村民动员大会等。马畈农业奇幻乐园项目的成功，钱江书记是当之无愧的功臣。

6.4.8 策划手记：一炮打响

马畈农业奇幻乐园可谓一炮打响：2013 年初进行旅游策划，2013 年底正式启动建设。从 2015 年 5 月试营业开始至 2017 年十一国庆黄金周，共接待 183.1 万游客，创造收益 2230.5 万元。2017 年国庆节 7 天的游客量达 15.5 万余人次，综合收入超过 900 万元。

2017 年 3 月 19 日，中央电视台《新闻联播》以“春色动人，赏花经济火热”为题对马畈农业奇幻乐园进行了专题报道。

马畈农业奇幻乐园创造了中国农业旅游快速崛起且持续火爆的一个奇迹。

马畈农业奇幻乐园之所以能创造这样的奇迹，作为该项目的策划者，我个人最大的体会，便是拳拳服膺了“一炮打响”和“无中生有”这两条策划理念和准则。

6.4.8.1 策划手记一：一炮打响

“一炮打响”是从事旅游策划理应拳拳服膺的一个理念和必须遵循的一条准则。旅游项目策划要立足一炮打响，不能慢慢来，慢慢来往往很难走得好、走得远。并且，说明你策划设计的项目缺乏爆发力。

要想一炮打响，火速引爆，快速取胜，关键是足够新奇，有效出击，一举占领市场空白，确立领先地位。

在马畈农业奇幻乐园项目策划中，我们注重强调了“第一”的存在，如“中国首条乡村马路”“中国首个关于马的农业主题乐园”“中国首个农业特色的奇幻田园旅游产品”，力求旅游项目落地后石破天惊，迅速提升知名度，占领市场空白。

6.4.8.2 策划手记二：无中生有

农业是中国分布最广、最多、最基础、最普遍、最常见的产业，不管是农业资源、农业景观还是农业产品或者是农耕文化，大多大同小异，很难做出特色、做出差异。因而，在此情况下，就不能一味依赖资源、凭借文化，否则无从谈起、无法下手。

人们进行农业旅游，就是希望能感受和体验不同于繁忙浮躁的都市生活的原始的乡村生活。而要让有限且普遍的农业旅游吸引游客前来，更多时候需要无中生有。

但如何无中生有才能不陷入农业旅游发展的重重陷阱？如何才能既保留农业原始本色，又有旅游魅力？这又需要旅游策划者对市场机遇敏锐把握和深入思考，需要有果敢魅力和高超智慧，善于从市场变化的契机中看到一通百通的“多米诺骨牌效应”，善于借势而行。

6.5 创造历史的角色，一定是传奇

——德清洋家乐：洋气外露、独领风骚的旅游灵魂在哪

6.5.1 开篇导读：看得见山，望得见水，记得住乡愁

乡村旅游不仅承载“看得见山，望得见水，记得住乡愁”的心灵滋养功能，为城市居民提供食物来源、为生产活动提供充足空间以及为各种各样农业生产提供原材料的经济功能，而且还有提供生态旅游、农耕体验和乡土教育的功能，承载着乡村振兴的伟大使命。

中国是一个农业大国，三农问题是阻碍农村发展的关键问题，乡村振兴战略是党和国家为解决这一问题做出的总体战略部署。乡村旅游是乡村振兴的重要引擎，中国最不缺的是乡村，乡村最不缺的是乡村生产形态、生活风情和田园风光，乡村旅游有着无限广阔的市场空间和发展前景。

6.5.2 灵魂拷问：乡村旅游如何摆脱被割裂的命运

我国乡村旅游起步晚，发展快。自 20 世纪 80 年代开始，历经起源、成长、提速三个阶段，目前已经处在加速发展的繁荣时期，并且形成了六大发展模式：即农家乐模式、民宿（客栈）模式、美丽乡村模式、乡村景区模式、农业观光园模式和田园综合体模式。而且，每一个

模式都是乡村旅游发展的风口，民宿模式和田园综合体模式则更是风口中的风口。

如何发展乡村旅游？国内外学者各自从不同角度给出了看法：有认为乡村旅游开发要注重乡村特质保护，有认为乡村旅游开发需要坚持可持续发展，有认为乡村旅游发展离不开生态系统的恢复与重建、生态旅游的倡导、社区的发展与支持，有认为乡村旅游开发要注重文化挖掘，有认为乡村旅游开发关键在于打造独特的发展模式。

上述种种观点表明，乡村旅游发展离不开“特色”二字，遵循乡村旅游的发展规律，彰显特色，已经成为乡村旅游发展的共识。

显而易见，乡村旅游是热点，也是难点。我国乡村旅游普遍存在“散、乱、弱、小、平”的现象，遭遇“被割裂的命运”。

我国乡村旅游发展存在以下五个方面的突出问题：

一是乡村旅游发展“小而散”。

乡村旅游长期根植农业社会，受小农经济熏陶和影响，资源和产品的规模和体量都不大，并且布局离散。“小而散”是乡村旅游发展面对的一大难题和挑战。

二是乡村旅游发展“优而弱”。

我国许多地方乡村旅游资源独特，发展乡村旅游优势明显，但乡村旅游就是发展不起来，或者发展不好，效果很不理想。资源优而产品弱，市场优而流量弱，农业优而旅游弱，“优而弱”现象十分普遍。

三是乡村旅游发展“多而不专”。

我国许多地方乡村旅游多而不专，没有主营特色，缺少拳头主打产品，缺失深层次的文化内涵，模式单一。项目看似很多，但真正能够结合自身特色和优势开发出亮点项目和产品的很少，无法满足游客深层次的需求。

四是低端问题突出。

乡村旅游如火如荼，但高端市场有限，低端问题突出。很多项目美其名曰民宿，但实质就是普普通通的农家乐。

五是大同小异。

我国乡村旅游虽然拥有丰富的农业资源和乡村资源，但这种农业资源和乡村资源实际上大同小异，很难彰显优势，形成特色，再加上农家乐和民宿经营者创新能力不足，以模仿、效仿为主，导致不管是形式还是内容，各地、各种乡村旅游千篇一律，毫无新意，更无特色，同质化非常严重。

创造历史的角色，一定是传奇！德清县洋家乐，凭借洋气外露的气质，独领风骚的灵魂，做到了超乎想象的火热。其背后鲜为人知的旅游灵魂设计的秘密及其玲珑棋局，相信一定能给上下求索中的中国乡村旅游带来一个真实而有效的感悟。

6.5.3 概况扫描：中国四大避暑名山之一的莫干山，以及环绕莫干山山脚下的那些果园、庄园和农家乐

莫干山是中国四大避暑胜地之一，得名于春秋末年吴王阖闾派干将、莫邪在此铸成举世无双的雌雄双剑。

莫干山山峦连绵起伏，风景秀丽多姿，四季分明的亚热带低山气候提供了理想的避暑度假环境，非常适宜开展多种生态旅游活动。以莫干山为主体的低山丘陵区，多低山水库和幽潭碧水，如明珠镶嵌。莫干山不仅风景绝佳，而且动植物资源丰富，生物群落繁茂，森林景观美不胜收。

莫干山既有丰富的宗教文化、历史文化资源，又有富有地方风味的饮食、特产以及民俗风情和节事活动，呈现出非常理想的宜居度假休闲环境。

但是，莫干山为浙江省机关事务管理局管辖。

环绕莫干山，山脚下则为德清县武康镇、莫干山镇、筏头乡，星罗棋布的田园与村庄镶嵌其间。

和中国千千万万的乡村旅游一样，靠山吃山。环莫干山一带，出现了一批果园、庄园和农家乐。

2007 年，莫干山乡村旅游已有一定基础：碧坞龙潭景区，香溢生态园、阳光生态园、尚元观光园三个乡村旅游点，以及莫干山碧坞村、筏头乡佛堂村两个省级农家乐休闲旅游特色村。

从县城武康进入莫干山的三莫线，沿线已逐步连成生态独特的乡村休闲观光区，分布有 11 个农业园区，即莫干山五彩红枫花木园、杭州天艺园林植物有限公司、德华速生林、兴邦科技集团德清尚元农业观光

园、莫干山休闲园、德清阳光生态农业有限公司、香溢生态园、房国良鲜切花基地、李力亚大棚水果基地、荣泽果园和新天地花卉盆景园。

6.5.4 理论推演：为旅游设计灵魂就是要为旅游设计一种超凡脱俗的气质

无论是农家乐、民宿、田园综合体、美丽乡村，还是特色小镇、研学旅行、户外拓展、主题公园，普遍存在一个共性问题，那就是同质化。大同小异，缺乏特色，没有个性。

于是，差异化战略作为一种对策应运而生。

差异化战略最早在企业管理中提出，也称特色优势战略。然而，在我看来，为旅游设计灵魂，不但要实施差异化战略，而且更重要的是要为旅游设计一种非凡的气质，方能在千篇一律的竞争中杀出一条血路，打造一个独一无二的旅游品牌，培养竞争优势与竞争力，建立顾客的忠诚度。

气质，是指人在自然的举手投足间，或衣着打扮、言语声调上给他人带来的一种美学享受或好感。

气质很抽象，但确实存在。拿不出来，但看得见。这就是为什么有的人长得好看，但没有气质；有的人长得并不好看，却很有气质；有的人学问高深，但没有气质；有的人文化水平并不太高，却很有气质。

“气质”，迄今鲜见有人用于旅游。其实，无论旅游的资源禀赋，还是旅游的人文内涵，都有气质，都存在气质，在旅游项目开发和旅游产品设计中，气质非常关键和重要。旅游有没有灵魂，灵魂有趣没趣，气质不可或缺。有气质，就能给游客带来一种美学享受或好感。

为旅游设计灵魂，就是要为旅游设计一种超凡脱俗、与众不同的气质。

6.5.5 核心战法：借风起飞

环绕莫干山，在莫干山山脚下，在幅员广阔的武康镇、莫干山镇和筏头乡 3 个乡镇的土地上，当年仅有 3 个生态农业园、11 个农业园区以及布局离散的 9 户农家乐。

如何星星点灯？怎样抱团取暖？能否突出重围，摆脱被割裂的命运？这是始终萦绕在我脑海中并必须审视的问题。

通过对环莫干山旅游资源的梳理以及对全国乡村旅游的研究、案例分析和趋势研判，我为德清县“环莫干山乡村旅游带”旅游项目策划量身定制了一个核心战法——“借风起飞”，即紧紧捕捉和抓住乡村旅游的民宿风口，借风起飞。

6.5.6 操盘实录：梦若神机

德清洋家乐获得的巨大成功，奥秘是什么？

是因为做了民宿吗？是因为打造了乡村旅游的升级版吗？是因为充分发挥了国家级风景名胜区莫干山的“清凉世界”优势吗？是因为“原生态养生”的旅游理念吗？是因为践行了低碳环保的旅游发展方式吗……也许这些都是，但多少给人一种盲人摸象、隔靴搔痒的感觉。

德清洋家乐有着你根本想不到的市场逻辑，以及梦若神机的锦囊妙计！

6.5.6.1 借风起飞：为什么要发展民宿，难道仅仅是风口吗

一开始，当我提出“环莫干山乡村旅游带”发展要借民宿这个风口起飞时，很多人提出质疑：乡村旅游本身不就是风口吗？为什么还要再去找民宿这个风口？环莫干山乡村旅游带，一共只有 9 户农家乐，要规模没规模，要特色没特色。为什么不去做香溢生态园、阳光生态园、尚元观光园？为什么不从 11 个农业园区去突破，那是要规模有规模，要基础有基础，要特色有特色。

在我看来，乡村旅游这个风口太大，必须再找着力点、切入点。

民宿，作为农家乐的升级替代产品，兼具农家乐和住宿优势。民宿最早兴起于 20 世纪 60 年代的英国，后发展到法国，再席卷欧洲，遍布世界各地。由于其较高的投资回报率，在中国，民宿发展越来越火爆。发展民宿可以带动诸多产业发展，从而激活经济，为乡村旅游提供产业支撑。民宿成为当今中国发展乡村旅游最火爆的风口之一。

定调发展民宿，第一，因为民宿是风口；第二，因为当时民宿在中国还处在刚刚起步阶段；第三，最重要的是莫干山作为中国四大避暑胜地、国家级风景名胜区，历来是高端休养胜地，对生态、环境、规模、

档次、容量、品质都有严格要求。

6.5.6.2 借船出海：为什么要打“莫干山”牌，难道仅仅因为在莫干山脚下吗

当年，德清县旅游局委托我做的旅游项目策划的名称是《德清县环莫干山乡村旅游带旅游发展战略策划》。国内乡村旅游似乎有着一个普遍的发展逻辑，也即大多依托景点、景区形成一个环线、一个廊道，而且通常用环××带、环××轴、××片区进行命名。这实际上存在很大问题。

德清县环莫干山乡村旅游带发展存在的问题，一是将过多的精力放在传统项目的开发上。二是缺乏整体开发的意识，景点与景点之间、板块与板块之间缺乏互通互联。三是缺少一个能够叫得响、打得出的品牌。莫干山周边的乡村旅游，始终没有有效地整合为一个统一的并且具有一定品牌支撑的旅游产品。环莫干山乡村旅游带的旅游资源以生态自然资源为主，数量众多，但体量普遍较小，布局分散，呈星空状，难以有效整合成有广泛号召力的品牌产品。分散的布局给设计旅游线路带来了难度，进而也影响了游客的导入。四是旅游资源的多元化冲淡了主营特色，使环莫干山乡村旅游带的旅游缺乏冲击力，看似丰富的资源反而在一定程度上限制了“主流”旅游产品的形成。五是有一定市场号召力的景点景区之间距离较远，现有交通线路又不相配套，游客在各景点景区之间奔波时浪费大量时间精力。

有鉴于此，我的策划一开始就从品牌入手，导入品牌思维，借船出海，打“莫干山”牌。在提交的策划成果中，去掉了“环”字，亮出了“莫干山”底牌，从而形成正常的逻辑：山上山下合体，让“莫干山”的名气与文化积淀激发潜在旅游者的冲动，从而踏上德清莫干山乡村旅游之旅。

6.5.6.3 洋气外露：为什么叫“洋家乐”，是崇洋媚外吗

莫干山以清凉著称于世，在清末民初即与北戴河、鸡公山和庐山齐名，为中国夏季四大避暑胜地。莫干山以“竹、云、泉”三胜营造出了“清、静、绿、凉”的意境。

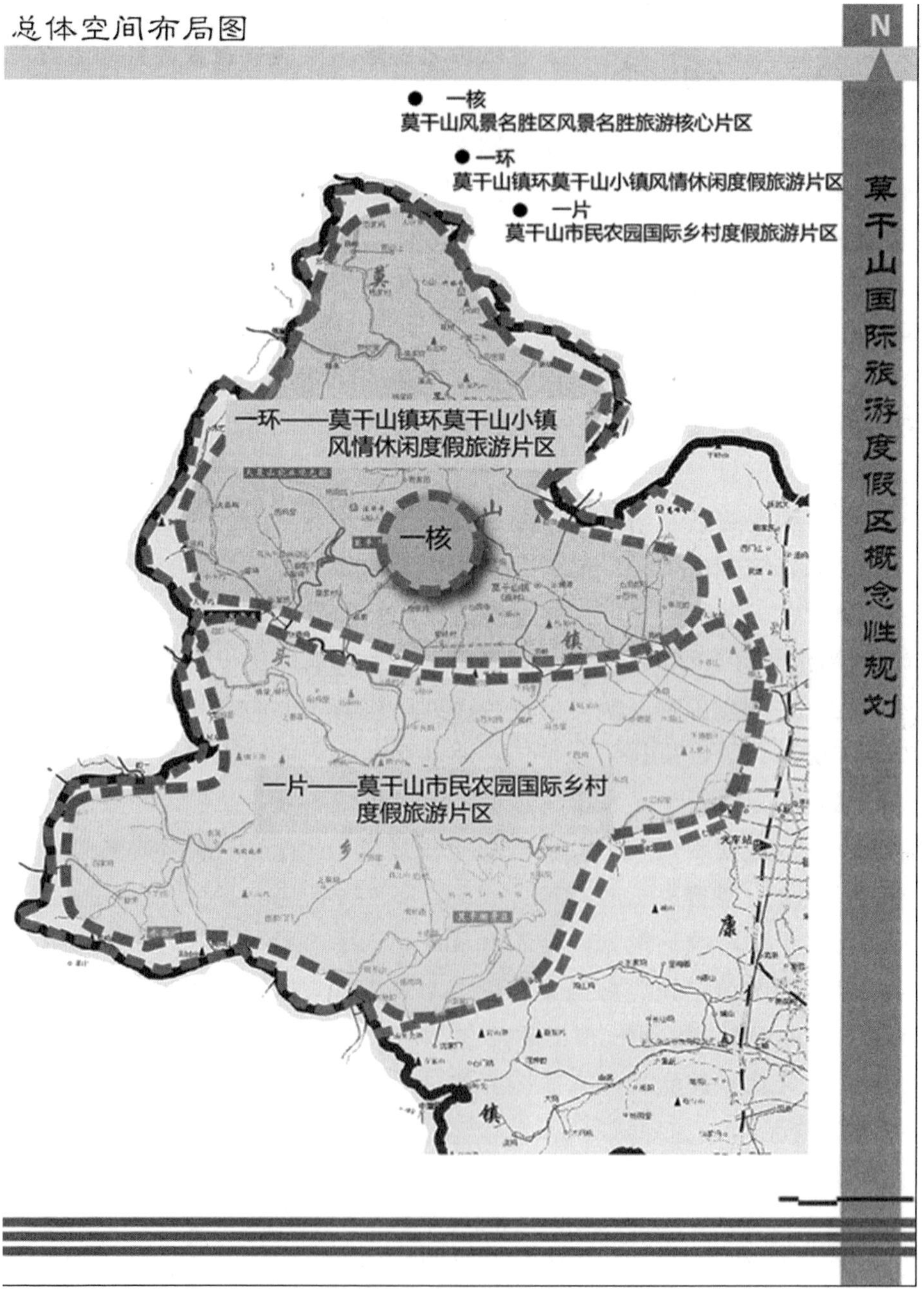

莫干山国际旅游度假区总体布局图

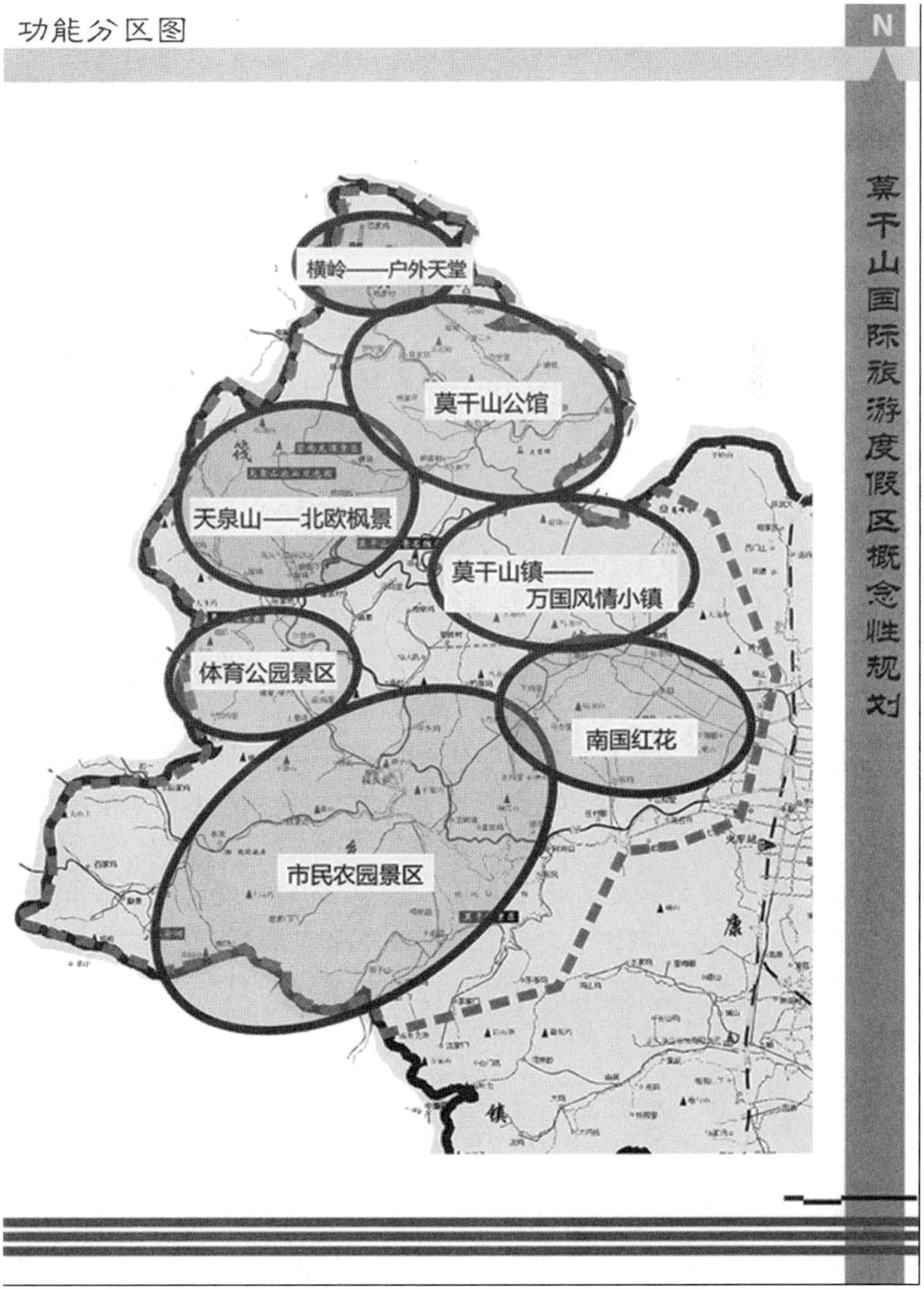

莫干山国际旅游度假区产品策划图

莫干山被称为“江南第一名山”，不仅仅因为它的清凉，因为干将莫邪的故事，更在于它的独特。

秀丽的莫干山原本悄然掩身于旖旎的江南，直到19世纪末，一个名叫佛利甲的外国传教士的出现，才为它开创了一段与尘世结缘的历史。佛利甲不仅“发现”了莫干山，同时又告诉他的朋友梅生教士和霍斯敦·史博德博士，他们则将其游记以醒目的标题刊登在英文报纸上。于是，许多洋人来了，他们纷纷在莫干山建起了别墅。

在20世纪初，由买办牵头，在莫干山建造了200多幢别墅。1928年，时任浙江省政府主席的张静江力主收回避暑地管理主权，当年7月，莫干山设置管理局。之后，民国政要官员、富商买办、社会名流等相继上山购地建房，由此进入了20世纪30年代莫干山别墅建设的全盛期。主要代表建筑如550—555号屋脊头武陵村、92AB号颐居花厅、410号静逸别墅、126号莫干山艺圃（毛泽东主席下榻处）、546AB号林海别墅、547号杜月笙公馆等。

2007年，南非人高天成来到莫干山，被莫干山的纯天然美景所吸引，于是决定在这里投资创业，修建别墅。后来，来自南非、英国、比利时、法国、丹麦、韩国等西方国家及我国台湾地区的承租人员纷纷租赁农宅加以改造，为外籍户外运动者提供住宿服务，或者作为私家休闲会所。莫干山的知名度进一步提高，莫干山“洋家乐”开始在中国乃至全世界都赫赫有名。

可以说，“洋”是莫干山的特性，是莫干山的气质。莫干山洋家乐民宿的旅游灵魂也就随之呼之欲出——以“洋”为魂，走高端路线，做精品民宿，重点突出“洋”的特性，做出莫干山民宿“洋”的非凡气质。

6.5.6.4 国际化打造：为什么要叫“莫干山国际旅游度假区”，“国际”两个字有何深意

根据莫干山的成名历史和旅游特色所在，我们大胆将“环莫干山乡村旅游带”重新命名为“莫干山国际旅游度假区”。“国际”两字彰显深意：

一是抓住一面旗帜，一段历史：莫干山浓缩了近代中国百年历史变

迁，体现了上海渊源和万国建筑文化。不管莫干山要发展什么样的旅游，首先都应抓住莫干山的历史文化优势，充分利用中国四大避暑胜地这面旗帜。

二是凸显时尚，发力休闲：莫干山给游客带来穿越时空的感受，从空间布局来看，莫干山集中了大量近代优秀建筑，而山下众多项目又体现了21世纪的新莫干山。游客可以在这里一边旅游、休闲、避暑、度假，一边体验莫干山上的绰约风情和莫干山下的时尚恬静。

三是强调游在山上，住在山下：莫干山充分利用自身的空间优势和联动优势，通过上下互动策略，一方面将莫干山山上的游客吸引到山下旅游观光，另一方面解决和改善了莫干山山下旅游接待能力不足的问题。

《莫干山国际旅游度假区发展战略策划》的总体定位是：以“莫干山”为品牌号召，以高端民宿为突破方向，以国际理念、国际视野和国际标准进行旅游景观、度假空间、宜居环境和文化价值的塑造，坚持“国际化休闲”的旅游总体定位，打造成以“洋”为魂，以民宿为特色，集避暑、会议、体育竞技、乡村体验、居家养老、运动休闲、康复养生、生态旅游和文化创意为一体，具综合性、多功能性、立体性，国内一流、世界知名的现代化、生态型、高品质的国际性乡村旅游度假区。

6.5.7 江湖故事：创造历史的角色，一定是传奇

莫干山有那么多外国人士曾在此修建别墅，至今现存200余幢别墅，无一雷同，可谓古今中外建筑风格之集锦，号称“中外别墅博物馆”。在此基础上，鼓励以“洋”为主发展世界性、国际性民宿，打造“万国民宿风情小镇”，成为《莫干山国际旅游度假区发展战略策划》的亮点，为环莫干山乡村旅游发展指明了方向。

但当时分管旅游的方芳副县长觉得，这里虽有外国人和外国建筑，“万国民宿风情小镇”也有创意，但学究气太浓。

一次晚饭后，方芳副县长找我商讨，我表示深有同感。“万国民宿风情小镇”作为民宿项目的名字、品牌，的确不易传播和推广。

“洋家乐”大不同：既有大的时代环境支撑，又是当下民宿风口，莫干山更有“洋家乐”发展的文化基础，自出名以来就带有“洋”的特

性，将之作为发展主流方向，不管是政策支持还是实际落实都可事半功倍。

6.5.8 策划手记：自带大牌入场

乡村旅游怎样才能摆脱被割裂的命运？德清洋家乐的经验启示是：自带大牌入场。

“洋家乐”三字，第一，自带品牌，而且是大牌。德清“洋家乐”从诞生一开始就是一个独立的品牌，虽与“农家乐”一字之差，却有迥异之别。且“洋家乐”因为傍上了“农家乐”而成了大牌。第二，非凡气质。一个“洋”字，道尽了莫干山民宿与众不同的风情、风格和品质。第三，简单易记，便于传播、推广，自带大牌气场。

德清莫干山洋家乐，洋气外露、独领风骚。“洋”不仅赋予了其非凡气质，而且更成就了其独一无二的旅游的灵魂。

6.6 生态旅游的魂：最令我担心的是认识的混浊与不透明

——安吉竹博园：是怎样满血复活找到新的引爆点的

6.6.1 开篇导读：生态旅游在全球引起巨大反响

随着大众旅游的发展，如何把握开发与保护的平衡日益成为人们关注的焦点。为此，1983 年国际自然保护联盟特别顾问谢贝洛斯·拉斯喀瑞提出了一种实现可持续旅游的发展模式——生态旅游。生态旅游以回归大自然、绿色旅游、保护旅游、可持续发展等理念，应对因旅游开发而带来的生态环境恶化、自然文化景观资源破坏等问题。一经提出，便在全球引起巨大反响。

在中国，生态旅游的发展与国家政策息息相关。20 世纪 90 年代，随着可持续发展战略的提出和实施，生态旅游正式引入中国并逐渐受到重视。1999 年，国家旅游局将之定为“生态环境年”；2009 年，则被定为“中国生态旅游年”；2013 年，中国开始进行首批国家生态旅游示范区创建申报工作。其间，国家旅游局、国家林业局、国务院等都陆续发布相关政策以规范、推动生态旅游发展。

经过30多年的发展，生态旅游作为一种实现自然保护，促进旅游业发展，增进环保，崇尚绿色，倡导人与自然和谐共生的旅游方式，受到人们的追捧。同时通过发展生态旅游，人们的生态保护意识得到明显提高，“绿水青山就是金山银山”的生态发展理念逐步成为共识。

6.6.2 灵魂拷问：为什么很多生态旅游项目经不起时间和市场的考验

随着人类文明的不断进步、居民生活水平的进一步提高，人们的旅游需求也在不断转型升级。一方面，生活在“钢筋水泥”中的都市人迫切想要跳出“现代围城”，让身心回归真正的自然。游客的素质不断提高，环保意识越来越强，对旅游产品生态性的要求越来越高，生态旅游深受欢迎，快速发展。同时，怀旧情绪蔓延，人们怀念过去的东西，对传统的兴趣日益浓厚。避开拥挤的旅游景点和人文景观，到森林、草原、深山、河谷、湖畔等大自然中去，不再东奔西走，只在目的地安营扎寨，住上几天，让心灵沐浴在真正的大自然中，沉浸在对人与自然、人与人和谐完美关系的怀恋中，从而使自己的精神得到升华。另一方面，人们在生态旅游的过程中，愈加觉得自己的审美情趣难以得到满足，很难与自然达到完美契合。

众所周知，生态旅游以自然生态为特色，文化显得相对薄弱和欠缺。在生态旅游的文化挖掘和灵魂找寻中，人们普遍感到困惑的是：

6.6.2.1 生态旅游到底有没有必要去挖掘文化

生态旅游，顾名思义，是以自然景观和生态环境为特色和诉求的一种旅游，貌似文化并不那么重要。

显然，这是认识上的一个严重错误。生态旅游同样需要文化，需要文化来画龙点睛。生态旅游之所以有魅力，能吸引游客，不仅仅是因为自然风景的优美，而且还因为文化的独具特色。游客通过生态旅游，可以在文化的熏陶中享受自然风光、感受自然氛围，从而在自然中实现身心的契合。所以生态旅游不仅要挖掘文化，而且同样必须把文化做好、做大、做强。

6.6.2.2 生态旅游如何去挖掘文化

很多人认为，发展生态旅游就是要保持自然生态的原汁原味，于是，一来忽视或不重视生态旅游文化的挖掘，许多生态旅游景区往往因为没有文化，游客无法沉浸其中，浅尝辄止，难以获得高品质的旅游体验；二来不知道生态旅游的文化特点，失去了生态旅游文化本身的魅力和韵味，达不到天人合一的境界。

6.6.2.3 生态旅游的文化和灵魂之间究竟是怎样的一种关联

任何旅游都需要有文化，都需要有灵魂。但在实际发展过程中，却往往出现旅游灵魂缺失的尴尬局面。特别在生态旅游中，没有文化，没有灵魂，更是一种普遍现象。且先不说生态旅游文化挖掘得深不深，光是没有灵魂就让一些生态旅游项目仿佛就是空壳子、木偶人，也是众多生态旅游无法吸引游客的根本原因所在。

发展生态旅游是大势所趋，在生态旅游的语境下，用文化内涵提升旅游休闲体验，以灵魂为核心确立生态旅游整体工作方向，成为生态旅游发展亟待解决的课题。

6.6.3 概况扫描：安吉竹博园

安吉竹博园位于浙江省安吉县经济开发区内。安吉是闻名遐迩的“竹乡”，安吉的竹文化历史悠久，集约经营水平高，加工利用产品多、规模大，素有“世界竹子看中国，中国竹子看浙江，浙江竹子看安吉”的美誉。改革开放以来，安吉的竹产业取得了迅猛发展，来自全国各地以及国际的参观考察人员络绎不绝。另外，由于安吉的竹林自然生态环境优美，到安吉来旅游观光、享受自然生态和竹文化熏陶的游客摩肩接踵。

在20世纪70年代初，中国林学家吴忠伦教授、郑万钧教授在考察安吉后提出倡议，希望在安吉建立一个竹类植物园。1974年，安吉竹子博览园的前身安吉竹种园开始建园。其目的是进行竹子种植资源的收集和保护，创建竹子生产、科研、教学基地。从1974年至今，竹博园经历了4个发展阶段，园内有竹子品种389种。除了聚集了安吉乡土竹种45种以外，还从福建、江西、广东、北京等其他省市移植引种，还有与泰国、美国、日本等各国交流的一些竹种，成为世界上规模最大、品种最齐全的竹子王国，被誉为“竹类大观园”。园区总占地面积40公顷，包括竹文化旅游区、休闲娱乐区、竹子标本园、中国竹子博物馆等4个部分，每年接待游客量50余万人次，年经营收入人民币1000多万元。竹博园是中国国内散生与混生竹种最为齐全的竹类植物园，也是中国国家级科普教育基地、各林业大学的教学基地，集科研、生产、旅游、科普多种功能为一体，是安吉旅游名副其实的老品牌和王牌景区。

安吉竹博园旅游资源类型多样、主题鲜明、特色突出，品位高雅。

6.6.3.1 类型齐全、数量丰富

根据《旅游资源分类、调查与评价》(GB/T18972—2017)中给出的八大类旅游资源，竹博园旅游资源总体上分为水域风光、生物景观、建筑设施和旅游商品四大类，其中，每一大类又包括很多亚类，总计有七个亚类。类型齐全，数量丰富。

6.6.3.2 特色突出、主题鲜明

竹博园旅游资源不仅种类齐全，数量丰富，而且特色突出，主题鲜明。竹博园以竹子种类科研、观赏等旅游资源为特色。同时，围绕竹子种类科研、观赏等还增建了观竹楼、茶圣碑记等纪念和观赏设施，以及竹子博物馆、孝子庙、邮驿广场等一批特色鲜明的历史文化景观，并且开发了具有民俗特色的百笋宴、安吉竹雕、安吉白茶等旅游商品，丰富了竹博园的旅游文化内涵。

6.6.3.3 规模最大、竹种最多、品位最高

竹博园竹子博物馆是国内目前收藏藏品最多、规模最大、功能最为齐全的竹子专业博物馆，在世界竹文化研究中具有相当的知名度和学术影响力。竹博园内栽种有300多种竹子，浓缩了我国6000多年的竹文化历史，既可以作为竹子科研和学术交流的基地，又是很好的宣传和普及竹知识的教育基地，具有很高的科学价值和历史文化价值，具有极大的影响力。

然而，不容忽视的现实是，安吉竹博园作为一个老景区，不可避免地遭受生命周期魔咒的困扰，存在以下三个突出问题。

一是功能单一：无法满足市场。

安吉竹博园的主要功能，是竹子的博览和科研功能，在功能定位上比较单一，在游客的体验性、参与性和消费促进性方面都难以发挥作用，需要在整体功能转型上改变和加强。

二是产品杂乱：无法吸引市场。

竹博园产品虽多，但没有亮点，看似热闹，实际效果并不理想，许多项目闲置，无人问津。

三是规模局促：无法扩大市场。

安吉竹博园实际面积300亩不到，非常局促，而且由于布局杂乱，整个空间框架显得十分拥挤。

6.6.4 理论推演：为旅游设计灵魂就是要为旅游制造引爆点

引爆，最初来源于工程学上的定向爆破技术。为旅游设计灵魂，就是要为旅游制造引爆点。找到引爆点，就能满血复活。

6.6.5 核心战法：满血复活

6.6.5.1 把脉问诊

安吉竹博园经过几十年的发展，已经成为安吉的著名旅游景点之一，在杭州、上海和苏南市场具有较高的知名度和影响力。安吉竹博园接待过国际上的专家学者数万人，举办过多次国际学术交流会，在国际上都享有很高的声望。

整合景区现有旅游资源和项目，提升档次，激发活力，是本次项目策划的难点和重点。

在实地调研的基础上，我们厘清了安吉竹博园旅游项目策划的基本思路：

一是弄清策划意图。也就是策划的任务、目标、内容和要求。这是策划的基础和前提，没有这个前提，就没有方向，就不知道要做什么，怎么做，做的结果又是怎样。

二是明确工作重点。安吉竹博园旅游项目策划主要是挖掘潜力，提档升级，激发活力。

三是抓住关键线索。首先，无论是竹博园，还是灵峰寺，都是不可分割的有机体。其次，竹博园在广大旅游者心目中已经有了相当的感知度与随之而来的品牌效应。在景区主旨不产生重大变化时，将周边散落或是景区内陈旧的景点进行重整，对景区未来深度发展是非常有帮助的。最后，整合重组是关键。整合重组其实就是最大限度发挥各景点原有的优势，同时又为之加入新的品牌内涵。安吉竹博园可以从原来那个单一、薄弱、缺乏立体感的旅游区变身为品牌突出、联系密切、纵深感强的一个全新的竹博园景区。

四是明确注意事项。须考虑以下因素：

第一，竹博园一直是安吉的王牌旅游景点，知名度较高、影响力较大。

第二，安吉人文丰富、历史悠久，在地块内有灵峰寺、孝子桥、竹林七贤等遗址及传说。

第三，区内有香溢度假村以及颇具风格的汀香花园别墅，是一道独特的建筑风景线。

通过一番“把脉问诊”，我们得出以下结论：安吉竹博园实际上是要探索在生命周期语境下，一个老景区、老品牌的复兴之路。

6.6.5.2 核心战法

在文化旅游和生态旅游已经成为世界旅游产业新增长点时，规划区独特的生态、历史和文化为竹博园自身提供了一个独特的发展机遇。深入挖掘中国竹文化的精神内涵，广泛借鉴国内外关于旅游资源整合的理论和实践，我们发现，时间上的历史感和空间上的位置感是竹博园景区最大的可利用点。

类似安吉竹博园这样的老景区、老品牌，通常有以下四种解决方案：一是“提升”，二是“加法”，三是“整合”，四是“减法”。

针对竹博园在功能、定位、项目、产品和市场等方面存在的问题，团队一开始也是在项目产品上做加减法。有人认为竹博园应该做减法，现有的项目和产品多而杂，导致没有重心；有人认为应该做加法，通过增加一些新项目或度假休闲的新业态改变格局；也有人认为，竹博园应该进一步突出文化，用文化去提升景区的品质和内涵。

安吉竹博园存在的问题，说白了其实是一个生命周期的问题。年代久了，产品老了，时代变了，需求变了，现有项目、产品乃至布局、展示形式，都不免陈旧、单调、呆板，亟须转型升级。

针对安吉竹博园这样的老景区、老品牌，我们采用了“激活”的战法。

6.6.6 操盘实录：大熊猫来了

紧跟着的困惑又来了：安吉竹博园怎么去激活？靠什么去激活？拿什么来引爆市场？

相信大家都会把思路和目光聚焦到文化上！

我国人民历来喜爱竹子，中国也是世界上研究、培育和利用竹子最早的国家。从竹子在中国历史文化发展和精神文化形成中所产生的巨大作用，竹子与中国诗歌、书画和园林建设的源远流长的关系，以及竹子与人民生活的息息相关中不难看出，中国不愧被誉为“竹子文明的国度”。竹文化博大精深，既是一种包含了竹的精神风貌、竹工艺品等在内的历史文化，又是一种契合了保护自然、保护生态的生态文化。同时，竹文化还可以引出安吉的竹乡文化、创意文化。

竹博园汇聚了近400种竹子，游客不仅可以博览世界各国的竹子，而且还可以欣赏到竹子历史、文化、典故、传说、文学作品，全方位感受竹博园的博大精深。竹博园想要满血复活，竹文化理所当然是主要选项，甚至是唯一选项，不管是做傣族竹楼，还是做竹编、竹筒抑或竹筒，都能让竹博园的项目安排、形象设计更加突出而深入人心。

但这样一来，竹文化的内涵是越来越丰富了，发展却越发浑浊了。而且，事实上，竹博园不是没有文化，而是文化满满，处处洋溢着文化，到处充满着内涵，单单一个中国竹子博物馆，就足以让人流连忘返、叹为观止了。所以，竹博园的问题，不是文化缺失的问题，而是缺乏市场引爆点的问题。

那么，究竟是什么样的竹子文化，可以直击心底，引爆市场，让竹博园重新满血复活，成就竹博园流淌的灵魂？

我们惊喜地发现：安吉竹博园的市场引爆点，安吉竹博园的旅游灵魂，原来就是那只可爱的大熊猫！

安吉竹博园的旅游策划方案随即呼之欲出：

一是以大熊猫为核心确立整体工作方向。

让大熊猫走进竹博园——引进大熊猫，提炼熊猫文化主题，以熊猫为核心确立整体工作方向。

二是以大熊猫文化作为安吉竹博园旅游的灵魂，全力打造熊猫乐园。

为把大熊猫项目打造成安吉竹博园的引爆项目，在具体策划中，以大熊猫文化作为竹博园旅游的灵魂，全力打造国内一流，华东地区首个集饲养、科普、表演等于一体的熊猫乐园。

熊猫乐园位于五大分区的百竹花园区，包括大熊猫馆、小熊猫馆、熊猫嘉年华、熊猫·安吉食府和熊猫欢乐世界几个部分。大熊猫馆旨在修建世界一流的大熊猫专业生态展馆，让游客了解大熊猫的科普知识，观察它们的生活习性和日常状态；小熊猫馆是大熊猫的伴生动物，可供游客近距离接触；熊猫嘉年华可为游客提供精彩的小丑表演和供儿童游玩的电玩城及熊猫生活体验馆，同时配有精美的小吃和熊猫邮局；熊猫·安吉食府则是餐厅，主营安吉土菜、特色笋宴，让游客体验到农家淳朴的情调，品尝风味别致的佳肴，是烹饪与艺术的完美结合，淳朴与自然的经典演绎；熊猫欢乐世界主要是一些娱乐项目，以增加游客参与感和体验感。

三是以大熊猫为引爆点，全力引爆两大市场。

人们都喜欢大熊猫，成年人往往没有意识到自己从孩提时代开始，就对大熊猫这样憨态可掬的动物有着天然的亲近感。也就是说，小孩子是喜欢大熊猫最核心的群体之一。有相关调查称，在众多动物类型玩具里，圆脑袋、大鼻子、外形憨厚的熊类玩具最受儿童喜爱，其中，有着黑眼圈的大熊猫更是孩子们的最爱。①

因此，熊猫乐园的客源市场主体之一是小孩子，并应根据小孩子开展一系列活动，比如让大熊猫和孩子一起过六一儿童节等。

---

① https：//china. huanqiu. com/article/9CaKrnJIghs，2015. 03. 01。

同时，女性也是主要的客源市场主体。动物学家认为，对大熊猫的喜爱之所以能超越种族，来自人类的护幼本能。60 年前，奥地利动物学家康拉德·洛仑兹提出一个假说：“大脑袋、大眼睛、短鼻子等具有‘幼稚特征’体态的动物，往往容易引发成年动物的护幼行为。”① 而女性朋友们往往有更强烈的护幼行为，针对这一市场，我们也设计了三八妇女节和母亲节的相关熊猫园活动。

四是打造熊猫 IP，设计动漫熊猫。

建设好了熊猫馆，如何让安吉竹博园的熊猫乐园有更深远的影响力和传播力呢？关键在于熊猫的 IP 打造和节庆活动的设计。在后续的发展中，竹博园和动漫公司进行合作，设计动漫熊猫，以增加大熊猫的周边产品，从而借助动漫，让安吉竹博园熊猫乐园具有动漫形象的高识别力、影响力、持续传播力和文化形象力。

同时，增加关于熊猫主题的活动，以扩大对各类客源市场的影响力，同时在旅游淡季拉动人气。

6.6.7 江湖故事：熊猫不是动物

错过日落余晖，请记得还有满天星辰。

安吉竹博园作为一个老品牌、老景区，如何满血复活，如何引爆市场？争论不休。

竹博园的引爆点到底是什么？什么样的竹文化能够引爆市场，引爆主流？

能做这个引爆点的，一定是大家想所未想，却又是人们熟知的东西，是市场的空缺。

错过日落余晖，请记得还有满天星辰！到底有没有这样一种和竹子有关的文化，一提到它，人们自然就想到竹子，一提到竹子，人们就联想到这种文化？

有——大熊猫！

为什么大熊猫会是竹博园景区能否引爆市场的关键所在呢？

一来是资源的稀缺，大熊猫已在地球上生存了至少 800 万年，被誉

---

① https：//china.huanqiu.com/article/9CaKrnJIghs，2015.03.01。

为“活化石”和“中国国宝”，是世界自然基金会的形象大使，世界生物多样性保护的旗舰物种。大熊猫在全世界范围都属珍稀动物。即便在中国，除了四川，其他省份也很少见。

二来是竹子和熊猫天然一体。众所周知，熊猫的食物99%都是竹子，提起熊猫便会想到竹子，提到竹子自然会想到熊猫。安吉作为中国著名竹乡，有熊猫生活的自然基础。

三来是熊猫与生态。大熊猫是我国独有的珍稀濒危野生动物，对其进行保护，也是对整个自然生态进行保护。大熊猫是人和自然和谐共处的象征，大熊猫蕴含独有的科学、美学、文化、生态价值，其中最重要的特征就是一个“善”字，大熊猫文化是一种真善美的综合体。

第四，更重要的是，大熊猫不仅仅是动物，更是一种文化。并且，大熊猫的一举一动，代表的是中国文化的品牌，牵动的是全国亿万人民的心。

在一次专家汇报会上，我的开场白就是：错过日落余晖，请记得还有满天星辰。紧接着，直奔主题，屏幕上打出“熊猫不是动物”六个大字。席间无不哄堂大笑。

从某种程度上说，熊猫还真不是动物。作为我国的国宝，熊猫是人和自然和谐共处的象征，是一种真善美的综合体，熊猫已然成为一种文化、一个品牌。熊猫行为是“国家行为”，任何一个行为都能称为“国家品牌”。这样的熊猫当然不是动物。

6.6.8 策划手记：为生态旅游设计灵魂，最令我担心的是认识的混浊与不透明

为生态旅游设计灵魂，最令我担心的是认识的混浊与不透明。为什么这么说呢？

因为，人们总是在文化上兜圈子，为文化而文化。谁都知道文化重要，也都在努力地寻找文化，挖掘文化。

于是，庙建起来了，博物馆建起来了，民俗馆墙建起来了……文化貌似是有了，但灵魂依然没有。

就拿安吉竹博园来说，大家都会想到文化，而且事实上也建设了很多的文化旅游项目，譬如竹子博物馆、竹子字画、竹匾、竹楼、竹林七

贤祠，等等。这些文化旅游项目要有，而且一定要有。但最令我担心的是认识的混浊与不透明，以为生态旅游的灵魂和文化旅游的灵魂一样，并且错误地直接把文化等同于灵魂，以为只要有了文化，自然就有了灵魂。

生态旅游是以崇尚自然、保护环境、促进资源永续利用为基本特征，能使人与自然协调发展、和谐共进，促进实现可持续发展的旅游。在生态旅游中，文化是游客和自然之间交流的桥梁，游客通过文化，与自然生态亲密无间地接触，从而实现人和自然的身心契合。所以在生态旅游的文化上，一定要清醒地认识到生态旅游的文化和其他旅游的文化有着很大的不同。

生态旅游的灵魂，可以是文化，是那些看得见、摸得着的人们通常所说的文化。譬如，安徽滁州琅琊山，因欧阳修的《醉翁亭记》名扬天下，醉翁亭就成了琅琊山不朽的旅游灵魂。

生态旅游的灵魂，也可以不是文化，至少不是我们常说的那些古镇、寺庙、名人故里等那样的文化。这样的例子举不胜举。江苏盐城国家湿地公园，旅游的不朽灵魂是为保护丹顶鹤而死的凄美故事。1986年，大学生徐秀娟受江苏盐城自然保护区的邀请，带去了三只丹顶鹤蛋，并用她的体温孵育出三只小丹顶鹤。1987 年 6 月，徐秀娟从扎龙自然保护区带了两只丹顶鹤赶往盐城。1987 年 9 月，这两只丹顶鹤没有按时归巢，徐秀娟外出寻找，最终在沼泽地遇难。《丹顶鹤的故事》这首歌讲述了大学生徐秀娟为了保护丹顶鹤而死的凄美故事。丹顶鹤的故事成了江苏盐城国家湿地公园旅游的灵魂。

生态旅游的灵魂，甚至还可以和文化毫无关联。众所周知，九寨沟的旅游灵魂是“水”，玉龙雪山的旅游灵魂是“雪”，四川若尔盖花湖湿地公园的旅游灵魂是“花”。

6.7　亲子旅游，魂都去哪儿了

——宜春市亲子旅游小镇：无中生有的旅游灵魂是从哪里找出来的

6.7.1　开篇导读：《爸爸去哪儿》持续火爆引出的感慨和遐想

“老爸，老爸，我们去哪里呀，有我在就天不怕地不怕……”2013

年10月，湖南卫视推出的一档亲子综艺节目——《爸爸去哪儿》横空出世。首播当天，该节目即夺得收视、网视率双冠，引燃大江南北。

《爸爸去哪儿》带来的持续火爆引起全网热烈讨论：究竟是什么让该节目脱颖而出？相信大家最后都知晓了答案：是亲子！随着《爸爸去哪儿》的大火，节目去过的拍摄地成为火爆的旅游景点，亲子旅游市场被一举点燃，家长和孩子共同出游的亲子旅游成为名副其实的火热风口。

节目播出同时，各种各样的亲子旅游如雨后春笋不断涌现。先是"爸爸去哪儿"亲子游平台公布了拍摄地的团队游线路，节目中出现的项目一一在线路中得以复制；再是国内各大旅游在线直销平台纷纷推出亲子旅游产品；之后是全国各地陆续计划开发众多以亲子为主题的游乐园、主题公园、农场等旅游项目。这一切的一切，不禁让人生出无限感慨和遐想：亲子旅游的春天来了！

然而与此同时，不少人也对亲子旅游饱含怀疑：亲子旅游能一直火爆吗？亲子旅游如何在风口来时抓住、风口走时留住？

6.7.2 灵魂拷问：不是因为没有路，而是因为误入歧途

亲子旅游持续火爆的另外一面，则是乱象丛生。

灵魂拷问一：亲子旅游，旅游呢？

亲子旅游，顾名思义，重点落在旅游。然而，现在很多亲子旅游项目和旅游产品说是亲子旅游，却无"旅游"韵味，不过是亲子活动而已。比如各种儿童公园，设置了多种游乐设施供家长带着孩子来游玩。一些亲子游乐场，实则不过是大人在一边看着小孩子玩耍，或者大人和孩子共同体验一些游乐项目而已。还有就是各种亲子农场，无非就是观光、采摘，再不然就是让大人和小孩一起进行食材准备、做饭，再玩玩亲子游戏，美其名曰亲子旅游，实际上没有任何旅游的形式和内容。

灵魂拷问二：亲子旅游，亲子呢？

时下，很多亲子旅游项目考虑的并不是孩子，而是父母。不少旅游项目打着亲子游的名号，实际产品和普通项目并无太大区别，许多亲子旅游产品只是在成人旅游产品的基础上做些更改，增设一点儿童娱乐项目，而且大多是站在父母的视角去思考，而不是真正去了解孩子想要什

么。亲子旅游，亲子呢？

灵魂拷问三：亲子旅游，灵魂呢？

亲子旅游的灵魂是什么？是童年，是快乐，是希望，是梦想，是童年生活的幸福记忆。每个孩子都渴望拥有一个幸福快乐的童年。然而，看看现在很多打着亲子旅游名号的亲子游项目，打着旅游的名号，实则是行走的课堂、带有景点的教室。老师换成了导游，助教变成了父母，孩子再次成为学生，无时无刻不在学习，旅游的趣味性大打折扣。亲子旅游如果没有快乐，没有梦想，也就没有了灵魂。

6.7.3 概况扫描：上高县昌栗高速入口周边地块

项目位于江西省宜春市上高县野市乡，规划面积约6000亩。北靠昌栗高速，西临高速出口收费站。交通便捷，区位优势明显。省内靠近南昌、宜春、新余、萍乡、吉安等城市；省外靠近长沙、武汉等省会城市。

项目所在地旅游资源类型多样。有东湖水库、肖家水库等五个小水库；有多个山头，但都不高；植物和植被丰富；有少量山谷、农田。

另外，此处历史文化资源屈指可数，即便深挖，也只能找出以下七种。

文化资源细分表

类　型	文化资源代表	评　　价
山水文化	天子塘水库、东湖水库	深挖天子塘水库等文化内涵
农耕文化	农耕文化、燕窝村、特色田园乡村、美丽村落	体验农耕生活，以乡村原生态特色的田园风光，满足旅游者娱乐求知和回归自然的需要
民俗文化	端午节、二十四节气	多数风俗习惯已经消失或少用，可以重新利用起来以服务于旅游体验
美食文化	农家美食	渔、农业悠久历史和渔、农民的生产、生活、文化、信仰习俗的挖掘，加大宣传传统“渔”味
红色文化	上高战役	需与红色文化旅游进一步融合

续表

类 型	文化资源代表	评 价
地域文化	野市乡、野市村	独特的名称，但区域名气需提升
传说文化	野鸡脑	较为传统

因而，我们不得不承认这个不容乐观的客观现实：本项目旅游资源品质不高，旅游文化内涵严重缺失。

6.7.4 理论推演：为旅游设计灵魂是为旅游设计一种独一无二的美

为旅游设计灵魂，实质是旅游的一种美学设计，是为旅游设计一种独一无二的美，还原并进一步诠释旅游的美学特质。

不论什么样的项目，也无论何种类型，在长期的发展中，在成功经验的指引下，都会形成固有的规律。为旅游设计灵魂，不管是亲子旅游、文化旅游，还是乡村旅游、农业旅游，抑或是康养旅游、研学旅行、户外运动，旅游的灵魂都有其共性存在。旅游灵魂的这种共性就是“美”。为旅游设计灵魂，就是要为旅游设计美、发掘美，是为了还原并诠释旅游特有的美学特质。

“美”是旅游灵魂的共性。旅游就其本质而言，是为了满足人们对于美的追求与向往。所谓爱美之心，人皆有之。

乡村旅游有乡村旅游的美，亲子旅游有亲子旅游的美。为旅游设计灵魂就是为了找寻各种类型、各不相同的旅游项目独具特色的美。

6.7.5 核心战法：水到渠成

本项目的尴尬不言而喻：

一是旅游资源缺乏垄断性、独特性。

山水自然景观不具有唯一性，缺乏垄断性和独特性。

二是水库小而散，难以联动。

水库资源丰富但零散，规模都很小，彼此距离相隔较远，难以联动。

三是人文景观不足，文化内涵缺失。

就本项目而言，文化内涵缺失是最为薄弱的一环。

四是基础设施薄弱，公共服务设施不完善。

住宿、购物、休闲、娱乐等基础配套设施极不完善，公共服务水平亟待提高。

五是旅游发展竞争激烈。

旅游资源雷同问题突出，旅游产品同质现象严重。全国各地旅游新业态、新产品层出不穷，竞争激烈。

怎么办呢？

对本项目而言，文化是最为薄弱的一环。从区域历史文化来看，无论农耕文化、民俗文化，还是上高战役红色文化，都难以担负本案文化魂脉引领的重任。规划区内，有秀美的湖泊、多彩的森林、美丽的乡村，有良好的生态和自然，既可以发展山水观光旅游、人文体验旅游、康体养生旅游，也可以发展乡村休闲旅游，貌似什么都可以做。但别忘了在自然、生态、文化等本地资源都不具备优势的情况下，需要的恰恰是顺势而为，从自身优势出发。

从本项目基础状况、市场格局以及区域特征出发，我们采用了“水到渠成”的核心战法。

本项目因水而生。水，占尽风韵，占尽优势。东湖水库、天子塘水库、王家水库、柴家水库、肖家水库，虽然这五个水库都不大，但水质良好。水库驳岸多为自然生态驳岸，河岸两侧大都有较为丰富的植被，生态景观优良。虽然无法与国内的大江、大海、大湖相提并论，但就本项目而言，具有比较优势，是本项目当仁不让的“第一资源”。

“水”到方能“渠”成。

6.7.6 操盘实录：在水一方

既然本项目因“水”而生，就应从“水”出发，紧紧围绕“水”来做文章，从“水”中找出路，从“水”中找灵魂，打造一个有故事、有灵魂、有智慧、有活力的水世界。

6.7.6.1 第一步，因水而生：明确亲子旅游小镇为发展定位

孔子曰：“智者乐水，仁者乐山。”人们大都喜欢水，喜欢水岸生

活，喜欢水上运动。孩子们则更加喜欢水。通过研究我们还发现，国内湖泊型水上旅游项目繁多，但主要针对成年人，面向亲子家庭，特别是上规模、上档次、综合性、景区型的水上亲子旅游市场存在空缺。

根据稀缺性原理，我们首先明确本项目以亲子旅游小镇为发展定位：打造一个具有温馨家庭生活气息的亲子旅居胜地。

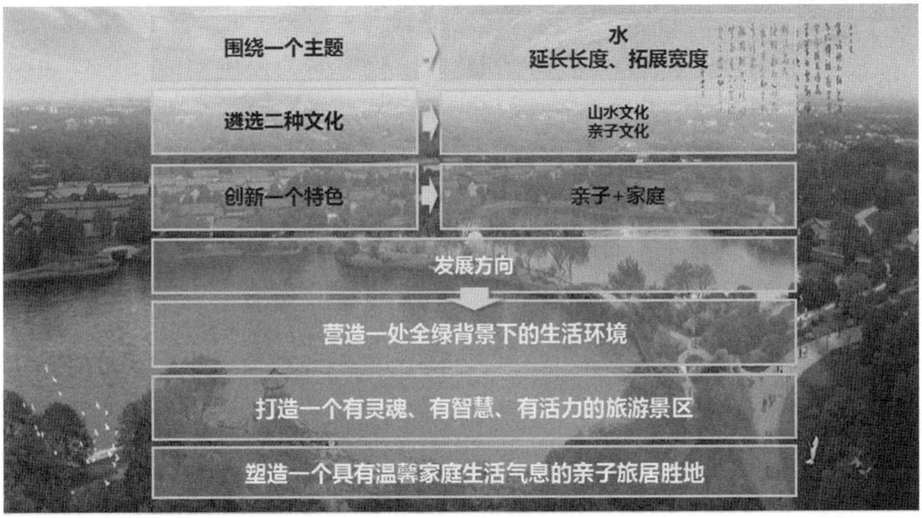

发展理念图

6.7.6.2　第二步，水到渠成：找准项目不可思议的旅游灵魂

什么可以成为本项目旅游的灵魂呢？是“太子故事”吗？虽然上高县有明朝太子的传说，但过于虚幻。是野鸡文化吗？野市乡就是因“野鸡出没的地方”而得名，但太过狭隘。那上高战役呢？农耕文化呢？显然，这些文化都很难担当旅游灵魂的重任。

于是，我们“反弹琵琶”，从孩子的喜好出发去寻找线索，挖掘线索。

那孩子们到底喜欢什么呢？

调查发现，孩子们最喜欢熊猫、喜欢汽车、喜欢小猪佩奇、喜欢听故事、喜欢捉迷藏，还喜欢恐龙……

要知道大凡亲子旅游，都有一个深受孩子喜爱、能让孩子铭记整个童年的“吉祥物”，这个吉祥物就是旅游的灵魂所在。就比如迪士尼的灵魂——米老鼠，中国很多孩子第一次接触迪士尼，是通过米老鼠等卡通形象构建了关于迪士尼、关于童年的梦。

本项目就是要找到这样一个“吉祥物”，能让它去构建独属于孩子童年的梦。

然而，无论实地调查，抑或头脑风暴，还是专家论证，始终没有找到线索。

无奈之下，我通过手机开始百度搜索。先是搜索山名、水库名，然后是地名，最后是村名。当我搜到“游家村”时，一则旧闻让我茅塞顿开，眼睛一亮，欣喜若狂：2016 年 5 月 18 日，江西省上高县野市乡游家村县绿色食品产业园建设工地施工时挖出 12 枚恐龙蛋化石，目前已被上高县博物馆入库收藏。

这也是上高县首次发现恐龙蛋化石。

恐龙，这不是孩子们的最爱之一吗？绝大多数的孩子都经历过这样一个“恐龙阶段”：不管是吃饭还是玩耍、睡觉，想的、要的、玩的都是恐龙。

游家村挖出的恐龙蛋化石，一下子让上高旅游项目有了鲜活的旅游灵魂。

水在，孩子们在。恐龙在，灵魂在。本项目的旅游灵魂终于水落石出，水到渠成。

6.7.6.3 第三步，将项目命名为“在水一方”

我们将本项目命名为“在水一方”，旨在通过语言叙事，定位于对水这一优势资源的弘扬，同时也营造美的意境，营造无穷的想象。既突出鲜明主题，又暗含主题特色，令人耳目一新。

6.7.6.4 第四步，从“玩”字出发，打造“恐龙水世界”

孩子们喜欢水，不是亲水，不是垂钓，而是“玩”水。

由于恐龙蛋化石的发现地离东湖水库很近，故确定依托东湖水库及其周边区域，以游家村、东湖村一带挖掘出恐龙蛋化石为中心线索，以东湖水库为核心，打造以恐龙为主题特色，集旅游休闲、恐龙体验、水景演绎、行政办公、水上玩乐、情景商业为一体的世界一流的水上乐园——恐龙水世界。

其中，霸王龙广场是要把传统意义上的旅游入口服务区打造成一个包括游客中心、景观广场、旅游集散、实景演艺等众多项目于一体的景区的第一形象区、标志区。要将其打造成整个景区综合性先导板块，以水乡风情为特色，集景观、休闲、演艺、文创、集散、服务为一体的地标性项目。

恐龙水城旨在挖掘利用恐龙蛋化石资源特色，通过文化体验、自然奇观游线串联与水上探索游览模式，形成一处富有传奇意境的恐龙文化感悟区、现代高科技奇境体验区和热带雨林探索水上狂欢区，主要项目包括儿童乐园、恐龙水上城堡乐园、恐龙洞探秘、冰雪村等。

侏罗纪市集则是一个关于恐龙 IP 的衍生项目。依托东湖，开发建设恐龙水世界综合服务区，规划侏罗纪商业休闲市集，将恐龙植入日常生活，如恐龙影院、恐龙餐厅、侏罗纪商场、恐龙酒店。

以东湖水库为核心，强化恐龙特色，通过规划改造，设计生态、运动、休闲、游乐产品；合理梳理周边植物，形成一处集自然生态观赏、浪漫摄影、湖泊休闲等一系列活动于一体的“恐龙湖”。要将环湖绿道打造成恐龙之路，而一般的游船要做成恐龙船，同时引入特色恐龙风车、水车，将恐龙特色最大化。

恐龙水幕电影秀是要以水幕电影为突破，丰富景观产品，引爆演艺旅游。以“夜秀·光秀·灯秀·恐龙秀”实现地标打造，用灯塔景观、光影世界重现侏罗纪时代，用一场精彩绝伦的夜秀，给亲子家庭带来一处震撼视野的灯景，给他们留下难以忘怀的光影。

如此一来，恐龙水世界便大功告成，相信孩子们可以在这里和大人一起快乐地织就童年的恐龙梦。

6.7.7 江湖故事：惊喜的不是恐龙蛋化石的发现，而是我发现了恐龙与亲子旅游灵魂之间的无限关联

我个人有个习惯，喜欢通过手机上百度查资料、找线索，不太愿意从那些鸿篇大论的巨著中去查证考据。

本项目策划曾经走投无路。第一稿出来，的确有点傻眼，既没有亮点，也没有卖点。既没有思路，也没有方向，更不用说旅游的文化和灵魂了。

无奈之下，我不停地搜索。先是搜索了规划区内的五个水库，然后搜索地名、山名，最后开始一个一个地搜索规划区内的村庄。当搜索到游家村时，恐龙蛋化石发现一事赫然跳出。

提起恐龙，大家想到的是远古的侏罗纪时代、各种凶猛的恐龙或是藏有恐龙化石的博物馆，很少人有人将恐龙与孩子联系起来。一开始我也没有，而我在搜索时发现了有家长不停地在提问："为什么我的孩子这么喜欢恐龙？"一时间豁然开朗。对啊，孩子们可是恐龙的狂热粉丝群体！孩子对恐龙的深深着迷，成为我将恐龙与亲子旅游联系起来的契机。

孩子喜欢恐龙，而他们的家长想知道到底为什么自己如此迷恋恐龙，恐龙成为亲子家庭共同想要探索的领域。如果我们构建一个以水为核心、以恐龙为主题特色的恐龙水世界，相信可以深深吸引孩子的目光，家长们也都愿意带着自己的孩子在欢声笑语中一起探索恐龙的奥秘，给孩子一个难忘的恐龙之旅。最终我拿定主意，毅然决定将恐龙作为本亲子旅游项目的灵魂。

6.7.8 策划手记：承包孩子们整个童年的笑

6.7.8.1 策划手记一：用爱和热望去点亮孩子心中的奇梦

实话实说，这个项目原本和亲子旅游没有任何的关联。委托单位以及当地政府原本希望这个项目做成康养小镇。

这是一个名不见经传的小地方，一个"无基础、无设施、无名气"的"三无"地块，进行旅游开发困难重重。这里除了五个小水库有亮点外，其他旅游资源实在平淡无奇、毫无谈资。发展旅游确实有点"天方夜谭"。

但是，旅游策划需要什么？需要的正是"想他人不敢想"的勇气！正是这样一个如同白纸般未被开发过而干干净净的地方，才为我们"无中生有"的旅游策划提供了绝好机会。

发展什么样的旅游呢？乡村旅游？康养旅游？禅修旅游？说行也可行，毕竟这里的自然环境、人文涵养勉勉强强可以支撑。说不行也有不行的道理，毕竟上高县内这些类型的旅游项目都有了。一个不好，就是同质竞争、断杀惨烈。

就在团队成员争论不休的时候，我拍板决定，发展亲子旅游。这可真是大家都没有想到的。提起亲子旅游，大家想到的几乎都是在大城市及其周边地区，在这个乡野之地做亲子旅游能行吗？

其实一开始关于在这里怎么做亲子旅游，特别是大家关注的到底拿什么作为本项目旅游的灵魂时，我也很迷茫。因为在与当地陪同人员实地考察和闲聊的时候，在与团队讨论思路的时候，大家都提出以下这些想法：

一是这里有个天子塘水库，有明太子的传说，既有天子又有太子，这可正好做亲子旅游的文化背景。

二是这里有个燕窝村，燕窝是中国自明代以来开始被食用的传统名贵食品之一，具有滋阴、润燥和补中益气等功效，作为药食两用的高档滋补品，加上村内的参天古树、怡然自若的老人们，也非常适合做康养旅游啊！

三是野市乡得名于“野鸡出没的地方”，再加上古代“大隐隐于市，小隐隐于野”的“野”文化，里面也有户外运动的文章可为。

四是此地与陶渊明有关，说到陶渊明就不得不提他的《归园田居》，这也可以做乡村旅游、田园旅游。

五是水，这里的五个水库可以发展垂钓。

这下可好，明明思绪万千，忽然变成一盘散沙。不知如何取舍，让人举棋不定。

毅然决定打造亲子旅游小镇，不仅仅因为规划区的区位、地理、环境、资源、文化、市场等，与亲子旅游风口高度契合，而且也源于我个人挥之不去的童年情结。在给学生上课过程中，我经常描述我个人旅游策划的心得：“生命在于运动，旅游在于活动，成败在于儿童”。在我从事的旅游策划项目中，我自觉或不自觉地从孩子们的角度考虑设置项目。例如，南湾猴岛的猴，安吉竹博园的大熊猫，以及众多项目中的小宠物，适合孩子们的水上公园，等等。

让我们共同努力，承包孩子们整个童年的笑。

6.7.8.2 策划手记二：究竟什么是亲子旅游的美学特质：米老鼠、小猪佩奇带给我们的启示

关于亲子旅游的美学特质，大家想到很多。第一个特质一定是玩。

孩子嘛，玩是天性，亲子旅游就是要让孩子释放天性。第二个特质是陪伴。孩子的成长离不开大人，亲子旅游就是要创造一个孩子和大人亲密无间的陪伴机会……亲子旅游的美学特质实在太多太多。

究竟什么是亲子旅游具有灵魂性的美学特质呢？

深受孩子们喜欢的米老鼠、小猪佩奇带给我们启示。

为什么孩子们喜欢米老鼠、喜欢小猪佩奇、喜欢恐龙呢？有人说是因为它们造型可爱，有人说是孩子们小所以喜欢简单的动画，有人说是迎合了小孩子的认知水平。但往往却忽略了最为浅显、最为直白的点——因为它们可爱，它们能给孩子们带来欢乐，点亮孩子们童年的梦想。看见小猪佩奇在泥地里打滚，孩子们纷纷大笑；看见白雪公主在和小动物聊天，孩子们心想假如我也能和小动物说说话那该多好。抓住了欢乐和梦想，就抓住了孩子们的心，抓住了亲子旅游的魂，这就是米老鼠、小猪佩奇等带给我们的启示。

迪士尼乐园为什么深受亲子家庭喜爱？这要得益于米老鼠、白雪公主等形象在孩子群体的深入人心，得益于米老鼠、白雪公主等形象承包了孩子们的欢乐和梦想。所以迪士尼的成功就是米老鼠的成功。而成为本项目灵魂的恐龙，也是孩子的欢乐和梦想所在，亲子旅游项目想要成功，就必须牢牢把握亲子旅游的美学特质，以孩子们喜欢的 IP 形象承包孩子的童年欢乐与梦想。

6.8 文化旅游是盘大棋，每一棋每一局都和灵魂息息相关

——孟郊故里：慈母手中线牵动的是我们哪一根神经

6.8.1 开篇导读：文化旅游说不出的痛——听起来很美，做起来很累

要给文化下一个确切的定义，是一件非常困难的事情。文化学奠基者、英国人类学之父泰勒在 1871 年出版的《原始文化》一书中给文化下了这样一个定义：文化是由知识、信念、艺术、伦理、法律、习俗以及作为社会成员的人所需要的其他能力和习惯所构成的综合体。我国著名文化学者李宗桂在其《中国文化概论》一书中提出：“文化是代表一

定民族特点的，反映其理论思维水平的精神风貌、心理状态、思维方式和价值取向等精神成果的总和。”

旅游独尊文化。文化在旅游中的地位无与伦比，独特而且重要，一句“文化是旅游的灵魂”足以表达和说明一切。

2018 年，文化和旅游部设立，不仅明确了是“文化和旅游”而不是“旅游和文化”这样的主次关系。更重要的是，它标志着文化由“边缘”开始走向“中央”，旅游和文化携手并进，进入新的历史方位。

文化旅游是盘大棋，但要成就最终的玲珑棋局，每执一棋、每落一子都要深思熟虑。

文化旅游总有一种说不出的痛！这种说不出的痛，有的是因为“有说头没看头”，有的是因为没有“修旧如旧”，有的是因为“变了形，没了味”，有的是因为过度“商业化”……

我大学本科读的是历史学专业，工作后一直从事旅游文化学教学与研究，在旅游策划实践上也以地域文化的挖掘、包装和打造见长，主持过诸如李白故里、杜甫故居、孟郊故里、昌硕故里以及中国瓷之源、梁祝文化公园、桃渚古城、新市古镇、东方布依、佛头山文化产业园等百余项历史文化类项目的旅游策划和旅游规划。从操作层面来讲，个人的深切体会是：文化旅游这种说不出的痛，莫过于因文化“碎片化”带来的“叫好不叫座”现象——文化旅游，听起来很美，做起来很累，火起来很难！

6.8.2 灵魂拷问：文化旅游靠什么去穿越千年

旅游“有文化，没灵魂”的现象到处可见。以地方文化旅游节庆为例。

节庆是人类借以感谢上苍、宣泄快乐的一种方式，是对美好生活的祝颂和祈盼。20 世纪 90 年代以来，随着旅游的快速发展，以国家为主导的传统节庆已无法满足人们热切的感情表达，具有明显地域性、娱乐性和经济性特征的各类地方文化旅游节庆活动应运而生。大到一座现代化的城市，小到尚未完全脱贫的乡镇，从历史人文资源的挖掘，到现实产业优势的张扬，从食、住、行到游、购、娱，从名人文化、民俗文化到古镇文化、非遗文化，各种各样的文化，多姿多彩的历史，几乎无一例外地被利用起来，并尽力使之发扬光大。神州大地一场现代“造节运动”由此发端，并如火如荼地发展起来。

三十载悠悠而过，国内大大小小的文化旅游节庆究竟创设了多少，我们不得而知。但到了今天，有许多当初红火一阵的文化旅游节庆活动在大浪淘沙中早已销声匿迹，不闻鼓噪之声，却是不争的事实。而更多的文化旅游节庆，曾经在轰轰烈烈中开场，现在则面临难以为继的尴尬。究其深层次的根本原因，就在于有文化没灵魂，文化流于形式，像个大杂烩。

既然“文化是旅游的灵魂”，岂不是说，只要有了文化，自然也就有了灵魂，文化旅游是不是做什么都可以，怎么做都可以了呢？假如“文化是旅游的灵魂”这一命题真的成立，一众以自然山水见长的生态旅游，大可通过挖掘文化、融合文化、植入文化来营造旅游的灵魂，这个我们一般都容易理解。那么，文化旅游呢？本来就有文化，并且以文化见长，那它也要做文化吗？它的灵魂呢？

当我们看到很多有着厚实文化基础，有着鲜明文化主题，有着魅力十足的品位象征的文化旅游项目，普遍面临“叫好不叫座”的困局，而那个近似“无中生有”的拈花湾，不但叫好，而且叫座，心中难免痛楚一番。这究竟为什么呢？

无他，文化是文化，灵魂是灵魂。旅游要的是灵魂，而不是文化！

文化旅游究竟靠什么去穿越千年？一样，靠灵魂去穿越千年。

6.8.3 概况扫描：“苦吟诗人”孟郊的一生

中国历史上有四首唐诗：一诗成佛，一诗成鬼，一诗成魔，一诗成魂。

一诗成佛是王维的《山居秋暝》，一诗成鬼是李贺的《公无出门》，一诗成魔是白居易的《醉吟二首》，孟郊的《游子吟》则可谓一诗成魂。

在讲述孟郊因《游子吟》一诗成魂故事前，还是让我们先去认识一下孟郊。

孟郊（751—814 年），字东野，唐代武康人。父孟庭玢，曾任江苏昆山县尉。孟郊少时，隐居嵩山，唐贞元七年（791 年）秋，回湖州举乡贡进士。旋赴长安应进士试，不中。此后又三次应试，皆不中。十二年第四次赴考，始中进士。十六年到洛阳参加铨选，出任江苏溧阳县尉。二十年，毅然辞官，奉母寓居常州。唐元和元年（806 年），故相郑余庆为河南尹，荐孟郊任河南水陆转运从事，试协律郎，居洛阳立德坊。九年三月，郑余庆转任山南西道节度使，荐其为元军参谋，试大理评事。八月赴任，暴疾卒于河南阌乡。十月葬于洛阳东先人墓左。友人张籍等私谥其为“贞曜先生”。孟郊与刑部侍郎韩愈交厚，死后，韩愈为之治丧，并撰《贞曜先生墓志铭》，在武康故居建贞曜先生祠。

孟郊为人耿直，以诗名世。他诗作倾心技巧，与贾岛有“郊寒岛瘦”之说，人称“苦吟诗人”。

孟郊中进士后作《登科后》一诗曰：“昔日龌龊不足夸，今朝放荡思无涯。春风得意马蹄疾，一日看尽长安花。”此诗表达登科后的欣喜之情，特别是后两句已成为千古绝唱而传诵至今。而孟郊最有影响、几乎妇孺皆知的则是他的著名乐府诗《游子吟》：“慈母手中线，游子身上衣。临行密密缝，意恐迟迟归。谁言寸草心，报得三春晖。”

6.8.4 核心战法：剑走偏锋

“剑走偏锋”作为一个汉语词汇，是指不循常规，找一些新的不同以往的办法来解决问题，以求出奇制胜。

孟郊故里德清，因宋代葛应龙在《左顾亭记》中云“县因溪而尚其清，溪亦因人而增其美，故号德清”而得名。

德清的山水，是一幅清丽的画。

西部，群山连绵，林木葱郁。其间的莫干山有中国四大避暑名山之称，是蜚声海内外的“清凉世界”。它有“竹、云、泉”之胜，有“绿、凉、清、静”之境。因山上 200 多幢风格各异的别墅，更享有“世界建筑博物馆”的美誉。

中部为江南最大的湿地下渚湖。600 多个湖墩遍布湖荡，湖中有墩（岛），墩（岛）中有湖，港汊纵横，宛若迷宫，形成了水网交错的独特湿地景观。

东部为水乡古镇新市，已有 1700 年历史，至今仍保留着众多古典特色建筑，有长达数里的市河与古运河相接。镇内河道纵横，古桥林立，小桥流水人家，粉墙黛瓦，店铺民居傍水而筑，一派江南水乡的风情。

德清的人文，是一首动听的诗。

在绵延不绝的历史长河中，德清名人辈出。有一代辞宗沈约，有东晋时的大都督沈充，有吟唱着《游子吟》的唐代诗人孟郊，有经学大师俞樾、红学家俞平伯、著名导演沈西苓……

德清更有防风故国、中国瓷之源和中国丝之源三张响当当的文化名片……

然而德清旅游却没有因着山水的“清丽”和人文的“厚重”而快速发展起来，始终步履蹒跚，举步维艰。

德清一直想依托莫干山发展旅游：不但每两年举办一届莫干山国际登山节，而且还曾经动议将莫干山西面的天泉山包装打造成“西莫干山”。想想也是，毕竟莫干山是中国四大避暑名山，有着极高的知名度，当之无愧是德清的“第一大资源”“第一大品牌”。依托莫干山、开发莫干山、打造莫干山，不仅合情、合理，并且合乎所有有识之士的“共识”。但这样的设想，效果有限。

德清曾经另辟蹊径：全力推进下渚湖湿地旅游开发建设。但后来的事实证明，下渚湖无法担起引领德清旅游的重任。

同时，德清还努力尝试四面出击：建成了防风文化园，开发了蠡山风景区，打造了新市古镇，并且还动过开发瓷之源、丝之源等一众旅游项目的念头。但也都没有达到预期。

最终，我们剑走偏锋：打孟郊牌，开发孟郊故里。

不是莫干山，不是下渚湖，不是新市古镇，不是蠡山……

6.8.5 操盘实录：懂你的相聚离别，懂你的难舍情怀

打孟郊牌，从构想到实施，不仅石破天惊，而且“匪夷所思”，甚至“细思极恐”。

凭什么？凭孟郊？孟郊的知名度远不如李白、杜甫、白居易这些唐代诗人。

凭什么？凭孟郊故居？凭孟郊祠？要知道，中国有的是名人故居，到处都是名人祠堂。

无论你信，抑或不信，德清不仅把孟郊故里这篇文章做得风生水

起，而且更把孟郊文化升华成为德清旅游的灵魂。

6.8.5.1 把脉问诊：孟郊不是没有名气，而是名气不大

都说“人怕出名猪怕壮”，因为出了名容易招致麻烦。

但就名人故里这样的文化旅游项目而言，则恰恰相反。我要说：“不怕没有名气，就怕名气不大！”

一者，中国历史悠久，文化璀璨，有的是名人，多的是名人。古往今来，名人如天上繁星，数不胜数。二者，名人知名度各不相等，级差效应明显。三者，名人故里打造模式单一，无外乎整修原址、开发名人故居或建立名人纪念馆等模式。如何跳出传统思维定式，对名人故里资源做出顶尖旅游策划，需要创新，需要突破，需要胆识，需要眼光。

放眼全国，环顾世界，无数的名人故里，就是因为其名人的名气不够大，就无法形成有如孔子故里曲阜、毛泽东故里韶山等人气鼎盛的盛况。

孟郊虽有“诗囚”和“苦吟诗人”之称，但论名气，显然无法和李白、杜甫、白居易这些诗人相提并论，属于“有名气但名气不够大”的诗人。

6.8.5.2 破题思路：顾“名”思义，从“名”出发

早在20世纪80年代，德清人就重建起了孟郊祠，塑起了孟郊像。尽管小到不能再小，简陋到不能再简陋，但好歹已有孟郊祠这样的名人故里文化旅游的载体。

难道是拆了重建吗？抑或干脆堂而皇之新建一个孟郊故居？

除了孟郊祠、孟郊故居，孟郊故里的文章还能做什么呢？

一个冷冰冰的事实是，无论是孟郊祠，还是孟郊故居，如果仅仅因为做而做，将如全国大多数的名人故居、名人故里一样，无法摆脱门可罗雀的命运。

怎么办？

我们打破固有思维，顾“名”思义，从“名”出发，看看这个名人的名气到底有多大？名在哪里？因何而名？

显然，孟郊以《游子吟》一诗而名闻天下，因《游子吟》一诗而传

颂千年。

我曾经在多种授课场合做过这样的尝试：请问同学们，知不知道孟郊？往往不知道的多，知道的少。请问同学们，知不知道《游子吟》？往往知与不知各半。再往下引导：有没有听说过“慈母手中线，游子身上衣”这首诗的？这时，绝大部分刚才还说不知道的同学恍然大悟，纷纷表示小学课本里有过、读过。

孟郊一生，可圈可点的很多，孟郊诗作，驰名的很多，但无论是孟郊的人生，还是孟郊的诗作，浓缩一点，则全部精华集中于《游子吟》。天下人可以不知道孟郊，但不可以不知道《游子吟》，与其做其全部，不如做其精华，突出重点，将它做大做强，孟郊故里也就有了孟郊独有的特色，作为旅游产品，也就有了真正的“卖点”和朝圣般的吸引力。

孟郊最大的“名”就在《游子吟》。《游子吟》具有广泛的群众基础。宋朝苏轼在《读孟郊诗》中云：“诗从肺腑出，出辄愁肺腑。”孟郊诗思深意远，造语新奇，其诗以至情感人，这便是最动人之处。孟郊的一生，“拙于生事，一贫彻骨。裘竭悬结，未尝俯眉为可怜之色”，游子的愁苦和离情在他身上表现得非常艰涩，非常具有现实主义的表现力。“慈母手中线，游子身上衣。临行密密缝，意恐迟迟归。谁言寸草心，报得三春晖。”感人至深，流传至广。可以说，虽然孟郊是以诗传世，但是其游子的形象和心绪已经深入人心，是蓄而未发的游子文化旅游资源，也是比孟郊本人或其诗歌、生平更具有开发价值的无形文化资源。

6.8.5.3 基因解码：慈母手中线，牵动的是我们哪一根神经

做《游子吟》！思路清晰了，但依然有一种看得到前方看不到岸的迷惘。

怎么做《游子吟》呢？做《游子吟》，做《游子吟》的什么呢？

众所周知，《游子吟》这首温暖千年的小诗，历来作为颂扬母爱的经典之作。难道做母爱文章吗？还是另辟蹊径，作孝文化文章？

项目策划团队在无数次的头脑风暴中还给出了作唐诗文章，提出了建中华唐诗文化公园的方案，甚至给出了做针线文章，建设中国独一无二的针线博物馆的奇思妙想。

最终，我给出了自己的看法——围绕《游子吟》，深究以下三个根

本点：

其一，游子吟，谁在吟？

颂扬母爱的主题没错，孝也可以做，唐诗文化公园和中国针线博物馆，一个属于大手笔，一个属于奇思妙想，好像也都不错。

没有最好，只有更好。

在为旅游设计灵魂的20多年实践中，我的一贯做法，甚至可以说是一个非常行之有效的成功经验便是“望文生义”“咬文嚼字”：

《游子吟》，谁在吟？是“游子”在吟。

其二，慈母手中线，牵动谁的神经？

慈母手中线，牵动的是“游子”的神经！

游子文化是中国传统文化的标杆和象征。在以农业为特征的中国古代社会，游子文化历时之长、内涵之深、影响之大，非其他文化所比拟。《游子吟》堪称中华游子文化的典范，具有垄断地位，可以说是中国游子文化中的“龙头”“老大”。

游子主题的旅游产品具有市场空缺，可以先声夺人。当年国内并没有以“游子”为题材的主题旅游产品，因此，规划以游子为主题的景区是国内乃至世界首创。这样一个主题旅游产品，无论是在国内市场，还是在国外市场，都是市场空缺大、市场成长空间大的一个产品。

其三，慈母手中线，牵动的是我们哪一根神经？

天下游子心，人间母子情。游子思念之情作为人类永恒的主题，唱酬者络绎不绝，但真正能做到家喻户晓、传唱千古的，恐唯有“东野一绝”。孟郊故里理应成为游子心、思念情的普天之下万千游子的朝圣之地。

6.8.5.4 载体设计：中华游子文化园

孟郊故里，既没有修缮孟郊祠，也没有重修孟郊故居，而是打造中华游子文化园。

根据本次策划确立的指导思想，结合孟郊故里特有的游子文化特色和具体的山体资源、自然资源等特点，整合德清县旅游发展理念和整体布局，突出“新观光、新体验、新休闲、新户外”的特色功能，横向拓展，纵向深化。本着地脉资源、文脉资源和主题创意三位一体的规划理念，将现有的山体及空地划分为三个功能区：观光朝圣区、休闲体验区、综合服务区。

通过“心·路·家”的总体布局取得山上山下的联动开发，配合上山、下山景观廊道的建设，取得文化空间的时间连贯性、景观的交融性和情景叙事的完整性，形成中华游子文化时空的完美交融，促进整个山头和待建空地的全面开发利用。

（1）“心”主题功能区

即基地入口处的半圆形待建空地。以大手笔和高品位的建设点明游子主题，成为既具有视觉冲击力，又蕴涵深厚人文精神的综合观光游览区域，既成为中华游子部落的核心地，又是游子之心的综合体现区。

心，即游子“心”。中华游子内涵深刻，外延广阔，博大精深，历史悠远。从古代的讲道游学者，到如今的在外旅行者、打工者、求学者；从国内的离家者到旅居海外的华人，都是“游子”。游子之“心”有一个共同的情感诉求和着落点，即浪迹天涯，叶落归根。无论身处何方，都忘不了故土、家园，有神圣的感情蕴藏其中，也有知恩图报、衣锦还乡的情思纠结其间。因此在考虑“心”主题功能区的建设时，要让神圣心情与博大心怀共存，在该区域建成以中华游子心为叙述对象的中华游子部落区。结合现有的地势，半山前的半圆形空地从南到北依次布置贞曜先生祠（孟郊祠）、中华游子第一园。前者代表一种神圣心情，后者则代表了古今游子的博大心怀。

（2）“路”主题功能区

路，即中华游子天涯路。考虑“游子”主题在中国文化中的重要地位，利用现有山体资源，建造“十里山路相送栈道”，按照中华文化史上的时间顺序，沿路建造各种勾起游子相思之情、离别之意的“游子天涯体验区”。在空间上和时间上形成大手笔的双向跨度。结合山体地势和周边植被、气候、水文，满足游客融观光和体验于一体的多重需求。

（3）“家”主题功能区

家，多么美好的字眼。它让人们想起因家而延伸出来的感觉：亲情、团聚、和睦、安宁。

家，是我们心中永远的牵挂，永远是有喜事时急于要分享的对象，永远是落难时不离不弃的忠实依靠。

在山头的朝阳面按照中国传统的院落式结构，择地而建中华家族祈福园，为旅游者提供瞻仰、参观、祈福、游憩的功能。和中华游子第一园、中华游子天涯路形成辉映，在空间架构上和游子文脉上体现了完整性，成为中华"家"之"基地"，同时也弥补了之前的孟郊祠堂坐南朝北的地形劣势。

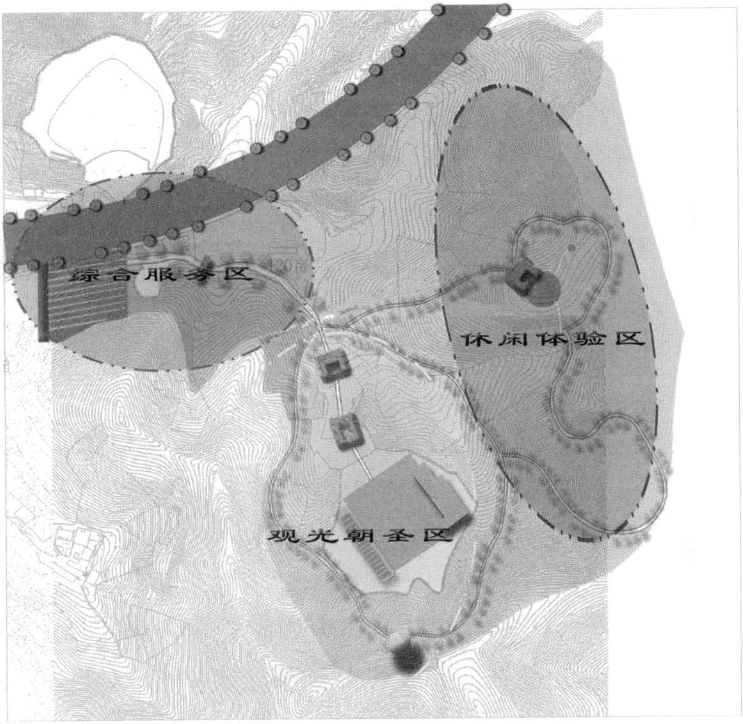

中华游子文化园功能分区图

6.8.5.5 市场引爆：中华游子文化节

我坚决反对因孟郊而孟郊，为孟郊而孟郊的做法，始终认为重修孟郊祠没有必要，重建孟郊故居没有新意，即便后来因政府建中华游子文化园的动议而做了《中华游子文化园旅游概念策划》，也认为没有多大实际意义。

挖掘孟郊名人文化资源发展旅游，根本目的是"打孟郊牌"。既然是打牌，那就按照打牌的打法，要"叫得响，打得出，拉得动"。于是"中华游子文化节"横空出世。德清县也因"中华游子文化节"的成功举办打响了德清旅游在国内外的知名度。

6.8.5.6 灵魂设计：从“游子吟”到“德清魂”

游子吟，吟的是游子之“心”!

距离孟郊当初吟唱这首《游子吟》，苍苍茫茫 1000 多年时光过去了。这 1000 多年中，沧海桑田，物是人非，然而这首温暖的小诗，通过无数人的口口相传，现在依然还生机勃勃地根植在每一颗懂得感恩的游子的心里，成为中华游子文化的巅峰之作。

如今的德清，因孟郊，因孟郊的《游子吟》，已经成为长三角乃至全国著名的旅游目的地。裸心谷、洋家乐两大品牌远近闻名，究其深层次原因，便是孟郊《游子吟》吟唱的游子之“心”铸就了德清旅游“要裸心，到德清”永恒不朽的灵魂。

——懂你的相聚离别，懂你难舍的情怀!

6.8.6 江湖故事：做诗不做人

“做诗不做人”的江湖故事，是我那次剑走偏锋，力主用孟郊来为德清旅游破题的惊人之语。那次会上，与会人员几乎一边倒地反对，认为舍莫干山而取孟郊，不可取。大家断定，孟郊故里文章不仅不好做，而且做不大。而我认为：第一，历史上有田忌赛马的故事，这是田忌在赛马；第二，我也知道孟郊知名度和影响力均非顶级，而且孟郊实在没有多少历史遗迹和遗存。我们做孟郊，要“做诗不做人”。

当时，很多人没有听懂，但好在德清县的主要领导听懂了。

6.8.7 策划手记：你当像鸟飞往你的山

《你当像鸟飞往你的山》是美国作家塔拉·韦斯特弗写的一部书的书名。借用过来，用作本篇《策划手记》标题，感觉甚是贴切。

6.8.7.1 思想感悟

孟郊诗作颇多，自成风格，在中国文学史上享有崇高的地位，具有挖掘的价值和意义。但其进行旅游开发的价值和意义不大。一则孟郊历史遗存不多，开发难度较大；二则像孟郊这样的诗人，数量众多，无论是影响还是地位都无法与李白、杜甫、白居易等相提并论。因而即便开发，也很难引起游客和市场更多的关注。

因此，对于德清来说，不是要不要开发孟郊故里的问题，而是应该怎样开发，怎样寻找突破口，怎样做好、做大的问题。

文化是一种现象，是一段历史，是一种记忆。文化旅游不能就资源而资源，就历史而历史，就文化而文化，就深厚而深厚。

根据文化旅游资源在历史上的地位和影响，在文化上的独特性和典型性，对一些历史文化遗迹修复或重建，尽可能在各方面忠于历史原貌，修旧如旧，固然没错，但我们常常发现，只能做到形似，无法神似。就我国文化旅游现状而言，普遍存在产品雷同、项目单一、表现俗套和曲高和寡的问题。可以这样说，时下中国，文化旅游资源开发的热情不可谓不高，文化旅游产品推出的项目不可谓不多，注重旅游文化价值、挖掘旅游文化内涵、提升旅游文化品位的道理也不是不懂，但却难掩一众文化旅游项目和产品门可罗雀、叫好不叫座的落寞窘境。

为文化旅游项目和产品设计灵魂，不能为文化而文化，也不能为旅游而旅游，应该从文化和旅游的融合点上做文章，从文化和旅游的差异点上找问题，从文化和旅游的引爆点上找出路。

为文化旅游设计灵魂，就是要为旅游找文化敏感点。文化再有内涵，文化再有特色，市场却不感兴趣，游客不感兴趣，这样的文化旅游项目和产品赢了文化，输了市场，有什么用呢？慈母手中线，牵动的是我们哪一根神经？这是当年我为孟郊故里进行旅游策划思考的着力点和出发点，也是这一项目策划最终能落地生根的关键。我们不能仅仅看到慈母手中线，游子身上衣，而且要深层次思考：慈母手中的线，游子身上的衣，对于我们今天来说，究竟能牵动我们哪一根神经。人们对此究竟有没有兴趣，有多大的兴趣。

以我曾经策划过的梁祝文化公园项目为例。开发梁祝文化公园的起因，是当年在宁波鄞州区发现了曾任鄞县县令的梁山伯的墓。就资源而资源，就文化而文化，通常就是梁山伯墓这样的一个文保点，最多也是梁山伯纪念馆、梁山伯博物馆一类。相信没有多少人知道梁山伯曾经担任过鄞县县令，也没有多少人想进一步了解梁山伯在鄞县如何做的县令。人们感兴趣的是梁山伯祝英台的故事。即便就梁山伯和祝英台故事而言，其文化敏感点显然也不是那段没有结局的爱情，而是梁祝爱情故事表达的“忠贞不渝”的灵魂。“若要夫妻同到老，梁山伯庙到一到”，也许这才是成就今天梁祝文化公园的奥秘所在。

6.8.7.2 精彩亮点

(1) 拨开云雾，一剑封喉

孟郊故里这样的文章普遍认为应该做，并且通常都会洋洋洒洒，包罗万象，结果则是“样样有，样样不精”。本策划以孟郊故里资源背后的灵魂为文化敏感点和切入点，抓住“诗”而非“人”来深入，直指“游子吟”这一核心点、闪光点做文章。

(2) 海阔天空，想象遨游

大手笔规划中华游子文化园，做中华游子文章，目标高远，不局限于一点，因此思路宽广，策划也气势磅礴。

(3) 找文化敏感点，创新名人故里开发模式

找文化敏感点，也就是要尽可能地将古代文化、传统文化中可以和现代文化共振的部分加以挖掘、利用和开发，寻求这样的一种结合点，从而有别于一般模式。

6.8.7.3 点滴心得

首先，通过亮点找卖点。名人文化资源在旅游开发中潜力很大，但是大多都是有文化亮点，一旦开发就没有了卖点，这都是受到了思维定式的影响：名人故居只能做“人”的文章，或者只能做这个“居”的文章，只能想到实物资源。于是名人故里旅游往往千篇一律，毫无新意，自然也没有卖点可言了。

做这个策划最大的感受就是打破了上述思维定式，看到了软资源，用不同的方法来建立名人效应。从某种意义上来说，德清是比较幸运的，因为找到了这样一种崭新的模式，但是还有许多文化圣地还在艰难徘徊。我做这个策划最大的感受就是要“努力发现价值，而不是努力发现资源”，也就是说策划的角度应该放在如何挖掘当地已有的资源价值，而不是一味寄希望于去努力挖掘还没发现的旅游资源。

其次，敢于突破。孟郊故里做游子，而不是做孟郊，突破名人故里

就做名人的局限，名人的闪光点在哪就开发哪才是要点。

最后，做策划要有眼光，有眼力。也就是要抓住孟郊是德清的文化名人，孟郊故里是德清的文化名片，并且是最大的一张名片这一核心和关键。

6.8.7.4 案里案外

（1）化腐朽为神奇

发展旅游应注重挖掘自身的优势所在，对现有旅游资源作深加工，这是旅游取得发展的必要前提。同时，一个有创意的规划可以将不起眼的资源合理运用，甚至创出品牌，这也就是策划化腐朽为神奇的功效。通过这个案例，我们还可以深切体会到对具有很强文化内涵的名人故里开发的一些借鉴，如何抓准核心文脉，同时加入现代元素，去芜存菁，让名人文化在现代旅游中闪光。

（2）为不可为之事

在中国灿若繁星的历史文化名人中，无论是从知名度还是认知度来看，孟郊都不算出类拔萃。要开发这样一个尘封已久的名人故里资源，似乎是一件不可为之事。但是经过策划者精心雕琢，朽木也可逢春。孟郊故里一跃成为德清旅游的第一资源、德清文化的第一品牌，不得不让人佩服。

找文化敏感点这样一个新颖的旅游发展思路，具有开创性和指导性。慈母手中线，牵动的是普天下所有游子思乡之情，令人回味，堪称策划的点睛之笔！

6.9 靠什么来打穿文旅融合的坚固山脉

——浙江省长兴县：一举破局，原来是靠这个秘密武器

6.9.1 开篇导读：面朝文旅大海，期待春暖花开

我国旅游业历经改革开放以来 40 多年的蓬勃发展，终于由原来的旅游和文化两股涓涓“细流”融汇而成如今声势滔天的文旅“大海”。

对于旅游而言，文化的重要性已经到了空前的程度。文化和旅游部

的设立，标志着中国旅游步入“文旅新时代”，文化与旅游融合发展将成为今后很长一个时期旅游发展的主基调、主旋律、主战场。

文化和旅游融合发展，是国际文化大都市和世界著名旅游城市的普遍经验。大力发展文化旅游业，是世界各国、各大都市增强城市能级和综合竞争力的战略决策。不管是纽约、伦敦、巴黎等世界性大都市，还是新加坡、墨尔本等国际著名城市，都基于自身城市实际基础和资源禀赋，在文化旅游融合发展战略、发展模式上采取了有效举措，取得了令人瞩目的融合发展的成效。英国以政府规划先行，盘活文化旅游资源；法国以戛纳国际电影节等一系列顶级文旅活动的举办，以及巴黎等城市的旅游形象设计及推广，彰显法国文化艺术旅游目的地的良好形象；意大利以佛罗伦萨、锡耶纳和比萨为核心节点的文化旅游廊道主题路线，引领了文旅融合的发展；纽约基于发达经济以及多元文化，成功塑造现代都市旅游形象；新加坡通过政府统筹加强文旅集散地效应；墨尔本借力体育赛事，深耕文化旅游融合发展。上述实践反映了全球文旅融合发展的新成果和新动向。

在国家坚定文化自信、提高文化软实力的背景下，推动文化和旅游在更广范围、更深层次、更高水平上融合发展，“以文塑旅、以旅彰文”成为新时代的新命题、新要求、新任务。自 2018 年国家新一轮机构改革组建文化和旅游部以来，我国文化、旅游融合发展的速度、广度和深度都在加强。2019 年以来，国务院办公厅出台了《关于进一步激发文化和旅游消费潜力的意见》，文化和旅游部印发了《关于促进旅游演艺发展的指导意见》《文化和旅游规划管理办法》。这些政策法规从不同层面、不同领域，为文化旅游融合营造了良好的发展环境，同时也对文化、旅游融合发展提出了新的要求。

中国地大物博，历史悠久，旅游资源丰富，生态环境优越，文化底蕴深厚，旅游和文化融合发展有着坚实的基础、现实的土壤和政策的东风。举国上下紧紧围绕“以文塑旅，以旅彰文”的工作思路，在文化和旅游部的统一领导下，高度重视旅游和文化融合发展，加快文旅融合步伐，文旅发展品质不断提升。

但不可否认，我国文旅融合的进程才刚刚开始，文旅融合的模式还在探索。特别是随着经济社会发展和人民美好生活期盼的进一步升级，对标旅游业高质量的发展要求，文旅融合存在思路不清晰、产业不突出、模式不完善等一系列的突出问题。

6.9.1.1 思路不清晰，认识不到位

文化和旅游部提出的“宜融则融，能融尽融，以文塑旅，以旅彰文”的工作思路非常清晰，但在具体的领悟和遵循过程中，存在着思路上的偏差，对文旅融合的重要性认识不到位，对“宜融则融，能融尽融，以文塑旅，以旅彰文”的领悟不深刻。

6.9.1.2 产业不突出，难以实现产业融合

不同地区、不少项目对产业融合认知存在偏差，一味地新增业态，把所有相关的、不相关的都通通容纳进来。这一方面导致了核心产业不突出，另一方面导致了融合发展深度不够，产业链不够长、不够精。此外，特别是一些历史文化旅游项目存在产业发展单一、核心产业不突出、支撑产业不成熟、相关配套产业不完善等问题。所以，如何提高产业融合程度，如何延伸产业链条，如何合理布局产业，如何促进产业转化增值，是文旅融合必然直面的难题。

6.9.1.3 模式不完善，难以开拓创新

由于文旅融合目前还处于初始阶段，加上缺乏实际经验和对自身情况的合理评估，一些地方只能盲目照搬其他地方的模式，比如“古镇＋民宿”“乡村＋农耕”的模式。但是，每个地方的区位、经济、社会、文化、政策等各个方面的情况都存在一定差异，因而导致开发主体不明确、运营管理欠规范、盈利方式不清晰、利益分配不明朗等一系列的问题，而这些问题又会直接影响游客的旅游体验和旅游满意度，以及参与主体的积极性。文旅融合要明确如何找到适合自身发展的开发模式、运营模式、盈利模式等，才能不断提高文旅项目的开发经营与管理水平。

文旅一片蓝海，期待春暖花开！

6.9.2 灵魂拷问：拿什么来打穿文旅融合的坚固山脉

我到过台湾新北三峡区，这里山明水秀，文化气息浓厚。台湾前辈

艺术家李梅树一生热爱三峡。他以36年时光主持重建“东方艺术殿堂”——三峡祖师庙，吸引了无数旅游者前来参观。他的后裔承袭惜物爱乡的精神，存留艺术家历年画作及文物，成立李梅树纪念馆。

李梅树笔下与三峡区有很多密切关联的油画作品，吴立萍将其整理为《三峡——李梅树艺术步道》导览手册。我们这才蓦然发觉原来李梅树为历史三峡留下的画作如此之多，从三峡溪畔与桥、祖师庙、老街、农舍、抗日古道，再到横溪、五寮溪及大豹溪等景观节点，记录了三峡区的生态与文化。

李梅树对三峡区的关爱，成就了台湾三峡区艺术与在地环境结合的少数特例。

因为项目策划的缘故，我无数次来到有着“上海之根、沪上之巅、浦江之首、花园之城、大学之府、科创走廊、制造重镇、旅游胜地”美誉的上海市松江区。松江区坚持打响“上海文化”品牌，彰显“上海之根”文化底蕴，广富林文化遗址公园一炮打响，深坑酒店横空出世，蓝精灵乐园精彩亮相，松江府城、仓城、泗泾下塘历史文化风貌区等项目建设加快推进，文旅融合成果十分显著。

目前，全国各地、举国上下都在谋求转型提升，都在加快融合发展，都在推进文旅结合。我到过很多正在积极探索文旅融合的市、县和乡镇。也做过《苏州高新区文旅融合发展战略研究》《松江区文旅融合“十四五”规划》《河北省三河市文旅项目策划》等文旅融合项目的研究、策划和规划，深知文旅融合的艰辛与不易。

我真切希望文旅融合的步伐能够迈得更快，通过文旅融合能够真正实现旅游的脱胎换骨。

文旅融合必须正视以下五个方面的灵魂拷问：

第一，文旅融合，到底谁融合谁？是旅游融合文化，还是文化融合旅游？

第二，文旅融合，究竟怎么融？是“1+1”式的融，还是“1管1”式的融？

第三，文旅融合，到底能融出一个什么样的局面与结果？一定是春暖花开吗？一定会脱胎换骨吗？融合出来的究竟是文化还是旅游呢？抑或是既非旅游也非文化的新物种呢？

第四，文旅融合，到底融什么？融资源还是融产品？融思路还是融理念？融模式还是融业态？

第五，文旅融合，究竟怎么融？是渗透还是重组？是互促互长还是携手并进？是以红色旅游、非遗旅游、文化景区为重点突破方向，还是以文博旅游、旅游演艺、特色文化小镇为突破方向？

浙江省长兴县在积极谋求转型提升、积极探索文旅融合发展新路的实践中，成功地奏响了文旅融合新篇章。

长兴县文旅磅礴喷发的锦囊妙计是什么？打穿文旅坚固山脉有怎样的秘诀？

6.9.3 概况扫描：茶文化圣地，乡村游天堂

数年前，还没有多少人知道长兴，更没有多少人来长兴。

长兴县区位优越，交通便捷。地处浙江省北端，位于长江三角洲中心地带，东靠太湖，与苏州市吴中区为界，北接江苏宜兴市，西邻安徽广德市，西南和东南毗连湖州市区及安吉县。长兴是长三角经济圈的交通枢纽，雄踞江苏、浙江、安徽三省接合部，与周边大中城市通达便捷、联系紧密。

长兴县生态环境优美。植被覆盖率51.3%左右。长兴是中国古银杏之乡，境内有蜿蜒十里的小浦八都岕古银杏长廊，近六万棵古银杏枝繁叶茂，蔚为壮观。长兴尹家边扬子鳄保护区是我国第二大扬子鳄省级自然保护区。长兴地处太湖西岸，三面环山，受太湖水汽影响，生态环境得天独厚。

长兴历史悠久，春秋吴越争霸时期，吴王阖闾派弟夫概在今雉城东南两里处筑城，作为夫概王邑。因城狭长，故名长城，距今已有2500多年的历史。

长兴文化灿烂，地上地下文物十分丰富。考古研究证明，100万年前就有古人类在这里繁衍生息。

长兴是陈朝开国皇帝陈霸先的故乡，至今还保留着他临世沐浴的圣井。“茶圣”陆羽在长兴写就了旷世巨作《茶经》，成为中国茶文化的奠基人，长兴也因此成为茶文化的发祥地。明代中叶，散文大家归有光、小说家吴承恩同治长兴县，归有光撰文、吴承恩书写的《圣井铭并序》

《梦鼎堂记》《长兴知县题名记》三块碑至今保存完好，吴承恩在长兴县丞任上为写作《西游记》积累了大量素材。长兴还保存了元代大画家、大书法家赵孟頫等一代宗师的手写真迹。

长兴的民间艺术种类十分丰富。有中国首批非物质文化遗产、代表国家出访东南亚各国、参加新西兰中国新年灯会的民间艺术活动“百叶龙”。

长兴有被列为世界地质遗产、命名为“金钉子”的长兴灰岩保护区。

长兴也是革命老区，有国家级文物保护单位、被誉为“江南小延安”的新四军苏浙军区司令部旧址。

长兴县旅游资源丰富，类型多样，覆盖了全国旅游资源调查标准分类中的8个主类、20个亚类和72个基本类型。旅游资源丰度高，处处是景，步步为景。

长兴有许多高品位的旅游资源和特色鲜明的旅游景区，旅游资源可谓得天独厚。但长兴县旅游资源存在的问题及其不足也非常突出，主要反映在以下四个方面：

一是旅游资源知名度不高，影响力不大。

长兴县旅游资源丰富多样，品质较高，但知名度不高，影响力不大。无论是紫笋茶、“金钉子”，还是寿圣寺、仙山寺，在全国范围内的知名度都不高，影响力不大。

二是旅游资源小而散、优而弱。

长兴县旅游资源存在小而散、优而弱现象。小而散、优而弱不利于长兴县旅游大格局的形成。以各区的核心资源为中心，整合周边等级较低的普通资源难度较大，较难形成以点带面、规模化、综合性的开发局面，既不利于形成特色突出、功能互补的旅游功能区，同时也无法避免区域旅游开发的单极化趋势。

三是自然生态旅游资源独特性和竞争力不强。

长兴县自然风光旖旎，但是在山水资源丰富的长三角地区，长兴县的自然资源并不具备明显优势，更没有绝对优势，独特性和资源竞争力不强。要在激烈的旅游市场中占有一席之地，长兴需要在深挖资源潜质的基础上，创新地整合资源，经营资源，充分发挥资源的潜在价值。

四是文化旅游资源显著薄弱。

长兴始建于西晋。悠久的历史使长兴大地上散布众多的历史文化古迹，然而，各类文化资源规模小，分布凌乱，缺乏垄断性，缺少知名度。

6.9.4 理论推演：为旅游设计灵魂就是要为旅游设计兴奋点

兴奋，是指动物体或人体内的某些组织或细胞感受到外界刺激后，由相对静止状态变为显著活跃状态的过程，如神经冲动的发放、肌肉的收缩、腺体的分泌等。

兴奋点，则是指人受到刺激极易引起兴奋的敏感区域。

旅游灵魂设计有五大关键“点”：“难点”“痛点”“亮点”“引爆点”和“兴奋点”。旅游兴奋点设计，就是要将旅游资源禀赋、属性、特色等原始物理状态的旅游核心吸引物与旅游者的期望、终极目标捆绑在一起，在品牌属性、目标客群、产品特征上找到共同点、互补点和兴趣点，激发旅游者的热爱之情。

一个地方的历史再悠久，风景再秀丽，如果没有兴奋点，激不起人们太多的兴趣，旅游者就不会来这里旅游。

为旅游设计灵魂就是要为旅游设计兴奋点。文旅融合就是要在文化和旅游共同的兴奋点上去融合。

6.9.5 核心战法：改弦易辙

在湖州市三个县中，长兴县旅游起步最晚。2002 年，长兴县开始发展乡村旅游，并相继开发建成了仙山湖国家湿地公园、太湖图影旅游度假区、金钉子国家地质公园、中国扬子鳄村、江南红村、城山沟、大唐贡茶院、十里古银杏长廊、陈武帝故宫、薰衣草园等十多个旅游景区。

但无法回避的事实是：在湖州市三个县中，安吉县旅游一骑绝尘，德清县旅游策马扬鞭，长兴县旅游只好屈居第三。

到底是什么原因呢？

是思路上的原因，是发展方向错了！

能有什么办法呢？改弦易辙！

长期以来，长兴县一直高举“古生态奇观”的旅游旗帜，后来又全力塑造“茶文化圣地，乡村游天堂”的旅游品牌，但成效甚微。

我大概是2011年前后接洽为长兴县编制旅游发展总体规划。《浙江省长兴县旅游发展总体规划》是我主持编纂过的县域旅游规划中历时最长、耗时最多的一个规划，前前后后编制了五六年的时间。其中有很多这样那样的客观因素，但很大的一个原因与我对长兴旅游的困惑有关。

长兴旅游貌似什么都有，什么都好。彰显古生态奇观的独特性，突出茶文化圣地的优越性，体现江南红村的先锋性，捕捉乡村旅游的前沿性，理论上都没有错，实践中好像也只能这样做。

特色不做，做什么？优势不做，做什么？文化不做，做什么？

在《浙江省长兴县旅游发展总体规划》编制过程中，我越来越清醒地认识到，长兴旅游发展应该思考的，不是能不能紧跟安吉、赶超德清的问题，而是根本上能不能从德清、从安吉中跳脱出来，甚至从长三角的层层包围中跳脱出来的问题。古生态奇观、茶文化圣地、陈武帝故宫、乡村游天堂，的确都是好牌，但肯定不是“最好的牌”“更好的牌”。以古生态奇观为例，金钉子世界地质公园、十里古银杏长廊以及中国扬子鳄村构筑的古生态奇观，的确稀缺，但显然缺乏张力，缺少旅游的“兴奋点”。而且事实早已雄辩地证明，长兴古生态奇观牌打了这么多年，一直反响平平，收效极微。以乡村游天堂来说，湖州市的安吉县和德清县都是以乡村旅游为发展方向，都在发展乡村旅游。以茶文化圣地来说，德清县有莫干黄芽，安吉县则有驰名中外的安吉白茶。

于是，我们采取了改弦易辙的核心战法，为长兴旅游设计更大的灵魂，为长兴文旅指明发展方向。

6.9.6 操盘实录：让长兴旅游拥有一个快乐的旅游灵魂

文旅融合到底融什么？怎么融？作为文旅融合创新发展的窗口与样板，长兴文旅融合大致有“七大法宝”，即融资源、融基因、融品牌、融格局、融方位、融作品、融灵魂。其中，融灵魂是王者之道。

6.9.6.1 融资源：优势集成

文旅融合首先是资源的融合。在文旅资源的融合上，我们创造性地采取了优势集成的方法。

旅游资源优势集成是指全面进行资源整合，集成优势，以求大幅度提升长兴旅游资源的集成效应、综合效应、规模效应和品牌效应，以多样性、层次化和精品化营造旅游产品体系和旅游网络。

我们把长兴文旅资源优势集成为以下八大资源：

第一，“大美太湖”共同体资源。

长兴位于南太湖，滨湖沿岸总长 34.3 千米。有机串联洪桥镇、夹浦镇、图影旅游度假区、太湖街道。

第二，“大唐贡茶”统一体资源。

形成以大唐贡茶为核心，包括大唐贡茶院、唐潮十二坊、茶圣陆羽以及《茶经》等在内的统一体资源。

第三，“美丽乡村”联合体资源。

长兴乡村旅游资源丰富，作为一种新生体资源，有很好的基础，有自己的特色，也有自己的品牌。

第四，古生态珍稀资源。

古生态珍稀资源以“金钉子”、古银杏和扬子鳄为代表。

第五，“物华天宝”特产资源。

长兴物产丰富，紫笋茶、太湖三白、湖羊等有极大的开发价值。

第六，秘境湿地资源。

以仙山湖湿地公园、图影湿地公园为代表，具有一定的市场号召力，是长兴旅游业的重要节点，具有广泛而深层次的意义。

第七，江南红村复合体资源。

以江南红村为核心，将分布于长兴境内的新四军红色旅游景点打通，并与煤山的乡村旅游、生态旅游复合，形成江南红村复合体资源。

第八，高新制造优势产业资源。

长兴是工业强县，新能源产业实力雄厚，现代农业蓬勃发展，为工业旅游、农业旅游的融合发展奠定了很好的基础。

6.9.6.2 融基因：文化解码

即提炼文化要素，解码文化基因。

通过文化基因解码，我们发现，长兴有六大文化。

第一，太湖文化。

“太湖浪里有古城，茗香绕翠是长兴。”

太湖

第二，贡茶文化。

茶圣陆羽久居于此，著就了旷世巨著《茶经》。由其推荐建造了中国历史上第一家官办茶厂——大唐贡茶院。贡茶院作为中国历史上第一家皇家茶厂，孕育了一种别具韵味的茶文化，创造了由茶而形成的独特的文化地位和品位。

第三，“长城”文化。

长兴古称长城。春秋吴越争霸时期，吴王阖闾派弟夫概在今雉城东南两里处筑城，作为夫概王邑。因城狭长，故名长城，已有2500多年的历史。

第四，帝乡佛国文化。

南朝时期，长兴的陈霸先代梁建立陈朝。南北朝是我国历史上佛教的鼎盛时期。作为皇帝的家乡，长兴佛事之旺时冠江南，故被称为“帝乡佛国”。长兴显圣寺、寿圣寺、天居寺等，自古以来，高僧不断、大家辈出、农禅并重、文化绵延。

第五，红色文化。

长兴素有“江南小延安”之称，当地保存的革命旧址群，包括新四军苏浙军区司令部、政治部、供给部、苏浙公学、后方医院等 18 处革命旧址。作为革命老区，它代表的红色文化吸引着一批人，也带动了一批人。红色文化的传承和发扬，为长兴经济社会的发展提供取之不尽的力量源泉。

第六，“百叶龙”文化。

“百叶龙”是浙江长兴的一种传统民俗活动，被列入中国第一批非物质文化遗产。“百叶龙”，由众多荷花花瓣串成长龙，上下翻飞，极具特色，给人带来艺术的享受。

6.9.6.3 融品牌：重磅出击

旅游竞争已经不是资源之战、产品之战，而是认知之战、品牌之战。

很长一段时间以来，长兴旅游发展速度不快，影响力不大，很大程度上与长兴旅游品牌不大、不强有着千丝万缕的关系。

长兴旅游有很多的品牌，例如水口乡村旅游集聚区、仙山湖湿地公园、金钉子国家地质公园、大唐贡茶院等，但都不是大品牌，缺乏全国性、世界级的强势品牌。

在旅游发展进程中，在文旅融合实践中，有一个非常普遍的现象，那就是城市品牌管城市品牌，文化品牌管文化品牌，旅游品牌管旅游品牌，各自塑造，甚至互不相干，即便上海这样的国际性大都市，文化有文化的品牌，旅游有旅游的品牌。文旅融合必须实现文化和旅游品牌的融合，“三位一体”，实现文、旅、城品牌的融合与统一。

在《浙江省长兴县旅游发展总体规划》中，我们明确提出，长兴旅游发展要牢牢树立品牌意识，坚持品牌导向。唯有有大品牌，才有大特色、大旅游、大产业、大格局。

有鉴于此，我们把长兴旅游发展总体思路明确为：“举太湖旗、打乡村牌、走长兴路。”文旅融合，融合的是“太湖牌”：

一是太湖是世界级品牌，是大牌。二是长兴是太湖哺育的城市，长兴全县有 20 多千米长的太湖岸线，无论是太湖龙之梦乐园，还是水口乡村旅游集聚区、大唐贡茶院，都是依托太湖的山、太湖的水。三是从绝对优势出发，太湖资源是长兴最大的资源，太湖文化是长兴最大的文化。四是从竞争角度看，湖州市三县中，只有长兴拥有太湖。

6.9.6.4　融格局：格局放大

格局要大，格局决定结局。从哲学角度来说，格局是一个人的人格与气度。这里所说的格局不是我们通常所指的旅游空间格局，而是指旅游发展定位和目标。

经过审慎研究，我们在长兴原有“乡村游天堂”的基础上重塑了“长三角休闲旅游首选区”的发展目标格局。长兴旅游经过几年的不懈努力，如今成功实现了这一奋斗目标。另外，我们也对长兴总体空间格局进行了重构，形成了“一轴·两翼·一区”的全新格局。

“一轴”：沿太湖有机串联滨湖大道—中央大道—龙山大道—长水路，形成“太湖观光大道”旅游发展核心主轴。

“两翼”：一是通过田园风景廊道建设，突出田园农趣，着力打造以“画里慢乡”为品牌，以“画里慢乡、田园生活”为主题特色，打造江南最美的田园风景画廊。二是充分发挥煤山镇红色教育资源、地质科普资源集聚的优势，整合小浦古生态资源，弘扬红色主旋律，聚焦研学大主题，以江南红村大景区为核心，构筑集红色文化、古生态研学教育、乡村旅游一体，以红色旅游为特色的长兴历史文化精品旅游区。

“一区”：以仙山湖为核心，将交通、游客中心、停车场等公共服务设施外延，整合仙山、上泗安古村，形成仙山湖湿地公园大景区。再以此为引擎，整合二界岭和林城镇的中国扬子鳄村以及北汤村等乡村风情资源，以“仙”为魂，做优生态，做大康养，构建以“湿地探幽、仙境康养”为主题特色的仙山湖生态旅游区。

6.9.6.5　融方位：特色提炼

长兴一度以“古生态”为旅游特色，努力打造“古生态奇观”。因为古生态旅游的局限性太大，专业性太强，品牌打了多年都没有打响。

后来又认为乡村旅游和茶文化旅游是特色，努力打造“乡村游天堂，茶文化圣地”。

就湖州市三个县长兴、德清和安吉来说，虽然发展各具特色，但实际上存在较为明显的同质、同构现象。无论是长兴的乡村游，德清的洋家乐，还是安吉的“中国美丽乡村”，事实上都同属于乡村旅游与农业休闲范畴，而且都在民宿上聚焦发力，趋同现象不容忽视。以茶而言，长兴、德清和安吉这三个县都盛产茶叶，并且安吉白茶的知名度远远高于长兴的紫笋茶。

在新的发展态势和竞争格局下，长兴县旅游原有的古生态特色、茶文化特色、乡村游特色，显然都难以担当未来继续引领发展的重任。

为此，我们以长兴县原有的这三个具有识别性的旅游特征为基底，以旅游发展趋势和方向为根本，结合湿地旅游、红色旅游以及文化旅游，重新提炼和归纳，明确提出走“休闲路”，发展休闲旅游，形成休闲特色。

6.9.6.6 融作品：市场引爆

在这里我用的是“作品”一词而非“产品”一词，相信大家能体会到我的苦心孤诣以及“作品”一词蕴含的深邃意义。

文旅融合显然不是简单的旅游项目+文化项目，也不是大家普遍认为的旅游项目中加些文化元素，文化项目中考虑些旅游功能。文旅融合的根本目的在于创新，在于形成合力，在于创造性设计出文化和旅游融合为一体的文旅作品，最终实现引爆市场的效果。

长兴县旅游之所以能脱颖而出，就是因为“太湖龙之梦乐园”这一超级文旅融合项目的横空出世。

6.9.6.7 融灵魂：统摄全局

纲举方能目张。文旅融合，融的是灵魂。灵魂融合才是王者之道，是打通文旅融合坚固山脉最尖锐的利器。

灵魂致远。

有灵魂，旅游才能走得远，飞得高。

融灵魂，文旅才能融到位、融得透、融得深、融出味。

只有将旅游者的期望、终端的利益目标与旅游发展的使命结合在一起，将旅游和文化功能属性结合在一起，将旅游地的资源禀赋、品牌属性和消费者对于文化和旅游的共同点或互补点结合在一起，这样的文旅融合，才能激发人们的钟爱。

正是基于这种独到的认识，我们创造性地将长兴文旅的融合点圈定在“长兴”两字上，灵魂聚焦在一个“兴”字上。

“长兴”两字具有唯一性——要转变观念，提高认识，打开过去被限制的视野；要清醒地认识到长兴旅游真正的差异化，乃至长兴真正的独特性，就浓缩在“长兴”两个字上。

“长兴”是一张响当当的城市名片——长兴旅游目的地的打造，就是要把长兴城市名片、旅游名片打出去，叫响“长兴”在长三角乃至全国的知名度。

为了使长兴旅游占据真正意义上的制高点，要走长兴自己的路，确立“长兴”两个字在长兴旅游发展战略中的主体地位，深挖“长兴”两字丰富的内涵和积淀，做足、做大、做活“长兴”两个字，以“长兴”两个字统筹和重构长兴旅游，构筑“大长兴”“新长兴”旅游格局。

“长兴”具有欢乐、快乐的文化属性——“长来长兴”。“长兴”，“长短之长”“长期之长”，“开兴之兴”“兴旺之兴”。“长兴”两个字令人联想到“欢乐”“快乐”。

“美好与欢乐”是人们的普遍期望和终端目标。观光、休闲、体验叙述的是旅游功能，文化和旅游表达的是产业属性，对美好生活的向往和对快乐生活的追求才是旅游者和文化人共同的期盼以及终极目标。

因而，我们也就不难理解，如今的长兴旅游形象已经由原来的“乡村游天堂，茶文化圣地”发展为“长来长兴”“常聚长兴”，焕然一新。长兴文旅的标志性项目叫作“太湖龙之梦乐园”。到长兴旅游圆的是欢乐梦、快乐梦。

6.9.7 江湖故事：在自救与被救中奋力走出无奈与纠结的困境

长兴旅游到底做什么，怎么做？相当长一段时间以来，长兴县一直处在无奈与纠结的困境中，处在自救与被救的矛盾中。

对于到底要不要改弦易辙，究竟是不是“举太湖旗”，长兴县一直举棋不定。即便长兴旅游已经如火如荼红火到了今天，在 2021 年 5 月我主持的新一轮《长兴县旅游发展总体规划》（修编）规划评审中依然有专家提出质疑，理由是太湖不具有唯一性，湖州、苏州、常州、无锡都有太湖，也都在做太湖。

好在长兴县领导高瞻远瞩，奋力走出了无奈与纠结的困境，不仅高高举起了“太湖旗”，并且全力打造了太湖龙之梦乐园这样的超级引爆项目。

6.9.8 策划手记：长来长兴

早在我到长兴之前，我就听说过长兴。不过，不是湖州市长兴县，而是我老家崇明岛前往上海市区的必经之地，以前属于上海市宝山区、现在归崇明区的长兴岛。

究竟是哪一年到的湖州长兴，我真的已经记不得了。但在2010年前，我已经分别去过煤山，去过八都岕，去过水口。

我真正做到了“长来长兴”。至少在这十多年时间里，一百次以上的往返，一个乡一个乡、一个镇一个镇，走遍了长兴的每个乡镇、每条街道。

也体会到了“长来长兴”的快乐。在长兴做旅游项目策划和规划是快乐的，不仅是工作带来的愉悦，更多的是成就带来的愉悦。

最重要的是，“长来”真的带来了“长兴”。今天，长兴已经成了炙手可热的旅游目的地。长兴县旅游脱颖而出、一炮打响，在全国旅游百强县中名列前茅。并且，我们完全有理由相信，随着太湖龙之梦乐园的全面建成，随着长兴文旅的不断破茧化蝶，长兴旅游之“兴”将成为“兴旺”之“兴”，不断创造“中国旅游的奇迹”。

见此图标
微信扫码
获取完整版长兴县全域旅游发展总体规划及规划解读

参考文献

[1] 爱德华·麦克诺尔·伯恩斯，菲利普·李·拉尔夫. 世界文明史. 罗经国，等译. 北京：商务印务馆，1987.

[2] 庄锡昌，顾晓鸣，顾云深. 多维视野中的文化理论. 杭州：浙江人民出版社，1987.

[3] 李宗桂. 中国文化概论. 广州：中山大学出版社，1988.

[4] 露丝·本尼迪克特. 文化模式. 王炜等译. 上海：生活·读书·新知三联书店，1988.

[5] 怀特. 文化的科学——人类与文明研究. 沈原等译. 济南：山东人民出版社，1988.

[6] 塞·诺·克雷默. 世界古代神话. 魏庆征译. 北京：华夏出版社，1989.

[7] 顾建光. 文化与行为：文化人类学巡礼. 成都：四川人民出版社，1988.

[8] 迈克尔·波特. 竞争战略. 陈小悦译. 北京：华夏出版社，2004.

[9] 雷纳·格鲁塞. 蒙古帝国史. 龚钺译. 北京：商务印书馆，1989.

[10] 王柯平. 旅游审美活动论. 北京：旅游教育出版社，1990.

[11] 维尔纳·施泰因. 人类文明编年纪事. 熊少麟等译. 北京：中国对外翻译出版社公司，1992.

[12] 武世珍. 神话学论纲. 兰州：敦煌文艺出版社，1993.

[13] 钱穆. 中国文化史导论. 北京：商务印书馆，1994.

[14] 季羡林. 东方文化研究. 北京：北京大学出版社，1994.

[15] 喻学才. 中国旅游文化传统. 南京：东南大学出版社，1995.

[16] 钟仕伦. 南北文化与美学思潮. 成都：四川大学出版社，1995.

[17] 沈祖祥. 旅游与中国文化. 北京：旅游教育出版社，1996.

[18] 林忠亮，李明. 巴山蜀水的民俗与旅游. 北京：旅游教育出版社，1996.

[19] 高小刚. 图腾柱下：北美印第安文化漫记. 上海：生活·读书·新知三联书店，1997.

[20] 陈育德. 西方美育思想简史. 合肥：安徽教育出版社，1998.

[21] 郭跃，张述林. 旅游资源概论. 重庆：重庆大学出版社，1998.

[22] 邵骥顺. 中国旅游历史文化概论. 上海：上海三联书店，1998.

[23] 陈火金. 策划方法学. 北京：中国经济出版社，1999.

[24] 沈祖祥，张帆. 旅游策划学. 福州：福建人民出版社，2000.

[25] 张文. 旅游与文化. 北京：旅游教育出版社，2001.

[26] 重庆市文化局. 壮丽的长江三峡文化长廊. 重庆：西南师范大学出版社，2001.

[27] 吴必虎. 区域旅游规划原理. 北京：中国旅游出版社，2001.

[28] 约翰·斯沃布鲁克. 景点开发与管理. 张文译. 北京：中国旅游出版社，2001.

[29] 邓永进，薛群慧，赵伯乐. 民俗风情旅游. 昆明：云南大学，2001.

[30] 杜维明. 文明的冲突与对话. 长沙：湖南大学出版社，2001.

[31] 蒋冰海. 美育学导论. 上海：上海人民出版社，2001.

[32] 约瑟夫·派恩，詹姆斯·吉尔摩. 体验经济. 毕崇毅译. 北京：机械工业出版社，2002.

[33] 杨振之. 旅游资源开发与规划. 成都：四川大学出版社，2002.

[34] 王云才. 现代乡村景观旅游规划设计. 青岛：青岛出版社，2003.

[35] 邹统钎. 旅游景区开发与经营经典案例. 北京：旅游教育出版社，2003.

[36] 奈杰尔·摩根，安妮特·普里查德. 旅游休闲业的广告创意

与设计. 陈怡宁等译. 北京：电子工业出版社，2003.

[37] 梅绍祖. 流程再造——理论、方法和技术. 北京：清华大学出版社，2004.

[38] 沈祖祥. 世界著名旅游策划实战案例. 郑州：河南人民出版社，2004.

[39] 邹统钎. 旅游景区开发与管理. 北京：清华大学出版社，2004.

[40] 王洪滨. 旅游学概论. 北京：中国旅游出版社，2004.

[41] 谢彦君. 基础旅游学（第二版）. 北京：中国旅游出版社，2004.

[42] 王云才. 乡村景观旅游规划设计的理论与实践. 北京：科学出版社，2004.

[43] 张广瑞. 生态旅游：理论辨析与案例研究. 北京：社会科学文献出版社，2004.

[44] 世界旅游组织. 国家和区域旅游规划：方法与实例分析. 籍琰译. 北京：电子工业出版社，2004.

[45] 巴克利. 生态旅游案例研究. 杨桂华等译. 天津：南开大学出版社，2004.

[46] 赖辛格，托纳. 旅游跨文化行为研究. 朱路平译. 天津：南开大学出版社，2004.

[47] 詹姆斯·伯克，巴里·雷斯尼克. 旅游产品的营销与推销（第2版）. 叶敏等译. 北京：电子工业出版社，2004.

[48] Duncan Tyler，Yvonne Guerrier，Martin Robertson. 城市旅游管理. 陶犁等译. 天津：南开大学出版社，2004.

[49] 亚德里恩·布尔. 旅游经济学（第2版）. 龙江智译. 大连：东北财经大学出版社，2004.

[50] 大卫·韦弗. 生态旅游. 杨桂华等译. 天津：南开大学出版社，2004.

[51] 曼纽尔·鲍德—博拉，弗雷德·劳森. 旅游与游憩规划设计手册. 唐子颖等译. 北京：中国建筑工业出版社，2004.

[52] 爱德华·因斯克普. 旅游规划——一种综合性的可持续的开

发方法. 张凌云译. 北京：旅游教育出版社，2004.

[53] 约翰·斯沃布鲁克，苏珊·霍纳. 旅游消费者行为学. 俞慧君等译. 北京：电子工业出版社，2004.

[54] Yvette Reisinger，Lindsay W. Turner. 旅游跨文化行为研究. 朱路平译. 天津：南开大学出版社，2005.

[55] 芬内尔. 生态旅游政策与规划. 张广瑞等译. 天津：南开大学出版社，2005.

[56] 沈祖祥. 中国宗教旅游. 福州：福建人民出版社，2005.

[57] 肖星. 旅游策划教程. 广州：华南理工大学出版社，2005.

[58] 保继刚等. 旅游区规划与策划案例. 广州：广东旅游出版社，2005.

[59] 杨振之等. 旅游原创策划. 成都：四川大学出版社，2005.

[60] 汪宇明等. 山岳型生态旅游目的地规划的理论创新与实践. 北京：中国旅游出版社，2005.

[61] 耐杰尔·埃文斯，大卫·坎贝尔，乔治·斯通休萨. 旅游战略管理. 马桂顺译. 沈阳：辽宁科学技术出版社，2005.

[62] 芬内尔（Fennell D. A.），道林（Dowling R. K）. 生态旅游政策与规划. 宋瑞等译. 天津：南开大学出版社，2005.

[63] 法伊奥等. 旅游吸引物管理：新的方向. 郭英之译. 大连：东北财经大学出版社，2005.

[64] 克莱尔·A. 冈恩等. 旅游规划：理论与案例：4 版. 吴必虎等译. 大连：东北财经大学出版社，2005.

[65] 亚伯拉罕·匹赞姆. 旅游消费者行为研究. 舒伯阳译. 大连：东北财经大学出版社，2005.

[66] 克里·戈弗雷，杰基·克拉克. 旅游目的地开发手册. 刘爱利等译. 北京：电子工业出版社，2005.

[67] 潘立勇，傅建祥. 人文旅游：第 2 辑. 杭州：浙江大学出版社，2006.

[68] 李辉文. 现代比较优势理论研究. 北京：中国人民大学出版社，2006.

[69] 仇春霖. 大学美育：2 版. 北京：高等教育出版社，2006.

［70］叶文，王越平，马谊妮．城市休闲旅游　理论·案例．天津：南开大学出版社，2006.

［71］尹隽．旅游目的地形象策划．北京：人民邮电出版社，2006.

［72］邹统钎．中国旅游景区管理模式研究．天津：南开大学出版社，2006.

［73］李蕾蕾．旅游目的地形象策划．广州：广东旅游出版社，2006.

［74］于希贤，于涌，黄建军等．旅游规划的艺术　地方文脉原理及应用．重庆：重庆出版社，2006.

［75］约翰·斯沃布鲁克．旅游景区开发与管理（第二版）．龙江智等译．北京：旅游教育出版社，2006.

［76］霍洛韦．旅游营销学：4版．修月祯等译．北京：旅游教育出版社，2006.

［77］吴必虎等．红色旅游开发管理与营销．北京：中国建筑工业出版社，2006.

［78］王云才等．乡村旅游规划原理与方法．北京：科学出版社，2006.

［79］武彬，龚玉和．旅游策划文化创意：河山，因我们的到来而改变．北京：中国经济出版社，2007.

［80］沈祖祥．旅游策划——理论、方法与定制化原创样本．上海：复旦大学出版社，2007.

［81］何新．诸神的起源．北京：北京工业大学出版社，2007.

［82］南怀瑾．禅宗与道家．上海：复旦大学出版社，2007.

［83］利基．人类的起源．吴汝康等译．上海：上海科学技术出版社，2007.

［84］瓦伦·L．史密斯．东道主与游客：旅游人类学研究．张晓萍等译．昆明：云南大学出版社，2007.

［85］蒂莫西，博伊德．遗产旅游．程尽能译．北京：旅游教育出版社，2007.

［86］邹统钎．乡村旅游　理论·案例．天津：南开大学出版社，2008.

[87] 康拉德·希诺考尔. 中国文明史. 袁德良译. 北京：群言出版社，2008.

[88] 约翰·A. 维佛卡. 旅游解说总体规划. 吴必虎等译. 北京：中国旅游出版社，2008.

[89] 肯·罗伯茨. 休闲产业. 李昕主译. 重庆：重庆大学出版社，2008.

[90] 李庆雷. 旅游策划论. 天津：南开大学出版社，2009.

[91] 布赖恩·鲍尼费斯，克里斯·库珀. 世界旅游目的地经营管理案例：以旅游地理学视角分析. 孙小珂等译. 沈阳：辽宁科学技术出版社，2009.

[92] 吴必虎，俞曦. 旅游规划原理. 北京：中国旅游出版社，2010.

[93] 塞缪尔·亨廷顿. 文明的冲突与世界秩序的重建. 周琪等译. 北京：新华出版社，2010.

[94] 吴殿廷，宋金平. 旅游规划新论. 北京：中国旅游出版社，2011.

[95] 高曾伟，易向阳. 旅游美学. 上海：上海交通大学出版社，2011.

[96] 罗兹柏，杨国胜. 中国旅游地理：2 版. 天津：南开大学出版社，2011.

[97] 菲利普·科特勒，约翰·T. 保文，詹姆斯·C. 迈肯斯. 旅游市场营销：5 版. 谢彦君译注. 辽宁：东北财经大学出版社，2011.

[98] 王衍用，宋子千，秦岩. 旅游景区项目策划. 北京：中国旅游出版社，2012.

[99] 邓爱民. 县域旅游发展规划理论与实务. 北京：化学工业出版社，2012.

[100] 邹统钎，王欣. 旅游目的地管理. 北京：北京师范大学出版社，2012.

[101] 沈祖祥，张帆. 现代旅游策划学. 北京：化学工业出版社，2013.

[102] 严伟，张维亚. 旅游文化理论与实践. 上海：复旦大学出版

社，2013.

［103］石培华. 中国乡村度假新模式. 北京：中国旅游出版社，2014.

［104］王志刚. 玩出来的产业：王志刚谈旅游. 福州：鹭江出版社，2014.

［105］徐兆寿. 旅游文化创意与策划. 北京：北京大学出版社，2015.

［106］周作明. 旅游策划学新论. 上海：上海文化出版社，2015.

［107］郎富平，顾雅青. 旅游策划实务. 2 版. 上海：华东师范大学出版社，2015.

［108］吴国清. 旅游线路设计. 3 版. 北京：旅游教育出版社，2015.

［109］邓爱民. 全域旅游：理论、方法、实践. 北京：中国旅游出版社，2016.

［110］雷万里. 大型旅游项目策划. 北京：化学工业出版社，2016.

［111］北京巅峰智业旅游文化创意股份有限公司课题组. 图解全域旅游理论与实践. 北京：旅游教育出版社，2016.

［112］佐藤大. 佐藤大：用设计解决问题. 邓超译. 北京：北京时代华文书局，2016.

［113］鲍将军. 别把小镇造坏了：打造完美小镇的思考与实践. 广州：广东旅游出版社，2017.

［114］沈祖祥. 旅游文化学. 4 版. 福州：福建人民出版社，2018.

［115］王衍用. 中国旅游发展新理念. 北京：中国文史出版社，2018.

［116］斯蒂芬·威廉斯、刘德龄. 旅游地理学：地域空间和体验的批判性解读（第 3 版）. 张凌云译. 北京：商务印务馆，2018.

［117］陈仁科. 文旅小镇的生存法则. 广州：中山大学出版社，2018.

［118］北京巅峰智业旅游文化创意股份有限公司课题组. 图解文旅特色小镇开发理论与实践. 北京：旅游教育出版社，2018.

[119] 杨振之，周坤. 旅游策划理论与实务. 武汉：华中科技大学出版社，2019.

[120] 张云飞. 天人合一：儒道哲学与生态文明. 北京：中国林业出版社，2019.

[121] 窦文章. 文旅产业讲稿（二）：品质生活. 北京：旅游教育出版社，2020.

[122] 王鹏. 文化与旅游策划十二堂课. 石家庄：河北教育出版社，2020.

[123] 沈中印. 文化旅游理论与实践研究. 北京：光明日报出版社，2020.

[124] 刘锋. 刘锋讲旅游：文旅新探索. 北京：旅游教育出版社，2020.

[125] 马勇. 旅游规划与开发. 武汉：华中科技大学出版社，2020.

[126] 许义. 新旅游：重新理解未来10年中国的旅游. 北京：中国旅游出版社，2021.

[127] 沈祖祥，张帆. 旅游策划学. 北京：化学工业出版社，2021.

后　记

岁月从指缝中流逝，还来不及捕捉曾经的记忆，就发现分分秒秒，早已成为匆匆的过去。

朝朝暮暮，暮暮朝朝。岁月流淌，白驹过隙。至今依然记得，2000年8月，我开拓性地编撰出版中国第一部《旅游策划学》那段特别值得记忆的青春时光。

在我的脑海中，我还清楚地记得《世界著名旅游策划实战案例》《旅游策划——理论、方法与定制化原创样本》以及《现代旅游策划学》这三部书写作时的美好场景。但真实说来，《世界著名旅游策划实战案例》出版于2004年，《旅游策划——理论、方法与定制化原创样本》出版于2007年，《现代旅游策划学》写作于2011—2012年，都是过去了的事了。

转眼快十年了。近十年来，我的确让人失望：怕痛而封闭感觉，怕结束而不去开始。革命意志衰退，根本不在状态。没有像模像样地写过文字，没有正儿八经地出版过书。唯一聊以自慰的是，我没有让自己失望：一直在挣扎，一直在思索，一直在黑暗中探索，一直在为旅游设计灵魂。

人生中，每个人都会扮演很多角色。就如同我对旅游灵魂一路坚定执着地发现和寻找，是简单累积还是做到个个出彩，不尽相同？

《我为旅游设计灵魂》写了很久。从最初萌生想法，到最终付梓出版，前前后后差不多写了整整十年，打破了我个人写作史上的记录。以往，我的任何一部书都不曾有过这样漫长的写作时间。

《我为旅游设计灵魂》写得太慢。也许是“江郎才尽”的缘故，原本以“短、频、快”见长的我，常常好几天都写不出一个字，一天能写出个几千字的日子屈指可数。

《我为旅游设计灵魂》写得心烦。不好写，写不好，不知道从哪儿写，怎么写。因为不好写，写不好，写不出来，签了三次合同，三次将全部书稿推倒重来。每一章每一节至少有不下十次的反复修改。

《我为旅游设计灵魂》写到心酸。在日常生活中，我们总免不了这样的寒暄："忙不忙?""忙什么?"我通常只好顾左右而言他。不是无言以对，而是不愿作答。"忙"或"不忙"是状态，回答"忙"或"不忙"则是心情。在现实世界里，对我而言，不是"忙"与"不忙"的现实，而是忙不应忙、不想忙的苦恼。各种各样的窘境和困境扑面而来，根本没法写，没时间写，以至于常常连自己都忘了自己还是个老师，还得看看书，还得写写文字。

《我为旅游设计灵魂》出版有些周折。中国海关出版社约的稿，化学工业出版社挂的号，北京大学出版社搭过桥，复旦大学出版社报道过。最终托付福建人民出版社，是因为福建人民出版社与我有缘，对我有恩、有情、有义。

这本书的出版，首先要感谢的是我自己。感谢我的雄心抱负，感谢我在艰困窘境中始终不渝的坚毅与执着，以及在黑暗丛林中穿行的勇气。

特别要感谢福建人民出版社，感谢历史文化编辑室史霄鸿主任的坦率、真诚、信赖，感谢这本书的责任编辑郑翠云字斟句酌的推敲。

感谢原国家旅游局政策法规司、综合协调司副司长，中国旅游报社前社长、总编辑，中国社科院旅游研究中心特约研究员高舜礼热情洋溢的推荐；复旦大学旅游学系教授、博士生导师，国务院学位办教学指导委员会委员巴兆祥先生和四川大学旅游学院教授、博士生导师，四川大学中国休闲与旅游研究中心主任，世界研学旅游组织执行主席，全国区域旅游开发专业委员会轮值会长杨振之先生的序言。既是溢美之词，更是鞭策之意。

同时，感谢一届又一届我的研究生们的相随及其对旅游灵魂设计足迹的见证。感谢复旦大学旅游系 2017 届本科学生付知宽和李洪贵在实习期间所做的部分基础性的写作工作。感谢我在演讲中，我在授课中，我在为旅游设计灵魂过程中，那些相知、相识的领导、同学、学员、朋友。是你们一次又一次的鼓励、询问乃至催促，让我不得不加快写作的进程和出版的步伐。

最后，还要感谢的是本书的读者。谢谢你们读完了这本书，或者读了这本书。你们觉得好也好，不好也好，都使得本书成为一本有人关注的书。

沈祖祥

2023 年 4 月 20 日于复旦大学